U0687730

上海财经大学富国ESG研究院
Fullgoal Institute for ESG Research, SUFE

上海财经大学富国 ESG 丛书
上海市促进文化创意产业发展财政扶持资金项目资助

ESG法治框架

基于比较法的视角

叶榅平 朱晓喆 ◎ 主编

上海财经大学出版社
SHANGHAI UNIVERSITY OF FINANCE & ECONOMICS PRESS

上海学术·经济学出版中心

图书在版编目(CIP)数据

ESG 法治框架：基于比较法的视角 / 叶榅平，朱晓
喆主编. -- 上海：上海财经大学出版社, 2024. 10.
(上海财经大学富国 ESG 丛书). -- ISBN 978-7-5642
-4431-6

Ⅰ.D922.683.4

中国国家版本馆 CIP 数据核字第 2024DM2180 号

□ 责任编辑　顾丹凤
□ 封面设计　李　敏

ESG 法治框架
——基于比较法的视角

叶榅平　朱晓喆　主编

上海财经大学出版社出版发行

(上海市中山北一路 369 号　邮编 200083)

网　　址：http://www.sufep.com

电子邮箱：webmaster@sufep.com

全国新华书店经销

上海锦佳印刷有限公司印刷装订

2024 年 10 月第 1 版　2024 年 10 月第 1 次印刷

787mm×1092mm　1/16　18.75 印张(插页:3)　398 千字

定价:89.00 元

总　序

　　ESG,即环境(Environmental)、社会(Social)和公司治理(Governance),代表了一种以企业环境、社会、治理绩效为关注重点的投资理念和企业评价标准。ESG 的提出具有革命性意义,它要求企业和资本不仅关注传统盈利性,更需关注环境、社会责任和治理体系。ESG 的里程碑意义在于它通过资本市场的定价功能,描绘了企业在与社会长期友好共存的基础上追求价值的轨迹。

　　关于 ESG 理念的革命性意义,从经济学说史的角度,它解决了个体道德和宏观向善之间的关系,使得微观个体在"看不见的手"引导下也能够实现宏观的善。因此市场经济的伦理基础与传统中实际整体社会的伦理基础发生了革命性的变化。这种变革引发了"斯密之问",即市场经济是否需要一个传统意义上的道德基础。马克斯·韦伯在《新教伦理与资本主义精神》中企图解决这一冲突,认为现代市场经济,尤其是资本主义市场经济,它很重要的伦理基础来源于新教。但它依然存在着未解之谜:如何协调整体社会目标与个体经济目标之间的冲突。

　　ESG 之所以具有如此深刻的影响,关键在于价值体系的重塑。与传统的企业社会责任不同,ESG 将企业的可持续发展与其价值实现有机结合起来,不再是简单呼吁企业履行社会责任,而是充分发挥了企业的价值驱动,从而实现了企业和社会的"双赢"。资本市场在此过程中发挥了核心作用,将 ESG 引入资产定价模型,综合评估企业的长期价值,既对可持续发展的企业给予了合理回报,更引导了其他企业积极践行可持续发展理念。资本市场的"用脚投票"展现长期主义,使资本向善与宏观资源配置最优相一致,彻底解决了伦理、社会与经济价值之间的根本冲突。

　　然而,推进 ESG 理论需要解决多个问题。在协调长期主义方面,需要从经济学基础原理构建一致的 ESG 理论体系,但目前进展仍不理想。经济的全球化与各种制度、伦理、文化的全球化发生剧烈的碰撞,由此产生了不同市场、不同文化、不同发展阶段,对于 ESG 的标准产生了各自不同的理解。但事实上,资本是最具有全球主义的要素,是所有要素里面流通性最大的一种要素,它所谋求的全球性与文化的区域性、与环境的公共属性之间产生了剧烈的冲突。这种冲突就导致 ESG 在南美、欧洲、亚太产生的一系列差异。与传统经济标准、经济制度中的冲突相比,这种问题还要更深层次一些。

　　在 2024 年上半年,以中国特色为底蕴构建 ESG 的中国标准取得了长足进步,财政部和三大证券交易所都发布了各自的可持续披露标准,引起了全球各国的重点关注,在政策和实践快速发展和迭代的同时,ESG 的理论研究还相对较为缓慢。我们需要坚持高质量的学术研究,才能从最基本的一些规律中引申出应对和解决全球冲突最为坚实的理论基础。所以,在目前全球 ESG 大行其道之时,研究 ESG 毫无疑问是要推进 ESG 理论的进步,推进我们原来所讲的资本向善与宏观资源配置之间的弥合。当然,从政治经济学的角度讲,我们也确实需要使我们这个市场、我们这样一个文化共同体所倡导的制度体系能够得到世界的承认。

在考虑到 ESG 理念的重要性、实践中的问题以及人才培养需求的基础上,为了更好地推动 ESG 相关领域的学术和政策研究,同时培养更多的 ESG 人才,2022 年 11 月上海财经大学和富国基金联合发起成立了"上海财经大学富国 ESG 研究院"。这是一个跨学科的研究平台,通过汇聚各方研究力量,共同推动 ESG 相关领域的理论研究、规则制定和实践应用,为全球绿色、低碳、可持续发展贡献力量,积极服务于中国的"双碳"战略。我们的目标是成为 ESG 领域"产、学、研"合作的重要基地,通过一流的学科建设和学术研究,产出顶尖成果,促进实践转化,支持一流人才的培养和社会服务。在短短的一年多时间里,研究院在科学研究、人才培养和平台建设等方面都取得了突破进展,开设 ESG 系列课程和新设了 ESG 培养方向,组织了系列课题研究攻关,举办了一系列的学术会议、论坛和讲座,在国内外产生了广泛的影响。

这套"上海财经大学富国 ESG 丛书"则是研究院推出的另一项重要的学术产品,其中的著作主要是由研究院的课题报告和系列讲座内容转化而来。通过这一系列丛书,我们期望为中国 ESG 理论体系的构建做出应有的贡献。在 ESG 发展的道路上,我们迫切需要理论界和实务界的合作。让我们携起手来,共同建设 ESG 研究和人才培养平台,为实现可持续发展目标贡献我们的力量。

刘元春

2024 年 7 月 15 日

序　言

　　ESG 是 Environmental(环境)、Social(社会)、Governance(治理)的简称,起源于企业社会责任(Corporate Social Responsibility,CSR)的概念。从文义上看,ESG 包括环境、社会和治理三方面内容,旨在要求企业在经营和投资过程中承担环境、社会、治理方面的责任,强调将环境、社会、治理因素纳入企业经营和投资决策的理念和实践。换而言之,ESG 强调企业不仅要关注财务绩效,还要从环境、社会和治理的角度衡量企业价值,使企业履行社会责任的实践和表现可量化、可比较并可持续改善。企业践行 ESG 理念是可持续发展的必然要求。ESG 理念引导和要求企业在追求经济利益之外关注环境、社会、治理问题,要求企业为股东创造价值、赚取利润的同时,承担起社会责任,为实现环境、社会的可持续发展做出贡献。因此,与 CSR 不同,ESG 强调企业经营目标与履行社会责任的交互性,其侧重点在于强调企业在支持环境、社会可持续发展的同时,实现自身更好的可持续发展。实际上,随着环境、社会风险的增加,企业将环境、社会问题纳入治理体系,本身也是基于实现长期收益的追求。

　　ESG 理念之所以成为引领各国及国际绿色投资的引擎,是因为 ESG 体系具有价值引导、风险防范、价值创造等强大功能。在 ESG 成为全球资本市场主流趋势的背景下,推广 ESG 理念有利于吸引国外责任投资,促进国内国际金融资源流通。此外,伴随着气候变化以及可持续发展面临的挑战,建设 ESG 体系也是化解气候变化风险的必然要求,可以促进经济社会协调发展,能够提升国家竞争力,为全社会创造可持续福祉。因此,联合国、世界主要经济体及各国政府都非常重视 ESG 体系建设,而市场主体特别是金融机构更是自觉地将 ESG 融入经营管理活动和业务决策中。

　　从实践来看,ESG 是一个多方参与、相互作用的体系,包含了各类企业、投资机构、评级机构、监管部门、中介机构等主体,涉及 ESG 投资、ESG 评级与指数、ESG 治理及信息披露、ESG 政策法规等内容。在 ESG 体系发展过程中,法治起了重要的推动、引领和保重作用。2004 年 ESG 概念正式被提出后,联合国及其所属机构出台了一系列促进全球环境治理和应对气候变化的金融合作方案和倡议,发布了一系列 ESG 标准和责任投资原则,引导资本市场更加关注 ESG 投资。在联合国推动下,世界各国特别是西方发达国家相继颁布了一系列政策法规,在促进 ESG 发展的同时加强对 ESG 的监管。与此同时,世界大型金融机构和金融行业组织也开始行动,推出一系列自治性规范,倡导金融机构主动践行 ESG 理念。尽管上述不同主体制定和发布的各种规范在类型、性质和效力层次上存在差异,但这些规范都将企业社会责任聚焦在提升环境、社会、治理的表现上,在这三个方面实现了规范的目标协同和功能协同。这些规范融合了政策、法律、道德、技术标准等在不同层面和不同领域的规范功能,形成了促进 ESG 发展的强大动力,使 ESG 理念能够真正融入可持续发展的实践,成为保障 ESG 体系高质量发展的制度基础。在这些规范中,法律规范至关重要,起了基础性的保障作用。首先,法治是 ESG 体系发展的基本要求。法治是人类社会发展的高级治理方式,ESG 体系的发展和理论创新离不开法治理念的引领和法律制度的保障。无论是将 ESG 理念贯彻到国际合作还是国内发展实践中,都离不开法治的支持和规范。同样,法治在深入推进 ESG 体系发展进程中发挥着引领、规范和保障作用,有效促进了制度与治理的有机统一,实现了可持续发展的系统集成。其次,完善法治是西方发达国家发展 ESG 体系的普遍做法和重要经验。ESG 实践发展同时也伴随着环境、社会、治理法治的快速发展。在国际合作不断加强和加深的背景下,各国政府、金融机构和企业纷纷将 ESG 作为加快可持续转型的重要抓手,加快相关政策、法规、制度、体制机制建设,在 ESG 体系下积极探索可持续发展的新路径,积累了丰富的立法和实践经验。最后,法治是 ESG 发展的内在驱动力。ESG 体系的发展和实践,需要准确、及时和可比较的信息、数据、标准来帮助投资者识别和管理 ESG 风险,并为监管者创造监管条件和提供监管工具。相较于政策规范而言,通过法律规则的治理,可以为投资者增强信心和稳定预期,为监管者明确监管职责、权限及规范依据,从而促进投资者做出合乎道德和负责任的投资决策,并维护财务报告的完整性,及时披露信息,尊重股东权利,识别和管理风险,负责任地从事投资活动,在追求利润的同时维护利益相关者的利益并促进公共利益的实现。

近年来,随着 ESG 理念的国际传播,我国 ESG 理论和实践也获得了快速发展。我国现有法律体系在引导和保障 ESG 体系和实践发展上发挥着重要作用。我国目前关于环境、社会及治理的法律规范主要体现在四个方面:一是涉及 ESG 的基础性法律规范,如《环境保护法》《公司法》《证券法》《消费者权益保护法》《劳动合同法》《反不正当竞争法》等,这些是各类企业在经营和投资过程中都必须遵守的法律规范;二是中央各部委,如生态环境部、中国人民银行、证监会等专门针对绿色金融、绿色低碳发展、劳动者权益保护等问题颁布的部门规章;三是地方立法机关和政府发布的涉及 ESG 相关内容的地方性法规;四是证券交易所对上市公司相关非财务报告信息披露问题所做的规定。与 ESG 实践的蓬勃发展相比,我国现有的相关法律规范还不能满足 ESG 实践发展的需求:一是我国目前尚未颁布整合 ESG 体系各要素的专项立法,涉及 ESG 的相关规定分散在不同的部门法和不同的法律文件中,ESG 法律制度的基本框架尚未形成。二是信息披露标准作为 ESG 体系的核心,我国现有法律对 ESG 信息披露标准缺乏统一和明确规定,ESG 信息披露法制框架尚未建立。三是现有相关立法对 ESG 的监管主要依循自上而下的行政监管模式,法律对市场驱动 ESG 发展的动力和机制缺乏足够重视。实际上,法律发展滞后已经成为我国 ESG 实践发展的不利因素。在大力实现"双碳"目标和促进绿色低碳发展的国家战略背景下,我国立法机关、政府部门、金融机构、社会团体、研究机构等都在紧锣密鼓地加快研究和制定与 ESG 相关的法律法规、监管政策及信息披露标准等。因此,加快建立和完善具有中国特色的 ESG 法律体系已是刻不容缓的重要任务。

经过几十年的实践探索,西方一些发达国家在 ESG 法治建设方面积累了丰富的经验并取得了丰硕的成果。为此,我们希望从比较法的视角,对西方主要发达国家的 ESG 法治框架进行系统研究,为我国 ESG 体系的发展及法治建设提供参考和借鉴。在此目标下,本书结合如美国、欧盟、德国、英国、澳大利亚、加拿大、日本等国家和地区 ESG 法治的最新发展,系统研究了 ESG 基本法律框架和制度体系,包括 ESG 法制框架、ESG 信息披露制度、ESG 评级制度、ESG 投资法治保障及 ESG 监管体制等核心内容。本书大致可以分为三个部分,第一部分为第一章,本章从 ESG 体系及其法理意蕴、ESG 体系的立法模式及特点、ESG 法律制度体系、ESG 体系的实施机制等方面,进行宏观上的比较分析,归纳总结了各国 ESG 法治解决的共同性问题,并勾勒出 ESG 法治框架的基本方面和主体内容。第二部分为第二章至第九章,本部分详细阐述和分析了欧盟和美国、德国、英国、加拿大、澳大利亚及日本的 ESG 法治框架及制度体系,较为全面地呈现了这些国家和地区 ESG 法治的发展脉络、基本框架和主要制度,在阐述法治发展和法律制度的同时,我们也试图剖析和揭示西方国家为推动社会各界践行 ESG 理念而采取法律行动时的利益衡量和价值判断。第三部分为第十章,面对日益强劲的 ESG 发展浪潮及其挑战,我国 ESG 的法理创新与法制建设任重而道远。因此,本章在比较研究的基础上,对我国 ESG 体系法治建设问题进行了初步思考。基于可持续金融是 ESG 适用的主要领域,本章结合可持续金融发展对 ESG 法治建设的需求,从法理创新和制度建设路径等方面对发展我国 ESG 体系展开思考,提出构建中国特色的 ESG 制度体系的初步构想。总体上,本书既有宏观层面的法律框架分析,也有微观层面的制度探讨,比较全面地展现当前 ESG 法治发展的总体脉络和基本体系。希望本书能为我国 ESG 法治的发展提供借鉴和参考,也希望本书能为社会各界了解、学习和研究西方主要发达国家和地区的 ESG 法治发展提供参考。

目　录

第一章　比较法视野下的 ESG 体系

叶榅平*

第一节　ESG 体系及其法理意蕴

一、ESG 及 ESG 体系

(一)ESG 的内涵

ESG[Environmental(环境)、Social(社会)、Governance(治理)]理念衍生于社会责任投资(Socially Responsible Investing,SRI),从文义上看,包括环境、社会、治理三方面内容。ESG 强调将环境、社会、治理因素纳入企业投资决策与经营的理念和实践,企业不仅要关注财务绩效,还要从环境、社会和治理的角度衡量企业价值,使企业履行社会责任的实践和表现可量化、可比较并可持续改善。

从概念溯源的角度,ESG 建立在企业社会责任(Corporate Social Responsibility,CSR)概念基础之上。自 20 世纪下半叶开始,全球范围内就涌现出了生态环境保护、消费者维权、企业社会责任等理论和实践,为 ESG 概念框架的诞生提供了原始理论和现实基础。具体而言,ESG 概念中对于环境和社会议题的关注可以溯及 20 世纪六七十年代,当时西方国家在经历工业化带来的经济高速增长的同时,也面临着来自资源、环境和气候方面日益严峻的挑战,这引发了欧美各国的公众环保运动,抵制、抗议企业因过度追求利润而破坏环境的行为。这些运动整体上奠定了以欧洲为代表的西方国家可持续发展的价值取向。随后,消费者通过选择产品或服务,将劳工保护和环保理念传递给企业,企业出于自身利益也开始考虑关注劳工权益和环保问题。在经济发展的同时,员工歧视、企业治理财务丑闻、企业造成的外部严重污染等问题不断出现,促使人们开始思考可持续的商业发展模式。在此背景

---

* 叶榅平,法学博士,上海财经大学法学院教授,ESG 政策与法律研究中心主任,主要研究方向为环境与自然资源保护法、气候变化法、绿色金融法等。

下,企业社会责任投资行为逐渐进入商业活动领域。20 世纪 90 年代以后,社会责任投资的理念在发达资本市场趋于成熟。1997 年,在联合国环境规划署金融倡议组织(UNEPFI)发布的《关于可持续发展的承诺声明》中,提出了企业要将环境和社会因素纳入运营和战略的建议。2004 年,联合国全球契约组织(UNGC)在其报告《有心者胜》(Who Cares Wins)中首次完整提出了 ESG 概念。报告同时指出,将 ESG 理念更好地融入金融分析、资产管理和证券交易将有助于构建更有韧性的投资市场,并推动全球契约原则在商界的实施。2006 年,联合国成立责任投资原则组织(PRI),正式提出 ESG 投资需要遵守六项基本投资原则,推动投资机构在决策中纳入 ESG 考量。2008 年,高盛基于 ESG 研究框架推出了高盛可持续权益资产组合(GS SUSTAIN)。此后,国际组织和全球知名机构持续深化 ESG 理念并推出相关披露标准、评估方法及投资产品,促进 ESG 理念、原则和标准体系的发展与深化。2015 年之后,随着《巴黎协定》的签署,全球对于气候变化的共识推动了 ESG 的深入发展,越来越多的投资者对 ESG 表现出浓厚的兴趣,进一步推动了 ESG 的快速发展。[①]

(二)ESG 体系

ESG 是一个多方参与、相互作用的体系,包含了投资机构、评级机构、有融资行为的公司、监管部门、中介机构等主体,涉及 ESG 投资、ESG 评级与指数、ESG 治理及信息披露、ESG 政策法规等内容。ESG 理念之所以成为引领各国及国际绿色投资的引擎,是因为 ESG 体系具有价值引导、风险防范、价值创造等强大功能。此外,在 ESG 成为全球资本市场主流趋势的背景下,推广 ESG 理念有利于吸引国外责任投资,促进国内国际金融资源流通。伴随着气候变化以及可持续发展面临的挑战,ESG 体系日趋发展成世界潮流。建设 ESG 体系是化解气候变化风险的必然要求,可以促进经济社会协调发展,提升国家竞争力,为全社会创造可持续福祉。联合国、世界主要经济体及各国政府都非常重视 ESG 体系建设,与 ESG 相关的政策法规日渐增多,市场主体特别是金融机构更是自觉将 ESG 融入经营管理活动和业务决策中。[②]

(三)我国 ESG 体系的发展

在联合国大力推动、国际组织积极参与以及资本市场对信息披露需求不断增加的带动下,可持续金融实施范式经历了从 CSR 到 ESG 的转型和跃升。实际上,融入 ESG 体系已是我国可持续金融发展的必然趋势。早在 2007 年银监会就发布了《节能减排授信工作指导意见》《关于加强银行业金融机构社会责任的意见》等文件。2012 年,银监会发布《绿色信贷指引》,要求银行业金融机构加大对绿色、低碳、循环经济的支持,并提升自身的环境和社会表现。2016 年 8 月,七部委联合发布《关于构建绿色金融体系的指导意见》,明确提出了绿色金融的概念。2018 年 11 月证监会发布《绿色投资指引(试行)》推动基金行业发展绿色投

---

① 参见李辛:《ESG 理念发展现状及发展建议》,https://www.iii.tsinghua.edu.cn/info/1131/3609.htm,最后访问日期:2023 年 12 月 11 日。

② 参见袁吉伟:《构建具有中国特色的 ESG 体系》,《银行家杂志》2023 年第 9 期,第 103 页。

资。2022 年 6 月,银保监会印发《银行业保险业绿色金融指引》,明确将"环境、社会、治理(ESG)"因素纳入绿色金融标准,要求金融机构防范 ESG 风险并提升自身的 ESG 表现,并在 1 年内建立和完善相关内部管理制度和流程以确保绿色金融管理工作符合监管规定。2022 年 7 月,国资委印发《提高央企控股上市公司质量工作方案》,要求探索建立健全 ESG 体系,推动更多央企控股上市公司披露 ESG 专项报告。在一系列政策措施的推动下,主动披露 ESG 信息的 A 股上市公司数量逐年增加,同花顺数据显示,截至 2023 年 6 月,已有 1 755 家 A 股上市公司披露 2022 年 ESG 相关报告,占全部 A 股公司的 34.32%。其中,银行披露率为 100%。① 一系列政策的出台和 ESG 实践的快速发展,意味着加快可持续金融 ESG 转型已成为我国社会各界的普遍共识。

相较而言,ESG 要求建立健全履行社会责任的内部治理体系与外部约束机制,将践行社会责任制度化,完善了可持续金融多元治理机制,无论是作为投资方的金融机构还是作为融资方的企业,在接受 ESG 评价之后,都必须将履行环境、社会、治理等方面的义务和责任纳入治理战略、管理体系和基本行为准则,并按 ESG 的要求进行有效信息披露,从而提升可持续性治理的形象和能力。因此,ESG 对可持续金融实施与治理提出了高标准和新要求,成为可持续金融演进的方向。当前,"碳达峰""碳中和"正成为我国推进可持续发展的重要战略框架,可持续金融是实现这一目标、促进经济社会全面绿色低碳转型的有力抓手,因此,加快可持续金融实施范式的 ESG 转型已成为金融机构、资本市场、责任投资未来发展的必然趋势。

二、ESG 的法治意蕴

(一)ESG 的法理内涵

ESG(环境、社会、治理)是在 CSR(企业社会责任)的基础上发展起来的,两者的基本内涵具有一致性,都不同程度地以利益相关者理论为基础,引导企业在追求经济利益之外关注环境、社会和治理问题,即要求企业为股东创造价值、赚取利润的同时,承担起环境、社会责任。但两者的核心理念也经历了从尽责行善到义利并举、从收益关切到价值关怀的转变。尽管 CSR 的概念在不断演进,但它本质上仍然具有明显的伦理色彩,"尽责行善堪称 CSR 的核心要义"②。而 ESG 更强调交互性,其侧重点在于强调企业在支持环境、社会可持续发展的同时,实现自身更好的可持续发展。因此,ESG 不仅强调企业应承担社会责任,而且关注承担社会责任对企业的影响。③ 在可持续发展报告准则中,企业对环境、社会的影响称为影响重要性,环境、社会对企业的影响称为财务重要性。欧盟 2014 年公布的《非财务性

---

① 《超 1 700 家 A 股公司已披露 2022 年 ESG 报告 ESG 报告对投资决策的影响正不断加深》,证券日报官微 2023 年 6 月 9 日。

② 参见李诗、黄世忠:《从 CSR 到 ESG 的演进——文献回顾与未来展望》,《财务研究》2022 年第 4 期,第 15 页。

③ 参见张慧:《ESG 责任投资理论基础、研究现状及未来展望》,《财会月刊》2022 年第 17 期,第 147 页。

指令》^①只关注 ESG 事项对企业运营的影响,而 2022 年通过的《可持续性报告指令》^②不仅关注 ESG 事项对企业运营的影响,而且关注企业运营对各种可持续性发展相关因素的反作用。换言之,新指令更重视 ESG 事项本身的价值,即采纳了一种所谓"双重重要性的观念"。^③ 实际上,随着环境、社会风险的增加,金融机构的责任投资将环境、社会问题纳入治理体系,本身就是基于实现长期收益的追求。理念上的转变促使金融机构将 ESG 理念纳入投资决策,使社会责任成为促进责任投资的内在因素和动力。因此,ESG 范式下的可持续金融是提倡责任投资和弘扬可持续发展的投资方法论,本质是在考虑财务回报之余,将环境、社会、公司治理因素纳入决策过程,形成投资策略,是一种价值取向投资。^④

尽管 CSR 理论和原则经历了不断演变,但其核心理念仍然具有浓厚的道义责任色彩。欧盟委员会 2001 年发表的《欧洲关于企业社会责任的基本条件》绿皮书,将企业社会责任定义为"从主动性出发,把社会问题和环境问题纳入企业活动中以及利益相关者关系中的一种构想"^⑤,强调企业履行社会责任的自发性。在此意义上,人们认为可持续金融本质上是社会要求金融机构承担的一种道义责任,这种责任主要由国际合作倡议、国家政策以及软法规范承载,而法律对金融机构社会责任只有一些比较原则性的规定。实际上,只有少数国家通过立法明确规定银行业金融机构的绿色信贷责任,如美国的超级基金法,绝大多数国家的法律对银行业金融机构的环境责任都没有明确的直接规定。然而,随着可持续金融的发展,人们逐渐认识到,相较于环境规制手段,可持续金融需要通过市场机制引导以实现资金和资源的合理有效配置来解决经济社会发展中出现的环境污染和资源损耗问题,而规范此种对社会、经济、环境具有重大影响的金融行为有赖于高效的社会控制。在社会控制视角下,可持续金融本质上是政府、社会与企业秉持可持续发展理念对金融行为的法定社会控制。^⑥ ESG 的崛起,一定程度上反映了金融监管和资本市场对加强可持续金融监管和控制的要求,而各国政府围绕 ESG 出台的一系列政策和法律加强了对可持续金融的监管和规制,强化了金融机构的社会责任,并为其履行和救济创设了多种执行机制。

(二)法治对促进 ESG 发展的重要意义

2004 年 ESG 概念正式被提出后,联合国及其所属机构出台了一系列促进全球环境治

---

① 欧盟最早系统性引入非财务性信息披露规则的是 2014 年公布的《欧洲议会及部长理事会就特定大型企业或集团非财务性及多样化信息披露方面修订 2013/34/EU 指令之指令》(简称《非财务性报告指令》)。

② 2022 年欧盟立法者在非财务性信息披露义务方面引入了重大革新,通过了《欧洲议会及部长理事会有关公司可持续性报告修改(EU)Nr. 537/2014 条例及 2004/109/EG,2006/43/EG 及 2013/34/EU 指令之指令》(简称《可持续性报告指令》)。

③ 《可持续性报告指令》第 29 点权衡理由;《德国公司治理法典》(DCGK)2022 年修改理由书,对前言部分第二款的说明。

④ 参见屠光绍:《ESG 责任投资的理念与实践(上)》,《中国金融》2019 年第 1 期,第 14 页。

⑤ See Duncan L. & Edmondson Florian Kern & Karoline S. Rogge. The co-evolution of policy mixes and socio-technical systems: Towards a conceptual framework of policy mix feedback in sustainability transitions,48(10)Research Policy,13(2019).

⑥ 参见杨峰、秦靓:《我国绿色信贷责任实施模式的构建》,《政法论丛》2019 年第 6 期,第 49 页。

理和应对气候变化的金融合作方案和倡议,发布了一系列 ESG 标准和责任投资原则,引导资本市场更加关注 ESG 投资。在联合国推动下,世界各国特别是西方发达国家相继颁布了一系列政策法规,在促进 ESG 发展的同时加强对 ESG 的监管。与此同时,世界大型金融机构和金融行业组织也开始行动,推出一系列自治性规范,倡导金融机构主动践行 ESG 理念。尽管上述不同主体制定和发布的各种规范在类型、性质和效力层次上存在差异,但这些规范都将企业社会责任聚焦在提升环境、社会、治理的表现上,在这三个方面实现了规范的目标协同和功能协同。这些规范融合了政策、法律、道德、技术标准等在不同层面和不同领域的规范功能,形成了促进 ESG 发展的强大动力,使 ESG 理念能够真正融入可持续发展的实践,成为保障 ESG 体系高质量发展的制度基础。

首先,依法治理是 ESG 体系发展的基本要求。法治是人类社会发展的高级治理方式,ESG 体系的发展和理论创新离不开法治理念的引领和法律制度的保障。无论是将 ESG 理念贯彻到国际合作还是国内发展实践中,都离不开法治的支持和规范。[①] 同样,法治在深入推进 ESG 体系发展进程中发挥着引领、规范和保障作用,有效促进了制度与治理的有机统一,实现了可持续发展的系统集成。[②] 此外,ESG 体系的功能定位离不开法治的保障,通过法律价值的中介实现"创新、协调、绿色、开放、共享"的规范转换,是 ESG 体系发展的根本路径。[③]

其次,依法治理是西方发达国家发展 ESG 体系的普遍做法和重要经验。ESG 体系的发展伴随着金融法治的快速发展。在国际合作不断加强和加深的背景下,各国政府、金融机构和企业纷纷将 ESG 作为加快可持续转型的重要抓手,加快相关政策、法规、制度、体制机制建设,积极探索新范式下的可持续金融实施路径的转化,并积累了丰富的立法和实践经验。

最后,依法治理是 ESG 发展的内在需求。ESG 发展实践涉及不同层面的行动,上至政策法规的制定,下到绿色金融产品的研发和标准的制定,需要不同层面的立体式发展。ESG 体系的发展和实践,需要准确、及时和可比较的信息、数据、标准来帮助投资者识别和管理 ESG 风险,并为监管者创造监管条件和提供监管工具。相较于政策规范而言,通过法律规则的治理,可以为投资者增强信心和稳定预期,为监管者明确监管职责、权限及规范依据,从而促进投资者做出合乎道德和负责任的投资决策,并维护财务报告的完整性,及时披露信息,尊重股东权利,识别和管理风险,负责任地从事投资活动,在追求利润的同时维护利益相关者的利益并促进公共利益的实现。

① 参见陈雷、罗洪洋:《人类命运共同体的法律建构——规范论视角》,《南京社会科学》2019 年第 2 期,第 95 页。
② 参见金成波:《筑牢中国式现代化的法治根基》,《学习时报》2022 年 10 月 26 日,第 1 页。
③ 参见周佑勇:《逻辑与进路:新发展理念如何引领法治中国建设》,《法制与社会发展》2018 年第 3 期,第 35 页。

第二节 ESG 体系的立法模式及特点

2004 年 ESG 概念正式被提出后，很快就受到了国际社会的广泛认可。联合国和国际组织出台了一系列促进全球环境治理和气候变化应对的金融合作方案和倡议，发布了一系列责任投资原则和可持续金融评价标准；各国政府颁布了一系列促进可持续金融发展、实施和监管的政策法规；金融行业也推出一系列自治性规范。这些规范包括政策、法律、社会规范、技术标准等，包括软法与硬法、公法与私法、国际法与国内法、管制规范与自治规范、道德原则与法律原则等。尽管不同主体制定的规范类型不同、性质不同、效力层次也不同，但这些规范都将企业社会责任聚焦在提升环境、社会、治理的表现上，在这三个方面实现了规范的目标协同、功能协同。

一、ESG 体系的两种立法模式

从立法模式上看，主要有集中立法模式和分散立法模式。欧盟采取了集中立法模式。基于 2018 年发布的第一份可持续金融战略《可持续发展融资行动计划》，欧盟逐步构建起了 ESG 体系的三大法律框架：一是可持续活动的分类体系，即欧盟分类法（EU Taxonomy）。欧盟分类法条例旨在提供一套强大的、基于科学的分类体系，从而使金融和非金融企业共享一套针对可持续活动的统一定义，防止"漂绿"风险。二是针对金融和非金融企业的信息披露制度。通过相关信息披露制度安排，为投资者进行可持续投资决策时提供有效的信息。目前欧盟已建立了包括《企业可持续报告指令》（CSRD）、《可持续金融披露条例》（SFDR）和《欧盟分类法条例》及其披露授权法案在内的可持续信息披露法规体系。其中，CSRD 是针对所有企业的可持续信息披露要求，SFDR 是针对金融市场参与者和财务顾问的可持续信息披露要求，分类法及其披露授权法案则是针对金融和非金融企业对其业务活动在多大程度上与《欧盟分类法条例》保持一致的披露要求。三是促进可持续投资的一系列工具，包括基准、标准和标签。如欧盟气候转型基准、绿色债券标准、可持续金融产品标签等。这些工具为市场参与者提供更大的透明度，能够帮助市场参与者更易于将其投资策略与欧盟的气候和环境目标保持一致。2020 年 7 月 17 日，欧盟通过了三项关于气候基准和基准 ESG 披露要求的法案，并于 2020 年 12 月 23 日正式实施。三项新法规包括：（1）2020 年发布的气候基准授权法案，规定了欧盟气候基准的最低技术要求，即满足了这些最低技术要求才能被贴标为欧盟气候基准（包括气候转型基准和巴黎协定一致基准），例如，基准指数覆盖的资产需要逐年减少碳排放，并排除严重损害 ESG 目标的资产。（2）2020 年授权法案对基准指数管理者提出了一系列 ESG 信息披露要求。（3）《欧盟绿色债券标准》（EUGBS）。2023 年 2 月 28 日，欧盟已就 EUGBS 法规提案达成政治协议。制定绿色债券标准是欧盟第一项可持续金融战略中的行动之一，也是欧洲绿色协议的组成部分，将为绿色债券建立欧盟自愿的高质量标准。欧盟的三大基本立法各有侧重,同时也互为支撑,其中欧盟分类法是其他两项的基础。

相对而言,美国、英国等英美法系国家主要采用分散立法模式。美国的 ESG 立法框架由联邦法律和州法律共同构成。严格意义上说,迄今为止,相关法律往往是"软性"的,没有明确的法律法规,多数以指南、原则的形式出现,或是在有关法律中涉及 ESG 相关内容。根据梳理,关于 ESG 相关法律,大致可以分为社会发展类、环境保护类以及公司治理类。此外,框架涵盖主体主要包括上市公司、行业特定实体、公开 ESG 相关声明的公司、投资顾问以及拥有 100 名或更多员工的雇主等。在 ESG 披露方面,美国 ESG 披露涉及多个法律部门,譬如环保法、劳工法、证券法等,以及涉及多部法律,譬如《萨班斯—奥克斯利法案》《洛杉矶社会责任条例》等,但更具针对性和时效性的是证券交易委员会(SEC)公布的一些指南和规则。此外,需要特别关注的是 2019 年颁布的《ESG 报告指南 2.0》,以及 2021 年 6 月颁布的《ESG 披露简化方案》(ESG Disclosure Simplification Act)。在行业方面,美国 ESG 披露对于生物医药行业、金融行业以及董事会的披露较为完善。尤其重要的是,需要关注美国 ESG 披露的未来趋势。英国的 ESG 相关法律规范包括:2013 年通过修改《公司法》,实施了首个强制性 ESG 披露规范。[①] 2015 年《现代奴役法》要求特定组织每年需制定一份奴役和人口贩运声明。[②] 2017 年,《平等法案(性别薪酬差距信息)条例》强制要求企业发布性别薪酬差距信息。[③] 2018 年《公司(董事报告)和有限责任合伙企业(能源和碳报告)条例》要求企业报告能源使用情况。[④] 2022 年《公司(战略报告)(气候相关财务披露)条例》要求所有上市公司和大型资产所有者从 2022 年 4 月起按照气候相关财务信息披露(TCFD)[⑤]所规定的框架指标公开信息。[⑥]

二、ESG 体系立法的特点

无论是集中立法还是分散立法,ESG 法治发展都呈现出以下显著的特征:

第一,规范类型上的多样化发展,特别是法律规范获得系统发展。随着气候变化国际治理共识的达成和落实,ESG 体系发展进程加快,相关规范也获得了快速的发展,政策规范、法律规范、社会规范、标准体系都呈现出快速发展趋势,针对不同市场主体的 ESG 规范齐头并进,共同推动了 ESG 体系快速发展,特别是法律规范的极大发展使 ESG 的治理水平得到了很大提升。具体而言,ESG 相关法律规范呈现出以下系统性的发展:一是软法与硬

---

① The Companies Act 2006(Strategic Reportand Directors' Report) Regulations 2013,Art15.

② Modern Slavery Act,Art54.

③ Equality Act 2010(Gender Pay Gap Information)Regulations 2017.

④ Companies (Directors' Report) and Limited Liability Partnerships(Energy and Carbon Report) Regulations 2018.

⑤ Task Forceon Climate-related Financial Disclosures(TCFD).

⑥ The Companies(Strategic Report)(Climate-related Financial Disclosure)Regulations 2022,Art4.

法协同发展。近年来,ESG 相关硬法规范增强,出现硬法和软法协调发展的趋势。以日本的 ESG 信息披露为例,有软法和硬法两种手段。所谓软法手段是指引入国际上的 ESG 信息披露标准指引文件,在此基础上制定本国的 ESG 信息披露标准指引文件,积极地鼓励和指引日本各类企业对外披露更多的 ESG 信息,为投资者以及利益相关者的投资判断等提供参考。所谓硬法手段是指在日本金融商品交易法的有价证券报告书中,引入包含 ESG 要素在内的非财务信息,要求上市公司进行相应的信息披露。[①] 二是公法与私法交互发展。从立法技术来看,ESG 法制也是典型的公私法交融的领域。其核心法律主体是作为组织体的企业,因此核心规制工具属于企业组织法。但是组织的决策必然落到决策者、管理者、监督者个人,所以在企业内部的行为法层面也要细化这些个人的审慎管理义务和对企业、对股东的法律责任。此外,在 ESG 范式下,企业与其他民事主体间的法律关系的重新调整也需要与民法(尤其是合同法和侵权法)的修改紧密结合。除了这些私法性机制外,ESG 执行和监管也离不开公法性的执行机制,这就需要公法特别是行政法提供支持。

第二,ESG 相关法律法规规制对象呈现多元化,政府、金融机构、社会组织、各类市场主体都被纳入规范体系。英国最初对环境、社会、治理因素的考量要求仅适用于养老金投资管理,之后在 2006 年扩展至上市公司。近年来,英国 ESG 法规适用对象逐步扩大到资产管理者、资产所有者、服务提供者等多个金融市场参与者。[②] 如《投资中介机构的受托责任》中列明,需要遵守该条例进行 ESG 整合的"投资中介"包括投资经理、代理商和托管人。[③] 澳大利亚 ESG 政策与法规的主要规制对象包括三类:一是金融产品发行人、金融服务持证人、授权代表等金融活动参与者;二是公司,针对规制对象为公司的 ESG 规范性文本主要包括《澳大利亚公司 ESG 报告指南》和《公司治理准制和建议》;三是养老基金,澳大利亚的《FSC 标准第 20 号:养老金政策》《投资治理审慎实践指南(SPG530)》《朝着更强有力的投资尽职管理》均对养老金的管理和投资进行了规定。

第三,ESG 相关法律规范内容的平衡发展,除了环境因素,社会、治理因素也是规范的重要内容。随着 ESG 体系的发展,其规范配置也逐渐从以环境责任规范为中心向环境、社会、治理责任规范平衡的方向发展。ESG 评价指标涉及面更广,考量因素更多,更充分地体现了"可持续"的内涵和要求。英国通过立法形式强制其国内上市公司披露与环境、人权等问题相关的战略信息,如温室气体排放、能源使用、性别薪酬差距、现代奴隶等。[④] 劳资关系在欧盟《可持续报告指令》中得到了充分体现,立法者要求企业必须就可持续报告披露的信

①　藤井辰朗:《ESGファクターと企业价值に关する一考察》,《产业经济探究》4 卷,19—30 页(2021)。

②　See Lassala, C., Apetrei, A. & Sapena, J. Sustainability Matter and Financial Performance of Companies, 9(9)Sustainability, 1498(2017).

③　See Carlos Lassala & Andreea Apetrei & Juan Sapena. Sustainability Matter and Financial Performance of Companies, 9(9)Sustainability, 1498(2017).

④　Fiduciary Duties of Investment Intermediaries-Law Commission, https://lawcom. gov. uk/project/fiduciary-duties-of-investment-intermediaries/, last visited on 2024—07—19.

息的查明、收集程序专门做出说明,强调企业治理中的劳资平衡、利益相关者对话原则,要求企业领导与一定级别的雇员代表沟通,向他们解释可持续性报告所涉信息的取得和审核的方式。

第四,ESG 法律规范在结构上的具象化发展,具有权利义务构造的规范不断增加。ESG 体系相关法律规范主要围绕环境、社会、治理三个方面展开,同时,规范结构也越来越趋向具象化,表现为具有明确权利义务关系的规范所占比重增加。一是关于环境、社会、治理概念的界定、分类及其标准的规范明显增多,ESG 的内涵变得更加清晰,标准变得更加明确。近年来,欧盟专门出台多项针对 ESG 的法规和指引以提升透明度建设,对不同主体的责任要求逐步明确、清晰和完善,一系列规范要求综合考量责任投资的可持续和可量化的因素和问题。[①] 二是关于 ESG 监管的规范趋向程式化,监管过程中的权利义务关系更加清晰。随着资本市场主体对 ESG 信息需求的日益增长,欧盟立法者认为需要扩展披露义务的适用范围、细化披露义务的内容控制和强化审计认证来更好地满足这些需求,同时通过联盟统一立法避免成员国各自为政,徒增企业经营的合规成本。[②] 三是 ESG 信息披露义务明确化,披露机制和披露规则更加具体。为了提升可持续性报告的信息质量及其可信度,欧盟《企业可持续性报告指令》的立法者多措并举,在信息的传播方式、产生方式、内容控制和第三方监督四个方面设计了一系列规则和机制。通过这些规则体系,可持续金融实施机制的可执行性明显强化。

第五,ESG 相关法律规范的效力呈层级化发展,法律责任受到了重视。ESG 信息披露标准、ESG 信息披露规则、可持续报告编制要求等为金融机构和市场主体履行社会责任提出了具体要求,这些要求不仅是道德性的义务,而且是可以对投资融资产生直接影响的行为义务和结果义务,其履行的好坏直接关系到投资融资做出决策。一是 ESG 体系的发展要求企业关注的价值主体从个别的、具体的主体逐渐变为广泛的、一般的主体,例如,排污事项涉及的往往是一个本地的有限生态系统(包含人、其他动植物和土壤、空气等非生物的集合体),但应对气候变化关注的可以说是整个生物圈。相应地,企业行为考量的价值主体也从本地的人群扩展到全人类。同理,劳动关系本来只涉及本企业特定的、有限的雇员这一价值主体,但企业强化性别平等、提高残障人士便利度的要求的受益主体并不限于雇员,也可能是雇员的家属、企业的访客等。由此可见,ESG 范式下的企业社会责任得到了强化,表现为从一般公共利益视角来规制企业的行为,这一特点显现出 ESG 规范具有推进环境、社会和治理的公法性的一面。二是从 ESG 信息披露的强制性要求来看,近年来,各国监管部门纷纷接受了 ESG 信息自愿披露框架的各项要素,并逐渐将其转化为部分强制性披露义

---

① European Commission. Action Plan: Financing Sustainable Growth, COM(2018) 97 fifinal (8 March 2018), 8(2018).

② 2019/C 209/01: Mitteilung der Kommission vom 17. Juni 2019. Leitlinien für die Berichterstattung über nicht-finanzielle Informationen: Nachtrag zur klimabezogenen Berichterstattung.

务。欧盟采用强制信息披露原则,英国、澳大利亚、中国香港等规制体系也逐步强化,由自愿披露转变为强制或自愿型的半强制性规制模式,遵循"不披露就解释"规则。三是从义务类型来看,也经历了从单纯的信息披露义务到越来越多、越来越细致的具体行为义务的发展。这无疑要求在企业决策者、管理者的行为层面融入更多的"公法性思维",亦即决策者不能再从企业短期经济利益这一较为单一的维度出发,而要更像当代政府决策者那样兼顾多目标间的平衡。并且,构成环境、社会和治理框架的法规通常包括执法制度,规定对违反义务的行为进行起诉和征收罚款、罚金和其他执法机制,如行政命令等。[①]

第六,ESG 标准相关法律规范的体系化。从 ESG 标准立法来看,设计理念大致主要有两类:一类是原则主义,另一类是细则主义。前者的评价标准指引文件主要规定应当遵守的重要原则和规范,实施者的裁量余地很大,优点是能够针对不同的情况采取灵活性、实质性的应对;但缺点是具体情况应当如何处理并不是很明确,常常导致适用者有时会犹豫不决或者不知所措。与此相对,后者的评价标准指引文件会事先规定详细的规则,优点是明确易懂,容易适用;但缺点是严格规则有时也会导致缺乏灵活性,只顾进行形式上的应对。实际上,国际和国内的 ESG 评价标准文件都是这两种的混合,既有原则性标准也有具体标准。从标准发布的主体来看,主要有国际组织的 ESG 标准、政府 ESG 标准、交易所 ESG 标准、金融业团体发布的标准等。不同框架下的标准侧重于不同领域,故而理论上,企业可根据经营范围自愿选择一个或多个标准披露 ESG 信息。目前,多数国际标准制定者和监管机构倾向于基于气候相关财务信息披露(Task Force on Climate-related Financial Disclosures,TCFD)标准实现全球在气候信息披露方面的趋同,例如,G7、G20、FSB、IFRS 基金会、国际证监会组织(IOSCO)、CDP 以及欧盟委员会(EC)均明确表示支持 TCFD 标准。[②]在一定意义上,环境、社会、治理责任标准体系的建立和发展标志着 CSR 时代的式微与ESG 时代的到来。

第三节　ESG 法律制度体系

ESG 理念与可持续发展、高质量发展高度契合,其生态体系包括政府部门、企业、消费者、金融机构等主题。其中,政府部门主要制定与 ESG 相关的法律法规,建立碳交易等市场,推动社会践行 ESG 理念;企业将 ESG 融入生产经营,推动技术进步,走绿色低碳发展道路,并披露 ESG 信息;消费者主动实践 ESG 理念,购买绿色产品和 ESG 金融产品服务;金融机构评价企业 ESG 表现,开展 ESG 投融资。其中,ESG 信息披露、ESG 投资、ESG 评级是 ESG 体系的重要内容,也是维持 ESG 体系良性运行的基础。各国的 ESG 法治建设也主

[①] See Avramov D.,Cheng S.,Lioui A.,et al. Sustainable investing with ESG rating uncertainty,145(2)Journal of Financial Economics,643(2022).

[②] 参见董江春、孙维章、陈智:《国际 ESG 标准制定:进展、问题与建议》,《财会通讯》2022 年第 19 期,第 148 页。

要围绕着这些方面展开。

一、ESG 信息披露制度

ESG 信息披露是 ESG 体系的核心。ESG 信息披露以衡量企业环境保护、社会责任承担程度的评价为体系，可以使利益相关者对上市公司进行系统客观地评估，是推动企业践行 ESG 理念和方法的有效举措，在实践中具有极为重要的意义。国际上，以联合国负责任投资原则（UNPRI）、气候相关财务信息披露工作组（TCFD）、可持续会计准则委员会（SASB）、气候披露标准委员会（CDSB）等为代表的国际组织通过框架制定等形式敦促全球积极开展 ESG 信息披露。同时，欧盟以及英国、美国、日本、新加坡等国家相继出台多项政策，引导国内企业开展 ESG 信息披露，部分国家已进入强制披露阶段。

（一）ESG 信息披露标准的立法模式

标准是可持续金融的重要支柱，信息披露标准是 ESG 体系的核心。从主要法域 ESG 信息披露指引文件来看，关于 ESG 信息披露标准的设计，主要是有两类理念：一类是原则主义，另一类是细则主义。前者指法律规范只规定信息披露应当遵守"重要性"原则，至于哪些信息属于"重要性"信息，则交由监管部门判断。与此相对，后者是指法律规范对哪些是需要披露的"重要性"信息有列举式规定。显然两种模式都有明显的优缺点。实际上，目前主要的 ESG 信息披露标准都是这两种的混合，即在列举式规定的基础上，以"重要性"原则为信息披露兜底规则确立 ESG 信息披露标准。欧盟关于 ESG 信息披露标准的立法非常发达，以《欧盟分类法案》为例，《欧盟分类法条例》确定了六项环境目标：减缓气候变化、适应气候变化、水和海洋资源的可持续利用和保护、向循环经济转变、污染防治、生物多样性和生态系统的保护与恢复。符合分类法定义的可持续经济活动必须满足四个总体条件：（1）对六项环境目标中的至少一项做出重大贡献。（2）对其余五项环境目标没有造成重大损害。（3）遵守最低保障措施。主要指经济活动需要符合国际最低人权和劳工权利相关标准，包括《经合组织跨国企业准则》《联合国工商业与人权指导原则》（包括《国际劳工组织关于工作中基本原则和权利宣言》）等。（4）遵守分类法授权法案中规定的技术筛选标准。技术筛选标准是判断一项经济活动是否符合条件（1）和条件（2）的基础。根据《欧盟分类法条例》的要求，欧盟应通过出台分类法授权法案明确每一项环境目标的技术筛选标准。对于大多数国家来说，ESG 信息披露标准一般都体现在不同的法律文件中，如英国，对 ESG 信息披露标准及要求的法律规范包括 2013 年修改的《公司法》、2015 年《现代奴役法》、2017 年《平等法案（性别薪酬差距信息）条例》、2018 年《公司（董事报告）和有限责任合伙企业（能源和碳报告）条例》、2022 年《公司（战略报告）（气候相关财务披露）条例》等相关法律，这些法律对 ESG 信息披露标准进行了分散式规定。

（二）ESG 信息披露模式

ESG 信息披露模式主要有以下几种：

一是自愿披露模式。美国 ESG 信息披露的监管机构为美国证券交易委员会(SEC)、纽约证券交易所及纳斯达克交易所。对于 ESG 或者可持续信息的披露要求,主要来源于美国 SEC 对上市公司的法规和披露文件要求。在这两个证交所上市的公司不仅要满足证交所对其信息披露要求,同时也受 SEC 的监管。目前两大证券交易所纳斯达克交易所、纽约证券交易所均不强制要求上市公司披露 ESG 信息,本着自愿原则鼓励企业在衡量成本和收益时考量 ESG。美国 SEC 对 ESG 信息披露的要求是一个渐进明晰的过程。1977 年通过的《证券法》S-K 条例建议上市公司对环境问题可能带来的金融或法律风险进行披露。SEC 于 2019—2020 年针对 S-K 条例发布了修订条款,增加了一些更加具体的 ESG 信息披露指导建议,但该规则仍然秉承基于自愿的披露方案而未对 ESG 信息披露予以强制要求。美国 2021 年发布的两项法案《2021 年 ESG 披露简化法案》和《2021 年气候风险披露法案》,指示美国证券交易委员会参与规则制定,统一 ESG 披露要求标准。2021 年 4 月《ESG 信息披露简化法案》在美国众议院金融服务委员会获得通过。2021 年 6 月 16 日,众议院又通过了 H. R. 1187 法案,即《公司治理改善和投资者保护法案》,目前 H. R. 1187 法案已提交给美国参议院。2022 年 3 月,美国证券交易委员会(SEC)发布了新的上市公司气候变化相关信息披露规则变更的草案。作为拜登政府扭转特朗普政府消极气候政策的最新尝试,此次发布的变更草案不仅是对此前 SEC 于 2010 年发布的气候变化信息披露指南的重大革新,同时也是十几年来美国在气候变化控制领域出台的影响范围最大的新政策。相较于以往而言,此次新的气候变化信息披露指南将具有强制性。一旦正式实施,将成为美国在 ESG 体系建设上的里程碑,同时也必将对全世界的 ESG 市场发展产生重要影响。因此,此次 SEC 对于气候变化披露规则的变化获得了世界范围内广泛的关注。

对于加拿大来说,在 ESG 信息披露层面,ESG 信息披露衍生于企业社会责任(CSR)等非财务信息的披露,但是二者有本质不同。首先,CSR 披露的目标群体是企业各方面利益的相关者,而 ESG 披露的目标群体主要是与资本市场相关的利益者。其次,CSR 一般不具备强制性,只强调报告的可读性,而 ESG 则有详细的指引要求,具备强制性要求。最后,CSR 报告强调披露内容的传播与沟通能力,而 ESG 则强调向投资者负责,需要在指定时间发布并进行信息公开。在区别 ESG 与 CSR 披露的不同后,加拿大对于企业非财务信息的披露要求是从环境议题开始的,随后由单一环境因素的要求拓展至环境和社会两个因素。但是由于加拿大自愿性环境、社会和治理信息披露近年来显著增加,组织所面临的挑战是决定使用哪种标准或框架披露 ESG 信息。面对受到投资市场日渐关注的 ESG 实践,加拿大政府并未对 ESG 披露的现有规定进行大规模立改废,而是通过颁布不同领域的国家法案,为现有的披露要求做出进一步规定,以此来回应企业的 ESG 和社会责任问题。

就信息披露而言,澳大利亚 ESG 信息披露为自愿性信息披露与强制性信息披露相结合的模式,一方面,自愿性信息披露框架为主流,当下所使用的环境、社会和治理因素范围广泛,涵盖数十个不同的项目和子类别,允许依据不同框架的格式和内容披露,不过这为企业操纵信息披露创造了充足的空间;另一方面,澳大利亚的 ESG 规则也体现了强制性要求,《现代奴役法》《监管指南 65:第 1013DA 条披露指南》《FSC 标准第 20 号:养老金政策》等均体现了强制性信息披露的要求,且由自愿性披露转向强制性披露的趋势愈发明显。澳大利亚国内主流 ESG 信息披露框架以《澳大利亚公司 ESG 报告指南》为主体,结合《公司治理准则和建议》而展开。其中,环境主题包括环境管理和气候变化两大项内容,社会主题包括人力资本管理和其他利益相关者问责制的内容,公司治理主题则主要解决管理层的选择与激励问题,并旨在实现公司的科学化决策。人类对环境和全球供应链等的普遍关注,带来了经济效益、社会效益等的稳步提升。此外,多数企业一般至少使用一种包括国际综合报告框架(IIRC)、全球报告倡议标准(GRI)、可持续会计准则委员会标准(SASB)等在内的国际报告披露框架或标准。就澳大利亚产品发行人的 ESG 信息披露指引而言,涉及了强制披露的内容、披露的详细程度以及如何监督与执行。第三方独立鉴证是保证企业 ESG 信息披露真实可信的关键。澳大利亚出台的法律与政策中,有关外部鉴证的规定多为倡导性规范,将独立鉴证作为企业的可选方式之一。企业可考虑披露与内部保证程序有关的信息,或考虑独立的外部保证,增强投资者对所披露信息完整性的信任度。

日本关于 ESG 信息披露,主要有软法和硬法两种手段。所谓软法手段是指引入国际上的 ESG 信息披露标准指引文件,在此基础上制定本国的 ESG 信息披露标准指引文件,积极地鼓励和指引日本企业对外披露更多的 ESG 信息,为投资者以及利益相关者的投资判断等提供参考。所谓硬法手段是指在日本金融商品交易法的有价证券报告书中,引入包含 ESG 要素在内的非财务信息,要求上市公司进行相应的信息披露。2019 年,《日本金融商品交易法》进行了修改,在有价证券报告书创设一个独立的"记载栏",作为一体化提供非财务信息的框架,以此来引入 ESG 信息披露制度。其中,判断非财务信息披露的重大性的依据是:该信息对于投资者的投资判断是否重要。投资者投资判断的重要性,根据企业的形态、企业所处的时刻变化的经营环境等各不相同。因此,各企业在披露非财务信息之际,应当依据各个项目、情况等对自身企业价值和业绩等带来的重大性,判断各个项目、情况等的说明顺序和程度等。同时,作为有价证券报告书中非财务信息的补充参考资料,上市公司在必要时,可以将更加详细的信息记载于自愿披露文件加以披露。

二是强制披露模式。欧盟是强制披露模式的典型。欧盟 ESG 相关信息的披露规则立足于会计法。2014 年欧盟就为会计法引入了关于非财务性信息披露的规定,2022 年又通过《可持续性报告指令》改进了该制度,引入了一项不仅针对大企业也将分阶段适用于中小企业的可持续性报告制度,实现了信息披露制度的提质升级。未来凡在欧盟内上市的欧盟企业,无论其规模大小(只要不是微型企业)都必须在运营情况说明书中列入可持续性相关信息。此外,对在欧盟内设立的域外企业或分支机构的适用范围也将显著扩大。相比德国现行法上较为笼统的报告义务,《可持续性报告指令》将给企业设置内容更为详细、信息质量要求更高、信息核查更为刚性的披露义务。首先,指令要求企业就环境、社会及人权和企业治理三大类事项报告与企业可持续性有关的各个方面。各大类包含的小项数目有所增加,而且将通过欧盟委员会委任立法的方式加以动态调整,不再能够由企业按照奉行或解释的原则加以任择。其次,为了提升报告所包含信息的质量与可信性,欧盟立法者在信息的产生方式、内容控制和传播方式方面设计了一系列新机制。最后,引入了实质性的第三方审查,需要鉴证的内容全面覆盖了可持续性报告的信息三要素:产生过程、实质内容和呈现形式。

在欧盟法的影响下,德国关于ESG的立法除了愈发广泛的信息披露义务,立法者也将越来越多的社会政策目标渗入了传统企业法的领地,为企业自身的组织、运营活动框定了许多直接行动义务。尤其在股份公司治理领域,德国法日益呈现出多元化的利益相关者导向,这些利益相关者的诉求往往也都围绕着ESG事项。比如德国《股份法》第87条第1款就规定股份公司董事的薪酬机制应反映其工作对公司可持续性的价值成长做出的贡献程度。与公司治理密切相关的软法《德国公司治理操典》中也明显开始强调ESG概念。操典建议董事会在长期战略、逐年计划和风险管理机制三方面都不仅要考虑经济和企业财务上的利益,也要考虑生态与社会的可持续性。强调监事会的监督和咨询活动必须包含可持续性问题,建议监事会成员的能力构成要包含处理对企业来说重要的可持续性问题的技能。

英国伦敦证券交易所并未明确规定详细的ESG披露框架,而是让上市公司从众多国际组织发布的ESG信息披露标准中选择一个予以适用。但是英国政府针对特定的ESG指标设置了强制性披露规则。主要包括:(1)气候相关财务信息的强制性披露。2021年10月,英国宣布将根据气候相关财务信息披露工作组(TCFD)的建议,制定相关法律以强制要求大型企业披露气候相关财务信息,英国成为首个强制企业遵守TCFD披露要求的国家。(2)非财务报告信息的强制性披露。2014年10月欧洲议会和理事会通过《非财务报告指令》(NFRD)。该指令被认为是首次系统地将ESG三要素列入法规条例的法律文件。欧盟成员国必须在2016年12月1日前移植欧盟该指令规则。为此,英国于2016年12月颁布《公司、合伙企业和集团(账户和非财务报告)条例》,要求员工人数超过500人以上的贸易公司、银行、保险公司或从事保险市场活动的公司,其战略报告必须包括非财务信息报告。(3)可持续报告信息披露。2022年11月28日,欧盟理事会正式通过《企业可持续发展报告指令》(CSRD),将取代2014年发布的NFRD,成为更加全面、严格和统一的欧盟ESG信息披露核心法规。如上所述,英国政府实施的非财务报告信息披露是对欧盟指令的国内法转换。2020年1月31日英国脱欧后,欧盟新实施的相关ESG政策,英国不再负有法定遵循义务。但是,随着欧盟全面废除NFRD,实施CSRD政策的推行,势必对英国带来新的挑战。此外,还有温室气体排放、能源使用、性别薪酬差距、现代奴隶等指标都被英国设置为必须披露的信息。

三是"不披露即解释"的半强制披露模式。我国香港地区是采用"不披露即解释"模式的典型。2012年,香港证券交易所(下称港交所)首次发布《环境、社会及管治报告指引》,并将其列入港交所《上市规则》附录。该指引基于自愿原则,鼓励企业进行 ESG 信息披露。2014 年,香港特区政府修订《公司条例》,要求董事会报告必须包含公司的环境政策、环境表现,以及公司遵守对其有重大影响的有关法律及规例情况的探讨。为配合上述香港特区政府规定,2015 年港交所发布《环境、社会及管治报告指引(修订版)》。该修订版指引将披露内容重新分为环境及社会两个主要范畴:一方面,将每个层面的一般披露义务提升至"不披露就解释";另一方面,将环境范畴的关键绩效指标也上升到"不披露就解释"的半强制性高度。2019 年 12 月,港交所进一步修订《环境、社会及管治报告指引》以及相关《上市规则》条文。此次修订对强制披露要求、关键指标和发行日期等做了进一步规范,并将所有社会关键绩效指标的披露责任提升至"不披露就解释"层面,促使发行人在 ESG 方面进行更多的披露。

二、ESG 投资实践及其法律规制

全球 ESG 投资不断深化、扩展。负责任投资原则(PRI)指出,机构投资者应当把 ESG 问题纳入投资分析、决策过程,以及其所有权政策和实践中;并寻求所投资实体对 ESG 问题的适当披露。ESG 投资(也称为"社会责任投资""影响力投资"和"可持续投资")是指优先考虑最佳环境、社会和治理因素或结果的投资,被广泛视为"可持续"投资的一种方式,即在投资时考虑环境和人类福祉以及经济。ESG 投资策略包括股票、债券、共同基金和其他金融资产,旨在实现长期财务回报的同时也考虑环境和社会影响。这些策略可以根据投资者的目标和风险偏好来制定,包括主动管理和被动指数基金,也可以排除不符合特定 ESG 标准的公司或行业,例如,一些 ESG 投资策略可能排除煤炭公司或制裁公司,以减少与高碳排放或不良治理实践相关的风险。各国政府对 ESG 投资监管的政策法规大体上可以分为"市场优先"和"政策驱动"两种发展模式。

美国政策法规对 ESG 投资干预比较少,主要遵循尊重市场原则,政府的角色主要是保护公平的市场环境,较少对 ESG 投资进行直接干预。从实践来看,美国的 ESG 投资强调金融回报与可持续性和社会责任之间的平衡。这种投资策略的兴起反映了对更可持续、社会负责的投资选择的不断增长的需求,有助于推动公司采取更加可持续的商业实践,促进社会和环境的改善。此外,关于美国公司如何将 ESG 融入其日常运营、ESG 战略与高管薪酬问题、公司建立哪些治理机制来监督 ESG 问题等现实治理问题,同样值得我们关注与镜鉴。总体来说,美国的 ESG 领域将继续发展和演进,以适应不断变化的社会、环境和经济条件。ESG 将继续成为金融和商业领域的关键议题,对可持续性和社会责任的实践产生积极影响。然而,也需要克服一些挑战,如标准化和数据质量,以确保 ESG 信息的有效利用。

与美国不同,欧盟在 ESG 投资方面,政府发挥了积极的推动作用,ESG 政策法规逐步形成了以公司治理为切入点、强调对非财务信息的披露与评估、增加非财务风险评估、注重过程管理与实践优化、注重多方共识和共同行动的法律制度。欧盟 ESG 法制的角色,区别于美国"市场优先"的发展模式,欧洲的 ESG 发展主要靠"政策驱动"。作为积极响应联合国

可持续发展目标和负责任投资原则的区域性组织之一,欧盟最早表明了支持态度并落实行动,在 2005 年至 2023 年期间密集推进了一系列与 ESG 有关的条例法规的修订工作,从制度保障上加速了 ESG 投资在欧洲资本市场的成熟发展。包含嵌入欧盟可持续金融体系的总目标即欧盟绿色协议(European Green Deal)以及保障欧盟可持续金融政策实施,为气候转型提供资金。据统计,截至 2023 年 2 月 6 日,全球签约 PRI 的机构达到 5 369 家。按照所属区域划分,总部位于英国的签约 PRI 的机构有 793 家,总数仅次于美国。2021 年,PRI 审查了 9 个司法管辖区后,将其按照规制强度分为高、中、低三个等级,并将英国列为 ESG 投资报告的高监管地区。高度监管的司法管辖区(High-regulation Jurisdictions)的特点是在投资过程中和多个主题领域都规定了报告要求或准则,且大多数对资产所有者和投资经理来说都是强制性的。

澳大利亚出台了一系列政策法规支持 ESG 投资,为投资提供投资指引。在澳大利亚,ESG 投资已迅速成为大多数公司业务战略的主要内容,主要通过传统投资、可持续投资和投资管理的形式融入 ESG 要素。投资者通常采用负面或排斥性筛选、基于规范的筛选、整合 ESG、可持续投资、影响力或社区投资、企业参与或股东行动的基本投资策略。澳大利亚 ESG 投资因澳大利亚审慎监管局、澳大利亚证券交易所、金融服务委员会、澳大利亚养老金投资者理事会等部门的融入推动作用不可小觑。澳大利亚针对养老金的 ESG 投资的规范性文件最为普遍,也成为其 ESG 法制的一大特色。为保障及提升其受益人的长期投资价值,促进其投资的公司持续创造价值,已出台的《澳大利亚资产所有者管理准则》提供了投资指引,包括资产所有者应公开如何履行其管理责任、资产所有人应公开其在公司会议和投票活动中的投票政策等内容。就澳大利亚 ESG 投资中的法律责任而言,一般认为信义义务主要包括忠实义务与审慎义务,澳大利亚对受托人的信义义务的解释较为广泛,信义义务是禁止性的而非描述性的。受托人信义义务的履行与 ESG 投资的实现呈现正相关,二者并非绝对冲突。受托人考虑影响受托管理的金融资产的风险,气候变化和社会动荡的金融风险与保护这些资产的价值愈发相关。因此,将 ESG 分析纳入现有的投资实践与机构投资者的受托责任是一致的。

日本也专门出台了支持 ESG 投资的法律,并制定和颁布两部软法——《机构投资者尽责管理守则》和《公司治理准则》。《机构投资者尽责管理守则》的适用对象是机构投资者,该守则鼓励机构投资者与企业对话交流,考虑包含 ESG 要素在内的中长期的可持续性等,促进企业价值的提升和持续成长,以此来提高客户和受益人的中长期投资回报的责任。赞同该守则的机构投资者在签署加入后,才对其产生效力。虽然没有法律上的拘束力,如果签署加入的机构投资者违反了该守则中的规定,会对客户和受益人产生说明责任,即所谓"不遵守就解释"。《公司治理准则》的适用对象是日本的上市公司,可以通过完善上市公司治理结构的方式,来应对环境方面和社会方面的问题。例如,该准则提倡的治理结构是指公司考虑以股东为首,并从客户、劳动者、地方社会等角度,进行透明、公平以及迅速、果断的意识决策的组织架构。

三、ESG 评级及其法治保障

关于 ESG 评级,主要是指第三方机构根据对公司所披露的 ESG 信息和表现进行评级。ESG 评级是衡量企业 ESG 绩效的工具,有利于投资者更好地评估企业的风险情况,进行 ESG 投资。国际上 ESG 金融产品规模的快速扩展,推动 ESG 评级体系的发展及完善。ESG 评级一般由商业机构和非营利组织共同创建,被用以评估公司如何将其承诺、绩效、商业模式和组织架构与可持续发展的 ESG 目标相匹配。ESG 评级的使用者以机构投资者为首,一般投资者以及求职者、客户和其他利益相关者也可以使用该评级体系来评估自身各类业务之间的关系。当然,各国的 ESG 评级涉及不同的评级机构,评级项目和指标也存在一定的差别。据不完全统计,目前全球有 ESG 评级机构 600 多家,被大家广为熟知的 ESG 评级体系有明晟(MSCI)ESG 评级体系、富时罗素 ESG 评级体系、汤森路透 ESG 评级体系、标普道琼斯 ESG 评级体系、晨星 ESG 评级体系。不同的评级体系,其评级框架、评级方法、评级结果存在巨大差异,例如明晟 ESG 评级体系涉及 6 个领域 18 个关键问题,汤森路透 ESG 评级体系涉及 10 个领域 178 个指标。

日本 ESG 的评级制度中近期出现的一个热点问题——董事高管报酬的 ESG 指标,即在公司董事高管的报酬中纳入 ESG 指标并进行评价。分析该指标在日本实务中的进展,以及与公司法上董事高管的善管注意义务之间的关系。在董事高管报酬中纳入 ESG 指标进行评价的目的是:鼓励董事高管更加认真地投入 ESG 活动,从而提高公司 ESG 的评价,这属于 ESG 评级中的正向指标。如何评价各个董事的业绩和活动效果,并决定对每个董事支付何种程度的报酬,这是极具专业性和技术性的判断。通过这些评价和决定,如何监督或者激励董事,这属于对公司业绩或多或少产生影响的经营判断。所以,董事会或者被董事会委托行使职权的代表董事在进行评价和决定时,拥有广泛的裁量权。考虑到当前的潮流,纳入 ESG 指标这一内容本身,应当并不属于明显不合理的情况。不过,如果纳入的 ESG 指标所占比例很高,则可能构成违反善管注意义务。

在英国,总部位于英国的具有影响力的 ESG 评级机构主要包括 CDP 和富时罗素。目前,英国并未实施有关 ESG 评级的法律政策。现有 ESG 评级和数据服务通常由第三方提供,由于没有监管,导致该领域总体上缺乏一致性。2020 年,经济合作与发展组织在其 ESG 投资报告中曾提到,由于框架、措施、关键指标和衡量标准、数据使用、定性判断和子类别的权重等存在区别,ESG 评级结果因所选择的服务提供商不同而存在较大差异。企业或者投资者往往需要获取多个不同机构的数据以综合考量 ESG 风险。对此,2023 年,英国 FCA 宣布成立专门小组,以整合 ESG 资本市场。

加拿大境内有不同的 ESG 评级机构,且每个机构都有不同的评级方法,因此就评级机构而言,无法相互比较。这会导致两方面的问题,一方面对不同企业 ESG 报告披露的强制性不同,会导致 ESG 报告披露程度不同,致使最终分析结果存在差异。另一方面,不同的评级机构采取的评价框架也存在不同,对于同一企业由于机构的评级方法的差异性也会导致不同的评级结果。但不可忽视的是评级结果会直接影响企业获得投资的可能性,除加拿大投资行业监管组织(IIROC)要求投资公司在做投资决定时考虑 ESG 因素,并将相关信息纳入其投资决策过程外,加拿大的银行为 ESG 评级高的企业提供专门的 ESG 贷款。此外,由于欧盟已经为可持续活动制定了全面的分类标准,而加拿大还没有一个本土的分类标准来管理 ESG 产品,随着 ESG 产品在加拿大市场上变得越来越突出,加拿大政府也在考虑制定专门针对加拿大经济的分类标准。

第四节　ESG 体系的实施机制

一、ESG 多元共治机制

随着 ESG 政策和法律不断发展,ESG 标准体系和评级机制逐渐形成,企业社会责任日益强化,ESG 受到了资本市场的追捧,除了政府,各类社会主体参与践行 ESG 的积极性大大增强,ESG 实施的一元规制局面发生了很大改变,主要表现在两个方面:第一,多元主体共同推动构建 ESG 政策与法规体系。ESG 是一个体系,涉及政府、市场、企业等多方主体。正是由于实施主体高度的交融性和复杂性,无论欧盟还是德国立法者都注重保持 ESG 法律规则的适度灵活:一是高度注重法律实施后及时和定期的评估,高度重视法律与政策、社会规范之间的协调,这样可以及时从实践中获得反馈从而修改相关立法,并为各类社会主体参与相关立法和法律修改提供了灵活的参与方式。[①]　二是立法机关大胆授权行政机关立法,以便更快速地创设或修改 ESG 具体规则和义务内容,以适应快速变化的市场环境。三是积极利用行业组织、专业团体的软法。立法者和政府认识到信息较为滞后或者成本过大的领域不妨保留给社会组织,鼓励它们自治自律,目的也是保证规则更快速地适应市场变化。[②]　在加拿大,许多不同的监管机构负责制定和管理作为加拿大 ESG 监管框架一部分的各种法规,这些机构包括各级政府及其各自的部门、部委、机构和专业治理监管机构等。[③]　在澳大利亚,审慎监管局(APRA)、证券交易所(ASX)、金融服务委员会(FSC)是推进澳大利亚可持续金融法治建设的主要部门,此外,澳大利亚养老金投资者理事会(ACSI)也是推进 ESG 政策与法规建设不

---

① See Danny Busch & Guido Ferrarini & Seraina Grünewald. Sustainable Finance in Europe: Corporate Governance, Financial Stability and Financial Markets, Palgrave Macmillan, 398(2021).

② Gerald Spindler, Verantwortlichkeit und Haftung in Lieferantenketten-das Lieferkettensorgfaltspflichtengesetz aus nationaler und europäischer Perspektive, in: ZHR 186 (2022), S. 91.

③ Practical Law Canada, Environmental, Social and Governance (ESG) Toolkit: Canada, Practical Law News (Nov. 18, 2022), https://uk. practicallaw. thomsonreuters. com/w-0348588? transitionType＝Default&contextData＝(sc. Default)&firstPage＝true, lasted visited on 2024－05－06.

可或缺的重要机构。① 在英国,ESG 目前主要活跃于金融领域,所以英国最主要的监管机构为金融行为监管局(FCA)和财务报告委员会(FRC),这两个部门共同推动着 ESG 政策和法律的制定及执行。第二,促进 ESG 实际行动主体之间的互动。ESG 不仅是包括金融机构在内的投资行业的理念和共识,更重要的是政府、行业协会、市场等各方形成了良性互动,不仅投资者实践责任投资的意识增强、行业协会的自律性提高,政府和监管部门对企业承担社会责任的要求也在不断增加并落到实处。为了提高信息披露质量并统一标准,欧盟《可持续报告指令》授权欧盟委员会通过立法确定具体的报告标准,不再允许企业自行其是。统一标准有利于协调各方行动,并保障多方互动的有效性。② 为了促进行动主体之间的协同,澳大利亚于 2017 年底专门设立可持续金融倡议组织(ASFI),该组织由高级金融服务机构、学者和民间社团代表组成指导委员会,旨在促进发展以人类福祉、社会公平和环境保护为优先的澳大利亚经济,巩固和提升金融系统的韧性和稳定性。③

总之,ESG 的实施和监管需同时依靠政策法律驱动、市场驱动、创新驱动和行为驱动。④从治理主体上看,ESG 实施机制从以政府为主的行政规制走向了多元主体参与的多元共治,实施模式也由单一的行政规制走向行政规制、金融机构实施、社会组织参与、行业自我规制等多种模式的整合,特别是市场主体的积极参与,保证了可持续金融的可持续性。当今,日益突出的环境、社会问题需要企业社会责任的战略化发展,ESG 创造共享价值(CSV)的理论观点已被越来越多的国际组织、政府、金融机构、各类企业和社会组织所接受,ESG也在政策法律制定和执行中以合作协同的方式实现了多元治理。

二、ESG 实施的内外互动机制

首先,国家和政府是推动 ESG 体系发展的主要力量,但市场的作用更加受到重视。国家和政府通过制定政策、颁布法律、改革金融体制、加强金融监管等,形成自上而下的约束机制,推动责任投资,引导资金流向 ESG 表现好的企业和项目,推动国家可持续战略的实施。例如,在可持续发展全球潮流下,2016 年 11 月欧盟委员会发布《通向可持续的未来之路:欧洲可持续性政策》⑤,首次将可持续性目标与欧盟的各项内政、外交政策与倡议相绑

---

① Matthew Quandt, Loosening Shareholder Primacy's Grip on Environmental, Social, Governance ("ESG") Factors: Benefit Corporations Offer Increased Latitude in Decision-Making for ESG-Motivated Directors, 4(2) Busines Finance Law Review, 97(2021).

② See European Commission. Platform on sustainable finance, https://ec. europa. eu/info/ publications/sustainable-finance-platform_nl, last visited on 2024-03-17.

③ See Sakis Kotsantonis & George Serafeim. Four Things No One Will Tell You About ESGData, 31(2) Applied Corporate Fiance, 52(2019).

④ See Nathan Cortez, Regulating Disruptive Innovation, 29(1) Berkeley Technology Law Journal, 176(2014).

⑤ COM/2016/0739 final: Mitteilung der Kommission an das Europäische Parlament, den Rat, den Europäischen Wirtschafts-und Sozialausschuss und den Ausschuss der Regionen Auf dem Weg in eine nachhaltige Zukunft Europäische Nachhaltigkeitspolitik.

定,要求将其列为每项决策自始便要考量的目标,强调联盟和成员国要坚决果敢地全面贯彻"2030 可持续发展议程"。当然,政府除了加强对 ESG 的监管外,更加重视发挥市场机制的作用,强调通过市场机制激励金融机构及各类社会主体积极推动可持续发展。一是完善财政、税收优惠政策和法律体系,通过财税激励、财政贴息、风险补偿、担保机制等手段,激励各类金融机构加大绿色投资,为促进可持续转型提供充足资金。二是建设市场激励机制,撬动社会资本参与可持续转型。例如,通过降低社会资本的市场准入门槛、加大公共事业领域开放力度,为社会投资创造公平的竞争环境。三是运用市场机制引导企业践行ESG。通过设立绿色产业基金、推广有示范效应的绿色创新项目、创新政府和社会资本合作融资模式等,调动社会资本参与绿色投资的积极性。四是惩罚与激励相结合。欧盟《可持续性报告指令》规定成员国可以每年向欧盟委员会报告第三国企业的子企业或分支机构履行 ESG 信息披露义务的情况,欧盟委员会可以在其网站公开履行 ESG 报告义务的第三国企业的名单。这形成一种正向的激励机制,类似于一种荣誉榜。一方面,避免了使用"点名并羞辱"的惩罚方式对企业产生直接负面影响;另一方面,可以提高企业声誉,从长远的角度看也可能为企业带来物质性的利益。[1]

其次,增强金融机构和企业践行 ESG 的自主性和积极性。由于 ESG 评价指标和评级机制的发展,可持续性报告主要面对投资者,ESG 信息披露与企业核心业务密切相关,且信息披露质量获得了市场检验和认可,这促使金融机构变被动为主动,不仅将 ESG 纳入战略管理,而且将 ESG 表现作为投资的主要考量因素。一是 ESG 被纳入战略管理。越来越多的金融机构和企业,特别是跨国公司和上市公司,都在章程或经营战略中将 ESG 纳入战略管理,设立 ESG 治理机构,提升践行 ESG 的表现。[2] 二是 ESG 被纳入投资决策分析和决策过程。日本通过《机构投资者尽责管理守则》和《公司治理准则》两部软法激励机构投资者将 ESG 纳入投资分析和决策过程,以此来鼓励企业积极地应对 ESG 问题。《机构投资者尽责管理守则》的适用对象是机构投资者,该守则鼓励机构投资者与企业对话,考虑包含 ESG 要素在内的中长期可持续性,促进企业价值的提升和持续成长,以此来落实对客户和受益人的中长期投资回报责任。《公司治理准则》的适用对象是上市公司,要求上市公司完善治理结构,积极应对环境方面和社会方面的问题。三是将 ESG 绩效纳入高管激励及薪酬计划。将 ESG 因素纳入高管薪酬及激励计划是董事会促使管理层对公司践行 ESG 负责的方式,也是公司向利益相关方表明其足够重视 ESG 问题的途径。目前虽然没有法律明确要求将高管薪酬或激励措施与 ESG 表现挂钩,但实践中一些积极践行 ESG 的组织已开始将 ESG 与薪酬相联系,履行超越法律标准的较高义务。[3] 据统计,标准普尔 500 指数成分股中

---

①　Gerald Spindler, Verantwortlichkeit und Haftung in Lieferantenketten——das Lieferkettensorgfaltspflichtengesetz aus nationaler und europäischer Perspektive, in: ZHR 186 (2022), S. 91.

②　See Blank H., S. Sgambati and Z. Truelson. Best Practices inESGInvesting, 25(2)The Journal of Investing, 107 (2016).

③　参见朱慈蕴、吕成龙:《ESG 的兴起与现代公司法的能动回应》,《中外法学》2022 年第 5 期,第 1248 页。

有 15% 的公司制定了与 ESG 相关的高管激励计划；富时罗素 100 指数中，有约 45% 的公司将高管激励计划与 ESG 目标挂钩。[①] 从外部视角看，公司将高管薪酬与 ESG 因素相关联，可以向市场传递积极开展 ESG 行动的信号，增强相关方对公司可持续发展的信心。从内部视角看，通过将 ESG 表现纳入高管薪酬，公司可以有效保障 ESG 管理要求的严格执行。总之，ESG 表现好坏与能否获得高质量融资具有密切关系，各类企业纷纷开始重视 ESG 治理，将提高 ESG 治理水平纳入核心战略。

最后，社会参与成为推动 ESG 发展的重要力量。一是鼓励社会组织积极参与 ESG 评价指标建设和评级活动。ESG 评价指标和评级是促进企业提高可持续报告质量的重要保障，是引领可持续金融发展的重要机制。各国监管部门积极鼓励社会组织开展 ESG 评级业务，提升 ESG 信息披露质量。欧盟的《可持续性报告指令》扩展了披露义务的适用范围、提高了披露信息的数量和复杂度，这在提高企业信息透明度的同时也加大了信息的处理难度，由此催生专门的信息服务市场。[②] 同时，为了避免 ESG 评级业务垄断，《可持续性报告指令》专门规定了可持续性报告认证机构行政许可的欧盟标准与既有的合格评定机构[③]之间的过渡衔接规则，通过允许合格评定机构进入评估市场，避免审计师或审计事务所对业务的垄断，这有利于保证评估结果的公允，并降低企业负担的审计成本。二是 ESG 行动主义兴起，对金融机构和企业践行 ESG 形成了强大监督。对企业践行 ESG 行为的问责监督主体不仅包括内部的股东、雇员和投资者，而且包括了工会、人权、环保等方面的社会组织，来自这些主体的监督压力促使企业必须认真谨慎地按法律规定披露 ESG 信息。特别是在社会组织的积极参与下，ESG 行动主义在各国兴起。例如，2021 年 11 月，加拿大绿色和平组织向竞争局提出正式投诉，指控加拿大壳牌公司的"驱动碳中和"广告活动误导公众。2021 年 8 月，荷兰的广告监督机构裁定荷兰皇家壳牌公司的碳中和广告宣传无法得到证实，拟举办的宣传活动因此被撤销。[④] 目前，越大的企业越需要通过合规行为回应利益相关者、社会组织对践行 ESG 的关切，避免因违法行为而受到监管者惩罚，从而维护自身商誉并在资本市场上获得更低廉的融资成本。

综上，ESG 体系的实施是一个包含多个参与主体、多种组成要素、涉及多个层面、面临多个模式、选择多种路径、经历多个阶段的长期互动和演化性过程。

---

① GADINIS S, MIAZAD A. Corporate Law and Social Risk，73 Vanderbit Law Review，1401－1478(2020).

② 《可持续性报告指令》第 10、11 点权衡理由。

③ "合格评定机构"指依照 Verordnung (EG) Nr. 765/2008 des Europäischen Parlaments und des Rats vom 9. Juli 2008 über die Vorschriften für die Akkreditierung und zur Aufhebung der Verordnung (EWG) Nr. 339/93，由每个成员国唯一的国家审定机构(Nationale Akkreditierungsstelle)确定的进行合格审定的机构。德国的国家审定机构是 Deutsche Akkreditierungsstelle GmbH (DAkkS)。

④ See Sarah Marsh. 2023 Canadian ESG Reporting Insights，PwC Canada News，https://www.pwc.com/ca/en/today-s-issues/environmental-social-and-governance/esg-reporting-insights.html，last visited on 2023－02－19.

第五节　结　语

随着全球化和科技的高速发展,风险社会背景下的企业正面临着比以往任何时候都更加复杂的环境、社会、治理风险。这些风险本质上可被定义为以系统的方式应对由现代化自身引发的危险和不安,即因生产或消费商品或服务而对第三方产生的成本或利益,一般与公共健康、社会治理等问题有关,例如污染、劳工等。ESG 信息披露与可持续性报告背后的驱动力是其对减轻企业及社会整体的负外部性的影响。由于负外部性不包含在商品或服务的价格中,社会的总体利益或成本与生产者的私人收益或损失不成比例,从而容易造成市场缺陷。随着 ESG 的勃兴,特别是《巴黎协定》之后,经济社会向低碳转型和绿色发展已然成为共识。政府可以通过监管或对负外部性征税来纠正这种市场缺陷。而践行 ESG 责任的企业则可以此为契机减轻负外部性,从而吸引投资。在这种背景下,资本市场形成了对可持续发展特别是 ESG 信息的强大需求,带有自愿披露性质的 CSR(企业社会责任)报告已经无法满足资本市场的需要,客观上导致了 CSR 的式微和 ESG 的崛起。ESG 范式下,可持续金融的功能得到了拓展,实施范式实现了创新,规范配置得到了优化,从而为可持续金融顺应和适应绿色低碳的可持续发展创造了制度条件。

第二章　美国 ESG 法治体系研究

刘孝阳[*]

第一节　美国 ESG 法制发展历史脉络与基本框架

一、法制发展历史脉络

美国 ESG 的发展可谓源远流长,对其发展脉络予以考察,可以追溯到几个关键的国内外事件。ESG 并非一时兴起,而是源于政界、商界、社会界数十年来的行动,这些行动最终形成了我们今天对 ESG 的现代理解。[①] 本书将其分为三个阶段,分别是雏形阶段、初级阶段和高级阶段。

在雏形阶段,ESG 概念并不清晰,更多的是在投资、立法过程中蕴含 ESG 理念,反映人们对于可持续发展、绿色经济的一种向往。从 20 世纪 50 年代开始,美国的电气和矿业工人工会开始将养老金投资于经济适用房和医疗设施,这种投资方式旨在实现社会和环境的可持续发展,同时为工会会员和受益人创造长期稳定的回报,即已经初步具有 ESG 理念;在 20 世纪 70 年代,米尔顿·弗里德曼(Milton Friedman)首次提出股东价值理论,该理论认为,商业战略不应该只是关于利润最大化 。[②] 股东价值理论和 ESG 虽然是两种不同但相关的概念,股东价值理论侧重于企业为股东创造经济财富的目标,而 ESG 关注的是企业在环境、社会和公司治理方面的绩效。但股东价值理论强调公司业务战略的核心目标应当是实现长期、可持续的增长,即已经初步蕴含 ESG 理念;20 世纪 80 年代,ESG 的概念在美国继续加速发展。在这十年中,美国许多公司造成了多起环境灾难,包括阿拉斯加普拉德霍湾的大规模漏油事件,这场灾难导致了环境责任经济联盟(也称为 CERES)的成立。环境责

---

* 刘孝阳,上海财经大学法学院博士生,主要研究方向:环境法、气候法。

① Kayla Barnes:Exploring Environmental Social Governance Programs.

② See Brown,P. and V. Niederhoffer. The predictive content of quarterly earnings,22(2) Journal of Business,488 (1968).

任经济联盟认为,全球可持续发展必须与环境责任相协调,这包括:保护物种生存环境,对自然资源进行可持续性利用,减少制造垃圾和能源使用,恢复被破坏的环境等。

在初级阶段,ESG 概念逐渐清晰,社会福祉、人权等概念相继被提出,一些组织和公司在生产经营中会逐渐考虑 ESG 因素。譬如,1990 年,美国创建了 Domini 400 社会指数,即我们今天所知的 MSCI KLD 400 社会指数,该指数是同类指数中第一个通过市值加权方法追踪可持续投资的指数,旨在为社会责任型投资者提供一个比较基准,并帮助投资者了解社会责任评选准则对公司财务绩效的影响;1997 年,全球报告倡议组织(GRI)成立,旨在为公司创建一个问责制框架,以向利益相关者展示其负责任的环境商业实践。如今,许多投资者、企业和政府都使用 GRI 的 ESG 框架来表达气候变化、人权、治理和社会福祉等影响;2004 年,联合国发布了《有心者胜——将金融市场与变化的世界连接起来》(Who Cares Wins—Connecting Financial Markets to a Changing World)的报告,旨在推动金融机构将可持续性和 ESG 因素纳入其投资决策和业务实践。报告指出,金融机构在面对全球性挑战,如气候变化、资源短缺和社会不平等时,需要采取积极行动。

在高级阶段,ESG 已经成为政治、商界的主流话语体系,在相关法案中会明确指出对于 ESG 的相关要求。譬如,2020 年,毫无疑问这一年加速了对 CSR 和 ESG 的需求。COVID-19 大流行将经济差距推到了最前沿,并凸显了世界各地医疗保健系统和准入方面的差距。在美国,一场有争议的总统选举凸显了选民权利和政治信仰的深刻分歧。在所有这些领域,许多公司都受到消费者和投资者的同样压力,不得不大声疾呼、表明立场支持 ESG,并从内部审视自己的政策和员工队伍,反思围绕多元化和包容性以及推进社会正义所采取的行动;2021 年 5 月,拜登政府发布《气候风险管理战略》和《金融稳定报告》[①],进一步加强了 ESG 的重要性和影响力。[②] 主要措施是制定了一系列政策和措施来减少温室气体排放。这包括提高能源效率、推广清洁能源、限制工业和汽车尾气排放等。此外,一些州和城市也制定了更为严格的排放减少目标;2021 年 10 月,监管私营部门员工福利计划的劳工部(DOL)提出了新规则,该规则于 2022 年 11 月最终确定,明确允许《雇员退休收入保障法》(ERISA)受托人在投资决策中考虑 ESG 因素。譬如,ERISA 要求退休计划管理人履行其对参与者的责任,以最大化参与者的利益。这意味着管理人在投资决策中应考虑多种因素,包括 ESG 因素。如果 ESG 因素对投资绩效和风险具有重要影响,管理人可能需要在投资决策中纳入 ESG;[③]2022 年 3 月,美国证券交易委员会(SEC)发布了拟议规则,以加强和规范投资者的气候相关披露。5 月,SEC 提议修订规则和报告表格,以促进为投资者提供有关 ESG 一致、可比和可靠的信息。8 月签署成为法律的《降低通货膨胀法案》,还制定了税收优

---

① 姜志成:《(美国)金融稳定监督委员会 2020 年度报告》(节选)翻译实践报告,东北财经大学 2022 年硕士论文,第 135 页。

② See Kayla Barnes. A History of How ModernESGCame to Be, https://blog. blackbaud. com/esg-history/, last visited on 2023-04-01.

③ See James A. Wootenz. The Employee Retirement Income Act of 1974, University of California Press,23(2005).

惠和支出,以加速能源转型。

二、法制基本框架及涵盖主体

在美国,关于 ESG 相关法律,是由联邦法律和州法律共同构成。严格意义上说,迄今为止,相关法律往往是"软性"的,没有明确的法律法规,多数以指南、原则的形式出现,或是在有关法律中涉及 ESG 相关内容。根据梳理,关于 ESG 相关法律,大致可以分为社会发展类、环境保护类以及公司治理类。

(一)基本框架

美国 ESG 法制基本框架可分为三类,分别是社会发展类、环境保护类和公司治理类。其一,社会发展类。ESG 框架中的社会发展(Social)方面考量了企业对社会的影响以及其在社会问题上的管理和参与。典型法案有 1970 年颁布的《职业健康与安全法》,主要目的是保证劳动者劳动条件尽可能安全与卫生,并向劳动者提供全面福利设施,保护人力资源;1890 年颁布的《谢尔曼反托拉斯法》,主要目的是禁止反竞争行为,包括旨在垄断州际商业和贸易的任何一部分的垄断或试图垄断、联合或共谋犯罪。违反该法的个人或组织,将受到民事的或刑事的制裁;[1]1977 年颁布的《反海外腐败法》,主要内容是禁止企业向外国官员行贿,并对在美国上市公司的财会制度做出了相关规定;[2]2010 年加利福尼亚州立法机构颁布了《加州供应链透明度法案》,该法案要求,对于年收入超过 1 亿美元的制造商和零售商,应当披露其货物来源(进出口),并说明在消除和减少奴役和人口贩卖所做的努力;2010 年颁布的《多德—弗兰克法案》,要求公司披露他们是否使用"冲突矿产"——锡、钨、钽和金——以及这些矿产是来自刚果民主共和国还是邻国。其二,环境保护类。ESG 框架中的环境保护(Environmental)方面涵盖了一系列特征,重点关注企业对环境的影响和可持续性。典型法案有 1970 年颁布的《清洁空气法》《联邦杀虫剂、杀真菌剂和灭鼠剂法》等,主要目的是限制企业的废气排放以及对杀虫剂的销售和使用进行管理,并强制收集某些排放数据(包括报告温室气体);2010 年美国证券交易委员会发布了《委员会关于气候变化相关信息披露的指导意见》,该法案要求公司披露遵守环境法的费用以及资本支出,并从财务角度对环境责任进行量化披露;2015 年加利福尼亚州参议院通过《第 185 号参议院法案》,该法案要求加州公务员养老基金和加州教师养老基金停止对煤炭的投资,并在合适的时候向清洁、无污染能源过渡,从而支持整个加州经济向绿色化方向发展。[3] 其三,公司治理类。ESG 框架中的公司治理(Governance)方面着重考虑了企业的管理结构、决策过程和内部控制机制,确保企业运营的透明度、公正性和责任性。典型法案有 2002 年颁布的《萨班斯—奥

---

① See A. Marshall, Principles of Economics, Mmcomillon Press, 42(1980).

② 参见卢建平:《详解美国反海外腐败法》,《上海国资》2006 年第 4 期,第 64—65 页。

③ 参见 ESG 政策法规研究—美国篇. https://zhuanlan.zhihu.com/p/548897701, 最后访问日期:2023 年 4 月 1 日。

克斯利法案》,法案禁止公司官员、董事等相关人员对审计事务施加不当影响,①禁止公司官员擅自修改公司信息披露的相关规定,设定最低检查期,并在指定的日期内提交对分析师的利益冲突、公司治理实务和信贷评级机构等专项研究报告;2010 年颁布的《多德—弗兰克华尔街改革和消费者保护法》,明确旨在限制系统性风险,为大型金融机构可能遭遇的极端风险提供安全解决方案,将存在风险的非银行机构置于更加严格的审查监管范围下,同时针对衍生产品交易进行改革;②2015 年美国劳工部出台《解释公告 IB2015-01》,表示支持将 ESG 作为投资考虑因素,尤其鼓励企业在投资决策中考虑 ESG 相关因素;2016 年 1 月,奥巴马签署了一项行政命令,要求 100 名员工及以上的公司向联邦政府披露所有员工的工资,并按性别、种族和民族分列工资,目标是通过增加透明度来鼓励雇主实行同工同酬;2019年,纳斯达克证券交易所发布了《ESG 报告指南 2.0》。该指南主要约束的主体是从此前的北欧和波罗的海公司扩展到在纳斯达克上市的公司和证券发行人,并主要从重要性、利益相关者、ESG 指标度量等方面提供 ESG 报告编制的详细指引;③2020 年 5 月 22 日,美国证券交易委员会(SEC)投资委员决定创建一个 ESG 披露框架,其目的是在不使用第三方评级机构的情况下提供一致且可比的信息。

(二)框架涵盖主体

在框架涵盖主体上,主要包括六类。其一,上市公司。上市公司必须遵守美国证券交易委员会(SEC)禁止在其公开文件中披露具有重大误导性的 ESG 相关信息的规定。上市公司还必须考虑财务会计准则委员会(独立财务会计准则制定者)发布的与 ESG 问题相关的会计准则。其二,行业特定实体。某些行业运营的实体受 ESG 相关规定的约束。例如,能源行业正面临重大的 ESG 相关立法(碳减排目标和报告要求),进而导致一些电力生产商考虑提前关闭燃煤发电设施,并更广泛地采用风能和太阳能等可再生能源。一些州已经为电力公用事业建立了综合资源规划流程,要求公司披露常见风险,例如环境和二氧化碳减排法规带来的风险。另外,ESG 规则和准则在服装、采矿、制药、航运和公用事业行业也很突出。其三,公开 ESG 相关声明的公司,从事州际贸易的公共和私营公司可能会因为违反自己先前与 ESG 相关的营销声明而面临联邦监管执法。同样,企业也受到州级消费者保护执法的约束。一些州的消费者保护法允许私人诉讼。其四,投资顾问、投资公司和私募基金。在 2021 年 4 月的风险警报中,SEC 强调了投资顾问、投资公司和私募基金在 ESG 相关声明和实践方面的缺陷。具体而言,SEC 提请注意:关于 ESG 投资流程的潜在误导性陈述;遵守 ESG 投资政策和全球 ESG 框架;和 ESG 相关投资决策和合规计划有缺陷,无法防

---

① See Diane Coyle. The Soulful Science: What Economists Really Do and Why It Matters, Princeton University Press, 15(2007).

② 参见邹昆仑、沈丽:《多德—弗兰克华尔街改革和消费者保护法的解读》,《武汉金融》2012 年第 5 期,第 46—49 页。

③ See National Association of Securities Dealers Automated Quotations:《ESG Reporting Guide 2.0》.

止不准确的 ESG 相关披露和营销。其五,拥有 100 名或更多员工的雇主:雇用 100 名或更多员工的企业根据美国平等就业机会法必须报告劳动力人口统计数据,新的州级法律还要求企业报告人力资本数据,例如,从 2022 年开始,伊利诺伊州雇员超过 100 人的私营部门雇主必须证明企业遵守同工同酬法;披露劳动力人口统计和薪酬信息。[①] 其六,受温室气体报告规则约束的大型温室气体(GHG)排放源:每年排放至少 25 000 吨化石燃料或工业气体、二氧化碳的所有类型的制造商必须提交年度报告给环保局。[②]

小结

可见美国 ESG 发展经历了多个阶段,20 世纪 60—80 年代,社会责任投资(SRI)兴起,关注社会和道德问题。20 世纪 90 年代,环境议题引起关注,投资者开始考虑企业的环境表现。21 世纪初,公司治理成为焦点,投资者关注治理结构和透明度。21 世纪第一个十年起,ESG 投资逐渐成为主流,投资者意识到 ESG 对企业长期绩效的影响。2015 年,可持续发展目标(SDGs)的制定加强了 ESG 的推广。未来,美国 ESG 发展有几个趋势。首先,ESG 投资将更深入地融入金融体系,成为投资决策的重要因素,促使企业更加重视 ESG 问题。其次,相关政策和标准的制定将提高 ESG 数据的质量和可比性,帮助投资者进行更准确的评估和比较。再次,ESG 整合将向更广泛的资产类别扩展,包括固定收益和私募股权市场,使 ESG 投资变得更全面。此外,科技的发展也将推动 ESG 的创新,如数据分析和人工智能的应用,有助于更有效地评估 ESG 风险和机会。美国的 ESG 法律法规为企业和投资者提供了一定程度的指导和规范,促进了可持续发展和企业责任的重要性。但也存在一些问题,譬如缺乏统一标准、缺乏强制性要求,对于绿色洗涤和虚假宣传规制不足。

第二节　美国 ESG 信息披露制度

美国的 ESG 信息披露制度是指公司在公开报告中披露其在环境、社会和治理方面的表现。这些报告旨在提供有关公司如何管理其社会和环境影响的信息,以及公司如何管理其内部运营和治理的信息。这些报告通常包括有关公司如何处理气候变化、人权、劳工权利、供应链管理、反腐败措施等方面的信息。ESG 披露对投资者和其他利益相关者来说都非常重要。投资者可以通过这些披露了解公司的风险和机会,并根据这些信息做出更明智的投资决策。利益相关者可以通过这些披露了解公司的社会和环境影响,以及公司如何管理其内部运营和治理。

一、美国 ESG 信息披露相关法律法规

美国 ESG 披露涉及多个法律部门,譬如环保法、劳工法、证券法等,以及涉及多部法律,

---

① See Perrie M. Weiner:《The Evolving Securities Legal Framework of ESG Issues》.

② See Amy Antohttps. United States: ESG Comparative Guide. https://www. mondaq. com/unitedstates/corpo-ratecommercial-law/1231992/esg-comparative-guide,last visited on 2024—01—01.

譬如《萨班斯—奥克斯利法案》《洛杉矶社会责任条例》等。但更具针对性和时效性的是SEC 公布的一些指南和规则。主要涉及环保问题、社会问题和治理事项。

其一,环保问题。美国是全球最早关注和制定环境信息披露制度的国家。1934 年,美国证券交易委员会(SEC)通过了《证券法》S-K 监管规制(Regulation S-K),其中,第 101 条、103 条、303 条规定上市公司需披露环境负债、遵循环境法规所需的成本以及其他非财务信息;SEC 在 2010 年发布了指南,尤其强调了公司关于 ESG 披露如何适用于气候相关问题。SEC 强调披露文件不仅要关注长期存在的重要性标准,还呼吁公司考虑因素的重要性与紧迫性,例如立法和监管变化对运营和财务决策的直接和间接影响、减少温室气体排放的资本支出以及气候变化的物理风险;2016 年,SEC 发布了关于业务和财务披露的概念发布,其中涉及可持续发展主题。SEC 指出,国会已强制披露解决特定政策问题的信息,例如冲突矿产、资源开采发行人向外国政府付款以及采矿相关设施的健康和安全违规行为。SEC 还指出,有人呼吁更多地披露公共政策和可持续性问题,并要求就这两个主题发表评论,包括围绕单项披露要求。随着 ESG 相关披露的使用成为越来越普遍的全球投资和企业优先事项,监管机构正在就这些问题与上市公司接触,并根据 ESG 声明启动证券法和州法衍生诉讼;[①]2021 年下半年,SEC 开始向上市公司发送有关其气候变化相关披露的评论函,包括能源密集型行业以外的公司。SEC 的信函要求提供以下信息:重大气候变化转型风险;购买或销售碳补偿;气候变化对运营和结果的影响;2022 年 4 月,全国保险专员协会(NAIC)执行委员会更新了保险公司的气候风险披露调查,以符合 TCFD 标准。

目前,根据相关规定,公司对于环境问题的披露,包括碳排放和气候变化:公司需要披露其温室气体排放情况、对气候变化的风险和机会,以及公司为应对气候变化所采取的措施;能源和水资源管理:公司需要披露其能源消耗情况、水资源使用情况,以及为提高资源利用效率而采取的措施;废物和污染管理:公司需要披露其废物产生情况、污染物排放情况,以及为减少废物和污染而采取的措施;生物多样性和自然资本:公司需要披露其对生物多样性和自然资本的影响、风险和机会,以及为保护和维护生态系统和生物多样性所采取的措施。

其二,在有关社会问题的披露上,根据 SEC 规则,主要集中在工资与薪酬披露规定,美国证券交易委员会(SEC)要求公开上市公司披露高管薪酬和其他雇员工资信息,包括公司内部比较和行业比较等数据。此外,2010 年通过的《多德—弗兰克华尔街改革和消费者保护法案》(Dodd-Frank Wall Street Reform and Consumer Protection Act)要求上市公司披露其 CEO 和员工的薪资比例;健康与安全披露要求:美国劳工部(Department of Labor)的安全与健康管理局(Occupational Safety and Health Administration)要求企业披露与员工健康与安全有关的信息,包括事故记录和安全规程等;人权和劳工标准披露要求:1991 年通

① 参见王清华、王沁怡:《香港与美国对上市公司 ESG 披露信息的要求》,https://www.allbrightlaw.com/CN/10475/50346f75a05d1b25.aspx,最后访问日期:2023 年 4 月 1 日。

过的《联合国全球契约》(United Nations Global Compact)要求企业在人权和劳工标准方面采取行动,包括对员工权利和福利的保护,禁止强迫劳动和儿童劳动等。此外,美国企业在海外的活动还受到美国外国腐败法的规制。

目前,根据相关规定,公司对于社会问题的披露,包括劳工权益:公司需要披露其与员工相关的政策和做法,包括薪酬、福利、工时、工会关系等方面的信息。此外,公司还可能披露与员工多样性和包容性相关的信息;人权和供应链管理:公司需要披露其在供应链中处理人权问题的做法,包括劳工权益、反贪腐、反贫困和反种族歧视等方面的信息;社区关系:公司需要披露其与所在社区的互动和合作情况,包括社区投资、慈善事业、社区参与和社区影响评估等方面的信息;客户隐私和数据安全:公司需要披露其对客户隐私和个人数据安全的保护措施,包括数据收集、使用和存储的原则、数据安全措施以及对数据泄露的应对计划等方面的信息。

其三,对于公司治理事项,2015 年之前的 SEC 规则,需披露以下内容:(1)薪酬政策与风险管理的关系,包括董事和被提名人的背景和资格、公司执行官、董事和被提名人的法律行动、董事会领导结构和董事会在风险监督中的作用、公司高管和董事的股票和期权奖励、薪酬顾问的潜在利益冲突。(2)股东权利、反腐败措施等。公司通常会披露其治理政策、目标和计划,以及其在治理方面的表现和成果。(3)公司的投资表现,包括对 ESG 问题的投资和管理。公司通常会披露其对 ESG 问题的投资策略、目标和计划,以及其在 ESG 投资方面的表现和成果。2020 年 1 月,美国证券交易委员会发布了一份指南,指出公司应识别和解决"理解和评估所特有且必要的那些关键变量和其他定性和定量因素"。虽然没有专门针对 ESG 的措施,也没有强制要求任何新的披露,但该指南引用了几个 ESG 指标(例如能源消耗和员工流动率)作为可能包含关键绩效指标的示例;2021 年,美国证券交易委员会批准了对纳斯达克规则的修改,要求在纳斯达克上市的公司在其董事会中至少有两名多元化董事,或解释为什么他们没有。新的纳斯达克规则还要求披露公司董事会成员的自我认同的性别、种族特征和 LGBTQ+身份。该规则目前仍然有效,[1]但有待根据宪法和法定理由寻求推翻该规则的未决诉讼。目前,根据相关规定,公司对于治理事项的披露,包括:董事会组成和独立性:公司需要披露董事会的组成情况,包括独立董事的比例、董事会的性别多样性等。此外,公司还可能披露董事会委员会的结构和职责。[2] 高管薪酬:公司需要披露高管薪酬的结构、标准和政策。这包括董事会的薪酬委员会如何制定和审查高管薪酬计划,以及与公司绩效和可持续发展目标相关的薪酬指标。股东权益和治理结构:公司需要披露与

---

[1] See Paul. ESG Thought Leadship,https://core.ac.uk/download/pdf/323915604.pdf,last visited on 2023-05-01.

[2] See Armstrong C,Core J Taylor D, et al. When Does Information Asymmetry Affect the Cost of Capital,3(49) Journal of Accounting Research,49(2011).

股东权益相关的政策和做法,包括股东投票权、股东提案和董事选举等方面的信息。① 此外,公司还可能披露其治理结构,例如双重类别股权结构或特殊股东权益安排等。②

二、重点关注

对于美国 ESG 信息披露制度,需要重点关注 2019 年发布的《ESG 报告指南 2.0》《ESG 披露简化方案》(ESG Disclosure Simplification Act)和特定行业披露规则。

其一,《ESG 报告指南 2.0》。2019 年发布的《ESG 报告指南 2.0》是由美国证券交易委员会(SEC)发布的指导企业如何披露与环境、社会和公司治理(ESG)相关的信息的报告指南。该指南阐述了 ESG 披露的重要性;ESG 信息的披露要求;ESG 披露的格式和方式;ESG 披露的风险和机会;ESG 披露的管理和审核。在具体披露内容上:(1)公司治理。企业应该披露其公司治理结构、董事会组成、董事会职责、董事会和高管薪酬政策、董事会的风险管理和内部控制等方面的信息。(2)环境。企业应该披露其环境管理政策、环境风险和机会、能源和水资源管理、气候变化和排放情况、环境许可和监管等方面的信息。(3)社会。企业应该披露其社会责任政策、人权、劳工权益、供应链管理、社区参与、慈善和捐赠、安全和健康等方面的信息。(4)投资者关系。企业应该披露其投资者关系管理政策、股东权益、股息政策、股票回购、分红和其他财务政策等方面的信息。(5)业务风险。企业应该披露其业务风险、风险管理策略、应对措施等方面的信息。(6)可持续发展目标。企业应该披露其对可持续发展目标的承诺和实际行动,以及对其业务和产业链的影响等方面的信息。③

此外,SEC 最新提出了二项旨在强制披露 ESG 的重要规则:(1)与气候相关的披露。2022 年 3 月 21 日提出的规则将采取规范性方法,要求所有根据 1934 年证券交易法向 SEC 承担报告义务的公司在年度报告和注册声明中披露某些与气候相关的信息,而无论重要性如何。要求的范围从披露直接和间接温室气体排放到共享与气候相关的风险、目标,以及管理此类风险的公司治理实践。(2)2022 年 5 月 25 日宣布的拟议规则将适用于注册投资公司、业务开发公司、注册投资顾问和某些未注册顾问,它将要求从事 ESG 投资的基金和顾问在基金招股说明书、年度报告和顾问手册中提供与其 ESG 战略相关的更具体的披露。拟议规则还要求基金使用代理投票或依靠发行人实施 ESG 战略来加强披露,并确保基金管理与 ESG 披露保持一致。④

其二,《ESG 披露简化方案》。该法案 2021 年 6 月通过,主要目的是简化和协调 ESG 披露

---

① See David Silk, Environmental. social and Governance Law 2023. https://iclg.com/practice-areas/environmental-social-and-governance-law/usa. last visited on 2023—05—01.

② See David Katz. SEC Regulation of ESG Disclosures. https://corpgov-law-harvard-edu. translate. goog/2021/05/28/sec-regulation-of-esg-disclosures/,last visited on 2023—05—01.

③ 参见邓建平、白宇昕:《域外 ESG 信息披露制度的回顾及启示》,《财会月刊》,2022 年第 12 期,第 75 页。

④ Lauren Aguiar, Recent ESG Litigation and Regulatory Developments. https://corpgov. law. harvard. edu/2022/07/25/recent-esg-litigation-and-regulatory-developments/, last visited on 2023—04—02.

规则,提高 ESG 信息的质量和可比性,促进投资者对于 ESG 信息的理解和使用,从而促进企业的可持续发展。譬如,该法案要求 SEC 简化公司对于 ESG 信息的披露要求,以减轻企业负担,并提高 ESG 信息的质量和可比性。具体来说,该法案要求 SEC 简化 ESG 信息的定义、范围和格式要求,减少披露的冗余和重复性,以及提高 ESG 信息的质量和可比性。

其三,特定行业披露规则。目前,在美国,对于生物医药行业和金融行业的披露较为完善。对于生物医药行业披露,许多生物公司依靠第三方标准和框架来披露有关 ESG 的内容。一些最常用的标准和框架包括可持续发展会计准则委员会(SASB)和气候相关财务信息披露工作组(TCFD)框架。SASB 提供了一套可持续发展披露主题和会计指标,这些标准规定了生物技术公司在以下领域的披露:临床试验参与者的安全,获得药品,负担能力和定价,药品安全,假药,道德营销,员工招聘、发展和保留,供应链管理,商业伦理。同样,除了 SASB 之外,TCFD 也提供了《ESG 沟通指南 4.0》,该指南为生物技术公司的 ESG 报告提供了建议,可与其他框架和标准结合使用,它对生物制药行业的披露主题要求包括:获得医疗保健和药品定价;商业道德、诚信和合规;气候变化;[1]临床试验实践;环境影响;人力资本管理;创新;环境中的药物和抗生素耐药性;产品质量和患者安全;风险和危机管理;供应链管理。对于金融行业披露,美国金融机构 ESG 披露主要包括以下 6 个方面:(1)美国证券交易委员会(SEC)的指导意见。SEC 发布了指导意见,要求上市公司披露其 ESG 表现,包括与气候变化、人权和劳工权利相关的信息,金融机构同样需要遵守这些要求。(2)《多德—弗兰克法案》(Dodd-Frank Act)。该法案是在 2008 年金融危机后制定的,旨在提高金融机构的透明度和监管要求,以满足投资者的要求。[2] (3)美国联邦储备委员会(Fed,简称美联储)和其他监管机构的要求。美国金融机构需要遵守美联储和其他监管机构的规定,包括披露其 ESG 表现和风险管理计划。(4)全球报告倡议(GRI)。GRI 是一个非营利组织,致力于推动企业披露其 ESG 表现,[3]金融机构可以使用 GRI 指南来编制 ESG 报告。(5)美国可持续投资论坛(US SIF)。US SIF 是一个非营利组织,致力于推动可持续投资,金融机构可以参考 US SIF 的指南来编制 ESG 报告。此外,金融机构可以使用 GRI 指南和 US SIF 的指南来编制 ESG 报告,以便投资者和其他利益相关者了解其 ESG 表现。(6)《ESG 披露简化法案》。其主要目的是简化和协调金融行业 ESG 信息披露要求,并规定了 SEC 的职责和权限。

三、美国 ESG 披露未来趋势

SEC 已提议修订相关条例,要求国内外发行人披露新的气候相关风险。如果获得通过,拟

---

① See Julia Forbess. The Evolution of ESG Disclosure for Biotech Companies. https://corpgov. law. harvard. edu/2022/12/03/the-evolution-of-esg-disclosure-for-biotech-companies/,last visited on 2023-04-05.

② See Jerry K. C. Koh and Victoria Leong. The Rise of the Sustainability Reporting Megatrend,3(2) A Corporate Governance Perspective,234(2017).

③ See Ruth Jebe. The Convergence of Financial and ESG Materiality,56(3) Taking Sustainability Mainstream,645(2019).

议规则将显著扩展 2010 年气候指南,该指南呼吁公司在业务描述、法律程序、风险因素和 MD&A 中披露与气候变化相关的重大风险和机遇。拟议规则考虑规定国内外发行人在注册声明、年度报告和经审计的财务报表中披露董事会和管理层与气候相关的风险监督和治理的信息以及短期、中期和长期的重大气候相关风险和机遇。此外,还需披露气候相关事件对审计财务报表单列项目的影响,以及气候相关目标、过渡计划(如果有)。某些较大的发行人的声明还需提供第三方证明,注册声明中与气候相关的披露,包括在年度报告中提交并通过引用纳入的信息,也将受到《1933 年证券法》规定的责任条款的约束。此外,所有与气候相关的重大公开披露均受《1934 年证券交易法》第 10(b)条和规则 10b-5 的责任规定约束。①

小结

总的来说,美国的 ESG 披露制度仍处于发展阶段,需要更多的标准化、法规要求、披露框架和指南,以提高披露的质量、一致性和可比性。譬如,美国的 ESG 披露制度目前没有统一的强制性要求,而是主要基于自愿性和市场需求。一些公司自发地披露 ESG 信息,但缺乏一致性和可比性。同时,监管和执行机构的作用也至关重要,以确保公司按照要求披露,并保护投资者和利益相关者的权益。

第三节　美国 ESG 评级制度

一、ESG 评级简要概述

ESG 评级是指通过筛选大量数据,从而向市场参与者(投资者、分析师和企业管理者)提供有关企业在环境保护、社会责任和治理绩效方面的信息。投资者依靠这些信息做出投资决策,而企业则使用评级来获得第三方对其可持续发展计划质量的反馈。②

必须强调的是,目前美国没有一项明确的法律要求公司进行 ESG 评级,也没有针对 ESG 评级的具体法律条文。然而,一些法律法规和准则对 ESG 评级提供了指导和支持,包括以下 6 个方面:(1)美国证券交易委员会(SEC):要求公开上市公司必须披露其在 ESG 方面的表现和政策。SEC 的披露要求包括 Form 10-K、Form 20-F、Form 8-K 等表格,要求公司披露其在环境、社会和治理方面的信息。这些信息包括公司的碳排放情况、水和能源消耗情况、员工福利计划、董事会结构等。(2)道琼斯可持续性指数:是一项重要的 ESG 指数,它涵盖了全球各行业的可持续性表现。该指数以可持续性为主题,采用严格的 ESG 评级标准,对超过 2 500 家公司进行评级,并对这些公司的 ESG 表现进行排名。尽管道琼斯可持

---

① See Lauren Aguiar. Recent ESG Litigation and Regulatory Developments. https://corpgov. law. harvard. edu/2022/07/25/recent-esg-litigation-and-regulatory-developments/,last visited on 2023－04－04.

② See Alison Plaut. what is an ESG Rating. https://www. fool. com/investing/stock-market/types-of-stocks/esg-investing/esg-rating/,last visited on 2023－04－01.

续性指数不是法律或法规,但它被认为是 ESG 评级的权威。(3)环境保护署法规:环境保护署在美国境内对环境进行监管,同时对企业的环境行为进行监管。虽然没有规定 ESG 评级,但它强调了企业的环境责任和行为,这直接影响了 ESG 评级的发展。(4)美国公司治理准则:是一组指导公司治理的准则,旨在提高公司治理的透明度和质量。这些准则包括董事会独立性、薪酬计划、股东权益等方面的要求。这些准则可以帮助公司在治理方面表现良好,并提高其 ESG 评级。[①]

二、美国 ESG 评级机构

在美国,有许多 ESG 评级机构,其中一些主要的机构包括:(1)MSCI。MSCI 是全球领先的 ESG 评级机构之一,其 ESG 评级覆盖全球近 9 000 家上市公司。MSCI 的 ESG 评级基于超过 1 000 个 ESG 指标,包括环境、社会、治理等方面。(2)标普全球评级(S&P Global Ratings)。标普全球评级是全球知名的信用评级机构,其 ESG 评级覆盖全球超过 1 万家上市公司。标普全球评级的 ESG 评级基于多个 ESG 指标,包括环境、社会、治理等方面。(3)穆迪:穆迪是另一家全球知名的信用评级机构,其 ESG 评级覆盖全球超过 1 万家上市公司。穆迪的 ESG 评级基于多个 ESG 指标,包括环境、社会、治理等方面。(4)ISS ESG。ISS ESG 是一家专注于 ESG 评级和投资咨询的机构,其 ESG 评级覆盖全球超过 1 万家上市公司,其 ESG 评级基于超过 150 个 ESG 指标,包括环境、社会、治理等方面。(5)富时罗素指数公司(FTSE Russell)。富时罗素指数公司是一家全球领先的指数提供商,其 ESG 评级覆盖全球超过 1 万家上市公司。富时罗素指数公司的 ESG 评级基于多个 ESG 指标,包括环境、社会、治理等方面。[②] 这些 ESG 评级机构在全球范围内都有很高的知名度和影响力,它们的 ESG 评级结果对企业和投资者都具有重要的参考价值。

三、美国 ESG 评级使用主体[③]

ESG 评级使用主体是指进行 ESG 评级和评估的机构或个人,这些使用主体可能是资产所有者、机构投资者、公司、监管机构和其他利益相关者五类。具体而言:其一,资产所有者。目前,在美国有部分投资者担心他们所投资的公司、产品对环境和社会产生不良影响,从而违背他们的个人价值观。这些人使用评级机构的 ESG 评级信息作为投资类别的筛选。其二,机构投资者。目前,部分美国机构投资者重点关注所投资的公司对环境和社会绩效的信息,从而满足客户的需求。此外,一些美国机构投资者着重考虑 ESG 因素对公司短期

---

① See Achraf Guidara & Imen Achek & Saida Dammak, Internal Control Weaknesses, Family Ownership and the Cost of Debt: Evidence from the Tunisian Stock Exchange, 17(2) Journal Of African Business, 148(2016).

② See Armstrong C, Core J, Taylor D. When Does Information Asymmetry Affect the Cost of Capital, 3(2) Journal of Accounting Research, 42(2011).

③ See Brian Tayan. ESG Ratings: A Compass without Direction. https://corpgov.law.harvard.edu/2022/08/24/esg-ratings-a-compass-without-direction/, last visited on 2023—04—09.

和长期业绩的影响。其三,公司。美国公司希望向利益相关者展现他们的投资计划,并强调其积极影响。一方面,公司是通过自愿披露(例如可持续发展报告)主动提供 ESG 信息,这些用于突出公司从事的活动,并可能反驳公众对其活动涉嫌危害的批评。另一方面,公司也是第三方 ESG 信息的消费者,使用这些信息来验证其积极影响的主张。其四,监管机构。美国的监管机构认为 ESG 信息,尤其是人力资本管理实践和环境影响可能对公司的财务业绩具有重要意义。其五,其他利益相关者。虽不是资产的直接受益者或贡献者,但是对这些资产的投资方式有意见的利益相关者,例如关注大学捐赠基金的学生、就投资过程提供建议的顾问或对养老金资产感兴趣的地方政府。

四、美国 ESG 评级数据信息

对于美国 ESG 评级数据信息的理解,主要涉及数据来源和数据性质两个方面。关于数据来源,大致可以分为三类:第一类是基本数据,即范围广泛的公开可用的、未经处理的数据。这些数据通常来自公司报告或网站、公司向美国证券交易委员会提交的文件、公司制作的可持续发展报告、新闻稿、新闻专线和媒体报道。第二类是综合数据,主要指第三方媒体、非政府组织公布或者捕获的数据,也包括评级机构自己的调查问卷和内部分析师处理的数据。[①] 第三类是特定数据,数据来源大多数是评级机构深入公司从而获得的背景数据,它们对试图在特定 ESG 领域取得进展的投资者很有用。[②] 关于数据性质,主要需要关注完整性、标准化和一致性三个方面。就完整性而言,评级机构使用模型对公司的 ESG 进行评级,这其中需要使用数百个数据,然而大部分此类数据并未公开报道,因此,评级公司将不得不决定如何处理缺失的数据。主要方法有两种:一种方法是简单地省略数据点,但这会使得在某些情况下,对不同公司的 ESG 评级进行比较变得困难;另一种方法是假设数据可能是什么,例如,当无法获得填充数据点的信息时,MSCI(国家指数)假设公司的业绩是行业平均水平。[③] 就标准化而言,当公司使用不可直接比较的尺度报告同一变量的信息时,就会出现标准化问题。例如,一家公司可能会使用原始数字(事故数量)、时间尺度(每单位工作时间的伤害)或百分比尺度(误工频率)来报告工作场所安全信息。评级提供商必须将公司间的这些差异标准化,以计算整体 ESG 绩效。就一致性而言,为了提高模型的性能,评级提供者可能会对历史数据进行追溯调整。例如,五年前模型中包含的数据可能与同一年今天模型中的数据不同。随着新的或更好的数据可用,更改数据以提高模型的准确性。但是,它们具有使模型看起来比以前更具预测性的效果。根据观察到的后续结果修改过去的

---

① See Alain Devallel, Simona Fiandrinol, Valter Cantinol. The Linkage between ESG Performance and Credit Ratings: A Firm-Level Perspective Analysis, 12(9) International Journal of Business and Management, 52(2017).

② See ESG Ratings: Do they add value? How to get prepared? https://www2.deloitte.com/ce/en/pages/about-deloitte/articles/esg-ratings-do-they-add-value.html, last visited on 2023-04-09.

③ See Awaysheh A., R. A. Heron, T. Perry, J. I. Wilson. On the relation between corporate social responsibility and financial performance, 3(2) Strategic Management Journal, 966(2020).

数据可能会使回溯测试的结果无效,在评估商业 ESG 评级的可预测性和有效性时,这是一个重要的问题。

五、美国 ESG 评级内容

ESG 评级是一种评估企业在环境、社会和治理方面绩效的方法,以衡量企业在可持续性和社会责任方面的表现。这种评级体系旨在帮助投资者和利益相关者了解企业的 ESG 表现,从而支持投资决策、风险管理和持续发展目标。

(一)ESG 评级衡量什么?

通俗来说,ESG 评级旨在衡量"ESG 质量"。然而,ESG 质量本身并没有一个公认的定义。目前,存在两种主要的 ESG 观点。一种观点认为,ESG 评级反映了公司对其利益相关者(如员工、供应商、客户、当地社区和环境)利益的影响。根据这一定义,公司可以减少对环境、社会有害的商业活动,从而改善其 ESG 形象,进而减少其利益相关者的损失。[①] 此外,至少在短期内,对于 ESG 的投资成本由股东承担,而且对公司的长期财务影响尚不确定。另一种观点认为,ESG 评级衡量的是社会和环境因素对公司的影响,并且这些因素在财务上具有重大意义。根据这个定义,ESG 框架提供了一组风险因素,公司可以通过战略规划,有针对性地改变投资或运营活动从而减少这些风险因素。解决 ESG 风险因素,即使在短期内代价高昂,也有望为公司及其股东带来长期的经济利益。这种 ESG 观点(环境和社会风险对财务绩效的影响)是 ESG 评级机构主要采用的观点。

(二)ESG 评级的实践作用

在实践中,ESG 评级公司旨在提供对 ESG 质量的洞察力。然而,他们采取的方法并不相同,这可以从他们既定目标的变化中看出。ESG 评级机构的一个共同主题是降低投资风险,也就是说改变公司业务模式和运营形式,从而提高 ESG 质量,进而改善财务绩效。为此,MSCI 声称其评级可以"缓解 ESG 风险和长期价值创造"。由于 ESG 因素,Sustainalytics 是衡量"一家公司的经济价值面临风险的程度",降低风险并不是 ESG 评级机构的唯一主张。有些机构明确指出,ESG 评级可以用来预测回报。例如,HIP 声称其评级"可以很好地预测回报率"。Arabesque 表示,其方法"完全是为了识别那些在长期内更有能力跑赢大盘的公司"。除此之外,一些 ESG 评级提供商还提出额外的要求,例如衡量公司的环境或社会影响(ISS)、透明度和对 ESG 的承诺,但这类声明的准确性有点难以衡量。通过加入 ESG 评级,企业可以改善与股东的关系,增加投资,获得低成本资本,并以更有效的方式做出战略决策。最近,消费者在 ESG 方面施加了强大的压力。71 岁以下超过 60% 的人士认为,所有投资基金,不仅是那些标有可持续发展的投资基金,都应在其投资中纳入 ESG 因

---

① See Anderson R C,Mansi S A Reeb D M. Board Characteristics,Accounting Report Integrity and the Cost of Debt,2(37) Journal of Accounting and Economics,321(2004).

素,而且财务业绩与 ESG 评级之间的关系尚不确定。[①] Dunn、Fitzgibbons 和 Pomorski (2018)根据公司的 ESG 评级(由 MSCI 提供)研究了公司的风险特征。他们发现,与评级最高的股票相比,评级最低的公司的波动率高出 15%,贝塔系数高出 3%。他们还发现,ESG 评分可能可以预测未来的风险,尽管影响不大。他们得出结论:"ESG 信息可能在投资组合中发挥超越道德考虑的作用,并可能以与传统统计风险模型所捕获的信息互补的方式告知投资者证券的风险性";Hartzmark 和 Sussman(2019)(使用可持续性基金评级)研究了基金可持续性与绩效之间的关系。他们发现可持续性评级较低的基金表现反而优于评级较高的基金;Bansal、Wu 和 Yaron (2022) 发现,具有高 ESG 评级(MSCI)的公司在经济繁荣时期表现更好,但在经济不景气时期表现更差;Demers、Hendrikse、Joos 和 Lev(2021)研究了公司在 Covid-19 爆发时的表现,没有发现任何证据表明 ESG 评级可以预测这一意外风险事件期间的表现;Lopez-de-Silanes、McCahery 和 Pudschedl(2019)研究了美国以外的 ESG评级——主要是欧洲国家、澳大利亚和日本。他们发现,在这些国家/地区注册的公司的 ESG 评分与风险调整后的绩效无关;Schröder(2007)和 Dimson、Marsh 和 Staunton(2020)都发现,ESG 评级公司(例如 MSCI 和 FTSE Russell)创建的 ESG 指数在发布前表现出色,但在发布后表现不佳。这表明 ESG 指数是通过回溯测试方法创建的,不会产生可持续的投资策略。Atz、Liu、Bruno 和 Van Holt(2021)对 2015—2020 年间发表的 1 100 多篇主要同行评议论文和 27 篇关于 ESG 和可持续投资的元分析进行了大量文献回顾。他们得出结论:"ESG 的财务绩效平均而言,与传统投资没有区别。"也有学者指出,情况可能是这样的,虽然任何一个评级提供者发布的评级都不能预测绩效,但综合考虑多个提供者的评估可能会提供某些有用信息。为此,Berg、Kölbel、Pavlova 和 Rigobon(2021)试图合并多个提供者的评级,以减少来自相互冲突的评估的"噪声"。他们发现一些证据表明,将多家公司的分数结合起来可以加强 ESG 评分与绩效之间的关系。

(三)ESG 评级的形式

　　ESG 评级通常以字母或数字为基础报告,以反映公司的绝对或相对 ESG 风险或绩效。一些公司(例如 MSCI)使用从 AAA 到 CCC 的 7 分等级,类似于主要信用评级机构使用的等级。其他机构使用从 A+到 D-的 12 分制,类似于教育系统(ISS 就是一个例子)。另一种广泛使用的方法是使用 1 到 100 的比例以百分位数为基础发布分数,其中 100 可以代表高 ESG 质量(正面)或高 ESG 风险(负面)。许多评级机构声称衡量的是与行业相关的 ESG质量,而有些则声称衡量的是绝对质量。行业调整后的评级允许投资者比较同一行业内不同公司的 ESG 风险或绩效。通过这种方式,可以确定一家公司在财务上更容易受到环境风险的影响。然而,行业调整后的评级不允许跨行业的公司比较,而且一家公司的评级高度

---

　　① See ESG Ratings: Do They Add Value? How to get prepared? https://www2. deloitte. com/ce/en/pages/about -deloitte/articles/esg-ratings-do-they-add-value. html,last visited on 2023-05-01.

依赖于其指定的行业。相比之下,声称衡量绝对 ESG 质量的评级提供商可用于跨行业比较,尽管公司往往会根据其业务范围获得系统性更高或更低的评级。

(四)ESG 评级方法

ESG 评级方法主要分为五步:第一步是数据收集。ESG 评级公司通常会从各种公开渠道、企业官方报告和独立调研等途径收集 ESG 相关数据。第二步是数据清洗和分析。评级公司会对收集到的数据进行清洗和分析,以剔除不可靠的数据和进行比较分析。第三步是指标权重和打分。根据不同行业和企业类型的 ESG 特征,评级公司会制定相应的 ESG 指标体系,并对各项指标进行权重分配和打分,以综合评估企业的 ESG 表现。第四步是风险评估和分级。评级公司会对企业的 ESG 表现进行综合评估,并根据评级标准将企业分为不同的等级或评级类别,以表明企业的 ESG 风险和表现水平。第五步是发布评级报告。评级公司将根据评估结果,向投资者和公众发布 ESG 评级报告,以帮助投资者和企业更好地了解企业的 ESG 风险和表现,以及相关的投资机会和风险。

为了得出总体 ESG 评级,评级公司通常会单独评估 ESG 的三个组成部分——E(环境)、S(社会)和 G(治理),然后将其汇总以计算总分。在衡量这些时,公司必须了解影响每个组成部分的主要因素。这些可能是使用历史数据的统计分析来确定 E、S 和 G 的驱动因素而得出的,或者它们可能是基于未经测试的理论关系而假设的。例如,MSCI 确定了 E、S 和 G 的以下子成分:环境气候变化,公司排放废气对气候变化的贡献,或者公司因气候变化或与气候相关的监管行动而受到的危害;自然资本,公司对可能面临风险的自然资源的依赖程度;社会的人力资本,人力资本管理的所有方面,包括雇佣实践、人才发展、安全和供应商的劳工标准;产品责任,产品因质量故障、安全故障、财务损害、侵犯隐私或数据泄露、化学危害、其他健康或人口风险而造成损害的可能性,以及负责任投资提高产品质量、安全性或影响;利益相关者反对,由于有争议的采购技术或地点,或与当地社区的其他冲突,社会对公司的反对;社会机会,通过改善产品获取途径造福社会的潜力;治理公司治理,与公司监督质量相关的因素,包括董事会的结构和组成、股东所有权结构和控制、CEO 薪酬惯例和会计质量;公司行为,公司道德行为的证据,包括反竞争行为、腐败、避税和透明度。

事实上,没有一种万能的方法来分析评级机构使用的 ESG 数据。目前,市场上有 600 多家机构在运作,并且经常对同一实体发布不同的评级。因此,许多投资者在这方面订阅和使用多个数据源。对于范围较小的评级,或者包含更多特定行业或地理数据的评级,一次使用几个可能有助于填补空白。许多投资者承认他们不直接使用 ESG 评级来做出投资决策,它们通常作为基础数据的来源,被投资者用来进行研究、制定 KPI 或评分,作为他们自己评估的基础。在这种情况下,ESG 评级是了解公司业务环境并寻找同行进行比较的起点。由于大多数 ESG 数据具有追溯性,因此对于评级机构而言,公司引入提供实时数据的软件至关重要。此外,ESG 评级用户指出需要不断改进透明度和报告。投资者希望公司关注从业务角度来看重要的问题,并更有效地将 ESG 信息与其财务报表相结合。[①]

小结

美国的 ESG 评级制度在近年来得到了广泛关注和采用,旨在评估和衡量企业在环境、社会和公司治理方面的表现。但目前 ESG 评级机构之间存在一定的标准差异,评级方法和数据来源也各不相同,这导致 ESG 评级结果存在一定程度的不确定性。为了提高透明度和可比性,需要更多的标准化和规范化努力,以确保评级过程的一致性和可靠性。此外,ESG 评级依赖于大量的数据,包括公司报告、公开数据和第三方数据提供商。然而,数据的质量和可靠性可能存在挑战,包括数据的准确性、时效性和可比性。评级机构需要确保数据的来源可靠,并采取有效的验证和核实措施,以提供准确和可信的评级结果。

第四节 美国 ESG 投资的法治保障

一、什么是 ESG 投资?

ESG 投资(也称为"社会责任投资""影响力投资"和"可持续投资")是指优先考虑最佳环境、社会和治理(ESG)因素或结果的投资。ESG 投资被广泛视为"可持续"投资的一种方式,即在投资时考虑环境和人类福祉以及经济。它基于越来越多的假设,即组织的财务业绩越来越受到环境和社会因素的影响。ESG 投资的原则并不是什么新鲜事,数百年前,宗教和道德信仰影响着投资决策。穆斯林建立了符合伊斯兰教法的投资,其中包括禁止使用武器。美国和英国的第一个道德单位信托是由贵格会和卫理公会开发的。如今,企业社会责任(CSR)和社会可持续性的重要性日益凸显,投资者对以道德方式参与市场的意识不断增强。随着责任投资原则(PRI)的发布,ESG 投资可能已正式进入主流投资话语。

近年来,随着组织和个人越来越认识到社会、环境和经济问题之间的相互依存关系,ESG 投资热潮在全球范围内显扩大,COVID-19 大流行显然促进了这一趋势,2020 年 COVID-19 大流行造成的市场混乱和不确定性导致许多投资者转向 ESG 基金以提高弹性。事实上,2020 年前三个月,全球有 456 亿美元流入这些基金,目前全球有 30.7 万亿美元的可持续投资基金,预计在未来 20 年内这一数字可能会增加到 50 万亿美元左右。越来越多的投资者希望为支持和促进可持续发展并遵守气候变化法规等新兴法规的组织和产品提供资金。商业界对 ESG 问题采取的行动越来越多,ESG 基金的投资回报率逐渐提高,因为它们能够抵御传统的市场干扰,从而满足了这一需求。[②]包含 ESG 和可持续性的投资组合的

---

① See Brian Tayan. ESG Ratings: A Compass without Direction. https://corpgov. law. harvard. edu/2022/08/24/ esg-ratings-a-compass-without-direction/, last visited on 2023—04—09.

② See Umar Z, Kenourgios D & Papathanasiou S. The static and dynamic connectedness of environmental, social and governance investments: International evidence, 3(2) Economic Modelling, 113(2020).

长期表现通常也优于未包含的投资组合,例如,美国金融服务公司晨星(Morningstar)发现,在 10 年的时间里,80% 的混合股票基金的投资表现持续优于传统基金。他们还发现,10 年前存在的 ESG 基金中有 77% 存活了下来,而传统基金的这一比例为 46%,当然,ESG 投资的繁荣可以归因于一系列因素,随着供应链变得越来越复杂,商业界对社会、劳工和人权问题以及风险的认识也越来越广泛,对气候变化等环境问题的日益关注也影响着投资者的决策。以前较少参与传统投资的群体(尤其是年轻人和女性)的参与度提高也被认为促成了 ESG 投资热潮。[①] 为了反映这些不断变化的社会价值观和规范,如果组织想在其行业中保持竞争优势并为共同利益做出贡献,则组织必须采用前瞻性的 ESG 实践。对这些变化反应迟缓的行业会受到来自利益相关者、投资者和相关公民越来越多的批评和压力,预计这些行业的法律义务也将逐渐收紧。2021 年 5 月,一家荷兰法院裁定荷兰皇家壳牌公司到 2030 年将温室气体排放量减少 45%。同一周,埃克森美孚和雪佛龙面临来自股东的压力,要求它们减少公司对气候变化的贡献,这些事件很可能会引发这些行业的进一步变革。[②]

二、长期投资 ESG 的原因

长期投资 ESG 的原因有五。其一,需求由投资者主导。2021 年,超过 5 000 亿美元流入 ESG 整合基金,推动 ESG 整合产品管理的资产增长 55%。预计 ESG 投资的增长将持续到 2024 年,甚至更久。向可持续投资的转变是由自下而上的需求驱动的。很简单,投资者从个人储户到大型机构正在将越来越多的投资组合用于可持续战略,因为他们希望利用他们的资金帮助创造一个更可持续的世界。其二,技术驱动产品创新。新技术正在帮助基金经理跟上可持续投资需求急剧增长的步伐。互联网改变了信息获取、记录和传播的方式,为投资者提供了比以往更多的数据访问途径。然而,直到现在,随着人工智能(AI)的发展,投资者才有能力分析这一切。其结果是企业透明度有了显著提高,因为新的数据源可以从 ESG 的角度更好地了解公司的运营方式。随着基金经理使用 AI 进入"大数据"革命,越来越多的可持续战略正在创造新的令人兴奋的机会。其三,鼓励企业采取行动。目前,世界各地的许多公司已经明白就 ESG 问题采取行动的必要性——尤其是因为他们认识到,只有审慎管理地球资源、尊重员工,才能实现可持续的长期增长,照顾他们经营所在的自然环境。同样,与可持续发展的落后者合作以鼓励变革可能比简单地撤资更有效。与此同时,政府继续发挥关键作用。政府的支持性政策和连贯的监管对于鼓励公司履行其 ESG 义务以及说服投资者可持续投资至关重要。其四,投资研究越来越关注可持续成果。摩根资产管理公司希望通过确保创新产品开发、专有研究和严格的投资管理协同工作来提供投资

---

① See L Nath,L Holder-Webb,JR Cohen. *Will Women Lead the Way? Differences in Demand for Corporate Social Responsibility Information for Investment Decisions*,4(2) Journal of Business Ethics,89(2012).

② See What is ESG Investing? https://www. adecesg. com/resources/faq/what-is-esg-investing/,last visited on 2023-04-04.

者所需的 ESG 敞口来增加价值。例如,为了帮助投资者应对气候变化,有公司开发了自己的研究框架,该框架基于对基础原始数据点的分析,助力正在开发气候变化解决方案的公司和正在寻求实现向低碳经济转型的公司,同时仍然允许我们与环境落后者打交道。其五,能源转型带来新的风险和机遇。除了关注个别公司的 ESG 资质外,投资者还开始更多地考虑随着世界迈向低碳未来而具有蓬勃发展的弹性和竞争力的行业、国家和地区。弹性是关于可持续投资组合是否准备好承受向清洁能源的过渡以及随着全球气温上升而发生的自然气候事件的影响。除了询问哪些公司准备最充分之外,投资者还需要了解他们投资的国家是否有足够的储备来承受能源转型的阵痛,并为适应低碳经济付出代价。竞争力是关于政府对其经济转型的承诺,这样企业就不会因全球更高的碳价格而落后。减少碳排放需要碳市场的显著增长,而这种增长将对竞争力产生关键影响。能够利用实现净零碳排放所需的技术进步的国家将最有可能在这种环境中蓬勃发展。可持续投资将继续引发投资者的兴趣、企业更加关注以及数据提供方面的显著改善都将进一步支持可持续投资的增长。在投资者接受度和企业采用方面仍然存在需要克服的障碍,但随着正在开发获取可持续回报的新方法,以及越来越多的公司致力于实现可持续的业务目标,投资者比以往任何时候都更容易减轻 ESG 风险的投资组合。同时,为积极的变化做出贡献。[1]

三、美国 ESG 投资法律法规

截至 2023 年 7 月中旬,有 20 个州制定了有效的反 ESG 规则。有 8 个州制定了有效的支持 ESG 规则(即寻求保护并在某些情况下激励 ESG 相关投资的规则)。美国当前的各州立法会议有超过 75 项额外的反对或支持 ESG 法案有待审议,总共有 41 个州制定了有效或待定的 ESG 投资规则。这些州级规则的范围、结构和效果差异很大,并且经常需要解释性分析才能将合规性付诸实践。对于反 ESG 规则,有些人认为,过多地将 ESG 标准引入商业和投资决策可能会增加公司的负担和成本,并且可能会牺牲某些投资回报。因此,一些政治人物和商业团体可能会提出反对这些标准的观点或者尝试推动相关法律或政策的变更,以减少对企业的监管或限制。突出表现在拒绝抵制某类行业,譬如在亚拉巴马州规定,政府实体公司不得与某些行业(包括化石燃料和枪支)有联系,或因未达到某些环境或社会目标而抵制这些公司。在艾奥瓦州规定,公共实体不能根据 ESG 因素接受或拒绝超过 100 000 美元的合同投标。得克萨斯州已经要求州养老金从贝莱德和瑞银等"抵制"化石燃料的资管机构中撤资。截至目前,美国最大的 K12 教育基金、规模 560 亿美元的得克萨斯州永久学校基金、规模 332 亿美元的得克萨斯州雇员退休金、规模 350 亿美元的得克萨斯州市政退休金均与支持 ESG 投资金融机构脱离关系。此外,亚利桑那州、肯塔基州和西弗吉尼亚州等共和党主导的州也在抨击金融机构所追求的"气候议程",称这与为州养老金带来

---

① See Future of ESG Investing. https://am.jpmorgan.com/hk/en/asset-management/institutional/investment-strategies/sustainable-investing/future-of-esg-investing/, last visited on 2023—05—01.

回报不一致,要求政府养老基金从那些在投资时考虑气候问题的基金中撤资。印第安纳州也提出了一项限制基金经理使用可持续投资因素的州法律提案。据该州财政监管机构估计,如果强制纳入 ESG 考量,10 年内该州公共养老金体系可能减少 67 亿美元的回报。佛罗里达州也禁止该州基金管理公司在投资时考虑 ESG 因素,认为这是在歧视石油、天然气、煤炭等强大的地方性产业。①另外,支持 ESG 的规则要求在投资决策时考虑 ESG 因素。例如科罗拉多州特别要求公共雇员退休基金经理在进行国家资助的投资时考虑某些 ESG 因素。其他州也通过了范围更广的法律,要求所有州和地方政府机构以及管理公共基金的公共公司在投资决策时考虑 ESG 因素。加州 SB 185 法令要求公共雇员退休系统和州立教师退休系统的董事会从动力煤公司撤资。一些州立法机构已提交待决立法,要求从被认为对社会有害的行业(例如枪支行业)剥离。

小结

ESG 投资在推动可持续发展和管理投资风险方面发挥了积极作用。随着 ESG 认知的不断提高和标准化努力的推动,预计 ESG 投资将继续增长,并在投资界发挥更大的影响力。然而,投资者需要谨慎选择和评估 ESG 投资机会,确保投资决策与其目标和价值观相一致。

第五节　美国 ESG 法律责任

一、法律规定及实践

尽管目前 SEC 的立场是不会强制要求公司披露 ESG 相关内容,但公司仍必须注意,如果是自愿进行这些披露,且披露的数据具有重大误导性或者虚假,那么仍有可能发生相关的潜在法律风险和诉讼成本。主要法律涉及联邦证券法、州消费者保护法和超级基金法。具体而言:其一,联邦证券法。与公司 ESG 披露相关的索赔通常根据《1933 年证券法》第 11条提出,该条涵盖证券发行文件中的重大错误陈述和遗漏,以及《1934 年证券交易法》第10(b)条和 10(b)-5 与之相关的反欺诈条款。不过迄今为止,根据这两项规定提出的索赔基本上都没有成功。在驳回动议中幸存下来的案件包括与网络安全相关的声明(许多法律专家认为属于 ESG 的"E"或"G")、一家石油公司的安全措施、矿山安全和公司内部财务完整性、可持续发展报告。目前,许多有关这方面的案件是在美国纽约南区地方法院提出的,例如,一家公司被指控行为准则错误地代表了公司标准,或者该公司就该准则发表的公开评论误导了质量的道德控制。例如,2020 年 3 月下旬,一家公司以 2.4 亿美元和解了一起证券集体诉讼,指控其行为准则和道德准则中的陈述是虚假或误导性的。本案的事实不同寻常,但证券原告很可能会寻求利用法院在该集体诉讼中的裁决来追究涉及行为准则或道德

---

① 参见王林:《美国养老金挂钩 ESG 遭抵制》,《中国能源报》2013 年 3 月 20 日,第 12 版。

规范的其他案件。这些行为准则案例中的任何一个是否可以在未来扩展到适用于指控公司 ESG 报告中的陈述违反 10(b)-5 的案例还有待观察。① 其二,州消费者保护法。总体上,根据美国各州消费者保护法提出关于 ESG 索赔收效甚微。譬如,根据加利福尼亚州消费者保护法提出的索赔,声称公司网站上未披露人权承诺、其供应链可能雇用童工或强迫劳工的标签。案件也因涉嫌违规与经济损害之间缺乏因果关系而被驳回,包括根据加利福尼亚州、佛罗里达州和得克萨斯州消费者保护法提出的索赔,指控几家主题公园的运营商未能披露有关其对待虎鲸的重要事实等案件,都没有获得法院的支持。其三,超级基金法。超级基金法是美国联邦政府于 1980 年通过的法案,旨在清理和修复环境污染的现场。② 该法案规定,如果一家公司的业务活动导致了环境污染,该公司可能需要承担清理和修复环境的责任。该法案还规定,如果一家公司在购买土地时知道该土地存在环境问题,但仍然购买并开展业务活动,该公司将承担相应的环境责任。③

　　总体而言,尽管在过去几年中提起了许多诉讼,但与 ESG 披露相关的成功诉讼仍然非常罕见,国家消费者保护法和不公平商业行为法已被用来挑战环境或可持续性绩效。如果这些索赔是基于产品标签或其他公司声明(例如营销材料)中的虚假陈述,则他们取得了一些成功,有诉讼在驳回动议后幸存下来,还有一些已经和解。迄今为止,基于遗漏的索赔尚未取得明显成功,但随着 ESG 披露成为强制性要求且诉讼步伐加快,这种情况可能会发生变化。这些索赔通常作为集体诉讼提起,加利福尼亚州一直是根据以下一项或多项州法规提出此类索赔的热门地点:消费者法律救济法、虚假广告法和反不正当竞争法。因披露不完整或误导性索赔而引发的证券诉讼已成为寻求进行 ESG 披露的公司关注的问题。虽然寻求从前瞻性 ESG 披露中获利的股东的罢工诉讼可能是不可避免的,但公司通常能够根据现有的法定安全港规避民事责任。PSLRA 建立了法定安全港,以保护某些前瞻性陈述免受 1933 年证券法和 1934 年证券交易法的私人诉讼。PSLRA 所涵盖的前瞻性陈述的法定定义通常被广泛解释,包括对未来收入和收益的预测、未来计划和管理目标、对未来经济表现和财务状况的讨论,以及未来预测的假设。此外,"谨慎"原则为前瞻性陈述提供普通法保护,并附有充分的风险披露,以提醒读者注意可能对预测产生重大影响的特定风险。除了证券法案件外,在特拉华州衡平法院提起的一系列股东诉讼都集中在董事会没有适当监督 ESG 相关风险的指控上。这些案例强调了董事会监控关键风险并在董事会会议记录和其他公司记录中记录其流程的必要性。然而,这并不意味着公司因此免受诉讼风险。虽然最终可能不会成功,但仅仅对公司提出索赔就可能会严重损害声誉,还可能导致公司承担大量诉讼和公共关系成本。

---

　　① See Eugene F. Fama, Efficient Capital Markets: A Review of Theory and Empirical Work, 25(2) Journal of Finance, 120(1970).

　　② 参见王曦:《美国环境法概论》,武汉大学出版社 1992 年版,第 47 页。

　　③ 王曦、胡苑:《美国的污染治理超级基金制度》,《环境保护》第 10 期,第 64 页。

二、执行 ESG 相关法案的机构及其权力

美国的 ESG 执法机构主要由联邦和州机构组成,这些机构负责监管公司在 ESG 方面的行为,如披露信息、减少污染、保护劳工和人权等。这些机构的执法和处罚,有助于推动公司更加注重 ESG 问题,提高 ESG 表现和政策的质量和透明度。

首先,联邦执法机构。其一,美国证券交易委员会(SEC)。SEC 有时会与美国司法部一起,强制要求上市公司披露"重大"ESG 相关风险。2021 年,SEC 宣布成立气候和 ESG 工作组,以制定举措来识别上市公司与 ESG 相关的不当行为。[①] 迄今为止,工作组已致函未披露某些气候变化风险的上市公司,并建议它们披露与气候变化相关的重大风险。其二,美国联邦贸易委员会(FTC)。FTC 执行虚假或误导性环境营销声明的规定,并对提出涉嫌误导性声明的企业采取执法行动。在州一级,许多州颁布了包括私人诉讼权在内的消费者保护法,允许消费者对做出虚假或误导性营销声明(例如与 ESG 风险和举措相关的声明)的企业提起诉讼。其三,美国环保署(EPA)。EPA 是负责监管美国环境保护的联邦机构,其职责包括制定和执行环境法律法规,监督公司的环境行为,如污染排放、废物处理等。如果公司违反了环境法律法规,EPA 可以对其进行调查和处罚。其四,美国劳工部(DOL)。DOL 是负责监管美国劳工保护的联邦机构,其职责包括制定和执行劳工法律法规,监督公司的劳工行为,如工资福利、安全健康等。如果公司违反了劳工法律法规,DOL 可以对其进行调查和处罚。其五,美国司法部(DOJ)。DOJ 是负责监管美国法律体系的联邦机构,其职责包括调查和起诉违反法律法规的公司和个人。如果公司违反了 ESG 相关的法律法规,如反腐败法、劳工法、环境法等,DOJ 可以对其进行调查和起诉。

其次,州执法机构。其一,大多数州总检察长执行禁止误导或欺诈营销行为的法律,包括关于 ESG 行为和公开披露的行为。其二,加利福尼亚州劳工局(DOL)是负责监管加利福尼亚州劳工保护的州机构,其职责包括制定和执行劳工法律法规,监督公司的劳工行为。如果公司违反了加州的劳工法律法规,DOL 可以对其进行调查和处罚。其三,纽约州金融服务部(DFS)是负责监管纽约州金融服务业的州机构,其职责包括监督保险公司和其他金融机构的投资和风险管理。如果保险公司和其他金融机构违反了纽约州的 ESG 法律法规,DFS 可以对其进行调查和处罚。其四,公民个人和非政府实体具有间接执法作用。股东可以根据联邦证券法规起诉上市公司误导性 ESG 风险披露和违反与 ESG 风险管理相关的信托义务。[②]

---

① See Yale,L. J. Informal Bargaining Process: An Analysis of the SEC's Regulation of the New York Stock Exchange,3(2) Yale Law Journal,53(1971).

② See Amy Antoniolli. United States: ESG Comparative Guide. https://www. mondaq. com/unitedstates/corporatecommercial-law/1231992/esg-comparative-guide,last visited on 2023−05−01.

三、相关实质性执法活动

即使没有最终确定的规则,SEC 也已开始执行与 ESG 相关的执法。它于 2021 年 3 月宣布在执法部门成立气候和 ESG 工作组,以查明可能的不当行为。对于受 SEC 审查和检查权限约束的注册人,SEC 的审查部门计划重点关注 ESG 披露的准确性和充分性。在 2022 年,SEC 宣布了多项执法行动,涉及发行人在 ESG 相关披露中的错误陈述。2002 年 4 月,SEC 指控世界上最大的矿石生产商淡水河谷公司在 2019 年 1 月布鲁玛尼奥(Brumadinho)大坝倒塌之前对大坝安全性做出虚假和误导性声明。据美国证券交易委员会称,淡水河谷公司的可持续发展报告和其他公开文件未能向投资公司披露公司安全实践和记录的真实性质。州检察长还领导了对气候相关活动和能源公司信息披露的检查,在其中的两个文件中,纽约总检察长牵头调查这些公司是否在业务活动和气候变化之间的联系方面误导公众和股东。2015 年,皮博迪能源(Peabody Energy)通过修改披露来解决对其活动的调查,但没有面临任何罚款。目前,包括康涅狄格州、夏威夷州、佛蒙特州在内的各州总检察长已经对能源公司提起类似诉讼,指控这些公司违反了各州的不公平贸易行为法,并在其对化石燃料对气候变化的影响的了解方面欺骗消费者。其他州和城市以疏忽、非法侵入对化石燃料提出索赔。除了气候变化之外,多个州的总检察长以及地方政府实体还就有关药物对普渡制药(Purdue Pharma)及其创始人家族提起的诉讼达成和解。[①] 环保部门的执法行动美国环保署(EPA)对违反环境法规的公司进行了罚款和处罚。例如,EPA 对油气公司山脉资源(Range Resources)进行了罚款,指控其在宾夕法尼亚州的水源保护区进行了非法的天然气开采,导致水污染和环境破坏。EPA 还对大型零售商沃尔玛进行了罚款,指控其在多个州的店铺中违反了环境法规,包括不正确地处置危险废物和使用有害化学物质。

四、避免诉讼的建议

尽管上述案例清楚地表明,迄今为止的 ESG 诉讼往往不成功,但企业仍应警惕此类诉讼的重大影响。以下概述了公司如何在继续披露 ESG 数据的同时减少诉讼风险。

其一,免责声明至关重要。随着越来越多的公司发布有关 ESG 绩效的报告,公司开始在其 ESG 报告中包含免责声明,实际上,这些免责声明对于潜在诉讼风险的保护存在不确定性。在实践中,银行、化工、石油、天然气和电力是发布此类免责声明最多的五个行业。根据观察,此类声明在实践中通常包括五个特点:第一,在银行行业中,大多数公司在其提交给美国证券交易委员会的文件中都有某种类型的免责声明,但是,这些是通用免责声明,并非针对 ESG 特定事实和主题量身定制,也未与其 ESG 报告中讨论的项目相关。第二,在化工行业中,大多数公司在其可持续发展报告中都有某种免责声明,尽管有些公司完全没

---

　①　See Lauren Aguiar. Recent ESG Litigation and Regulatory. https://corpgov. law. harvard. edu/2022/07/25/recent-esg-litigation-and-regulatory-developments/,last visited on 2023－04－01.

有。很少有公司拥有针对其 ESG 报告中讨论的具体事实和主题量身定制的免责声明。第三,在石油和天然气行业,有部分公司在其 ESG 报告中有量身定制的 ESG 免责声明。所有其他人要么具有与 SEC 文件中相同的免责声明,要么具有通常非常广泛的简化版本。第四,在公用事业和电力行业,一家公司没有免责声明,但其余公司有一般免责声明。第五,SEC 文件中使用的免责声明与公司披露 ESG 中使用的免责声明之间似乎存在脱节。此外,在起草 ESG 免责声明时,公司应该仔细起草 ESG 免责声明。ESG 免责声明应明确涵盖 ESG 数据,以降低诉讼风险,说明 ESG 数据是非 GAAP(会计)数据。ESG 数据通常是非 GAAP 且未经审计的,这应该在任何 ESG 免责声明中明确说明。此外,尽管 SEC 备案文件中的免责声明似乎更为详细,但 ESG 中使用的免责声明之间似乎存在脱节。因此,公司在发布 ESG 免责声明时,应当尽可能在逻辑与语句的使用上,与 SEC 备案文件保持一致。

其二,ESG 报告可能给公司带来风险,譬如潜在的诉讼、不良宣传等。公司应确保 ESG 报告中的陈述得到事实或数据的支持,并应限制过于理想的陈述。ESG 报告中的陈述可能具有可操作性,因此公司应仅披露准确且与公司相关的内容。取得适当的平衡可能很困难,许多公司会披露不足,而其他公司可能会过度披露。因此,公司应仅披露准确且与公司相关的信息。美国商会在其 ESG 报告最佳实践中提出了类似的建议:不要将 ESG 指标纳入 SEC 文件,只披露对目标受众有用的内容,并确保 ESG 报告经过"严格的内部审查流程以确保准确性和完整性"。

其三,ESG 报告也可以对公司有利。潜在诉讼的威胁不应阻止公司披露可持续性框架和指标。公司不仅面临投资者披露 ESG 指标的压力,而且此类披露还可能激励公司改进内部风险管理政策、内部和外部决策能力,并可能在有披露义务时加强法律和保护。此外,随着 ESG 投资变得越来越流行,公司必须意识到稳健的 ESG 报告可能有助于吸引潜在投资者,这反过来可能会导致更高的 ESG 评级。公司应尝试了解关键的 ESG 评级和报告方法,以及它们如何与公司概况相匹配。

小结

美国 ESG 法律责任虽然有一定的进展,但仍存在一些不足之处,譬如,监管和执法不充分:在 ESG 领域,监管机构和执法力度相对薄弱,监管机构的资源有限,难以对所有企业的 ESG 披露和行为进行有效监督和执法。这可能导致一些企业对 ESG 披露的不准确性或操纵性,缺乏足够的监管和惩罚措施;现有的 ESG 法律责任往往更关注短期利益,缺乏足够的长期导向,这可能导致一些企业在 ESG 方面采取表面性的行动,而缺乏真正的长期可持续性策略。①

---

① See Connor Kuratek. Legal Liability for ESG Disclosures. https://corpgov.law.harvard.edu/2020/08/03/legal-liability-for-esg-disclosures/, last visited on 2023－05－01.

第六节　美国 ESG 领域其他问题

一、公司内部运营中的 ESG 问题

在美国,董事会应该和管理层密切合作,以识别和监督 ESG 风险和机遇,并考虑将 ESG 因素纳入公司的业务运营和战略。虽然董事会的法律职责没有改变,但投资者和其他利益相关者越来越希望董事承担监督 ESG 管理的责任,包括制定适当的流程来监测、报告和解决 ESG 风险和机遇、塑造长期的 ESG 战略,并调整管理,制定激励措施以促进 ESG 在整个公司运营中的整合。各级管理层在识别 ESG 风险,将 ESG 考虑因素纳入公司日常运营方面发挥着重要作用。[①] 虽然一些公司继续在现有职能部门(如法律和人力资源)内解决 ESG 问题,但其他公司则设立了专门的部门。对于日常运营问题,越来越多的美国公司在 ESG 方面设定和宣传雄心勃勃的目标,近些年的一些举措侧重于可持续性和多样性。特别是一些公司已经接受了零碳承诺,以应对日益增长的投资者和利益相关者的压力:亚马逊承诺到 2040 年实现净零碳排放;微软计划到 2030 年实现碳负排放,到 2050 年消除其自 1975 年成立以来排放的所有碳;苹果公司承诺到 2030 年实现碳中和。越来越多的公司也设定了披露劳动力人口结构以及改善员工队伍中的种族和性别多样性的目标。特别是在董事会和高级管理层中,公司也在重新审视如何构建他们的高管薪酬政策。对于监督问题,董事会应与管理层合作,确定与企业及其利益相关者相关的 ESG 问题,并决定哪些政策、战略和流程需要评估和监控。在某些情况下,根据公司的需要和情况,董事会将某些 ESG 问题的监督责任委托给特定的董事会委员会,例如,审计委员会或治理委员会。有些公司可能会发现某些 ESG 风险和机会十分突出,以至于需要专门的委员会(例如,环境健康与安全或隐私委员会)。这些董事会委员会通常负责就特定事项与管理层和外部顾问联络,并向全体董事会报告公司的业绩和进展。对于 ESG 战略与高管薪酬问题,人们越来越关注将薪酬激励与 ESG 目标和成果相结合。美国一些公司将 ESG 成就与高管薪酬挂钩的实例:例如,将年度或短期奖金支付与实现 ESG 指标或目标挂钩以实现增加妇女和少数族裔在各种行政和领导职位上的比例、减少碳足迹、支持人权。标准普尔 500 指数成分股公司最近的股东代理会议声明的例子包括:15% 的短期激励措施与"人力资本指标"相关[②],主要考察高级管理层中代表性不足的群体的百分比;20% 的年度激励薪酬与非财务指标有关,其中 5% 由死亡或重伤人数决定;5% 由二氧化碳减排量决定;10% 由女性在全球劳动力中的比例决定。还有美国公司采用了更为直接的办法:例如,一家能源公司根据生产的"清

---

① See Porter, M., Kramer, M. Strategy & Society. 84(12) Harvard Business Review, 79(2006).

② See Lin B, Ahmad I. Analysis of energy related carbon dioxide emission and reduction potential in Pakistan, 3(2) Journal of Cleaner Production, 27(2017).

洁"能源数量确定 10% 的长期激励,这样做是为了加强治理并减少严重不当行为,以及防止声誉受损和损害股东价值的风险。目前,在设计和实施 ESG 战略时,以下要素被视为最佳实践:使用普遍接受的 ESG 标准或框架来指导数据收集并协调内部报告与外部披露;征求整个企业(董事会、高级管理层和法律顾问)的意见,以制定 ESG 战略,主动预测和管理 ESG 风险并识别潜在机会;在每个业务部门和所有业务职能部门整合 ESG 战略;考虑竞争对手的 ESG 策略、评级机构或报告框架,了解竞争对手披露了哪些信息;对于私人组织,考虑其公共合作伙伴的需求和义务;经常审查战略、更新目标并让利益相关者参与进来,以确保 ESG 战略仍然是组织目标的核心;让员工参与制定计划以实现 ESG 目标;提供高质量、一致、可靠的信息披露。

公司董事会负责评估 ESG 问题与组织宗旨的相关性,并分配资源以相应地反映这些问题的复杂性、重要性和中心性。美国董事会通过以下方式表明 ESG 问题对组织愿景和宗旨的优先级:提名和选择具有 ESG 经验的董事;扩大现有委员会的职责以包括特定的 ESG 重点领域,并修改这些委员会的章程以反映这些职责(例如,在提名和治理委员会中明确支持股东参与或董事会多元化)。通过薪酬委员会建立 ESG 问责激励机制;将 ESG 披露纳入审计委员会的职责;确保专门的董事会委员会有权将 ESG 整合到整个企业中。高级管理层与董事会合作,通常负责制定和执行 ESG 战略,该战略与组织的宗旨和愿景相关联,并嵌入组织的核心运营。美国公司的高级管理层为设计和实施具有凝聚力的 ESG 战略而采取的行动包括:将 ESG 纳入各业务单元的风险管理、绩效管理和战略规划;成立跨企业指导委员会,评估现有 ESG 战略并就变更方向向董事会提出建议;建立流程以比较 ESG 举措在各业务部门之间的实施方式;培养专门负责监督和管理 ESG 事务的人员和团队,包括基准测试、最佳实践和报告。

二、外部因素对于公司 ESG 问题的影响

其一,与美国经济的其他部门一样,面对 ESG 问题公司面临越来越大的公众压力。例如是否增加对可持续能源或促进社会发展的项目的贷款。在缺乏纵向数据和不断变化的监管框架的情况下,公司在努力平衡其传统财务授权与新的 ESG 因素方面谨慎行事。值得注意的是,长期以来,促进社会福利一直是公共财政的普遍要求,主要是通过授予免税地位。目前在美国,行业组织已经颁布了筛选工具来帮助公司确定最有用的因素。例如,银团贷款与交易协会(LTSA)发布了一份 ESG 尽职调查问卷,重点关注以下关键问题:ESG 治理(借款人的政策、ESG 原则的监督和整合;借款人是否遵守 ESG 框架);碳信息披露项目;联合国全球契约原则、联合国可持续发展目标、可持续发展路线图的制定和遵守;直接和间接温室气体排放和其他"E"因素,例如,供应链来源。

其二,利益相关者已经并将继续在塑造美国的 ESG 方面发挥关键作用。在这些利益相关者中,员工利益相关者在 COVID-19 大流行期间对 ESG 相关实践的影响最大。根据美

国劳工统计局的数据,2021 年平均每月有 395 万工人辞职,这是有记录以来的最高平均水平。这种被称为"辞职"的现象背后的原因多种多样——疫苗强制执行、销售滞后、酒店和零售业的低工资,以及学校和托儿所关闭。大量的辞职创造了一个候选人市场,让工人有能力寻求更好的机会,以及寻求工作和生活平衡。竞争激烈的劳动力市场促使雇主重新审视其人力资本管理实践,以努力吸引和留住人才,包括通过公司主导的 ESG 相关举措,重点是:增强多样性和包容性;明确的晋升途径;工作场所安全;支付股权;更大的灵活性(例如,远程工作或每周工作四天)。

其三,客户通过观察公司价值观是否与其一致来决定是否购买股票,其主要关注:对环境敏感的制造流程的公开承诺、供应商来源、对劳工的保护、供应链是否绿色化等。养老金领取者通过采用基于 ESG 目标的投资策略并相应地进行投资或撤资对公司施加压力。土著社区公开在法庭上反对在其领土内进行项目开发和决策,例如,通过向公司施加压力以减少基础设施和其他项目对土著及其所依赖的资源的影响。所有这些利益相关者都通过以下方式有效地影响了 ESG 实践的发展:监管投诉;社交媒体活动;投资;购买决定;工作变动。此外,美国公司越来越倾向于寻求利益相关者的意见,以确保他们保持参与并及早发现对其利益相关者至关重要的 ESG 问题,以降低法律、声誉、运营和政治风险。

其四,机构投资者开始将 ESG 标准视为与业务弹性、竞争实力和财务业绩相关的标准,并开发以 ESG 为主题的投资产品,进而向寻求可持续投资的投资者推销这些产品。此外,养老基金等机构投资者在为自己的账户做出投资决策时也正在应用 ESG 标准。预计重要投资者的这种关注将影响公司决策者和董事会的组织战略。

三、美国 ESG 发展趋势

ESG 激进主义一直在增加,特别是围绕多样性、碳排放和可持续性等问题。美国《国家法律评论》报道称,2022 年至少有 34 项 ESG 提案,这些提案在气候变化、多样性和政治支出等主题上获得了超过 80% 的投票。此外,2022 年通过了 12 项环境提案,高于 2021 年的 5 项和 2020 年的 1 项。资产管理公司贝莱德继续在备受瞩目的 ESG 报告和披露问题上处于领先地位。它在 2021 年年初宣布,它将要求其投资的公司披露零排放的商业计划。2022 年 ESG 激进主义的其他可见例子包括:用专注于 ESG 的投资公司 Engine No. 1 支持的提名人替换三名埃克森美孚董事会成员;对冲基金 Impactive Capital 与 Asbury Automotive Group 的管理层合作,通过一项增加女性人员进入董事会的提案。目前,所有迹象都表明,随着联邦法律和州法律的公布,关于 ESG 的执法力度将加大,ESG 将在未来几年继续成为关注焦点。2022 年 9 月,除了拟议的美国证券交易委员会(SEC)规则之外,SEC 还提出了另一套与增强和标准化相关的拟议规则,包括网络安全风险披露、网络安全治理、网络安全事件报告。美国国会还将重新审议一些拟议的 ESG 披露和透明度法律,例如,公司治理改进和投资者保护法。联邦机构正在加强其与 ESG 相关的承诺,例如,美国总务管理局(美国联邦政府的集中采购机构)承诺到 2025 年联邦政府拥有的房地产投资组合将 100% 使用可再生能源,并将绿色能源产品和做法纳入联邦采购供应链。州立法机构也可能会扩展其与 ESG 相关的法律。纽约待定的时尚可持续发展和社会责任法案,将要求在纽约州开展业务的时尚零售商和制造商,遵守严格的供应链映射要求、披露其活动对环境和社会的影响。在人力资本方面,一些州已经考虑并颁布了法律,要求雇主部署自动化决策技术来筛选求职者、执行纪律处分或解雇员工。2023 年的其他重点领域包括:利益相关者越来越具体的要求;将 ESG 原则和实践融入运营;使高管薪酬与 ESG 绩效目标的实现保持一致。①

此外,在 COVID-19 大流行之后,投资者和其他利益相关者优先考虑公司如何处理系统性和关键事件风险管理。随着投资者和广大公众将流行病与环境退化和气候变化相提并论,围绕可持续性、生物多样性和向低碳经济转型的对话也可能会加快步伐。新冠大流行之后,人们更加关注工作场所安全和多样性、公平和包容等问题,加速了向利益相关者资本主义的转变。新冠疫情期间暴露出的明显社会和种族差异,也逐渐受到人们的重视。②

---

① See David Silk. Environmental,Social and Governance Law 2023. https://iclg. com/practice-areas/environmental-social-and-governance-law/usa,last visited on 2023—04—09.

② See Amy Antohttps. United States: ESG Comparative Guide. https://www. mondaq. com/unitedstates/corporatecommercial-law/1231992/esg-comparative-guide,last visited on 2023—04—14.

第三章 欧盟 ESG 监管的法治框架

王 茜*

随着全球经济的不断发展,企业不再仅仅关注利润最大化。相反,他们还必须考虑环境、社会和治理(ESG)因素,这些因素是评估公司业绩和风险的关键指标。为了促进可持续发展、环境保护、社会责任和良好公司治理,欧盟已经发展出一系列 ESG 法律政策制度。

ESG 既是一种关注企业环境、社会、治理绩效而非财务绩效的投资理念,也是一种对企业相应指标进行评估的评价标准。作为投资理念,信奉 ESG 投资理念的投资者更青睐于投资符合 ESG 评价标准的企业,以期在实现社会价值的同时,取得稳定的长期投资回报;作为一种评价标准,ESG 对于"什么是好企业"这一问题进行重新界定,从而探索出一条可持续的企业发展路径,使得企业在商业价值和社会责任之间取得平衡。

第一节 欧盟 ESG 法制发展历史脉络与基本框架

一、主要立法时间线

1.《非财务报告指令》

欧盟于 2014 年 10 月颁布的《非财务报告指令》(Non-financial Reporting Directive, NFRD)首次将 ESG 纳入政策法规范畴。NFRD 规定大型企业(员工人数超过 500 人)对外非财务信息披露内容要覆盖 ESG 议题,其中第十九条规定:"大型企业如属公共利益实体(Public-Interest Entity),其资产负债表日超过财政年度内平均 500 名雇员的标准,则应在管理报告中列入一份非财务报表,其中应载有必要的资料,以便了解该企业的发展、业绩、地位及其活动的影响,至少与环境、社会和雇员事项、尊重人权、反腐败和贿赂事项有关。"但对 ESG 三项议题的强制程度有所不同:指令对环境议题(E)明确了需强制披露的内容,

---

* 王茜,上海财经大学法学院博士生,主要研究方向:环境法、绿色金融法。

而对社会(S)和公司治理(G)议题仅提供了参考性披露范围①。

2015 年 9 月联合国提出可持续发展目标(the 17 Sustainable Development Goalss，SDG)后②，欧盟积极响应 SDGs"气候行动"目标，随后在 2016 年 12 月新修订的《职业退休服务机构的活动及监管》(简称 IORP Ⅱ)③中提出："在对 IORP④ 活动的风险进行评估时应考虑到正在出现的或新的与气候变化、资源和环境有关的风险"，该项修订增强了欧洲监管机构和投资者对气候与环境议题的关注。

2.《股东权指令》

欧盟 2017 年对《股东权指令》(Shareholder Rights Directive)进行了修订，明确将 ESG 议题纳入具体条例，并实现了 ESG 三项议题的全覆盖。新修订指令要求上市公司股东通过充分施行股东权利影响被投资公司在 ESG 方面的可持续发展；还要求资产管理公司应对外披露参与被投资公司的 ESG 议题与事项的具体方式、政策、结果与影响⑤。例如其中第十四条规定："股东更多地参与公司治理是有助于改善公司财务和非财务业绩的杠杆之一，包括在环境、社会和治理因素方面，特别是在联合国支持的'负责任投资原则'(PRI)中提到的那样。"其中第二十二条还规定："资产管理人还应告知机构投资者，资产管理人是否以及如果以此为基础，如何根据对被投资公司的中长期业绩，包括其非财务业绩的评价做出投资决定。这种信息特别有助于表明资产管理人是否对资产管理采取面向长期和积极的办法，并考虑到社会、环境和治理问题。"这是欧盟"将 ESG 问题纳入我们的所有权政策和实践中"的具体体现。

欧盟在 ESG 相关法规的制定和修订上更加关注与 SDGs 的一致性。并对负责任投资原则予以持续响应，尤其着重在 PRI 第 6 项原则："我们将各自报告我们在执行这些原则方面的活动和进展情况"⑥，体现出了"实践推动理论"的积极行动。比如，在 2019 年之前的欧

---

① See"DIRECTIVE 2014/95/EU OF THEEUROPEAN PARLIAMENT AND OF THE COUNCIL of 22 October 2014 amending Directive2013/34/EU as regards disclosure of non-financial and diversity information by certain large undertakings and groups"，The European Parliament and The Council of The European Union，2014.

② 2015 年联合国所有会员国通过的 2030 年可持续发展议程为人类和地球现在及未来的和平与繁荣提供了一个共同的蓝图。其核心是 17 个可持续发展目标(SDGs)，这是所有国家——发达国家和发展中国家——在全球伙伴关系中采取行动的紧急呼吁。他们认识到，消除贫困和其他匮乏必须与改善健康和教育、减少不平等和刺激经济增长的战略齐头并进，同时应对气候变化并努力保护我们的海洋和森林。

③ IORP Ⅱ指令通过确保职业养老金的健全性和更好地保护养老金计划成员及其受益人等手段设定了共同标准：新的治理要求、关于 IORP 自身风险评估的新规则、使用保管人的新要求以及增强监督人员的权力。IORP Ⅱ指令旨在改善职业养恤金基金的管理方式，提高对养恤金储蓄者的信息透明度，并澄清开展跨界转移和活动的程序。

④ IORP 是金融机构，为雇主管理集体退休计划，为其雇员(即退休金计划成员和受益人)提供退休福利。它们是长期投资者，目的是在保证投资安全的同时，为其成员和受益人带来最佳回报。

⑤ DIRECTIVE (EU) 2017/828 OF THEEUROPEAN PARLIAMENT AND OF THE COUNCIL of 17 May 2017 amending Directive2007/36/EC as regards the encouragement of long-term shareholder engagement，The Europeon Parliament and The Canncil of The Europeam Vnion，2017.

⑥ https：//www.unpri.org/about-us/what-are-the-principles-for-responsible-investment，last visited on 2023−02−01.

盟 ESG 法律体系中,资本市场还未获得 ESG 投资的"通用、可靠的分类和标准化做法",这是阻碍资本市场推进 ESG 投资的问题之一。2019 年 4 月,欧洲证券和市场管理局(European Securities and Markets Authority,ESMA)发布的《ESMA 整合建议的最终报告》(ESMA's Technical Advice to the European Commission on Integrating Sustainability Risks and Factors in MiFID Ⅱ Final Report)向欧洲议会提出建议,要明确界定 ESG 事项有关概念和术语的重要性和必要性。例如,该报告中指出:"SMSG 指出,就分类标准达成一致将是一个漫长的过程,正如 ESMA 所强调的,'环境'标准比'社会'和'治理'标准要先进得多。"[1]

3.《金融服务业可持续性相关披露条例》

2019 年 11 月,又通过颁布《金融服务业可持续性相关披露条例》(Sustainability-related Disclosures in the Financial Services Sector,SFDR),推进解决可持续发展相关信息披露的不一致性,统一了金融机构 ESG 信息的披露标准,提出欧盟金融市场参与者的 ESG 信息披露义务。条例特别要求:"具有环境和社会特征的金融产品"需要在信息披露中说明在多大程度上与可持续发展议题相一致,以及如何满足其可持续性特征。[2]

2018 年 5 月,委员会提交了一项建议,建立一个共同框架,以促进可持续投资。该提议将启动一个统一的欧盟分类方案,以帮助确定一项经济活动是否在环境上是可持续的。根据议会的联合委员会程序,ECON 和 ENVI 委员会已经联合通过了一份报告。[3]

在 2019 年征集和整合了资本市场对 ESG 投资的意见和建议后,ESMA 在 2020 年 2 月发布《可持续金融策略》(Strategy on Sustainable Finance),呼吁欧盟法律应建立对 ESG 认知的共识以促进 ESG 议题监管的趋同。[4]

2019 年 12 月,欧盟就统一的欧盟分类系统(Taxonomy)达成协议。[5]

4.《可持续金融分类方案》

2020 年 3 月,欧盟委员会的可持续金融技术专家组发布了《可持续金融分类方案》(EU Taxonomy:Final Report of the Technical Expert Group on Sustainable Finance)的最终报告,向欧盟委员会提出与分类方案总体设计和具体实施相关的建议。该分类方案主要通过

---

[1]　ESMA's technical advice to the European Commission on integrating sustainability risks and factors in the UCITS Directive and AIFMD ESMA34-45-688 30 April 2019.

[2]　"REGULATION(EU) 2019/2088 OF THE EUROPEAN PARLIAMENT AND OF THE COUNCIL of 27 November 2019 on sustainability-related disclosures in the financial services sector", The European Parliament and The Council of The European Union,2019.

[3]　See https://www.europarl.europa.eu/thinktank/en/document/EPRS_ATA(2019)635596#:~:text=In%20May% 202018% 2C% 20the% 20Commission% 20submitted% 20a% 20proposal,determine% 20whether% 20an% 20economic%20activity%20is%20environmentally%20sustainable,last visited on 2023－02－01.

[4]　"Strategy on Sustainable Finance",European Securities and Markets Authority,2020.

[5]　"REGULATIONOF THE EUROPEAN PARLIAMENT AND OF THE COUNCIL on the establishment of a framework to facilitate sustainable investment,and amending Regulation2019/2088 on sustainability-related disclosures in the financial services sector",The European Parliament and The Council of The European Union,2019.

对六项环境目标①相关的经济活动设定技术筛选标准(Technical Screening Criteria)②,向 SDGs 中的"气候行动""水下生物"(Life Below Water)"陆地生物"目标靠拢。2020 年 4 月 15 日,该分类法被作为一项法规被欧盟理事会正式采纳。③

2020 年 4 月 15 日,欧盟理事会以书面程序通过了《建立促进可持续投资的框架》(A Framework to Facilitate Sustainable Investment)④,对识别具有环境可持续性的经济活动向欧盟范围内的企业和投资者提供统一的分类系统(EU-wide Classification System)。

5.《企业可持续发展报告指令》

2021 年 4 月 21 日,委员会通过了《企业可持续发展报告指令》的建议(Corporate Sustainability Reporting Directive, CSRD),该提案将适用范围扩大到所有大公司和所有在受监管市场上市的公司(上市微型企业除外),进一步修订了《非财务报告指令》(NFRD)的披露要求,包括将扩大有披露义务的公司范围,要求对披露信息进行审计等,进一步细化披露要求。⑤

2022 年 11 月 28 日,欧盟理事会通过了《企业可持续发展报告指令》,是对《非财务报告指令》的补充和进阶。对于欧盟企业,CSRD 提出的披露规则将适用于所有大型公司(对于大型公司的定义为:资产负债表总额超过 2 000 万欧元、净营业额超过 4 000 万欧元、本财政年度平均超过 250 名员工)和所有在监管市场上市的公司,其中上市的微型企业除外。对于非欧盟企业,净营业额超过 1.5 亿欧元且在欧盟境内的子公司或分支机构净营业额超过 4 000 万欧元的企业也属于 CSRD 披露义务范围。CSRD 要求适用范围内的公司定期披露环境影响和社会方面的信息,披露范围包括公司经营相关的环境影响,以及尊重人权、反腐败和贿赂、公司治理和多样性、包容性的相关信息。

2023 年 1 月 5 日,《企业可持续性报告指令》(CSRD)生效。距离 CSRD 的最终落地还差两步:

第一,欧盟各成员国需要在 18 个月内将 CSRD 转换为本国法律。CSRD 的法律文件类型是指令(Directive),而非条例(Regulation)。根据欧盟法律地位的安排,指令针对的只是欧盟成员国,而非具体组织。从某种意义上说,指令并不具有直接生效的权利,需要成员国

---

① 六项环境目标:减缓气候变化、适应气候变化、水资源和海洋资源的可持续与保护、向循环经济转型、污染防治、保护和恢复生物多样性与生态系统。

② "Taxonomy: Final report of the Technical Expert Group on Sustainable Finance", EU Technical Expert Group on Sustainable Finance, 2020.

③ "REGULATION (EU) 2020/... OF THEEUROPEAN PARLIAMENT AND OF THE COUNCIL of ... on the establishment of a framework to facilitate sustainable investment, and amending Regulation (EU)2019/2088", The European Parliament and The Council of The European Union, 2020.

④ "REGULATION (EU) 2020/... OF THEEUROPEAN PARLIAMENT AND OF THE COUNCIL of ... on the establishment of a framework to facilitate sustainable investment, and amending Regulation (EU)2019/2088", The European Parliament and The Council of The European Union, 2020.

⑤ See https://eur-lex.europa.eu/legal-content/EN/TXT/? uri=CELEX:52021PC0189, last visited on 2023-02-01.

转换为国内法才能生效。

第二,欧盟可持续发展报告准则(ESRS)通过审议和批准。CSRD 取代欧盟《非财务报告指令》(NFRD)的一大亮点,就是将对 ESG 报告标准和关键绩效指标加以规范。为此,欧盟授权欧洲财务报告咨询小组(EFRAG),以制定详细的欧盟可持续发展报告准则(ESRS)。最终,ESRS 将以授权法案(Delegated Acts)的形式予以实施。服从 CSRD 的公司必须按照欧洲可持续发展报告标准(ESRS)报告。该标准草案由欧洲金融报告咨询小组(EFRAG)制定,该小组以前被称为欧洲财务报告咨询小组(European Financial Reporting Advisory Group),是一个汇集各种利益相关者的独立机构。这些标准将根据欧盟的政策调整,同时以国际标准化倡议为基础并为其做出贡献。欧盟委员会应该在 2023 年中期通过第一套标准。

6.《欧洲绿色债券条例》

2021 年 7 月 6 日,欧盟委员会提交了出台《欧洲绿色债券条例》(European Green Bonds Regulation,EUGBS)的提案。"欧洲绿色债券提案"旨在规范"欧洲绿色债券"的使用,即欧洲绿色债券用于追求可持续发展目标的债券。它的目的是建立一个登记和监督担任欧盟委员会外部审查员的实体的制度,并规范对欧盟委员会发行人的监督。理事会于 2022 年 4 月 13 日就该建议表明立场。三方对话谈判于 2022 年 7 月 12 日开始,并于 2023 年 2 月 28 日达成临时协议。[①]

这项法规是欧洲绿色政策不可或缺的一部分,它将为绿色债券建立一个欧盟自愿的高质量标准。欧洲绿色债券标准(EUGBS)将提供给那些希望在资本市场上筹集资金以资助其绿色投资的公司和公共实体,同时满足严格的可持续发展要求。特别是,EUGBS 的发行者需要确保至少 85% 的债券筹集资金分配给符合分类法规定的经济活动。这将使投资者更容易评估、比较和相信他们的投资是可持续的,从而降低"漂绿"造成的风险。

这项规定为希望使用"欧洲绿色债券"或"欧洲绿色债券"作为符合欧盟分类标准的环境可持续债券,并向全球投资者开放的债券发行人制定了统一的要求。[②] 它还为欧洲绿色债券的外部审查机构建立了注册制度和监督框架。为了防止一般绿色债券市场的"漂绿"行为,该条例还对欧盟发行的其他环境可持续债券和与可持续性有关的债券规定了一些自愿披露要求。

环境上可持续的债券是为与绿色技术、能源效率和资源效率以及可持续性运输基础设施和相关研究基础设施的投资提供资金的主要手段之一。根据这项临时协议,只要有关部门已经纳入欧盟分类法,欧盟银行债券的所有收益将需要投资于符合欧盟分类法的经济活动。对于那些尚未被欧盟分类法涵盖的部门和某些非常具体的活动,将有 15% 的灵活空

---

① See https://www.consilium.europa.eu/en/press/.press-releases/2023/02/28/sustainable-finance-provisional-agreement-reached-on-european-green-bonds/,last visited on 2023—03—01.

② See Macchiavello, E. and Siri, M. Sustainable Finance and Fintech: Can Technology Contribute to Achieving Environmental Goals? A Preliminary Assessment of 'Green Fintech' and 'Sustainable Digital Finance'. European Company and Financial Law Review, Vol. 19 (Issue 1),128—174(2022).

间。这是为了从欧洲绿色债券标准存在之初就确保其可用性。随着欧洲向气候中立过渡的进展,以及预计在未来几年将出现的越来越多具有吸引力的绿色投资机会,这种灵活性空间的使用和需求将被重新评估。

二、欧盟 ESG 法规间协同关系

1. 以《可持续发展融资行动计划》为框架指导

为了支持 2030 和 2050 气候与可持续发展议程,欧盟委员会也强调逐步进行金融体系改革,2018 年 3 月 8 日欧盟雄心勃勃地公布了《可持续发展融资行动计划》(Action Plan: Financity Sustamable Devewpment),这是欧盟为推动可持续金融发展而迈出的实质性的一步(见图 3—1)。

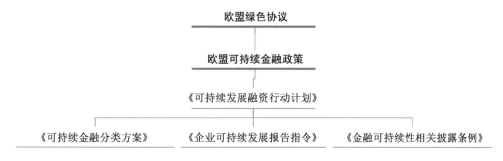

图 3—1 欧盟 ESG 法规协同框架

欧盟《可持续发展融资行动计划》设定了三大目标:(1)调整资本流动方向,使之转向更可持续的经济;(2)将可持续性纳入风险管理的主流;(3)培养透明度和长期主义。在这三大目标下,具体形成 10 项具体措施[①]:(1)建立一个清晰而详细的欧盟分类法——可持续活动的分类方案;(2)创建欧盟绿色债券标准(EUGBS European Green Bond Standard)和绿色金融产品标签;(3)促进对可持续项目的投资;(4)将可持续性纳入财务咨询;(5)制定可持续发展基准;(6)更好地将可持续性纳入评级和市场研究;(7)澄清资产管理公司和机构投资者在可持续性方面的责任;(8)在欧盟针对银行和保险公司的审慎规则中引入"绿色支持因素";(9)加强可持续性披露和会计规则制定;(10)促进可持续的公司治理,减少资本市场中的短视行为

2. 以 CSRD(NFRD 前身)、SFDR 为支撑的可持续风险管理

欧盟可持续财政政策的核心是可持续性风险管理。《金融服务业可持续性相关披露条例》(SFDR)将可持续性风险定义为"一种环境、社会或治理事件或状况,如果发生,可能对投资价

---

① Directorate-General for Financial Stability, Financial Services and Capital Markets Union : Renewed sustainable finance strategy and implementation of the action plan on financing sustainable growth , 8 March 2018.

值造成实际或潜在的重大负面影响"。[①] 这一定义是欧盟可持续金融体系中定义这一概念的核心参考。在某种程度上,这些事件或条件被认为属于"可持续性因素"的范畴,而"可持续性因素"的定义是"环境"正如我们将在这一部分研究的,公司(及其经济和财务价值)面临可持续性风险,更一般地说,投资(如股票投资组合)和财政体制的稳定性也是如此。

SFDR 和 SFDR 专注于捕捉和减轻可持续性风险,对二者进行简单对比(见表 3—1):

表 3—1　　　　　　　　　　　　　　　　CSRD 与 SFDR 对比

	CSRD	SFDR
适用范围	欧盟范围内的大型企业。大型企业的定义为至少满足以下三个标准中的两个的企业:总资产超过 2 000 万欧元;净营业额超过 4 000 万欧元;本财年平均员工人数超过 250 人	欧盟区域内所有的资产管理公司、财务顾问(Financial Advisors)和保险商——即使不推广任何 ESG 或可持续发展产品或服务的资产管理人和财务顾问
实质性要求	根据目前版本的指令,公司必须发布与如下方面相关的内部政策报告: (1)环境保护; (2)社会责任和员工待遇; (3)尊重人权; (4)反贪污与商业贿赂; (5)公司董事会的多元化(年龄、性别、教育和专业背景)	根据目前版本的指令,公司必须发布与如下方面相关的内部政策报告: (1)环境保护; (2)社会责任和员工待遇; (3)尊重人权; (4)反贪污与商业贿赂; (5)公司董事会的多元化(年龄、性别、教育和专业背景)

《企业可持续发展报告指令》(CSRD)的"前身"为《非财务报告指令》(NFRD),在发布《欧盟绿色协议》与《可持续发展融资行动计划》之后,欧盟委员会于 2021 年 4 月 21 日发布了市场期待已久的《非财务报告指令》(NFRD)修订版,修订后的新指令被称为《企业可持续发展报告指令》(CSRD)。CSRD 旨在弥合企业在 NFRD 规范内所需披露的可持续性信息与市场主体对信息披露可比性、相关性和可靠性需求之间的差异:(1)将披露范围扩大到所有大型公司和所有在受监管市场上市的公司(上市微型企业除外);(2)要求披露者对信息的可持续性提供保证;(3)引入了更详细的报告要求,要求披露者按照欧盟强制性的可持续发展报告标准进行报告;(4)确保所有信息都作为报告的内容予以公布,并以数字、机器可读的形式披露。

3. 分类方案对"漂绿"的关切

监管的另一个重要理由是公司或金融中介机构的漂绿行为引起的严重关切。"漂绿"一词的流行用法包括一系列的交流,这些交流误导人们对一个组织的环境表现、实践或产品采取过于积极的信念,涉及信息内容的操纵,漂绿可能采取各种形式,包括使用轻微夸张或模糊的主张,滥用视觉形象,或完全捏造环境(或社交)表现。事实证明,选择性披露尤其令人担忧。选择性披露指选择性地披露有关公司环境或社会表现的正面信息,而不充分披露这些方面的负面信息,以便创建一个过于正面的企业形象。在企业信息披露或产品信息

[①] See AFelix E. Mezzanotte, Recent Law Reforms in EU Sustainable Finance: Regulating Sustainability Risk and Sustainable Investments, 11 AM. U. Bus. L. REV. 215,75(2023).

披露层面上的"漂绿"行为(例如,导致误解的产品广告或标签)可能为企业带来短期利益,但却以社会为代价。除其他来源外,社会成本可能来自对企业环境水平的信任度受到削弱,或者消费者更加怀疑和不信任企业,以及消费者对企业在其企业社会责任活动和影响方面的主张感到不知所措和困惑。

《欧盟分类法规》的解释明确表示了对"漂绿"的关切。提供追求环境可持续目标的金融产品是引导私人投资进入可持续活动的有效途径。将金融产品或公司债券作为环境可持续投资进行发售的要求,包括成员国和欧洲联盟制定的允许金融市场参与者和发行人使用国家标签的要求,旨在提高投资者对这些金融产品或公司债券的环境影响的信心和认识,提高知名度,并解决对"漂绿"的关切。在本条例中,"漂绿"是指在实际上未达到基本环境标准的情况下,将金融产品作为环境友善产品发售,从而获得不公平竞争优势的做法。①

所以,分类方案的附加价值在于它为投资者和企业创造了一个参考框架:帮助减轻市场的分化,防止漂绿,推动可持续融资项目,扩大对绿色项目的投资,以实现欧洲贸易绿色化。

欧盟《可持续金融分类方案》是世界范围内第一个对金融可持续活动进行明确定义和分类的官方文件,一方面,该分类方案属于欧盟法中的"条例"(Regulation),对所有成员国具有司法约束力;另一方面,它详细规定了各种欧盟认可的可持续性活动,在欧盟范围内,只有符合欧盟分类法的项目才可以被称为"绿色项目",只有针对这些项目的融资才可以被称为绿色融资,这对于全球绿色产业来说具有指导性意义。

第二节　欧盟 ESG 信息披露制度

一、CSRD 的披露要求

1."双重重要性"原则

CSRD 进一步强调了"双重重要性"原则,信息披露不仅应适当考虑可持续性因素对公司财务状况和业绩的影响(由外而内),而且应考虑公司经济活动对可持续性因素的影响(由内而外)②,以界定可持续性报告义务的边界。③ 简而言之,双重重要性原则的第一个支柱围绕着公司所面临的可持续性风险的识别、衡量和更一般的管理,而第二个支柱是可持续投资的概念及其对环境或社区等可持续性因素的影响。这两个支柱共同决定了公司的

---

① See Felix E. Mezzanotte, Recent Law Reforms in EU Sustainable Finance: Regulating Sustainability Risk and Sustainable Investments, 11 AM. U. Bus. L. REV, 215, 86(2023).

② Draft CSRD, supra note 13, at art. 1(3) [replacing art. 19(a)(1) of the Accounting Directive 2013/34/EU]; see also SFDR, supra note 11, at art. 2(24).

③ Id. at recital 25; see also NFRD, supra note 36, at art. 1(1) [inserting art. 19a(1) in the Accounting Directive 2013/34/EU]; European Commission, Guidelines on Reporting Climate-RelatedInformation, at 6-8, 4409 final (July 17, 2019).

可持续性表现。CSRD 采用的重要性原则源于财务报告中长期确立得更为传统的重要性原则。因此,在不忽视其独特的定义和特点的情况下,可以合理地认为,在公司财务报告方面实质性操作所产生的缺陷在某种程度上也会出现在公司可持续性报告领域。环境及社会方面的因素是指公司要管理在短期、中期或长期对人或环境产生实际或潜在实质性影响的可持续事项并承担责任。这些事项可以是价值链中任何层次的业务关系中发生的任何事情。实际影响的实质性取决于严重程度,如规模和损害的不可弥补性。另外,潜在影响的实质性将取决于发生该事件的可能性大小。而在评估财务实质性时,公司应关注可能在短期、中期或长期对企业产生财务影响的可持续事项。例如,有污水排放的企业应将污染防治视为财务上可持续的重大事项,因为排放管理不善可能会导致监管机构的罚款,并因声誉受损而对其创收能力产生不利影响。公司可持续性披露的"双重重要性"原则对于充分管理可持续性风险(例如,处理气候风险对财务状况和财务体制稳定性的影响)以及发展可持续投资市场和产品至关重要。

2. 独立审计

CSRD 引入独立审计机制,要求范围内的所有企业对其可持续性披露报告提供有限审计(Limited Assurance),并于 CSRD 实施全面稳定之后对其报告提供合理审计(Reasonable Assurance),用以提升报告的可靠性。此前 NFRD 仅要求会计师核实非财务报告的存在性,但没有规定会计师需要核查可持续发展报告数据的可靠性及数据处理流程的合规性,这也增加了报告数据质量欠佳的风险。对此,CSRD 发布了对可持续发展报告的强制性审计要求。CSRD 要求公司对其可持续性披露报告提供有限保证(Limited Assurance),在CSRD 实施趋于全面稳定之后,CRSD 要求公司对其报告提供合理保证(Reasonable Assurance)。这一要求将大大提高 CRSD 报告的可靠度。

3. 商业模式

CSRD 要求企业披露其商业模式和战略等广泛的可持续发展相关信息,包括:(1)企业商业模式和战略对其可持续性议题相关风险的适应性;(2)企业与可持续性议题相关的业务机会;(3)企业发展计划(包括财务和投资计划)。

以确保其商业模式和战略与下述目标相一致:(1)向可持续经济的过渡;(2)根据《巴黎协定》将全球变暖限制在 1.5℃以内;(3)到 2050 年实现"气候中立"目标;(4)承担与煤炭、石油和天然气相关活动的风险;(5)企业商业模式和战略对利益相关方需求及可持续性议题的考量;(6)在可持续性问题方面,企业战略的实施路径。

与 NFRD 相比,根据 CSRD 的披露要求,相关公司披露的编制自由度下降,翔实程度上升。除气候报告指南外,NFRD 是一个基于原则的披露框架,对于披露事项没有详细指南和细则,这为公司在决定披露内容、衡量实质性水平时提供了相当大的自由度。此外,公司可以采用任何非财务报告标准,可以是各自国家的、也可以是全球公认的披露标准和框架。正因NFRD 给报告公司提供了过高的自由度,NFRD 报告的可比性被大大削弱,这也导致 NFRD 的报告使用者会获取到不相关的信息。同时,模棱两可的原则性披露框架,会影响披露信息、数据的质量,从而增加报告使用者收集有效信息的难度。对于上述问题,CSRD 要求公司需要发布单独完整的可持续发展报告,作为其管理报告的一部分。披露内容主要分成了三大块:宏观信息(Sector-agnostic)、行业特定信息(Sector-specific)和公司特定信息(Company-specific)。这也有利于报告编制者连接财务和非财务信息。欧盟可持续发展报告标准 ESRS 最新的 13 份披露准则征求意见稿是以 KPI 导向的按点披露(KPIs-driven)为基础,主要针对宏观信息,涵盖了一项关于可持续发展报告一般原则的标准、一项关于总体披露要求的标准以及 11 项 ESG 各个主题披露要求。欧洲财务报告咨询小组 EFRAG 正在制定剩余的标准,其中公司特定信息涵盖中小企业的情况。以 KPI 为导向的披露标准可以让编制者清楚了解需要披露的内容,披露更全面准确的信息,从而以满足报告使用者的需求,提高报告的可信度。

4. 可持续发展目标

"社会责任投资者"整合了这一广泛类别的具有可持续发展战略的投资者,他们的战略结合了利润和可持续发展目标。然而,这些混合投资策略分布广泛,并且它们的驱动动机呈现多元化的样貌。利润驱动的主流投资者只有在有助于实现其投资组合短期回报最大化的总体目标时,才会考虑社会、环境或治理投资目标。[①] 在另一个极端,投资者选择的目的可能在很大程度上受到与社会和环境有关的基于道德或伦理的原则的驱动。

CSRD 要求范围内的企业必须设定明确的可持续发展目标,并公布目标进展与计划。同时,需披露企业管理层、监督机构在可持续性议题方面的角色和责任,管理层、监管机构与可持续性议题相关的激励计划,以及企业可持续发展政策等。除上述之外,CSRD 还要求企业披露与可持续性议题相关的主要风险以及管理措施、企业实施的与可持续性事务以及企业自身运营和价值链的实际和潜在不利影响相关的尽职调查流程等。

二、SFDR 的披露要求

1. 可持续性风险政策的透明度

金融市场参与者应在其网站上公布关于将可持续性风险纳入其投资决策过程的政策信息。财务顾问应在其网站上公布关于将可持续性风险纳入其投资咨询或保险咨询政策的信息。

2. 市场实体不利于可持续性影响的透明度

金融市场参与者应在其网站上公布和维护:基于投资决定对可持续性因素的主要不利影响时,适当考虑其规模、活动性质和规模及其提供的金融产品类型,就这些影响提出尽职调查政策说明;或如果它们不考虑投资决定对可持续性因素的不利影响,它们为什么不这样做的明确理由,包括在相关情况下提供资料,说明它们是否和何时打算考虑这些不利影响。

---

① See Gary, supra note 53, at 750－754 (looking at evidence indicating that ESG portfolios have performed equal or better than traditional portfolios); see also Gunnar Friede et al., ESG and Financial Performance: Aggregated Evidence from More than 2000 EmpiricalStudies 5 J. SUSTAINABLE FIN. & INv. 210, 226(2015).

金融市场参与者应当提供的信息包括[①]:(1)关于确定主要不利于可持续性影响和指标并确定其优先次序的政策的信息;(2)说明主要的不利于可持续性影响,以及已采取或计划采取的相关行动;(3)简要概述参与政策。

提及它们遵守负责任的商业行为守则和国际公认的尽职调查和报告标准,以及在相关情况下,它们与《巴黎协定》的目标保持一致的程度。

而财务顾问应在其网站上公布和维护:有否提供资料,说明它们在适当考虑其规模、活动的性质和规模,以及它们提供意见的金融产品类别后,在提供投资意见或保险意见时,是否考虑到对可持续性因素的主要不利影响;或在投资咨询或保险咨询中提供资料,说明为什么不考虑投资决定对可持续性因素的不利影响,并酌情提供资料,说明是否和何时打算考虑这些不利影响。

3. 在整合可持续性风险方面薪酬政策的透明度

金融市场参与者和金融顾问应在其薪酬政策中列入关于这些政策如何与可持续性风险相结合的信息,并应在其网站上公布这些信息。

4. 可持续性风险整合的透明度

金融市场参与者应在合同前披露中说明以下内容[②]:将可持续性风险纳入其投资决策的方式;评估可持续性风险对其提供的金融产品的回报可能产生的影响的结果。

财务顾问应在合同前披露中说明下列情况:将可持续性风险纳入其投资或保险建议的方式;评估可持续性风险对其提供咨询的金融产品的回报可能产生的影响的结果。

5. 金融产品不利于可持续性影响的透明度

披露应包括以下内容:(1)清晰及合理地解释金融产品是否及如何考虑对可持续发展因素的主要负面影响;(2)关于对可持续性因素的主要不利影响的信息可以在根据第11条第(2)款披露的信息中获得的声明。

6. 合同前披露中促进环境或社会特征的透明度

如果一种金融产品除其他特征外,还促进了环境或社会特征,或这些特征的组合,但投资所在的公司遵循良好的治理做法,则应当披露:关于如何满足这些特征的信息;如指数已被指定为参考基准,有关该指数是否以及如何与这些特征一致的信息。

7. 合同前披露方面可持续投资的透明度

金融产品以可持续投资为目标,指标被指定为参考基准的,披露的信息应当附有以下

[①] "REGULATION(EU) 2019/2088 OF THE EUROPEAN PARLIAMENT AND OF THE COUNCIL of 27 November2019 on sustainability-related disclosures in the financial services sector",The European Parliament and The Council of The European Union,2019.

[②] "REGULATION(EU) 2019/2088 OF THE EUROPEAN PARLIAMENT AND OF THE COUNCIL of 27 November2019 on sustainability-related disclosures in the financial services sector",The European Parliament and The Council of The European Union,2019.

内容[①]:(1)有关指定指数如何与该目标保持一致的资料;(2)解释与该目标一致的指定指数为何以及如何不同于一个广泛的市场指数;(3)对如何实现该目标的解释(如果一种金融产品以可持续投资为目标,而没有指定指数作为参考基准);(4)为实现《巴黎协定》的长期全球变暖目标而实现的低碳排放暴露目标(如果金融产品以减少碳排放为目标);(5)说明如何确保为实现《巴黎协定》的长期全球变暖目标继续努力实现减少碳排放的目标;(6)指数计算方法和基准的来源。

8. 在网站上宣传环境或社会特征和可持续投资的透明度

金融市场参与者应在其网站上发布和维护每种金融产品的下列信息:关于用于评估、衡量和监测为金融产品选定的可持续投资的环境或社会特征或影响的方法的信息,包括其数据来源、基础资产的筛选标准以及用于衡量环境或社会特征或金融产品总体可持续影响的相关可持续性指标。

9. 定期报告中促进环境或社会特征和可持续投资的透明度

金融市场参与者提供相关条款规定的金融产品的,应当在定期报告中说明下列情况:通过相关可持续性指标评估金融产品与可持续性相关的总体影响;或在指定指数作为参考基准的情况下,通过可持续性指标将金融产品与指定指数的总体可持续性相关影响与广义市场指数的影响进行比较。

三、分类方案的披露要求

从基本上说,分类方案设计了一个分类工具,以指导确定一项经济活动是否具有环境可持续性的工作。其目标是为整个欧盟的绿色活动提供一个基线参考。

1. 分类方案规定义务的适用范围

分类方案规定的义务范围、这些义务的实质和执行细节。它最后解释了分类方案中技术性最强的部分是如何运作的:环境可持续活动的分类机制。就适用范围而言,分类方案所规定的义务适用于[②]:(1)成员国或欧盟采取的与金融产品或公司债券有关的措施被作为绿色产品提供;(2)提供金融产品的金融市场参与者;(3)根据 2013/34/EU 指令(会计指令),有义务公布非财务报表。

2. 分类方案规定义务的本质

关于分类方案规定的义务的本质,必须对欧盟成员国、金融市场参与者和《会计指令》所定义的大公司进行区分。欧盟成员国必须在任何与绿色金融有关的措施中参考该分类法。这一义务并不适用于在本条例生效前就存在的基于认证的税收激励计划,这些计划对

---

　　① "REGULATION(EU) 2019/2088 OF THE EUROPEAN PARLIAMENT AND OF THE COUNCIL of 27 November2019 on sustainability-related disclosures in the financial services sector",The European Parliament and The Council of The European Union,2019.

　　② Taxonomy:"Final report of the Technical Expert Group on Sustainable Finance",EU Technical Expert Group on Sustainable Finance,2020.

旨在为可持续项目提供资金的金融产品提出了要求。①

金融市场参与者在提供促进环境特征的金融产品时,必须在合同前的披露中说明金融产品的投资如何以及在多大程度上是针对分类方案所定义的环境可持续活动的,具体说明在这些绿色活动中的投资比例。非绿色金融产品必须在其合同前文件中包括一项声明,表明"本金融产品的投资没有考虑到欧盟的环境可持续经济活动标准"。相关公司必须在其非财务报表中说明公司的活动如何以及在多大程度上与符合环境可持续性的经济活动。特别是非金融公司必须公布其营业额中来自环境可持续发展的经济活动相关的产品或服务的比例,以及其投资和运营费用中与分类方案定义的这些相同绿色活动的资产或流程的比例。

3. 分类方案规定义务的执行

关于义务的执行,该条例让成员国制定适用的惩罚措施。这些处罚必须是有效的、相称的和劝阻性的。该条例于 2020 年 7 月 12 日生效,但与上述义务有关的条款仅从 2022 年 1 月 1 日起适用于分类方案中与气候变化有关的部分,从 2023 年 1 月 1 日起适用于所涉及的其他环境目标。分类方案中最具技术性的部分涉及环境可持续活动的分类机制。根据该条例第 3 条,如果一项活动符合四个条件,就可以被认为是环境可持续的②:

(1)它对分类方案规定的六个环境目标中的一个或多个目标做出了实质性贡献。这六个目标是:减缓气候变化;适应气候变化;可持续利用和保护水生和海洋资源;向循环经济过渡;防止和减少污染;保护和恢复生物多样性和生态系统。

(2)它不会对六项环境目标中的任何一项造成重大损害。例如,如果一项经济活动导致大量的温室气体排放,该活动应被视为对缓解气候变化有重大危害。

(3)它的实施符合该条例规定的最低保障措施。这些最低保障措施与开展经济活动的实体为符合《经合组织多国企业准则》和《联合国商业与人权准则》而实施的程序相对应。

(4)它符合委员会制定的技术筛选标准。这些技术筛选标准对之前的三个条件(重大贡献、无重大损害、尊重最低保障)逐项活动提出了详细要求。

第三节　欧盟 ESG 评级制度

向可持续经济过渡需要一项全面的战略,其中包括明确的监管框架、企业普遍的气候意识以及积极主动的公共及私人投资。在欧盟这一层面实施的分类方案,建立了一个环境上可持续的经济活动清单,即前文所提到的分类方案,为今后大型企业的报告要求确立了

---

① Taxonomy:"Final report of the Technical Expert Group on Sustainable Finance", EU Technical Expert Group on Sustainable Finance, 2020.

② Taxonomy: "Final report of the Technical Expert Group on Sustainable Finance", EU Technical Expert Group on Sustainable Finance, 2020.

基准,提高了对气候转型和相关风险的认识。随着近年来气候变化的现实越来越明显,企业逐渐开始在投资战略、业务评估和资产估值中考虑气候风险。

一、欧盟企业的气候变化风险

在金融部门,可持续发展已成为当务之急,欧盟启动了首个全欧盟范围的气候压力测试,并大力鼓励银行披露其所存在的气候风险。可持续金融的迅速发展,使那些资产符合欧盟分类标准的发行人获得了价格优势。在财政政策方面,公共投资的明确方向正在形成,欧盟和国家的复苏方案明显侧重于可持续性。然而,尽管所有这些因素对于全面扭转局面至关重要,但经济实体提高气候意识仍然至关重要,因为大多数经济实体没有充分认识到与气候变化相关的风险的严重性。

企业面临两种主要的气候相关风险:社会应对气候变化带来的直接有形风险和转型风险。有形风险更容易观察,企业也更容易理解,因为它们是从急性事件或慢性转变中产生的。转型风险不那么明显,因为它们取决于全球脱碳承约。我们有理由期待各国政府做出政策回应,包括对排放实施更严格的监管,以实现国家目标,并与《巴黎协定》保持一致。转型风险可能增加经营商业的成本,破坏现有产品或服务的可行性,并导致资产搁浅。尽管人们越来越关注气候变化的实际影响和过渡影响,但企业对此类风险的认识在地理上存在差异,并取决于其特点。

近 60% 的欧洲公司报告存在有形气候风险,而美国只有 50%(见图 3-2)。在欧盟内部,南部国家报告的企业经营实际风险可能高于其他地区。其次是中欧和东欧的公司,它们报告更容易受到有形气候风险的影响。人们对自然风险的认识相对较高,特别是在南欧,这可能是由于干旱威胁不断增加,限制了粮食生产,并可能扰乱该地区的旅游业。此外,经营业务更容易受到极端天气事件影响的企业,比如电力、公用事业、交通、建筑和服务(最有可能是酒店业)等基础结构部门,也更有可能感知到更高的有形气候风险。[1]

在气候变化的具体投资方面,推动能源效率的努力仍在继续。欧盟近一半的企业在能源效率方面进行了投资,2020 年这一比例上升了 10 个百分点,达到 47%(见图 3-3)。这一比例略低于美国 50% 的能效投资企业,后者在 2019 年也出现了类似的增长。西欧和北欧的公司投资最多,约占 48%,其次是南欧、中欧和东欧,约占 40%。尽管与上一年度相比,能效投资有所增加,但鉴于这些投资带来的能源和非能源效益,欧洲的能源节约潜力在很大程度上仍未得到开发。[2]

---

[1]　See European Investment Bank:"European Firms Climate Change 2020/2021-Evidence from the EIB Investment Survey",18(2021).

[2]　See European Investment Bank:"European Firms Climate Change 2020/2021-Evidence from the EIB Investment Survey",19(2021).

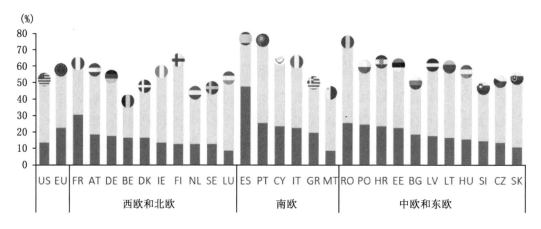

资料来源：EIBIS(2020)。

图 3－2　业务活动受实际气候风险影响的公司所占比例(按国家比例)

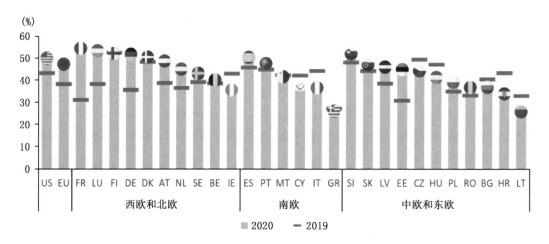

资料来源：EIBIS(2020)。

图 3－3　在欧盟、其成员国和美国投资于能源效率的公司所占比例

二、气候投资的障碍：监管和税收的不确定性

监管、税收和投资成本的不确定性是欧盟气候相关投资的最大制约因素。对于每一个障碍，欧盟企业报告说，他们的气候投资障碍比美国同行更高(见图 3－4)。在欧盟内部，最常被提及的障碍是监管和税收的不确定性(43％)，其次是投资成本(41％)。监管的不确定性可以推迟或取消投资决策，因为企业试图在投资前全面了解预期成本收益。企业也认为高昂的前期成本是一个重大的制约因素，尽管他们有可观的长期回报。资金的可用性(27％)和熟练工作人员的可用性(26％)也经常被确定，其次是新技术的不确定性(25％)和气候变化影响的不确定性(24％)。

对气候投资持积极态度的公司遇到的障碍最多。如果企业计划在未来三年投资,设定气候目标,并表示新冠疫情对其投资计划产生了负面影响,以及企业位于南欧而非西欧和北欧,那么企业报告投资障碍的概率更大(见图3—4)。与南欧企业相比,中欧和东欧企业不太可能发现气候投资的障碍,而且大多集中在缺乏融资渠道上。[①]

还有一些公司特有的特征增加了公司报告不同障碍的可能性(见图3—4)。例如,较年轻的公司似乎更关注缺乏获得资金的机会,而较少关注未来技术的不确定性。与此同时,营利企业不太可能将投资成本和融资渠道视为投资障碍。能源密集型部门的公司往往在投资决策中强调未来技术和气候影响的不确定性的重要性。

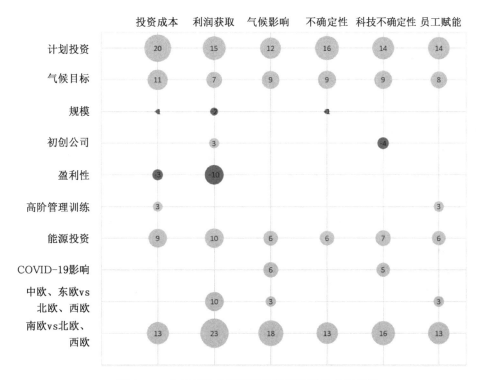

图3—4 公司报告投资障碍的预测概率的差异(%)

对气候措施的投资对于保持能源转型的势头至关重要,尽管还有改进的余地。节能措施可以显著减少排放,欧盟企业还没有充分挖掘其潜力。企业在一定程度上忽视了其能源成本和环境影响,突出表现在受企业内部气候相关行动影响的气候投资存在显著差异,即能源审计做法和纳入气候工作人员和目标。因此,环保管理措施的推行可能会因为相关利益和成本的信息不对称、组织结构的差异,以及环保管理体系的不完善而影响融资约束与资本密集度。总体而言,欧洲的气候支出呈现出一种不平衡的局面,北欧和西欧处于领先

① See European Investment Bank:"European Firms Climate Change 2020/2021—Evidence from the EIB Investment Survey",24(2021).

地位,而南欧、中欧和东欧则处于落后地位。

由于未来政策的不确定性,以及影响的时间跨度长,转型风险最难确定。欧盟企业在最明显的地方识别实体风险,这体现在它们所在地区和行业的认知差异上。与此同时,企业似乎并不认为转型风险很大,鉴于政府为实现碳中和而不可避免的政策反应,这可能是有害的。这给公司留下了两个选择:要么现在就计划并获得竞争优势,要么冒着被更具前瞻性的竞争对手夺走市场的风险。

企业应该更好地理解转型的后果,政策制定者应该在这个过程中提供更多的支持。忽视转型风险可能会限制对气候措施投资的意愿,威胁企业的长期生存能力,阻碍欧盟气候目标的实现。与此同时,公共机构应加强其政策和监管框架,以提高企业对气候行动长期惠益的认识。

应实施适当的激励措施,使企业更具前瞻性,并为气候支出分配资源。国家和超国家机构应减少已查明的障碍的影响,并采取措施鼓励气候行动。气候立法还应决定市场如何奖励气候创新者,如何惩罚落后者。如果不能及时采取行动,将导致企业采取观望态度,推迟亟须的投资,危及欧洲的能源转型。

总之,认识到气候变化政策的相互依赖性和坚定的意识可能会触发一个良性循环,为欧洲更绿色和更可持续的未来铺平道路。应对气候变化需要私营部门和公共部门之间的协调,需要国家政府与企业共同制定国家适应计划。同样,欧盟及其成员国必须继续努力,鼓励非欧盟国家的政府和企业实现其雄心勃勃的气候目标,减少全球气候政策的不确定性。在这种背景下,复苏基金可能成为一个强大的盟友。欧盟机构为应对这一流行病的负面影响而投入的大量资源为应对气候变化提供了宝贵的机会。资金的可获得性,加上一个明确和精心设计的监管框架,肯定会帮助欧盟到 2050 年成为一个净零排放经济体。

三、欧盟气候基准 (EU Climate Benchmarks)

欧洲联盟的"可持续融资增长行动计划"(Action Plan on Financing Sustainable Growth)已将两类新的气候基准和环境、社会和治理(ESG)基准披露公布为法律。这对投资者意味着什么?作为欧盟向可持续经济过渡努力的一部分,欧洲委员会于 2018 年 5 月发布了"可持续融资增长行动计划",旨在将可持续性风险、机遇和目标纳入欧洲监管框架,并为可持续增长调动投资。行动计划概述了若干立法举措,其中第一个分类方案包括欧盟分类系统/分类法,以确定一项经济活动是否可持续,对一系列金融市场参与者的披露要求,以及有关投资基准的新措施。欧盟委员会成立了一个可持续金融技术专家组(TEG),以协助制定其中一些倡议。

适用于所有基准的两类新的气候基准和环境、社会和治理披露。新的气候基准提供了一个协调的、可靠的工具,通过建立一个新的类别的金融基准来追求低碳投资战略。气候基准被定义为一种投资基准:(1)欧盟气候转型基准(EU Climate Transition Benchmark,

EU CTB);(2)欧盟巴黎协定基准(EU Paris-Aligned Benchmark,EU PAB)。

这两个基准有着相同的脱碳标准,但阈值不同。第二个基准与《巴黎协定》的目标相一致,即将全球平均气温升幅限制在远低于工业化前水平的 2℃ 以内。与 EU CTB 相比,EU PAB 有以下特点:(1)相对于基础可投资项目,允许投资的脱碳程度更高(50% 对 30%);(2)对化石燃料和电力生产商有额外的活动排除 GHG 排放;(3)更加关注机会,大幅提高绿色份额股份比例。EU CTB 适合养老基金和保险等机构投资公司,其目标是保护资产免受与气候相关的投资风险变革和向低碳经济转型。EU PAB 为那些希望走在市场前沿的机构投资者设计的转型。从历史上看,与温室气体排放相关的约束或目标的基准缺乏一致性,也不适合投资者的需求和约束。它们也主要是围绕减少尾部风险而建立的,例如,投资暴露于恶劣天气现象的公司所产生的尾部风险。相比之下,使用新的 EU CTB 和 EU PAB 的投资者可以在投资组合层面:

1. 对冲范围更广的气候转型风险

(1)政策和法律风险。例如,与监管框架变化相关的风险,比如碳定价机制或与诉讼索赔相关的机制。

(2)技术风险。低碳经济中技术发展带来的成本风险。

(3)市场风险。商品和服务供需的变化。

(4)声誉风险。例如,通过点名羞辱活动或企业事件(例如英国石油公司和大众汽车)。

2. 对能源转型机遇的直接投资

这些大致包括与可再生能源和能源效率有关的产品和服务。

新条例规定,指数管理人必须"解释方法的关键要素。如何反映每个基准或一系列基准的环境、社会和治理因素,但货币和利率基准除外"。关于新基准与《巴黎协定》的一致性,还有其他披露要求。到 2021 年 12 月 31 日,除货币和利率基准外,所有基准或基准系列都应公布其方法如何与减少碳排放的目标相一致或如何实现《巴黎气候协定》的全球升温长期目标。2019 年 12 月,欧洲委员会修订《欧盟基准规例》(the EU Benchmarks Regulation),引入新类别的气候基准。从 2020 年 4 月 30 日起,基准管理者将被要求遵守新的规定。与此同时,技术专家组于 2019 年 9 月发表了一份最终报告,其中载有关于最低标准的建议,以便协调新类别气候基准的基本方法,并从根本上防止所谓的"漂绿"。这些建议也包括了基准管理者的相关披露。

因此,欧盟委员会现在将审议技术专家组的工作,制定《执行授权法》(Implementing and Delegated Acts),具体规定欧盟全面禁止化学品贸易,银行和欧盟监管局的管理人应遵守披露义务的最低内容,并具体规定统一方法的最低标准,包括计算与相关资产相关的碳排放量的方法。这些基准为机构团体投资人提供了一个强有力和一致的框架,以落实他们对其投资组合中所有资产类别的气候风险缓解和与气候有关的机会的看法。这些基准以及围绕这些基准的披露是以《巴黎协定》框架为依据的,目的是将全球气温升幅限制在 2℃

以下(最好在 20 世纪末之前降至 1.5℃以下)。因此,我们希望它们将有助于进一步动员投资者资本,以限制气候变化。通过引入关于基准组成和披露的标准、客观和定量衡量标准,基准和披露应有助于减少"漂绿"行为的发生,因为在这种情况下,机构声称在环境方面比实际情况更具可持续性。投资者可以以不同的方式使用新的气候基准。它们可以作为被动投资策略的基础,或者作为温室气体排放相关策略的投资效果基准。

此外,既要满足新的气候基准要求,又要遵守投资政策声明,这可能会使投资组合和投资策略的构建更加复杂。例如,为了满足 EUCTB 关于减少 30% 碳排放量和每年 7% 自我分散化的要求,同时坚持多样化和风险调整回报特征,需要相当复杂的模型。这对于 EUP-AB 来说更是如此。特别是指数投资者,将不得不权衡纳入气候数据的好处和相关的复杂性与管理投资组合跟踪错误在一定范围内。这些挑战将需要对员工和系统资源进行投资,以分析、监控和报告投资组合的特点,以及更好的治理和监督。

四、欧盟国家层面的 ESG 风险评级

在应对气候风险时,国家层面尤为重要。初步来看,气候风险的影响似乎非常局限,只影响一个地点或一家公司(甚至只影响其中一条业务线)。这一点在突发事件中表现得尤为明显(例如,一条河流淹没了一个村庄,山体滑坡影响了一家酒店,等等)。然而,应对此类事件的能力不仅仅是事前的适应和缓解能力,而且是调整和重新开始经营、修改战略和企业模型、开发新技术、获得公共当局支持等能力都与国家密切相关。因此,一个国家应对气候变化的能力也是企业应对气候变化能力的主要驱动力之一。

1. 有形风险与转型风险

政府(以及类似的企业和个人)有可能适应(至少部分适应)有形风险的影响。一个国家的适应能力是风险评估的重要因素。它反映了一个国家通过减轻潜在损害和应对剩余后果来适应气候变化的能力。一些国家在政治和经济方面的条件更好:经济和政治稳定、机构能力和财政能力强大和拥有采取必要措施的技术能力的国家可以至少部分地抵消气候风险并保护自己不受有形风险的影响。

转型风险是指随着经济转向更加绿色、污染更少的社会,减缓政策带来的气候风险。源于 2015 年《巴黎协定》等协议的此类政策,导致能源体系发生变化,并对整个经济产生影响。例如,涉及矿物燃料的公司和那些高排放系数的公司可能面临资产价值的大幅变化或经营商业的更高成本。虽然其他行业的企业受到的影响较小,但整个经济将不得不调整。气候政策是相关风险的主要驱动因素,因为它们将调整的必要性正式化,并规定了转型的速度。如果认为气候行动力度不够,这些政策将导致技术的潜在变化、消费者偏好的转变以及声誉影响,甚至可能引发诉讼。

适应解决的是气候变化的影响,减缓解决的是气候变化的原因。它指的是减少温室气体排放的具体行动,如提高可再生能源的能力和能源效率。《巴黎协定》要求各参加国制定

具体的国家自主贡献和国内减排措施和目标。减缓部分还包括与去碳化世界需求不断增加的技术和产品相关的"气候机遇"（例如，可再生能源、塑料的替代品、先进的废物管理或碳捕获技术）。

有形风险和转型风险在短期内可能看起来相当不同和不相关，但从长期来看，它们是密切相关的。首先有形风险已经可见，许多影响是不可逆转的，并随着时间的推移而增长。其次，转型风险可能很容易增加，例如由于监管的突然变化。同样，一个国家可能极易受到气候灾害的影响，但不会面临转型风险。然而，在全球层面上，快速转型在长期内降低了有形风险，但在短期内增加了转型风险。最后，一切照旧的情景可能不会产生过渡风险，但由于更深刻的气候变化，将增加未来的有形损坏。

在金融部门，已经调整了风险管理框架，以便更多地考虑气候变化的影响。这些改进主要来自监管机构和其他有权益关系者的道德劝告，以及对未来要求的预期。然而，最近出台了具有约束力的监管措施。例如，欧盟《分类方案》于 2020 年 7 月生效，该分类方案规定了投资在何种情况下可被视为环境可持续。2020 年 11 月，欧洲中央银行（ECB）发布了关于银行如何审慎管理和透明披露气候变化风险的指导方针。[①]

2. 基于建模和情景分析的 ESG 风险评级

近年来，尤其是 2015 年《巴黎协定》签署后，气候风险及其评估方法受到越来越多的关注。企业、银行、投资者、政府和公共机构都在要求获得更多信息，以逐步为气候变化可能带来的后果和向低碳经济的转型做好准备。大体而言，这些文献遵循三种方法：建模、情景分析和（基于指数的）评定等级。

复杂的宏观经济模型旨在评估气候变化的宏观影响，包括整合气候变化科学和应对温室气体排放政策的综合评估模型（IAMs）。最流行的综合评估模型是由诺贝尔经济学奖获得者 W. D. 诺德豪斯（Nordhaus，1992；Nordhaus，2000）开发的 DICE 模型。这种方法在拉姆齐—卡斯—库普曼斯（Ramsey-Cass-Koopmans）新古典经济增长模型的基础上，结合了气候模型和反馈效应。在这个框架下，经济增长会产生温室气体。

温室气体排放又会提高气温，改变消费模式、生产和福利。特别是，温度升高造成的损害会减少产出，减少排放会带来追加费用。DICE 模型通过在新古典主义模型中加入所谓的"自然资本"（一种额外的资本存量类型），将减排措施模拟为提高自然资本数量的"投资"，将温室气体排放模拟为自然资本的负流量。这样的模型着眼于长远，不能校准短期需求。此外，它们对一些假设非常敏感（例如，应用的折现率或效用函数）。

鉴于预测未来排放量和影响气候变化的其他因素的困难，一些机构已经开发了情景分析，以描绘不同政策和情况下可信和一致的未来表现。这些情景着眼于气候变化可能造成的长期影响，因为时间范围通常是 60～80 年以后。它们描述了可能导致特定结果的发展路

---

① See European Investment Bank："Assessing climate change risks at the country level：the EIB scoring model"，2021.

径。这些情景分析中最相关的是由国际能源机构(IEA)开发的评估不同政策结果的分析，以及由政府间气候变化专门委员会(联合国创建的政府间气候变化专门委员会)考虑温室气体浓度并展示随之而来的温度上升。在国际能源机构的各种情景中，"当前政策情景"预计将导致全球升温 6℃，"巴黎协定"将全球升温限制在 2.6℃，而"能源技术展望"则提供了对各部门低碳技术开发和应用的情景分析，预计到 2050 年将二氧化碳排放量减少近 60%。后者将把全球变暖控制在 2℃ 以内。政府间气候变化专门委员会(IPCC)使用排放情景，来估计到 2100 年全球平均气温的上升。政府间气候变化专门委员会的最坏情景将导致气温上升 4℃。更为温和的情景是，到 2050 年排放量减半，气温上升幅度将低于 2℃。

3. 主要几个基于指数的国家层级 ESG 评级

除了建模和情景分析之外，基于指数的评定等级在过去几年变得相当流行。许多机构已经为企业和金融机构以及最近的主权国家制定了 ESG 分数。ESG 得分结合了三个主要的可持续性标准。主要用于指导投资者的投资选择，在企业和金融机构风险评估中越来越突出。主权信誉也不能再忽视对 ESG 的考量。到目前为止，主权评级方法只考虑了有限的环境、社会和治理因素(通常只包括治理指标和机构实力)，而最新的评级方法还考虑了社会(人口、教育、健康、住房、贫困、不平等)和环境风险。评级机构通常对 ESG 得分以及将其纳入主权评定等级的方式进行定性判断，即使是基于定量信息。近年来，其中一些评级机构已经收购了专门的 ESG 机构，以加强其在 ESG 评估方面的专业知识。

只有极少数机构制定了"国家气候评定等级"，即可用于确定国家一级气候风险相关性的指标。下列机构提出了一些与气候相关的指标：

(1)诺特丹大学(The University of Notre Dame)制定了诺特丹大学全球适应倡议指数，覆盖了广泛的国家。该指数是建立在一大批等权变量的基础上，并没有考虑转型风险。作为各国使用较为广泛的气候指数之一，该指数在附件中有更详细的讨论。

(2)汇丰银行(HSBC)开发了一个涵盖 67 个国家的"脆弱星球"方法。它主要是为了满足那些愿意在投资决策中考虑气候风险的金融投资者的需要。它建立在四个主要的子组成部分(急性风险、慢性风险、能量转换和应对潜力)之上，每个子组成部分的权重均为 25%。

(3)穆迪过去没有定期或系统地量化气候对国家的影响，也没有按照这些维度对国家进行排名(Moody's,2016;Moody's,2018)。在一次性估计国家层面的气候评分(Moody's,2016)中，它主要依赖于 ND-GAIN 的物理风险来计算"暴露组分"，这包括 ND-GAIN 指数、农业在经济中的作用、自然灾害的数量和损失。它还包括适应和缓解部分(人均 GDP、债务占 GDP 的百分比、财政赤字等)，但不包括转型风险。最近，该机构提供了实体风险评估(Moody's,2021)。此外，穆迪评级委员会纳入了主权国家 ESG 讨论。当 ESG 影响(基于定性和定量判断)具有实质性时，ESG 将在资信等级公告中讨论。(其他评级机构，尽管包括国家层面的 ESG 考虑，但不发布气候风险评分或评定等级。)

(4)德国观察(German Watch)已经开发了一个全球气候风险指数(Eckstein,Künzel,Schäfer,2021),专门考虑极端天气事件。

(5)世界能源理事会(The World Energy Council)评估能源政策和问题,与奥纬咨询公司合作推出能源三元指数,根据他们的能源系统(能源安全、能源公平和环境可持续性)对128 个国家进行排名。

(6)耶鲁大学使用 32 个性能指标计算出一个环境性能指数(Wendling,Emerson,de Sherbinin,Esty,2020),根据 180 个国家制定环境政策目标的能力排名,没有区分实际风险和转型风险。

(7)欧洲可持续发展委员会(RobecoSAM)使用 40 个指标发布综合 ESG 国家评分。

(8)世界经济论坛(World Economic Forum)制定了一个能源转型指数(ETI),根据 115 个国家能源系统的当前表现以及它们对能源转型的准备程度,用 40 个指标对这些国家进行排名。

五、欧洲投资银行(EIB)的 ESG 评级系统

欧洲投资银行内部开发了一套国家评分系统,旨在评估各国面临的有形风险和转型风险。这些分数被用于风险管理,以绘制欧洲投资银行投资组合对气候风险的敞口。方法选择反映了问题的制约因素:国家覆盖面广,需要评估有形风险和转型风险,评估权重(避免仅采用等权重方法),以及愿意利用简约模型(而不是其他机构生成的指数组合)获得透明的分数。欧洲投资银行气候风险国家评分涵盖 184 个国家,包括未来 5 到 10 年可能出现的有形风险和转型风险。

方法的一个重要特征是变量的集结法,以获得两个分数(有形风险和转型风险),从而对国家进行排名。在汇总基础变量时,几个分数/指数使用相等的权重。尽管这种看似无害的集结法很吸引人,但它反映了一个强烈的假设(即所有变量都同等重要),并且本质上反映了一个事实,即权重没有通过统计分析的方法严格确定(例如,ND-GAIN 使用 36 个等权变量来确定物理风险组分)。为了克服这个问题,欧洲投资银行的气候风险国家评分模型将气候影响转化为国内生产总值(GDP)。这有两个优点:(1)我们使用相同的指标来衡量所有的影响(我们在集结法之前将它们转换成相同的维度);(2)我们可以直接推断它们对于每个国家的相对重要性/权重,并比较每个风险因素在国家内部和国家之间的相对大小。有形风险在 GDP 中的转换也意味着各种风险成分很容易量化和评估,并且有助于国家之间的比较。

其中,气候风险国家评分的转型风险组成部分如下:

披露部分,包括两个方面:(1)温室气体排放业绩,其中考虑到过去和现在的业绩以及每个国家与《巴黎协定》规定的全球最佳人均温室气体排放水平的距离;(2)由于未来气候政策更加严格和消费者偏好发生变化,预计化石燃料出口的收入将会下降。

减缓措施包括三个方面:(1)在最终能源消费中部署可再生能源(影响碳强度),同时考虑当前和过去与可再生能源渗透率水平相关的表现,以确保公平性;(2)在评估各国过去、现在和未来净零碳排放的最佳表现后,提高能源效率;(3)各国根据其国家自主贡献计划为应对全球气候挑战做出贡献的承诺程度,这些计划表明各国努力减少国家排放量和适应气候变化的影响。

与大多数其他评级模型一样,欧洲投资银行的气候风险国家得分是一种可靠的定量方法的结果,然后可能由欧洲投资银行经济部的国家专家进行潜在的专家调整。考虑到适应和缓解能力,并根据可能的专家调整,最终得分范围从 1 到 5(1=非常低的风险;2=低风险;3=风险升高;4=高风险;5=非常高的风险),但可以很容易地转化为不同的和更细粒度的规模。

欧洲投资银行的气候风险国家评分模型已经使用了大量的气候风险数据。一般来说,气候风险数据对于大多数国家来说并不容易获得,数据的可用性对于有形风险和转型风险来说差别很大。国际能源署(IEA)和美国能源情报署(EIA)等机构提供的能源数据涵盖了很多国家的能源消费、温室气体排放、可再生能源生产等 ,可用于评估转型风险。有形风险,特别是慢性风险数据的可用性特别有限。此外,虽然可以获得丰富的气候数据(温度、风力、降雨等),但它们对每个国家经济活动的影响并不存在。

有形风险评分的急性因素用来自紧急事件数据库 EM-DAT 的数据(后来转化为对 GDP 的影响)衡量的。EM-DAT 由鲁汶大学灾害流行病学研究中心(CRED)管理。该数据库汇编自各种来源,包括联合国机构、非政府组织、保险公司、研究机构和新闻机构。该数据集考虑了至少符合下列标准之一的灾害:100 人或以上受灾;10 人或以上死亡;宣布紧急状态;呼吁国际援助。损失以美元表示,但并不总是全部报告(数据集并不总是记录与每个事件相关的所有经济损失),尤其是在新兴市场的情况下(数据集通常提供有关事件的一些信息——死亡和受伤、受影响或无家可归的人——但不包括损失的数额)。事件可以分为三大类:(1)水文:洪水和山体滑坡;(2)气象:极端温度,大雾和风暴;(3)气候:干旱,野火,冰川湖溃决。

欧洲投资银行气候风险国家评分的慢性风险部分包括四个子部分。这些都不容易在任何结构化的数据集中获得,这些数据集覆盖了 EIB 活跃的大量国家。因此,我们必须得出四个组成部分中的每一个,利用现有的经济文献估计全球变暖的影响。例如,从粮农组织的估计(2017)得出较少的农作物子维度。这项研究考虑到各种新兴地区(而不是单个国家)。从 Diaz(2016)的一项具体研究中,我们可以看到每个国家都受到了较高水平海水的影响。基础设施部分(基础结构升级的需要)来自世界银行(2016)的一项研究,该研究提供了某些地区(东亚太平洋,拉丁美洲和加勒比,南亚和撒哈拉以南非洲)的区域估计。热量对生产力的影响是从月平均数的时间数列开始计算的(来自世界银行)。根据麦肯锡(McKinsey,2020)的估计,这些数据与气温变化和生产率变化之间的关系一一对应。世界银行的数据(来自世界发展指标)补充了这些指标,以考虑到不同经济部门的作用(农业、制造业、服务业、建筑业和采矿业占国内生产总值的百分比)、海平面上升("生活在海拔低于5米地区的人口占总人口的百分比";"海平面上升5米的土地面积占总土地面积的百分比")和基础结构质量(物流性能指数:贸易和运输相关基础结构的质量)(见表3—2)。

表 3—2　　　　　　　　　　　　　　　　有形风险因素

维度	子维度	使用变量	单位	数据来源
有形风险:短期	水文(洪水和山体滑坡)、气象(极端气温和风暴)和气候(干旱和野火)影响	损害	% of GDP	EM-DAT
有形风险:长期	农作物产量	农业	% of GDP	WDI
		减产	% of GDP	FAO (2017)
	海平面升高影响	影响GDP	总人口%	Diaz (2016)
		居住在海拔5m以下的人口	总人口%	WDI
		海拔5m以下的土地面积	总土地面积%	WDI
	升级基础结构	适应差距	% of GDP	World Bank (2016)
		质量结构	index	WDI
	热量对生产率的影响	劳动生产力	%	McKinsey (2020)
		月平均温度	摄氏度	World Bank
适应能力	经济应对能力	财政收入	% of GDP	IMF
		欧洲投资银行内部主权评级	等级表	EIB/ECON
	机构能力及组织管理	治理指标	index	WB
		人类发展指数	index	UN

转型风险评分是2010—2017年编制的十个不同指标的组合(见表3—3)。其目的是制定一套一致、可信和可量化的指标,涵盖所有转型风险层面,并可适用于广泛选定的国家,以查明趋势并得出一般性结论。

特别是,化石燃料租金(占GDP的百分比)的数据是由世界银行收集的。根据世界银行的方法,矿物燃料和固体燃料租金的估计数是按照商品价格与生产商品的平均费用之间的差额计算的。这是通过具体商品单位的价格,减去对开采或采集成本(包括正常资本收益)的平均单位产品费用的计算实现的。然后,这些单位租金乘以各国开采或收获的实物数量,以确定每种商品的租金占GDP的份额。结论是更高的指标意味着更高的转型风险。

所有与能源和气候相关的指标均来自美国能源信息管理局(EIA)。与国际能源署(IEA)相比,这一数据来源更受青睐,因为它提供了174个国家的数据,而国际能源署只提供了134个国家的数据。这174个国家覆盖了所有大陆,分别占世界人口的96%以上,世界温室气体排放量和能源消耗量的近100%和92%。对于其余12个我们无法找到数据的国家,根据其地区平均值和专家判断分配了一个分数。

评估考虑到人均二氧化碳排放量和能源消费水平(代表能源效率程度),或者根据不同指标之间的相关程度,考虑到国内生产总值。能源消费量是指固体燃料、石油、天然气、核能和可再生能源五种能源在内陆的消费总量之和。为了避免通货膨胀的影响,GDP是以2010年为基准年的不变价格。这些指标确定了能源消费或温室气体排放与经济增长或人口数量之间脱钩的程度。相对脱钩发生在能源消费或温室气体排放增长时,尽管比经济

(即 GDP)或人口增长慢。绝对脱钩发生在能源消费或温室气体排放保持稳定或下降而 GDP 或人口增加的情况下。绝对脱钩有可能缓解能源生产和消费带来的环境压力。为此，更高的指标意味着更高的转型风险。

排放量和能源强度指标由可再生能源在内陆能源消费总量中所占份额（占总数的百分比）补充。最终可再生能源消费总量是一个日历年用于电力、供暖和制冷以及运输的可再生能源消费量。可再生能源消费所占份额广泛显示了在减少能源消费对环境的影响方面取得的进展，因为在生命周期基础上，可再生能源产生的能源对每个能源单位的环境影响一般低于矿物燃料产生的能源。增加可再生能源在能源消费中的份额将有助于各国减少电力生产的温室气体排放，电力生产占全球二氧化碳排放量的 2/3。为此，更高的指标意味着更低的转型风险。换句话说，这个指标的作用方向与前两个指标相反。

表 3—3   转型风险因素

维度	子维度	使用变量	单位	数据来源
披露	收入	石油、天然气、煤炭利润	% of GDP	WB
	成本	当前人均温室气体排放量	MMtonnes CO2/capita	EIA
		过去人均温室气体排放量	过去五年年均变化（%）	EIA
		未来人均温室气体排放量	2030全球平均大气水平（MMtonnes CO2/capita）	EIA, UN
措施	能源效率	当前平均能源消费	quad BTU/GDP	EIA
		过去人均能源消费	过去五年年均变化（%）	EIA
		未来人均能源消费	2030全球平均大气水平（quad BTU/capita）	EIA,IEA.UN
	可再生能源	当前可再生能源产生在一次能源消费中的比重	%	EIA
		过去可再生能源产量的变化	过去五年的年平均变化(%)，以每年可再生能源生产在一次能源消费中所占的份额加权	EIA
	气候目标	减少温室气体排放的承诺	0-1	CAIT/NDCs

欧洲投资银行（EIB）是欧盟的气候银行，也是全球领先的气候融资提供者，该行已经开发了内部气候风险国家评分，作为其气候风险管理框架的一部分。选择在内部制定这些评定等级，反映了缺乏定义标准和建模方法，以及广大国家公开的"国家气候评定等级"有限。更具体地说，已经制定了两个互补的子分数，涵盖了 180 多个国家：有形风险分数和转型风险分数。

有形风险分数包括自然灾害风险（急性风险）以及较为渐进的变化（慢性风险），两者均以损害、成本和损失占一国 GDP 的比重的总和计算。适应部分考虑了国家应对气候风险的能力和意愿（即财政空间、稳定性、治理和发展水平），可以部分抵消影响。适应的影响净额提供了衡量一个国家由于气候变化相关影响而招致的平均（年度）负担的指标。

转型风险评分考虑到一个国家在向低碳或净零碳未来过渡时所面临的风险，包括温室气体排放总量，以及来自矿物燃料的收入。然后根据各国的气候战略对这些风险进行调整，包括部署可再生能源、提高能源效率以及在其国家自主贡献计划中表明的气候目标水平。转型风险与帮助各国实现碳中和、符合《巴黎协定》目标的气候政策密切相关。这些气候政策影响了经营商业的成本和国内资产的回报，增加了碳密集型资产搁浅的可能性。

气候风险国家评分模型使用了大量可公开获得的资料和各种统计方法，并以最近的文献为基础。模型分数由欧洲投资银行经济部的国家经济学的专家调整（"覆盖"）来补充，以考虑到模型中没有纳入的各种额外的"软"信息。最终分数范围从 1 到 5(1＝非常低的风险;5＝非常高的风险)。EIB 气候风险国家评分模型是灵活的,并允许未来增加补充模块。因此,预计今后将根据未来可获得的更好的气候数据和关于气候变化的经济影响的学术文献,对其进行调整和微调。

欧洲投资银行气候风险国家评分模型的结果表明,气候风险(包括有形风险和转型风险)对发达国家和新兴国家都是一个相关的挑战,因为没有一个国家能够免受其影响。新兴和发展中经济体以及那些面临海平面上升或高温的国家最容易受到自然风险的影响。与此同时,发达经济体的风险较小(与其经济规模相比),由于其经济实力和体制能力,它们降低脆弱性的能力较强。然而,发达国家消耗了世界上大量的资源,产生了大量的排放,普遍面临着向低碳经济转型的较高风险。受转型风险影响最大的是那些高度依赖化石燃料出口和收入的国家(例如一些中东国家,但也包括非洲和拉丁美洲国家),以及那些可再生能源部署和能效提高程度较低的国家。

国家风险气候评分有各种实际应用。首先,它们支持风险管理,有助于对国家的评估(作为主权评级考虑的一部分)和对同行的评估。了解每个国家由于气候变化而面临的风险有助于识别该国对应方(企业、市政当局、家庭等)所承担的风险,从而使金融机构和其他参与者能够最大限度地减少这些风险的潜在负面后果。在欧洲投资银行,气候风险国家分数将作为气候风险筛选工具的国家锚点,用于评估所有对应方的气候风险。其次,国家一级的风险评估有助于确定缓解和适应方面的优先事项以及相关的最紧迫的融资需求。总体而言,更好地认识气候风险,可以确保不会错过提高气候适应能力的机会。未来的改进反映了新的见解和更好的数据质量,将进一步提高模型及其评估的质量。

六、欧盟 ESG 评定机构的监管

1. 资信等级评定机构

披露相关的非财务、可持续性相关信息将如何通过市场效率,导致向可持续项目和公司分配资本。因此,关键是必要信息的披露,为此采取了各种立法举措。剩下的就是核实这个信息,让市场参与者能够信任这个信息,并且依靠这个信息来决策。而众多的资信等级评定机构(Credit Rating Agencies,CRAs)是传统的信息验证机构之一,这些机构检查公司的财务以及其他信息,以评估他们及时偿还债务的能力。信贷评级机构会根据其评估结果,给予有关公司一个特定的资信等级,以显示该公司的信贷素质。例如,一家很可能及时偿还债务的公司获得"AA"评级,而一家信用较差的公司可能获得"BB"评级。传统上,评级机构有两个功能[1]:(1)纠正债券发行人和购买人之间的信息不对称问题;(2)对评级投资的监管作用。在第一个功能中,评级机构扮演信息中介的角色,通过为发行人分配评级来减

---

[1] Rogge & Lara Ohnesorge, The Role of ESG Rating Agencies and Market Efficiency in Europe's Climate Policy, 28 Hastings ENV't L. J. 113(2022).

少或消除信息不对称。在第二个功能中,有人认为评级机构通过分配评级来履行一定的监管作用。卖方(例如以经纪商的形式)向买方(如投资经理或银行)发出信号,表明发行人及特定债券的信誉。[①]

由于环境、社会和治理(ESG)评级行业与资信等级行业的相似性,环境、社会和治理评级机构作为看门人的特点和潜在问题是突出的。虽然承认在新获得的非财务信息方面存在其他守门人并发挥其作用,特别是承认会计师事务所的作用,但有人认为,就气候相关信息而言,ESG 评级机构可能在减少信息不对称和提高市场效率方面发挥最重要的作用。欧盟绿色政策中的上述立法措施将创造大量新的非财务信息。即使每家公司的报告都经过会计师事务所(如上所述,这方面的相关把关人)的认证,投资者仍然需要收集和消化大量额外的材料,作为其投资过程的一部分。这为数据和信息提供商创造了一个产业。可用信息的数量是巨大的,首要问题就是收集所有必要的信息。一旦这样做了,它就需要以一种可比的方式呈现,通常伴随着某种形式的评分、衡量或排名方法[②]。

2. 欧洲 ESG 数据供应与接入

在 ESG 服务行业中,有许多 ESG 数据提供商。例如,彭博是金融市场的传统信息提供商,2009 年,它通过收购新能源金融公司(New Energy Finance)建立了彭博 ESG 数据服务,包括目前在全球范围内提供超过 11 500 家公司的环境、社会和治理数据,将所报告的环境、社会和治理信息标准化为一致和可比较的信息领域。这些数据通过其 Eikon 平台提供,该平台转移到路孚特公司,目前作为伦敦证券交易所集团的子公司提供 ESG 数据。像彭博一样,它声称为超过 75 个国家的 10 000 多家公司提供 ESG 数据。简而言之,ESG 数据是一个重点行业。在一些情况下,数据提供商将把提供 ESG 数据与本文讨论的其他服务结合起来:标准普尔一道琼斯公司提供 ESG 指数以及 ESG 数据,而摩根士丹利资本国际公司(MSCI)根据其 ESG 数据提供 ESG 评定等级新的立法措施,加上自愿披露,将导致披露非财务信息的数量大幅度增加。[③] 在欧盟,提高环境、社会和治理数据可达性的解决办法之一是建立一个欧洲单一接入点(ESAP)[④]。"ESAP"旨在成为金融和非金融公司信息的综合资料库。一个中央接入点显然有利于投资者,目的是大大简化他们的投资决策过程。ES-AP 促进了这些数据的集中化和可达性。然而,比较和对比许多不同的公司及其报告仍然是一项复杂的任务。这可以通过依靠 ESG 评级机构来克服,它将把向市场提供的大量信息

---

① Gilson & Kraakman, Mechanisms of Market Efficiency supra note 32, at 604-605 (regarding the role of CRAs in signaling),1984.

② See Ebbe Rogge & Lara Ohnesorge. The Role of ESG Rating Agencies and Market Efficiency in Europe's Climate Policy, 28 Hastings ENV't L. J. 113(2022).

③ See generally Sakis Kotsantonis & George Serafeim. Four Things No One Will Tell You About ESG Data, 31 J. APPLIED CORP. FINANCE 50(2019).

④ Targeted consultation on the establishment of a European single access point (ESAP) for financial and non-financial information publicly disclosed by companies https://finance. ec. europa. eu/regulation-and-supervision/consultations/2021-european-single-access-point_en,last visited on 2023-02-01.

处理成易于理解和更方便用户使用的格式。大量关于一家公司(或一组公司或资本市场工具)的信息必须转化为一个信号评级或排名系统,以通知潜在投资者。评级机构在这方面有很多经验。如前所述,他们的企业模型是基于组合关于公司或产品的金融信息、财务资料,并在他们的资信等级系统中反映。环境、社会和治理评级机构增加的主要原因之一是,环境、社会和治理评级机构需要有巨大的规模才能形成商业企业模型,合并使较大的公司能够成为市场领导者和标准制定者。

3.欧盟 ESG 评级中的监管内容

制定可用于衡量绩效的环境、社会和治理指标并不容易。研究表明,制定一套涵盖所有环境、社会和治理方面的平衡指标是一个挑战。这反过来又使得外部评价难以理解一家公司的表现。这也使得公司本身很难为可能的改进制定一个全面的方法。

第一,由于采用的方法不同,在衡量 ESG 绩效时可能存在偏差。例如,研究表明,公司的规模对其 ESG 评定等级有正面影响,因为它们通常能够分配更多的资源来披露信息。所报告的信息对环境、社会和治理评级的影响很可能小于信息缺失:后者似乎暗示信息缺失被视为坏消息。这就提出了一个问题,是否可以为小公司设定同样的标准。无论如何,ESG 评定等级并不能说明全部情况,因为那些没有足够资源披露信息的企业的表现不一定很差,而且很难说透明度不能提高。另一个可能的偏向是公司的短期表现。ESG 评级似乎正在推动更多的短期变化,特别是与环境因素有关的变化,以实现评定等级的提高。①

第二,除了所使用的方法、涵盖的要素和可能的偏差之外,ESG 评定等级的可靠性也是一个重要因素。通过将报告的丑闻作为意外事件,以及通过研究事件前一年、事件期间和事件后的 ESG 评定等级,对 ESG 评估的可靠性进行了调查。② 由此可见,包括回顾性信息在内的 ESG 评定等级在此类事件中会显著恶化。

第三,公司的 ESG 披露对其股票或债券的价格有重大影响。但也有一些新型证券的倡议。这些创新型证券除了衡量一家公司整体的气候中性或可持续程度之外,还只关注特定的资产或金融产品,例如用于为特定"绿色"项目融资的绿色债券。为了使这个市场定型化,国际资本市场协会(ICMA)制定了绿色债券原则。③ 这些都是国际自愿准则,主要是对收益的使用和管理以及相关的报告提出要求。欧盟技术专家组(TEG)的提案提供了一个欧洲绿色债券标准④,它将为绿色金融产品创建标准和标签。技术专家组的建议将绿色债

---

① Maria Jesus Munoz-Torres et al., Can Environmental, Social and Governance Rating Agencies Favor Business Models that Promote a More Sustainable Development? 26 CORP. Soc. RESP. & ENVT MGMT. 439(2019).

② Sebastian Utz, Corporate Scandals and the Reliability of ESG Assessments: Evidence from an International Sample, 13 REV. MANAGERIAL SCI. 483(2019).

③ ICMA, GREEN BOND PRINCIPLES: VOLUNTARY PROCESS GUIDELINES FOR ISSUING GREEN BONDS (June 2021), https://www.icmagroup.org/assets/documents/Sustainable-finance/2022-updates/Green-Bond-Principles_June-2022-280622. pdf♯:～:text = The%20Green%20Bond%20Principles%20%28GBP%29%20are%20voluntary%20process, the%20approach%20for%20issuance%20of%20a%20Green%20Bond, last visited on 2023－02－01.

④ Usability Guide EU Green Bond Standard, EU Technical Expert Group on Sustainable Finance (Mar. 2020).

券收益如何使用的标准与已经讨论过的分类法规联系起来。与以往一样,这将增加投资者的可比性,并为促进可持续投资提供另一种方式。ESG 评级机构在这一过程中的作用:它们不是向债券和复杂的投资产品提供资信等级,而是向绿色债券提供 ESG 等级。

第四,新兴的 ESG 衍生品市场。[①]。其中一些将可持续性目标与标准衍生品联系起来。例如,如果一个利率互换达到了预先设定的 ESG 目标,那么其中一个交易对象可能会减少支付。如果没有达到预定的 ESG 目标,其他人可能触发对交易对象甚至合同规定的慈善组织的惩罚性付款。其他创新将信用衍生品(在发生违约事件时支付)与 ESG 评定联系起来,认为高 ESG 评定等级可能与较低的违约概率正相关。

第四节　欧盟 ESG 投资实践及法律规制

一、以公司治理为切入点

站在上市公司的角度,欧盟 ESG 政策法规着眼于企业对内的公司治理架构设计、管控以及对外非财务信息的披露。早在 2007 年,欧盟首版《股东权指令》对公司治理议题从股东参与角度进行了规范要求,对代理投票行为进行规定以保证良好的公司治理。指令认为完善的机制让股东能够较好行使其权利是达成公司治理有效性的重要环节(见表 3—4)。

表 3—4　　　　　　　　　　　　　2007 版《股东权指令》

政策及法律法规要点	相关法条原文
股东参与良好的公司治理有密切关联	修订说明(3):有效的股东控制(Effective Shareholder Control)是健全公司治理的先决条件,因此应加以促进和鼓励
应优化代理投票行为以确保公司治理得到保障	修订说明(10):良好的公司治理需要一个平稳有效的代理投票过程。现有的限制和约束使得代理投票既烦琐又昂贵,因此应予以消除。良好的公司治理还需要充分的保障措施,以防代理投票可能被滥用

2017 年的新修订版《股东权指令》对资产管理公司增加了要求,规定资产管理公司作为股东需要参与被投资公司包括制定高管薪酬政策的一系列事务,需要公开披露具体参与政策,并明确提到股东参与被投资公司的 ESG 表现的关系(见表 3—5)。由此可见,资产管理公司对被投资公司的非财务业绩进行考量是可持续的投资方式的体现,而被投资公司的非财务业绩表现可以体现出它们中长期发展的潜力,也能反映出它们对所产生的社会、环境影响的管理方式。

---

① Ebbe Rogge & Lara Ohnesorge, The Role of ESG Rating Agencies and Market Efficiency in Europe's Climate Policy, 28 Hastings ENV't L. J. 113(2022).

表 3—5 2017 版《股东权指令》

政策及法律法规要点	相关法条原文
股东参与能够提升公司 ESG 绩效	修订说明(4):股东更多地参与公司治理有助于改善公司财务和非财务业绩的手段之一,包括 ESG 因素
高管薪酬政策应结合 ESG 绩效	修订说明(29):薪酬政策应有助于公司的业务战略、长期利益和可持续性,董事的表现应包括对 ESG 绩效的评估
资产管理公司应积极行使股东参与权	条例 3.1:机构投资者和资产管理公司应制定并公开披露一项参与政策,说明其如何就包括但不限于 ESG 因素对被投资公司进行监督
资产管理公司应对外披露评估被投资公司的非财务业绩	修订说明(22):资产管理公司还应告知机构投资者,资产管理公司是否以及如何根据对被投资公司 ESG 的评估做出投资决策

　　《股东权指令》通过对上市公司的股东权利及其责任进行规定,进而通过上市公司股东的职责约束其公司治理,倒逼上市公司将包含 ESG 在内的可持续因素纳入公司顶层设计与战略规划,而不仅仅是从生产运营和经营管理中的某些方面对 ESG 进行考量。这充分体现出欧盟对于 ESG 投资的推进更注重战略设计与可持续发展目标的引领。

二、强调对非财务信息的披露与评估

　　欧盟在 2014 年以来陆续修订多项政策法规,对上市公司、资产所有者、资产管理机构在非财务信息的披露与评估上做出日渐明确和强制性的要求,逐步完善了披露政策的操作细节,扩大了资本市场参与主体范围。

　　欧盟 2014 年修订的《非财务报告指令》对上市公司非财务信息及业绩的披露提出了极大关注。指令清晰阐述了关注企业非财务绩效对可持续发展及经济转型的重要性及必要性:"披露财务信息对于通过将长期盈利与社会公正和环境保护相结合,管理向可持续的全球经济转型至关重要。"

　　该指令以"不遵守就解释"的强制披露要求,规定上市公司披露以 ESG 事项为核心的非财务信息,且对环境议题的具体要求与 SDGs 中多项目标有较高重合度。该指令的约束对象说明欧盟考虑了主体披露非财务信息的能力。此外,为了提升条例的可操作性、降低上市公司披露困难,2014 版《非财务报告指令》对非财务信息的披露范围和内容做出具体要求(见表 3—6)。

表 3—6 2014 版《非财务报告指令》基本信息

政策及法律法规名称	《非财务报告指令》
发布时间与版本	2014 年修订版
适用范围和对象	大型企业(资产负债表日员工人数超过 500 人的企业)
政策及法律法规要点	相关法条摘要

续表

政策及法律法规名称	《非财务报告指令》
ESG 为非财务信息 披露重点	修订说明(6):至少应包含与环境事务、社会和员工事务、尊重人权、反腐败和贿赂事务相关的信息
ESG 披露具体要求	条例 1.(1)、条例 1.(3):至少涉及环境、社会和员工事务,尊重人权,贪污及贿赂事宜,其中包括:有关的政策及结果、风险以及风险管理方式、非财务关键绩效指标等
强制披露 E	修订说明(7):就环境事宜需详细列明企业运作对环境现时及可预见的影响,以及适当情况下对健康及安全、使用可再生及/或不可再生能源、温室气体排放、用水及空气污染的影响
引导性披露 S 和 G	修订说明(7):关于社会和雇员:可能涉及为确保性别平等而采取的行动、与社会和当地社区对话以及/或采取的相关行动 关于人权、反腐败和贿赂:可以包括关于防止上述议题的资料

2019 年,欧盟颁布《金融服务业可持续性相关披露条例》,将非财务信息的披露主体扩大到金融市场参与者和与 ESG 相关的金融产品,希望通过规范金融市场主体行为,减少在委托代理关系中对可持续性风险整合和对 ESG 议题影响考虑中的信息不对称,并特别纳入了对可持续发展议题一致性的说明规定。与《非财务报告指令》相比,该条例强调了资管机构评估上市公司非财务绩效的过程,包括数据来源、筛选标准和衡量指标等。

三、增加非财务风险评估

欧盟还将 ESG 要素的考量纳入风险评估范畴。扩大风险评估的范畴帮助强化了风险防控能力,能够帮助对风险承受能力不高的资产所有者更好地控制下行风险。

欧盟委员会于 2016 年 12 月发布 IORP Ⅱ。该指令的提出是因为职业退休服务机构必须在各代人之间公平分配风险和利益,而独立的职业退休计划在其开展投资业务的风险管理系统中纳入对 ESG 要素的考量,能够更好地管理风险。IORP Ⅱ 的制定以 PRI 为依据,指令特别在前言部分提到对 PRI 提及"ESG 要素对国际公司的投资政策和风险管理制非常重要"这一观点高度认同(见表 3—7)。

表 3—7　　　　　　　　《职业退休服务机构的活动及监管(重订)》(IORP Ⅱ)

政策及法律法规要点	相关法条摘要
将 ESG 纳入养老金风险 管制范畴	修订说明(57):IORP 应对其与养老金有关的活动进行风险评估,并应在适当时包括与气候变化、资源使用、环境、社会风险等有关的风险
ESG 应作为风险 评估的一部分	修订说明(58):IORP 应明确披露 ESG 因素在投资决策中的哪些地方被纳入考虑、如何构成其风险管理体系、ESG 与计划投资的相关性和重要性

续表

政策及法律法规要点	相关法条摘要
ESG 应纳入 IORP 内部风险管理	条例 25.2 风险管理:风险管理系统应涵盖在 IORP 或 IORP 外包的活动中,至少包括但不限于与投资组合及其管理有关的 ESG 风险
	条例 28.2 自有风险评估:IORP 在风险评估中需包括在投资决策中与 ESG 相关的现时或未来可能出现的风险,包括与气候变化、资源和环境的使用、社会风险等

该指令对 IORP 将 ESG 要素纳入风险管理的要求主要体现在两个层次:其一,在 IORP 作为资产所有者对外投资时应在评估投资风险中纳入对 ESG 要素的考量;其二,在 IORP 内部管制中将 ESG 要素纳入组织结构的风险管理系统,并纳入自由风险评估的范畴。

2018 年 5 月 24 日,欧盟委员会通过了关于可持续金融的一系列方案,其中包括提升机构投资者将 ESG 要素整合至其风险程序(Risk Processes)的披露要求。2020 年 2 月,欧洲证券和市场管理局(ESMA)颁布《可持续金融策略》,表示此后将把 ESG 要素纳入风险管理相关法规条例设立的工作目标。

四、注重过程管理与实践优化

在欧盟政策制定者逐步将 ESG 要素纳入法律体系的过程中,以欧洲可持续投资论坛(European Sustainable Investment Forum,Eurosif)为代表的合作组织在背后起到了积极有效的推动作用。该论坛组织通过对资本市场进行调研并将结果反馈给欧盟政策制定者、就政策发布立场文件及提供建议等方式帮助 ESG 政策法规的逐步改进与完善。

比如,Eurosif 在 2010 年就发布了《回应欧盟委员会关于金融机构公司治理和薪酬政策的公众咨询》(Response to the European Commission's Green Paper on Corporate Governance in Financial Institutions and Remuneration Policies),做出了"股东参与公司治理问题""将薪酬与环境、社会和治理(ESG)绩效相联系的建议"。该建议在 2017 年的《股东权指令》的修订说明第 14 条和第 29 条中均有所体现(见表 3—8)。

表 3—8　　　　　　　　　　　　　　《股东权指令》修订

欧洲可持续发展论坛		欧盟政策法规	
文件名称及发布年份	主要内容	文件名称及发布年份	相关法条摘要
《回应欧盟委员会关于金融机构公司治理和薪酬政策的公众咨询》(2010 年)	董事会的角色和职责包括 ESG 风险管理和控制	《股东权指令》(2017 年)	修订说明(14):股东参与公司治理能够帮助改善公司 ESG 绩效
	将薪酬与环境、社会和治理(ESG)绩效联系起来		修订说明(29):薪酬政策应有助于公司的业务战略、长期利益和可持续性,董事的表现应包括对 ESG 绩效的评估

2013 年,Eurosif 就 2013 版《非财务报告指令》发布立场文件,大力支持非财务信息及多元化政策的披露;2016 年,Eurosif 就 2014 年修订版《非财务报告指令》提供反馈意见和建议,欢迎欧洲委员会就非财务信息报告的非约束性准则进行商讨以帮助金融市场更好地根据该指令提供多样化信息。

就欧盟立法相关方而言,从对政策法规的监管趋同的要求出发,逐步建立资本市场对 ESG 认知的共识、努力消除各方因对 ESG 理解的不一致而造成在实践和监管中的困难,是近 3 年来他们的工作重点。

为解决资本市场参与者对 ESG 认知的不一致,欧洲证券和市场管理局将把该项工作作为今后构建可持续发展协调网络的重点,帮助金融市场更好和更有序应对已颁布及新颁布的 ESG 条例法规要求,促进金融市场稳定地向可持续性的金融圈转型。

五、注重多方共识和共同行动

受托责任中的两个重要参与主体(即资产管理者与资产所有者之间)的商业关系是欧盟立法关注的重点内容之一。其中最具有代表性的政策及法律法规文件是 2016 年《职业退休服务机构的活动及监管(修订)》(IORP Ⅱ),主要就作为资产所有者的退休服务机构从监管上做出规定,实际上间接对委托人在投资中的 ESG 考量也做出了要求;2017 年修订的《股东权指令》要求资产管理者作为股东身份参与被投资公司 ESG 事项。

而对外披露的要求则贯穿资本市场参与者的始终,无论是对上市公司、资产管理者、资产所有者都存在相关条例法规规定。此外,立法文件中还对其他金融市场参与者和具体类型的金融产品对外披露文件中的 ESG 议题做出了相关规定。尤其在 2015 年之后欧盟颁布的法律文件中,对商业行为与可持续发展目标的一致性赋予了更高关注。

欧盟早期立法文件重点关注了"披露"行为。2014 年颁布的《非财务报告指令》是上市公司对外披露 ESG 业绩的依据,这让机构投资者有据可循,为投资过程中考量 ESG 要素提供了资料;2016 年 IORP Ⅱ 对资产所有者对其客户披露 ESG 要素信息、资产所有者将 ESG 纳入投资考量均做出了规定,提升了双边受托责任的透明度;2017 年《股东权指令》使投资双方更加重视 ESG 业绩表现,同时资产管理者披露股东参与 ESG 议题具体信息让受托责任更加透明与规范。可以看到,随着时间推移,欧盟政策及法规中增加了对投资各环节纳入 ESG 的要求,完善了对 ESG 投资的全过程覆盖。此外,Eurosif 在此过程中推动了 ESG 法律法规的制定与完善。Eurosif 拥有覆盖面广的会员网络,这其中包括来自 8 个基于欧洲的全国性可持续投资论坛、资产管理机构等。

第五节 欧盟 ESG 法制的重要意义

区别于美国"市场优先"的发展模式,欧洲的 ESG 发展主要靠"政策驱动"。作为积极响应联合国可持续发展目标和负责任投资原则的区域性组织之一,欧盟最早表明了支持态度并落实行动,在 2005 年至 2023 年间密集推进了一系列与 ESG 有关的条例法规的修订工作,从制度保障上加速了 ESG 投资在欧洲资本市场的成熟发展。

一、嵌入欧盟可持续金融体系的总目标——欧盟绿色协议(European Green Deal)

2019 年 12 月,在联合国气候变化大会(COP25)上,欧盟委员会发布了旨在促进新的增长的战略文件——《欧盟绿色协议》,提出通过将气候和环境挑战转化为政策领域的机遇,让欧洲在 2050 年之前成为全球第一个实现"碳中和"的大洲,以此改善居民的健康,提升生活质量,并努力确保"碳中和"的过渡过程正义且公平。

欧盟 2030 年可持续发展的目标是什么? 为了在 2050 年前达到温室气体排放中性的目标,欧盟承诺到 2030 年实现三个主要的气候和能源目标,包括:(1)温室气体排放量与 1990 年相比至少减少 40%;(2)可再生能源在最终能源消耗中至少占 32%;(3)整体经济活动与无措施情景(BAU)相比至少降低 32.5% 的能源消耗。

《欧盟绿色协议》,是欧委会主席乌尔苏拉·冯德莱恩(Ursula von der Leyen)履新以来的首个施政纲领,也是欧委会应对气候和环境挑战的新承诺,通过实施"七大行动"以实现 2030 年可持续发展计划,最终实现 2050 年"碳中和"愿景。

《欧盟绿色协议》是一揽子政策倡议,旨在使欧盟走上绿色转型的道路,最终目标是到 2050 年实现"碳中和"。其目的是使欧盟社会更加公平繁荣,拥有现代化和竞争性的经济。它强调需要采取全面和跨部门合作的办法,使所有相关政策领域都有助于实现与气候有关的最终目标。该一揽子计划包括气候、环境、能源、交通、工业、农业和可持续金融等领域的倡议——所有这些领域都密切相关。欧盟委员会于 2019 年 12 月启动了"欧盟绿色协议",欧洲理事会(European Council)在 12 月的会议上指出了这一点[①]。《欧盟绿色协议》主要包括以下举措:

第一,55 一揽子计划(Fit for 55)。其旨在将绿色新政的雄心壮志转化为法律。该方案是一系列修订气候、能源和交通相关立法的提案,并提出了新的立法倡议,以使欧盟法律与欧盟的气候目标保持一致。它包括[②]:修订欧盟排放交易体系(EU ETS);修订欧盟碳排放交易体系以外行业的成员国减排目标共享规定;修订关于纳入土地利用、土地利用的变化和林业所致温室气体排放量和清除量的土地利用、土地利用的变化和林业规章、规定汽车和货车二氧化碳排放标准的法规修正案;可再生能源指令的修订;等等。

第二,欧洲气候法(European Climate Law)。欧洲气候法规将到 2050 年实现气候中和

---

① 向气候中和过渡将带来重大机遇,例如经济增长潜力、新的商业模式和市场、新的就业机会和技术发展。2019 欧洲理事会,2019 年 12 月 12 日至 13 日。

② See https://www.consilium.europa.eu/en/policies/green-deal/♯:～:text=What%20is%20the%20European%20Green%20Deal%3F%20The%20European,prosperous%20society%20with%20a%20modern%20and%20competitive%20economy,last visited on 2023－02－01.

的政治目标转变为欧盟的法律义务。欧盟及其成员国通过采用这一方案,承诺到 2030 年将欧盟的温室气体净排放量与 1990 年的水平相比至少减少 55％。这一目标具有法律约束力,其依据是委员会的影响评估。该条例包括的主要行动是[①]:制定到 2050 年的减排步伐,以便为企业、利益相关者和公民提供可预测性;建立一个系统来监测和报告在实现目标方面取得的进展;确保实现具有成本效益和社会公平的绿色转型;在 2021 年 4 月与欧洲议会达成临时协议后,安理会于 2021 年 5 月批准了该协议。这项规定已经生效。[②]

第三,欧盟适应气候变化战略(EU Strategy on Adaptation to Climate Change)。2021 年 6 月,欧盟各国环境部部长批准了支持欧盟适应气候变化新战略的结论。该战略概述了欧盟的长期愿景,即到 2050 年成为一个能够充分适应气候变化不可避免影响的气候适应型社会。该战略规定的措施包括:更好地收集和分享数据,以改善获取和交流有关气候影响的知识;以自然为基础的解决方案,帮助建立气候适应能力和保护生态系统;将适应纳入宏观财政政策,这些结论为委员会执行该战略提供了政治指导。

此外,《欧盟绿色协议》还包括欧盟 2030 年生物多样性战略(EU Biodiversity Strategy for 2030);"从农场到叉子"战略("Farm to fork" Strategy);欧洲工业战略(European Industrial Strategy);循环经济行动计划(Circular Economy Action Plan);电池和废电池(Batteries and Waste Batteries);公正的过渡(A Just Transition);清洁、廉价和安全的能源(Clean, Affordable and Secure Energy);欧盟化学品可持续性战略(EU Chemicals Strategy for Sustainability);森林战略和无毁林进口(Forest Strategy and Deforestation-free Imports);等等。

二、保障欧盟可持续金融政策实施——为气候转型提供资金(Financing the Climate Transition)

欧洲联盟坚决支持向低碳、资源效率更高和可持续的经济过渡。这是欧盟根据《巴黎协定》和 2030 年联合国可持续发展目标(SDGs)实现其气候和能源目标努力的一部分。为了实现气候、环境和社会可持续性目标,需要大量私人和公共投资。欧盟及其成员国是世界上最大的公共气候资金提供者,2021 年提供了 230.4 亿欧元。[③]《欧盟绿色协议》进一步强调了调动私人资金和资本流向绿色投资的必要性(见图 3—5)。

第一,欧盟气候支出逐步成为主流。2019 年新冠疫情大流行导致严重的卫生、金融和经济挑战。与此同时,从这一大流行病中恢复,通过加强有利于气候行动的公共政策,使得重建更具可持续性,例如,(1)碳定价(Carbon Pricing);(2)阻止有害环境和经济效率低下的

① See https://www. consilium. europa. eu/en/policies/green - deal/#:~:text = What％20is％20the％20European％20Green％20Deal％3F％20The％20European, prosperous％20society％20with％20a％20modern％20and％20competitive％20economy, last visited on 2023—02—01.

② European climate law: Council and Parliament reach provisional agreement (press release, 5 May 2021).

③ See https://www. consilium. europa. eu/en/policies/climate-finance/, last visited on 2023—02—01.

补贴（Discouraging Environmentally Harmful and Economically Inefficient Subsidies）；（3）转向可持续投资（Shifting Towards Sustainable Investments）。

在欧盟的复苏计划"下一代欧盟"（NGEU）中，6 725 亿欧元的复苏和适应基金中有37％用于与气候相关的目标。30％的总体气候目标适用于欧盟 2021—2027 年长期预算支出总额。

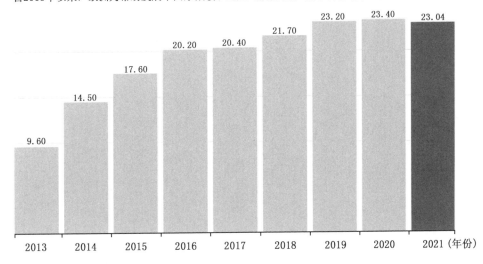

自2013年以来，欧洲为帮助发展中国家减缓和适应气候变化影响而筹集的资金增加了一倍多

来源：Cuncil of the European Onion.

图 3—5 欧洲对气候融资的贡献（以 10 亿欧元计）

第二，利用私人投资。绿色转型的成功需要引入私人投资作为公共财政的补充。欧盟委员会于 2018 年 3 月发布可持续发展行动计划为其可持续金融政策奠定了基础。2019 年10 月，欧盟及其成员国与第三国共同推出了一个新的绿色金融国际平台。该平台的目的是加大对私人资本的动员力度，促进环境可持续投资。欧盟委员会在 2019 年 12 月提交了《欧盟绿色协议》，并宣布将提出一项新的可持续金融战略。2021 年 7 月，委员会提出了应对气候变化的新战略，同时增加对更可持续经济的投资。

第三，可持续发展融资行动计划的执行情况。2019 年和 2020 年，该委员会通过立法，引导私人资本在资本市场进行更可持续的投资，具体做法是：（1）提高金融中介机构的透明度义务，将环境、社会和治理因素纳入其风险评估过程。（2）为可持续投资创建一个新的基准类别，以帮助投资者比较其投资的碳足迹。（3）建立一个统一的欧盟可持续经济活动分类方案（分类法）。

2019 年 6 月，委员会还发布了不具约束力的准则，帮助公司以更一致和更可比的方式披露相关非财务信息。

第四，欧盟对国际气候融资的贡献。欧盟及其成员国是世界上最大的公共气候融资提供者。2021 年,欧盟及其成员国提供的气候融资支持达 230.4 亿欧元。超过 54% 的资金用于发展中国家的气候适应或交叉行动。将近一半的资金是以赠款的形式承付的。[①] 气候融资是 2015 年《巴黎协定》的重要组成部分。该协议设定了发达国家在 2025 年之前每年向国际气候融资贡献 1 000 亿美元的目标。2025 年前,联合国气候变化框架公约缔约方将制定新的共同目标。

---

① See https://www.consilium.europa.eu/en/policies/climate-finance/,last visited on 2023−02−01.

第四章　德国 ESG 法治框架述评

周心童[*]

第一节　欧盟与德国 ESG 法制发展的历史脉络

企业作为经济活动中创造产品与服务的主要组织,其行为目标究竟是仅以成员利益为中心还是要兼顾各方面利益相关者的福祉一直面临争议。正如自然人行为自由的范围需要在自由—自治的利益与其他主体的利益以及社会公共利益之间进态平衡一样,不同法秩序乃至同一法秩序在不同历史时期对企业的行为规则也有着不同的权衡。这一权衡起初在"企业社会责任"这一概念下获得了广泛的探讨,而进入 21 世纪以来"环境、社会、治理"(ESG)俨然代替企业社会责任在世界各主要法域引发了更为丰富的立法和学术讨论。[①]

公司社会责任(CSR)这一概念最早出现在 20 世纪 50 年代的商学文献中。[②] 而 ESG 作为一个英文首字母缩略词出现的时间要晚许多,据考证,第一次被提出是在 2004 年联合国的一份报告中。[③] 相比这一概念的词汇学考证,国家及超国家组织如何通过法规将其落实为法律义务是对法学研究更重要的命题。欧盟及作为其成员国的德国恰好十分积极地进行了这一从理念到规范的转化工作,在最近的十年里制定了一大批相关的法律法规。

2012 年 6 月在巴西里约热内卢举行的"里约＋20"联合国可持续发展大会是推动欧盟和德国决策者认真对待可持续性议题的重要契机。随后联合国大会于 2015 年 9 月 25 日做

---

[*]　周心童,上海财经大学讲师,弗莱堡大学法学博士,主要研究方向:民商法。

[①]　Jens Koch,AktG Kommentar,§76 Rn. 35f.

[②]　较早的例子如 Howard R. Bowen,Social Responsibilities of the Businessman,Jens Koch,17 Aufl. 2003 § 76 AktG Rn. 35f. Harper 1—7(1953).

[③]　Financial Sector Initiative,Who Cares Wins,2004. https://ottosc. hm/KPOu4(最后访问时间:2023 年 2 月 22 日),第一句:"Until now,the industry has not developed a common understanding on ways to improve the integration of environmental,social and governance (ESG) aspects in asset management,securities brokerage services and the associated buy-side and sell-side research functions. "文献考证参见 Marc-Philippe Weller/Vincent Hoppmann,Environment Social Governance (ESG) Neue Kompetenzen der Hauptversammlung?,in:AG 2022,S. 641,Fn 14.

出了关于《2030 可持续发展议程》的决议，设置了具体的 17 项可持续发展目标（见表 4—1）。其中至少半数目标都直接和促进生态保护、推进物质利益及权利地位的平等分配有关。

表 4—1　　　　　　　　联合国《2030 可持续发展议程》中环境、社会维度的目标①

目标序号	目标内容
目标 5	实现性别平等，增强所有妇女和女童的权能
目标 8	促进持久、包容和可持续的经济增长，促进充分的生产性就业和人人获得体面工作
目标 10	减少国家内部和国家之间的不平等
目标 11	建设包容、安全、有抵御灾害能力和可持续的城市和人类居住区
目标 12	采用可持续的消费和生产模式
目标 13	采取紧急行动应对气候变化及其影响
目标 14	保护和可持续利用海洋和海洋资源以促进可持续发展
目标 15	保护、恢复和促进可持续地利用陆地生态系统；可持续地管理森林；防治荒漠化；制止和扭转土地退化；遏制生物多样性的丧失

在这股全球潮流下，2016 年 11 月 22 日欧盟委员会的通告《通向可持续的未来之路：欧洲可持续性政策》②首次将可持续性目标与欧盟的各项内政、外交政策与倡议相绑定，要求将其列为每项决策自始便要考量的目标。2017 年 6 月 20 日作为欧盟各成员国利益代表的部长理事会也得出结论，强调联盟和成员国要坚决果敢地全面贯彻"2030 可持续发展议程"。

2019 年以乌尔苏拉·冯德莱恩为主席的新一届欧盟委员会上台伊始就推出了雄心勃勃的《欧盟绿色协议》③作为欧盟全新的经济增长战略。希望到 2050 年将欧盟打造为一个资源利用集约、零净温室气体排放的可持续性经济体，同时确保过渡过程符合社会正义、地区均衡，不使任何人或地方掉队。相较于我国"两个一百年"中通往 2049 年新中国成立 100 周年的发展战略所强调的五位一体，欧盟的绿色协议更加凸显了生态文明和社会文明这两大面向。

2020 年突然暴发的新冠疫情则是推动欧盟及德国加速立法进程的一个偶然因素。疫情之后的欧盟经济增长乏力、亟待复苏。为此，欧盟委员会才以气候中立和绿色经济转型为抓手推出了具有法律约束力的欧盟气候法——《欧洲议会及部长理事会建立实现气候中

---

①　https://www.un.org/sustainabledevelopment/zh/，last visited on 2023—02—22.

②　COM/2016/0739 final：Mitteilung der Kommission an das Europäische Parlament，den Rat，den Europäischen Wirtschafts-und Sozialausschuss und den Ausschuss der Regionen Auf dem Weg in eine nachhaltige Zukunft Europäische Nachhaltigkeitspolitik.

③　Europäische Kommission，Mitteilung der Kommission an das Europäische Parlament，den Europäischen Rat，den Rat，den Europäischen Wirtschafts-und Sozialausschuss und den Ausschuss der Regionen，Der europäische Grüne Deal，vom 11.12.2019，COM（2019）640 final.

立之框架暨修订（EG）401/2009 und（EU）2018/1999 条例之条例》①（以下简称《欧洲气候法》）。规定到 2050 年欧盟气候中立的目标必须达成。除了绿色经济这一抓手，欧盟同时也力图改善劳动力市场的局面。2021 年 3 月 4 日欧盟委员会通过了《欧洲社会权利支柱行动计划》②，计划列举了公平和运作良好的劳动力市场和社会系统所必不可少的 20 项原则或权利，制定了实现他们的措施和到 2030 年的中期目标。

正是在上述欧盟政策背景下，欧盟立法者先是通过制定多种多样的信息披露规则强化企业履行保护环境、保障以雇员为代表的其他利益相关者的权利等义务的意识。同时也为政府和其他社会主体对企业进行监管、监督提供法律基础。但这一阶段除了信息披露外并没有给企业施加过多的采取直接行动的义务，这类义务是之后才逐渐出现的。直接行动义务发展到第三阶段则突破了企业自身业务范围的局限，以企业注意义务的形式要求企业不仅自身行为合规，也须一定程度上保证自身供应链上的其他相关主体行为合规。

本章将遵循欧盟及德国相关关键立法通过的时间顺序，对欧盟及德国法中企业 ESG 相关信息的披露制度、供应链上的注意义务以及企业本身实现国家特定社会政策的直接行动义务依次加以评述。需要注意的是，欧盟在资本市场法领域对金融服务提供者的信息披露、公开上市企业 ESG 表现的评级另有一些特别规则，这些规则也给对欧盟国家的投资实践带来了巨大影响。

第二节　ESG 相关的信息披露制度

起初，欧盟及德国法制中调整企业环境社会治理的制度主要是一套针对大型企业的信息披露制度。其中一般性的规则立足于会计法，部分特殊规则与资本市场法的关联则更加紧密。尽管会计法中的信息披露制度传统上只涉及财务会计信息，但随着非财务性事项对企业的商机和风险造成的影响逐渐增大，欧盟于 2014 年就为会计法引入了关于非财务性信息披露的规定。2022 年，欧盟又通过立法改进了该制度，引入了一项不仅针对大企业，也将分阶段适用于中小企业的可持续性报告制度，实现了 ESG 信息披露制度的提制升级。

一、立法沿革

2013 年公布的《欧洲议会及部长理事会关于特定法律形式的企业年度财务报告、合并财务报告及相关报告修订欧洲议会及部长理事会 2006/43/EC 指令暨废止 78/660/EEC 和

---

① Verordnung（EU）2021/1119 des Europäischen Parlaments und des Rates vom 30. Juni 2021 zur Schaffung des Rahmens für die Verwirklichung der Klimaneutralität und zur Änderung der Verordnungen（EG）Nr. 401/2009 und（EU）2018/1999（Europäisches Klimagesetz）.

② https://op. europa. eu/webpub/empl/european-pillar-of-social-rights/en/，last visited on 2023-02-22.

83/349/EEC 部长理事会指令之指令》①(以下简称《会计指令》)作为欧盟一般会计法的核心指令,本就要求企业运营情况说明书中(Lagesbericht)必须包含对业务运营有意义的企业非财务性表现的分析,包括与环境或雇员利益有关的事项。只不过具体内容尚欠欧盟层面的明晰规则。之后最早系统性引入非财务性信息披露规则的是 2014 年公布的《欧洲议会及部长理事会就特定大型企业或集团非财务性及多样化信息披露方面修订 2013/34/EU 指令之指令》②(以下简称《非财务性报告指令》)。德国已经通过 2017 年《在运营情况说明书及集团运营情况说明书中强化非财务性报告的法律》(Gesetz zur Stärkung der nichtfinanziellen Berichterstattung der Unternehmen in ihren Lage-und Konzernlageberichten)将欧盟指令转化进德国《商法典》第 289b-289f 条和第 315b-d 条。

　　然而根据欧盟委员会在指令生效并在成员国转化实施后进行的立法后评估,非财务性信息披露制度依然存在若干缺陷。第一,适用范围限于大企业、大集团,未能做到应包尽包。第二,给企业的灵活性过大,导致气候、温室气体排放、生物多样性等方面的信息披露不足,已披露信息的可比较性也较差。第三,非财务性信息审计标准宽松,信息可信性不足。③ 有些企业存在"洗绿"(Greenwashing)现象。因此,2022 年欧盟立法者为克服上述缺陷,在非财务性信息披露义务方面引入了重大革新,通过了《欧洲议会及部长理事会有关公司可持续性报告修改(EU) Nr. 537/2014 条例及 2004/109/EG、2006/43/EG 及 2013/34/EU 指令之指令》④(以下简称《可持续性报告指令》)。

　　首先,从"非财务性报告"到"可持续性报告"的用语变迁反映了欧盟立法者对 ESG 相关事项与企业之间关系的认识发生了变化。前者只是一种否定性定义,这一下定义的方法本就不易反映事物的性质,而且也容易引人误解。因为环境、社会和企业治理类的信息与企业的财务状况息息相关⑤,并不是真的与财务表现全无关系。其次,与之前的非财务性信息只关注 ESG 事项对企业运营的作用不同,可持续性报告也关注企业运营对各种可持续性发展相关因素的反作用。换言之,新指令更重视 ESG 事项本身的价值,即采纳了一种所谓"双

---

　　① Richtlinie 2013/34/EU des Europäischen Parlaments und des Rates vom 26. Juni 2013 über den Jahresabschluss, den konsolidierten Abschluss und damit verbundene Berichte von Unternehmen bestimmter Rechtsformen und zur Änderung der Richtlinie 2006/43/EG des Europäischen Parlaments und des Rates und zur Aufhebung der Richtlinien 78/660/EWG und 83/349/EWG des Rates.

　　② Richtlinie 2014/95/EU des Europäischen Parlaments und des Rates vom 22. Oktober 2014 zur Änderung der Richtlinie 2013/34/EU im Hinblick auf die Angabe nichtfinanzieller und die Diversität betreffender Informationen durch bestimmte große Unternehmen und Gruppen.

　　③ Bericht der Kommission vom 21. April 2021 über die Überprüfungsklausel der Richtlinien 2013/34/EU, 2014/95/EU und 2013/50/EU und in der dazugehörigen Eignungsprüfung der Berichterstattung von Unternehmen;《可持续性报告指令》权衡理由第 37 点。

　　④ Richtlinie (EU) 2022/2464 des Europäischen Parlaments und des Rates vom 14. Dezember 2022 zur Änderung der Verordnung (EU) Nr. 537/2014 und der Richtlinien 2004/109/EG,2006/43/EG und 2013/34/EU hinsichtlich der Nachhaltigkeitsberichterstattung von Unternehmen.

　　⑤《可持续性报告指令》第 8 点权衡理由。

重重要性的观念"(Konzept der doppelten Wesentlichkeit)。① 之前的披露义务考虑的价值主体依然主要是企业及其成员，而现在外部的利益相关者也跃升为重要性不亚于企业的价值主体。

成员国立法转化《可持续性报告指令》(包括对《会计指令》在内的三个欧盟条例或指令的修改)的期限是 2024 年 7 月 6 日。但截至 2023 年 3 月德国联邦议会尚未开启转化指令的国内立法程序。因此，本节在分析德国现行有效的企业信息披露义务时将以德国《商法典》为准；在展望德国未来的立法动向时以《可持续性报告指令》为准。

二、立法目的

从欧盟委员会的政策性文件和欧洲议会的决议可以看出，要求企业更多地披露社会、环境相关信息的目的是促进欧洲经济的包容和可持续发展。所谓包容发展就是在同时代的社会横向维度上要求企业行动时考虑到其他利益相关者；而可持续发展则是在代际的社会纵向维度上要求企业考虑到人类后代的利益。披露企业在这两方面的风险、提高相关信息的可及性都有利于增强投资者、消费者等利益相关方对企业负责任行为的信心，反过来也有利于企业自身。② 在欧盟内设置一个统一的最低标准也有助于政府和其他主体对企业进行横向比较。在各种主体中，欧盟立法者考虑更多的可持续性信息的受众有两类：一是企业的投资者；二是关注企业履行 ESG 责任表现的 NGO。除此之外，当然也不排斥其他的信息利用主体，如包括顾客、供应商在内的企业交易伙伴。③

随着上述主体对 ESG 信息需求的日益增长，欧盟立法者认为需要扩展披露义务的适用范围、细化披露义务的内容控制和强化审计认证来更好地满足这些需求。同时通过联盟统一立法避免成员国各自为政、徒增企业经营的合规成本。从企业角度观察，可持续性报告新规的引入也有望提升其对 ESG 风险的理解和敏感性，通过自觉地生成、保存和传播相关信息强化其和利益相关者对话的成效。④

《可持续性报告指令》也包含产业政策性的内容。一方面，新指令扩展了披露义务的适用范围、提高了披露信息的数量和复杂度。另一方面，这在提高企业信息透明度的同时也将加大一般公众处理信息的难度，由此势必催生专门的信息服务市场。⑤ 越大的企业越需要通过合规行为回应利益相关者(尤其是特别积极参与博弈的 NGO)对 ESG 相关措施的关切、避免监管者对违法行为的惩罚，从而维护自身商誉并在资本市场上获得更低廉的融资

---

① 《可持续性报告指令》第 29 点权衡理由；《德国公司治理法典》(DCGK)2022 年修改理由书，对前言部分第二款的说明。

② 《非财务性报告指令》第 1～3 点权衡理由。

③ 《可持续性报告指令》第 9 点权衡理由。

④ 2019/C 209/01；Mitteilung der Kommission vom 17. Juni 2019 "Leitlinien für die Berichterstattung über nicht-finanzielle Informationen：Nachtrag zur klimabezogenen Berichterstattung".

⑤ 《可持续性报告指令》第 10、11 点权衡理由。

成本。从经济后果看,指令会将一部分企业(尤其是大企业)的利润进行再分配,使之流入商务服务业部门(包括但不限于可持续性报告审计或认证从业者、ESG 合规法律顾问、资本市场上的企业 ESG 评级服务提供者等)。由此不得不认为也包含了某种促进新型服务业发展的目的。

三、适用范围

1. 德国现行法上披露义务的适用范围

《非财务性报告指令》确定的适用范围仅限于涉及公共利益的大型企业,且在其财务报告基准日(Bilanzstichtag)当天要符合上一营业年度平均雇佣 500 名以上雇员的标准。

企业涉及公共利益的界定标准依照《会计指令》包含 3 种:(1)属于采取某些特定法律形式(指企业的组织形式必须是资合公司或某些承担无限责任的成员是资合公司的人合企业)的上市企业;(2)属于符合欧盟法定义的且采取某些特定法律形式的信用机构或保险企业;(3)符合欧盟成员国通过国内法额外规定的标准。

而"大型企业"是根据《会计指令》第 3 条按照企业或企业集团的人力、财力规模划分的 4 个档次中最高的一档(见表 4—2)。

表 4—2   德国商法典的企业划型标准

	微型企业	小型企业①	中型企业	大型企业
资产负债表中的资产(欧元)	≤35 万	≤400 万	≤2 000 万	>2 000 万
净营业收入(欧元)	≤70 万	≤800 万	≤4 000 万	>4 000 万
营业年度平均雇员(人)	≤10	≤50	≤250	>250

划定企业档次时只要满足上述 3 类指标中的至少两类即可。

由母子企业组成的企业集团的划型方式类似,不过在计算集团的人力、财力时要以母企业的会计基准日为核算日期并以集团合并会计核算为基础。分为 3 个档次(见表 4—3)。

表 4—3   德国商法典的企业集团划型标准

	小型集团②	中型集团	大型集团
资产负债表中的资产(欧元)	≤400 万	≤2 000 万	>2 000 万
净营业收入(欧元)	≤800 万	≤4 000 万	>4 000 万
营业年度平均雇员(人)	≤50	≤250	>250

---

① 成员国国内法可以将小型企业划型适用的资产负债表资产额、净营业收入门槛上限分别定为不高于 600 万欧元和不高于 1 200 万欧元。德国《商法典》第 267 条第 1 款就采用了这两个最大值。

② 成员国国内法可以将小型企业集团划型适用的资产负债表资产额、净营业收入门槛上限分别定为不高于 600 万欧元和不高于 1 200 万欧元。

值得注意的是《非财务性报告指令》并没有严格意义上的域外效力。因为它只是对《会计指令》的修正,其适用范围中的最上位概念——企业——是指受《会计指令》第 1 条限制的特定法律形式的企业,这些法律形式在附录中被完全列举了出来。《非财务性报告指令》的附录 1 和附录 2 列出的都是欧盟成员国法律所规定的常见的企业法律形式[比如德国的有限责任公司(GmbH)]。因此,除非欧盟以外的人或组织在欧盟内按照其成员国的法律设立或改组企业,外国组织仅仅在欧盟内部设立分支机构并从事经营并不产生非财务性信息披露义务。

德国立法者框定的适用范围(《商法典》第 289b 条)完全采纳了《会计指令》的定义。例外是以资本市场为导向的资合公司①即便不满足上述规模标准也要履行非财务性报告义务。因为依《商法典》第 267 条第 3 款第 2 句,这种公司被拟制为"大型"资合公司。雇员人数的计算是将企业在 3 月 31 日、6 月 30 日、9 月 30 日、12 月 31 日国内外正式雇员人数加总后求平均值。

企业集团中处于最顶端位置的母企业本身有义务编制反映整个集团情况的强化版财务报告,《可持续性报告指令》将这项义务扩展到了非财务性信息。规定的适用范围是大型集团中涉及公共利益的母企业,且年平均雇员数超过 500 人。德国《商法典》第 315b 条第 1 款转化欧盟会计指令的定义框定的范围除了母企业必须是年平均雇员数超过 500 人且以资本市场为导向的资合公司外,集团中的母子企业合计还须满足一定的资产额或营业收入额的要求。适用于集团运营情况说明书中的 ESG 相关的说明义务、义务的免除等规则和单一企业的一致。

2.《可持续性报告指令》转化后适用范围的扩展

随着越来越多的中小企业在欧盟内部上市,作为投资者的公众也日益渴望了解上市中小企业的 ESG 信息。另外,由于资本市场法率先提高了资本市场中规模较大的参与者的 ESG 信息披露义务②,如果一般会计法也设置了上市中小企业的一般披露义务,就可以降低投资者获取信息的成本,提高其投资中小企业的意愿。因此指令规定凡在欧盟内上市的企业,无论其规模为大、中还是小,只要不是微型企业,都必须在运营情况说明书中列入可持续性相关信息。此外,旧的《非财务性报告指令》只能覆盖采用特定法律形式的信用机构和保险企业,不能涵括合作社或相互保险企业等法律形式。由于金融、保险企业从事的授信、投资和保险活动对可持续性投资活动影响甚巨,《可持续性报告指令》规定除了规模为微型企业外,不论上市的信用机构或保险企业的法律形式为何,都纳入适用范围。

考虑到欧洲新冠大流行刚刚过去,当下中小企业对企业行政成本的增加十分敏感,欧盟立法者给不同规模的企业提供了不同的过渡期。表 4-4 列出了成员国转化指令义务的

---

① 依《商法典》第 264d 条,以资本市场为导向的资合公司是指该公司通过发行有价证券利用有组织市场或已为在此等有组织市场中交易而申请了发行有价证券的许可。

② 资本市场上的有价证券公司(Wertpapierfirma),也就是为了在受规制市场上交易而发行有价证券的大型机构,依照(EU) Nr. 575/2013 条例自 2022 年 6 月 28 日起就要披露涉及 ESG 风险的信息。

开始时间(不涉及第三国企业的强制性域外适用)。

表 4-4   各成员国转化指令义务生效的时间

企业/企业集团规模类型①　　　　　其他分类特征		大型	中型	小型
具备公共利益的企业	在欧盟内部受规制市场上市的依照成员国法律设立的特定法律形式的企业	2024 年 1 月 1 日②(营业年度平均雇员数>500 人),仅雇员数条件不满足的生效日期延后到 2025 年 1 月 1 日	2026 年 1 月 1 日	2026 年 1 月 1 日
	信用机构(依成员国的决定可能不包含某些政策性信用机构)	2024 年 1 月 1 日(营业年度平均雇员数>500 人),仅雇员数条件不满足的生效日期延后到 2025 年 1 月 1 日	2026 年 1 月 1 日采用其他法律形式的上市信用机构(含上市的"小而不复杂的信用机构"③)	2026 年 1 月 1 日采用其他法律形式的上市信用机构(含上市的"小而不复杂的信用机构")
	保险企业	2024 年 1 月 1 日(营业年度平均雇员数>500 人),仅雇员数条件不满足的生效日期延后到 2025 年 1 月 1 日;例外:对上市的自保险企业生效期间是 2026 年 1 月 1 日	2026 年 1 月 1 日采用其他法律形式的上市保险企业(含上市的自保险企业)	2026 年 1 月 1 日采用其他法律形式的上市保险企业(含上市的自保险企业)
	成员国自主确定的其他涉及公共利益的企业	2024 年 1 月 1 日(营业年度平均雇员数>500 人)	不适用	不适用
不具备公共利益的企业		2025 年 1 月 1 日	不适用	不适用

3. 未来对域外企业的适用将显著扩大

《可持续性报告指令》显著扩大了对不依成员国法设立的第三国子企业或分支机构的适用范围。

第一种适用可能是任意性选用。这种情形存在于域外企业作为母企业,在欧盟境内设有受欧盟成员国法管辖的上市企业(微型企业除外),且其法律形式符合第 1 条第 1 或第 3 款的规定。域外母企业若想利用第 19a 条第 9 款或 29a 条第 8 款的豁免规则,使得前述欧盟境内的子企业不必公布可持续性报告,就必须按照第 29b 条规定的内容标准或者被欧盟

---

①　这里也包括符合各种规模类型的企业集团的母企业。

②　表中所有日期均指该日期或该日期后开始的营业年度。

③　依据(EU) Nr. 575/2013 条例第 4 条第 1 款第 145 项定义,这里的"小"和《会计指令》上定义企业规模的"小型"具有不同的内涵。

认定为与该标准等价的其他外国标准公布可持续性报告。为了保证报告中信息的可信性和质量，合并版报告必须附上母企业所在国法律授权的人或组织做出的认证评估，并将评估按照第 30 条及被豁免企业所在的欧盟成员国的法律加以公布。此时，按照（EU）2020/852 条例[①]第 8 条被豁免的子企业披露其欧盟境内业务的生态可持续性的义务仍然存在，如果子企业的情况说明书不披露，其域外的母企业仍需在合并版可持续性报告中加以披露。为了给域外企业适应期，指令专门设置了一个截至 2030 年 1 月 6 日的过渡期。在此期间，成员国可以允许母企业为域外企业的集团内的一家欧盟境内的子企业制作并公布本该由母企业公布的可持续性报告，并且欧盟内的其他子企业可以因此得到豁免。公布报告的子企业必须在过去的 5 个营业年度中至少 1 年获得了集团子企业中在欧盟境内最高的净营业收入。

第二种则是强制性适用。此时，无论域外企业在欧盟内部的子企业或分支机构是否采用了《会计指令》附录 1 和 2 中规定的特定法律形式，只要它们采取了与欧盟成员国的资合公司可比较的法律形式就应适用（第 1 条第 5 款）。这种情形又分为两种情况。

首先，在欧盟成员国主权领域内设业的、在欧盟内上市的子企业（微型企业除外），其最顶层母企业为依第三国法设立的域外企业。这是因为欧盟资本市场的参与者需要可持续性信息来分析其投资的风险和后果；同时也是为了和资本市场法上其他的参与者披露规则［如（EU）2019/2088 条例[②]］做好衔接。

其次，如果第三国企业仅仅在欧盟领域内设立分支机构营业，且该分支机构在上一个营业年度内获得了 4 000 万欧元以上净营业收入。

强制性适用的披露义务主体依第 40c 条是分支机构或者子企业的管理、领导或监督机关的成员集体。从指令的文义来看，这一义务的类型是一种尽力而为的义务（Bemühenspflicht），即义务人只需最佳地利用其所知信息和资源努力保证报告依规呈现。考虑到避免域外的母企业或派出企业与欧盟内经营活动联系过少却被迫适用欧盟法的指摘，该指令规定前述第三国企业按照合并版会计标准必须在欧盟境内连续两个营业年度都获得 1.5 亿欧元以上的净营业收入。尽管如此，根据普华永道 2022 年早些时候的一份报告，被课加义务的企业预计会有 5 万家。[③] 这部分规定的施行时间是 2028 年 1 月 1 日。

四、信息披露义务的类型与内容

《非财务性报告指令》及德国《商法典》设置的核心披露义务是企业必须在运营情况说明书中报告某些非财务性信息。主要分为环境类、社会与雇员权益类（包括对人权的保障）以及组织治理类（包括企业反腐败、反贿赂）三大类信息。这些信息的报告范围是对理解该企业交易流程、交易结果、公司现状和业务对环境、社会及公司治理各类对象的效果所必需

---

① 《欧洲议会及部长理事会关于建立一个简化可持续性投资之框架暨修改（EU）2019/2088 条例之条例》。
② 《欧洲议会及部长理事会关于金融服务行业与可持续性相关之披露义务的条例》。
③ 普华永道中天会计师事务所：《不容有"失"——许多企业都将受到欧洲环境、社会、治理（ESG）法规的影响》。

的信息。

为了保证企业更灵活地选择报告的重点,欧盟与德国立法者都没有强制规定三大类信息必须包括的细节,而是以举例的方法建议企业可以囊括哪些说明对象(见表 4—5)。①

表 4—5　　　　　　　　　　　德国《商法典》非财务性报告涉及的信息类别

大类	小类	说明对象示例
环境类		温室气体排放、水消耗、空气污染、可再生或不可再生能源的使用、生物多样性保护
社会类	雇员权利	为实现性别平等所采取的措施、劳动条件、国际劳工组织各项基本公约的落实、就雇员权利及时与劳方通知与谘商、社会对话、注意工会权利、雇员健康保护、劳动场所安全
	社会团结	在当地或地区层面与企业所在地的社会代表对话、为保障本地共同体安全与发展采取的措施
	人权保障	为避免损害人权而采取的措施
企业治理类		既有的企业反腐败、反贿赂治理工具

尽管如此,《商法典》第 289c 条还是对非财务性报告必须呈现的要素有所规定。它必须包括如下组成部分:对企业交易模式的简短描述;企业针对三大类说明对象所采取的行动纲要[包括正在使用的合理勤勉程序(Due-Diligence-Prozess)];前述行动纲要产生的结果;与企业自身业务行为密切关联的实质性风险以及这种风险对说明对象十分可能产生的严重消极影响;应对上述风险的措施;对业务行为有意义的最重要的非财务绩效指标。

相比德国现行法上较为笼统的报告义务,《可持续性报告指令》将在未来给企业设置内容更为详细、信息质量要求更高、信息核查更为刚性的披露义务。虽然这部分义务尚未转化为德国的国内法,但由于其内容变化极大,对欧盟内外企业尤其是我国企业的投资、合规实践将产生深远影响,因此下文将详加说明。

1. 内容要求更加细化

可持续性报告针对的 ESG 相关对象被定义为"可持续性的各方面"(Nachhaltigkeitsaspekte),其类型划分和《非财务性报告指令》相同,也分为三大类:环境类、社会及人权类、企业治理类。不同之处只是形式上凸出了可持续性事项的地位,明示列举了要包括(EU)2019/2088 条例第 2 条第 24 项定义的可持续性诸要素。然而后一部条例定义的各项要素完全和《非财务性报告指令》的 ESG 事项类型相同,实际上有循环定义之嫌。三大类下必须包含的小项有所增加、细化,未来将通过欧盟委员会委任立法(Delegierter Rechtsakte)的方式动态调整。这些事项不再能够由企业按照奉行或解释(Comply or Explain)的原则加以任择。具体见表 4—6。

---

① 《非财务性报告指令》第 7 点权衡理由、《商法典》第 289c 条第 2 款。

表 4—6　　　　　　　　　《可持续性报告指令》项下 ESG 事项的信息类别

ESG 事项大类	ESG 事项小类
环境要素	(1)气候变化,也涉及第一、二级范围内,某些情况下可涉及第三级范围内的温室气体排放; (2)适应气候变化; (3)水资源与海洋资源; (4)资源使用与循环经济; (5)生物多样性与生态系统
社会与人权类	(1)对所有人的平等对待与各方面的机会平等,包括性别平等、同工同酬、培训与能力发展、残障人士雇佣与包容、工作场所反暴力与反骚扰措施、人员多样化等方面; (2)劳动条件:安稳的雇佣关系、劳动时间、合理报酬、社会对话、结社自由、设置营业参议会(Betriebsrat)、集体劳动合同谈判、雇员的信息权、被聆听权和共决权、职业与私生活的协调、劳动安全、健康权; (3)企业注意人权、基本自由、民主原则与标准的情况①
企业治理类	(1)描述企业管理机关、领导机关及监督机关在可持续性事项方面的角色,各机关实现其角色具备的专业知识及能力或者从他处获取此等专业知识及能力的途径(是机关成员本身不具备履职素养时的替代办法); (2)可持续性报告及决议做出过程中的内控和风险管理系统的主要特点; (3)企业伦理与企业文化,包括反贪污贿赂、对提供线索者的保护和动物福利方面; (4)企业意图施加政治影响的活动,包括游说活动; (5)与受企业活动影响的顾客、供应商、社群的关系质量如何,包括给供应商付款的实践,尤其涉及对中小企业的迟延付款

　　报告必须包括对企业交易模式和战略的简短描述、合乎时代要求的可持续发展目标、企业高层在实现可持续发展事项方面的角色等 8 项内容(见表 4—7)。

表 4—7　　　　　　　　　　　　可持续性报告的有关内容

报告涉及的八大方面	报告内容的基本要求	与第四节分析的供应链上的注意义务之关联	中小型企业或特殊行业类型企业的义务豁免
一、企业交易模式和战略简述	(1)交易模式和企业战略对与可持续性事项相关风险的抵抗力; (2)企业在可持续性各事项方面的机遇; (3)为实现向可持续经济转型,并遵照《巴黎气候协定》及《欧洲气候法》将全球变暖控制在 1.5℃ 而采取的包括实行措施及投融资计划在内的各种方法;如果存在的话,阐述企业与煤炭、石油或天然气相关的活动; (4)如何在其交易模式和战略中顾及利益相关者的诉求及其日常活动对可持续性各事项的效果; (5)企业战略如何在考虑到可持续性各事项的情况下予以执行		

① 此处作为法源的国际人权法或区际人权法与后文探讨的德国供应链法上明文列举的国际法文件多有重叠,比如《公民权利和政治权利国际公约》《经济、社会及文化权利国际公约》以及国际劳工组织的若干基础公约。但本指令还将若干联合国基础人权公约(如《残疾人权利公约》《联合国土著人民权利宣言》)以及欧洲的区域人权公约(如《欧洲保障人权和基本自由公约》《欧洲联盟基本权利宪章》)纳入了考量。

续表

报告涉及的八大方面	报告内容的基本要求	与第四节分析的供应链上的注意义务之关联	中小型企业或特殊行业类型企业的义务豁免
二、合乎时代要求的可持续发展目标	如适用的话,包含企业截至 2030 年和 2050 年的限制温室气体排放的绝对目标,企业为达标而实现的进展,对与环境相关的目标是否是基于有说服力的科学证据的声明		豁免
三、企业高层机关的角色和履职素养	描述企业管理机关、领导机关及监督机关在可持续性事项方面的角色,各机关实现其角色具备的专业知识及能力或者从他处获取此等专业知识及能力的途径		豁免
四、企业的可持续性政策	描述可持续性方面的企业政策		
五、对高层机关成员的激励机制	现有的为管理机关、领导机关及监督机关成员提供的与可持续性事项关联的激励机制		豁免
六、对企业治理的描述	(1)在可持续性事项方面施行的合理勤勉程序; (2)在其自身业务范围内或与其价值创造链(包含企业直接的业务关系、更长一些的供应链以及企业自身创造的产品或服务)相关的活动所造成的最重要的事实或潜在的消极后果①;查明及监控这些后果的措施; (3)所有预防、减小、停止和消除消极后果的措施及其成效	该部分与欧盟正在拟定的及德国现已生效的供应链注意义务法有密切衔接。描述中的第 2、3 点涉及微观风险控制措施中的风险调查分析以及纠正措施	第 1 项豁免;第 2、3 项简化
七、最重要的风险	描述企业面临的与可持续性事项相关的最重要风险,包括描述在存在风险的领域企业最重要的依赖性是什么,以及应对风险的措施	该部分与欧盟正在拟定的及德国现已生效的供应链注意义务法的微观风险控制措施有密切衔接	
八、指标数据	与所有上述七大方面的披露有关的指标		只需提供与上述四大方面的披露关键的指标

值得注意的是,第 19a 条第 3 款规定这 8 项内容有可能会沿着企业的价值创造链延伸。究竟在哪些事项上需要延伸以及延伸到何种程度都将由欧盟委员会制定的技术标准来动态确定。在各成员国转化该指令的国内法生效后的前 3 年,当关于价值创造链的必要信息无法获得时,企业可以不披露欠缺的信息。但同时要说明其采取了哪些努力尽量获取前述必要信息,并证明为何无法取得所有必要信息,以及在未来获取所欠缺信息的计划。

---

① 参考联合国《工商企业与人权:实施联合国"保护、尊重和补救"框架指导原则》规定的考量要素,确定哪些属于最重要的消极后果时应考虑后果的规模、涉及的人的范围、损害的不可挽回性。

除了在过渡期内的义务豁免,立法者还为中小型企业或特殊行业类型的企业①设置了一般的义务豁免。豁免后的报告遵循的信息内容与质量标准也由欧盟委员会制定的技术标准动态确定,豁免项目见表 4—7。针对在 2028 年 1 月 1 日前开始的营业年度,中小企业可以决议在运营情况说明书中不公布可持续性信息,此时只需在说明书中简单给出为何不提交可持续性报告的理由。

企业集团的母企业公布合并版可持续性报告的内容要求与单个企业的一样。但考虑到集团面临的风险与业务活动对可持续发展事项造成的后果与单个的子企业可能有很大不同。所以欧盟立法者要求在两者存在显著差异时,母企业的合并版报告必须充分呈现出这些子企业面临的独特风险或后果。

2.信息质量管理更加强化

为了提升报告包含的信息的质量,提高其可信性,欧盟立法者多措并举,在信息的传播方式、产生方式、内容控制和第三方监督 4 个方面设计了一系列机制。

《可持续性报告指令》专门给《会计指令》第 19a 条第 1 款加入了一项,要求报告必须作为运营情况说明书中专门的一节,以清楚而利于识别的方式加以呈现。为适应电子政务和电子商务对数据格式统一性的要求,可持续性报告[包括适用(EU)2019/2088 条例项下披露义务的信息]都必须采用欧盟规定的统一电子信息格式。② 成员国也被授权可以在该国法律规定的会计信息公布方式之外,额外要求指令适用范围内的企业在自己的企业网站免费公布情况说明书。针对没有自己网站的企业,成员国可以要求企业经索要须提供情况说明书的纸质副本。

在第 2 款中立法者要求企业须就报告提供信息的查明程序专门做出说明。更加反映欧盟法中企业治理所强调的劳资平衡、利益相关者对话原则的是该条的第 5 款,要求企业领导与一定级别的雇员代表沟通,向他们解释可持续性报告所涉信息的取得和审核的方式。雇员代表若对此有意见,则须向有关管理、领导或监督机关通报。

为了提高报告提供信息的质量并统一标准,指令授权欧盟委员会立法确定具体的报告标准,而不再允许企业自行其是。标准将涉及报告必须包含哪些信息以及以怎样的结构呈现这些信息。计划分两个阶段公布:第一阶段标准(不晚于 2023 年 6 月 30 日)将涉及可持续性报告必须包含的信息,且至少要包含资本市场参与者履行(EU)2019/2088 条例规定的披露义务所需的信息;第二阶段标准(不晚于 2024 年 6 月 30 日)将涉及第 19a 条第 2 款列举的 8 项内容的补充性信息以及与企业所在行业相关的特殊信息要求。在制定不同行业的信息披露标准时,欧委会必须考虑到不同行业各自突出的风险形态、风险范围;尽最大可能

① 指金融企业中符合欧盟条例定义的小型且不复杂的信用机构以及保险企业中符合欧盟指令定义的商社自有的保险或再保险企业(即所谓自保险企业)。

② 规制统一电子信息格式的欧盟委员会委任立法是 Delegierte Verordnung (EU) 2019/815 der Kommission vom 17. Dezember 2018 zur Ergänzung der Richtlinie 2004/109/EG des Europäischen Parlaments und des Rates im Hinblick auf technische Regulierungsstandards für die Spezifikation eines einheitlichen elektronischen Berichtsformats。

保证与资本市场法和《欧洲气候法》相协调。标准要每3年由欧盟委员会重新评估一次,根据欧洲财务报告顾问集团(European Financial Reporting Advisory Group)的意见,参考相关的情势变化予以修订。

所有信息必须符合五项定性要求:真实性、可理解性、相关性、可比较性和可核查性,但同时不得对企业带来不成比例的行政成本。这里立法者尤其命令欧盟委员会注意企业披露其价值创造链上的其他企业的信息所具有的实际难度,尤其是本身不是欧盟指令适用范围内的外国企业和新兴市场上的企业。因此在制定披露标准时一定要适应企业的能力和特点、业务活动的范围和复杂度,确保适度。不得命令企业去征得其价值创造链上的其他中小企业的相关信息,只要这些信息超过了依据第29b条中小企业有义务披露的范围。

由于信息质量标准直接影响到企业行政成本,而过高的成本必定削弱欧盟对企业主的吸引力,降低其国际竞争力。因此欧盟立法者要求欧盟委员会在制定技术性标准时还要尽最大可能地参考域外的现存标准和行动倡议,保证自身的规制幅度不会相较其他法域太过激进。

中小企业和小型不复杂的信用机构与自保险企业需要遵守的可持续性报告标准也将由欧盟委员会通过委任立法的方式确定(第29c条),公布日期不晚于2024年6月30日。其对信息质量的要求、修订程序与大企业适用的一般要求相同。

除了从信息的产生、内容结构与传播这三要素对报告信息加以质量把控之外,该指令还加入了《非财务性报告指令》没有的实质性的第三方审查。为此,欧盟《会计指令》第8章的章名也由单纯的"审计"改为"审计与可持续性报告的认证"。认证内容全面覆盖了信息三要素,包括报告是否符合第29b或29c条的内容标准;信息产生的程序;呈现的电子格式是否符合第29d条的规定;是否包含(EU)2020/852条例第8条要求的对生态可持续性业务的说明。

3.域外企业的强制性信息披露义务

按照第40a条规定的强制性域外适用,子企业或分支机构须报告《会计指令》第29a条规定的大部分企业集团合并版可持续性报告涉及的信息,囊括最顶层的第三国母企业的企业集团层面上的可持续性信息。无须公布集团交易模式和战略简述中的交易模式和集团战略对可持续性各事项方面的风险的抵抗力、集团在可持续性各事项方面的机遇以及集团在可持续性事项方面面临的最重要的风险。

报告遵循的标准应按照欧盟委员会依第29d条以《可持续性报告指令》实施条例的形式确定的标准(该标准将不晚于2024年6月30日公布)。域外企业也可以选择使用前一小节所述的针对欧盟企业的信息内容标准或被视为与此标准等价的外国标准。

欧盟领域内的子企业或分支机构有义务向第三国的母企业或派出企业索要其履行披露义务所需的信息。为了提高涉第三国报告的可信性和质量,指令强制报告必须附有认证评估(Bestätigungsurteil)。评估做出人或做出机构必须按照第三国企业的母国法律或某一欧盟成员国的法律有资质做出此种评估。但考虑到其履行义务的期待可能性客观上受制于域外企业,所以第 40a 条也遵循"奉行或解释"的原则,设有若干例外。即子企业或分支机构如果尽了努力仍无法从域外企业处获取所有必要信息,有披露义务的企业只需在报告中公布其自身掌握的所有信息,并声明信息未达标准的原因是第三国企业未能提供。如果第三国企业不能提供认证评估,有披露义务的企业也只需在报告中声明原因是第三国企业未能提供即可。

报告和所附的认证评估(可能还包含前述声明)必须按照其所在成员国的国内法按照商事登记的一般规则(依国别不同可能叫作中央登记簿、商事登记簿或公司登记簿等)加以公布,时间不得晚于上一营业年度结束后的 12 个月。如果各国的商事登记系统不能免费提供这些信息,成员国就必须保证子企业或分支机构在其网站上用至少一种欧盟官方语言在同样的时限内向公众免费公开。

五、立法技术特点

通过观察从非财务性信息报告到可持续性报告的规范模式和披露义务内容,不难发现欧盟和德国立法者在平衡披露义务人和信息使用者的利益冲突方面展现了较为成熟的立法技术。

第一,无论欧盟抑或德国立法者,在给企业施加义务的同时都力图保留其履行义务方式的灵活性并避免企业做无谓的重复工作。比如,按照德国现行法,企业既可以采取在运营情况说明书中做出 ESG 相关说明的标准操作,也可以在运营情况说明书之外做出特别的非财务性报告。如果企业是企业集团的成员,而集团母公司已经按照某一欧洲经济区成员国①的国内法在集团合并运营情况说明书或其他非财务性报告中披露了相关信息,作为子企业的公司就不必重复披露(但是要在运营情况说明书中说明是哪家母企业在何处用德文或英文公布了相关信息)。此外,说明内容中的 ESG 行动纲要也不是非有不可,而是可以按照"奉行或解释"的原则,对为什么不采纳行动纲要做出清楚和有根据的说明即可。尽管未来关于 ESG 事项的披露只能在运营情况说明书中报告,原则上也必须描述企业在 ESG 事项方面采取的措施,但企业集团豁免规则《在可持续性报告指令》中依然被延续下来。

第二,为了不在便利企业的同时过度损害公众利用信息的可及性,立法者增加了若干信息提示义务和便利化义务,表现为一种例外的例外。这一点在《可持续性报告指令》中有充分体现。比如,作为企业集团豁免的例外规则,如果子企业本身就是大型上市企业,由于投资者保护的利益更大,这一避免企业重复劳动的豁免就不能适用。② 其次,子企业的运营情况说明书中必须列出在集团层面提供了可持续性信息的母企业的名称及住所,而且要附上母企业合并版情况说明书及相应认证评估的网址链接。再次,母企业的合并版可持续性

---

① 目前包括欧盟 27 国加上欧洲自由贸易区 3 国:冰岛、列支敦士登和挪威。

② 《可持续性报告指令》第 25 点权衡理由。

报告中也要列明有哪些子企业豁免了报告义务。最后,管辖被豁免企业的成员国可以立法要求母企业的合并版情况说明书或者合并版可持续性报告用一种该国接受的语言公布。

第三,注重欧盟及德国公法中的比例原则。在说明对 ESG 相关对象的风险时,除了与自身业务活动紧密联系的之外也可能延伸到与其交易关系(即横向的供应链和纵向的企业集团链①)、产品与服务密切相关的风险。然而报告这些信息的利益与企业付出的成本要成比例。有些信息还可能构成企业的商业秘密,完全披露对企业的损害过大。因此德国现行法规定:如果对企业有代理权的机关的成员依照理性商人的判断认为披露某些将进行商业谈判的企业未来发展情况或利益关系对企业造成显著损害,同时不披露也不妨碍信息使用者对企业交易流程和结果的符合事实的恰当理解,可以例外地在非财务性说明中不提供相关信息(《商法典》第 289a 条)。《可持续性报告指令》完全延续了这一规则,对可能损害商业秘密且不披露也不妨碍对交易流程和结果的符合事实的恰当理解的信息,成员国照旧可以允许企业不加披露。

第四,惩罚与激励相结合。比如《可持续性报告指令》就规定成员国可以每年向欧盟委员会报告第三国企业的子企业或分支机构履行披露义务的情况,欧盟委员会在其网站公开履行报告义务的第三国企业的名单。这形成一种正向的激励机制,类似于一种荣誉榜。一方面避免了使用"点名并羞辱"(Naming and Shaming)的惩罚方式带来的对企业的直接负面影响;另一方面通过提高企业声誉,从长远的角度看也可能为企业带去物质性的利益。

第五,立法与相关产业政策相兼容。比如《可持续性报告指令》在《会计指令》中新增的第 34 条第 4 款就包含了可持续性报告认证机构行政许可的欧盟标准和与既有的合格评定机构②(Konformitätsbewertungsstelle)的过渡衔接规则。允许合格评定机构进入可持续性报告评估市场,避免了审计师或审计事务所对业务的垄断,有利于保证评估结果的公允、降低企业负担的审计佣金。

六、参与资本市场的企业的特殊披露义务

参与资本市场的企业往往是成员人数众多、支配财产雄厚、对商品和服务市场构成较大影响的企业,因此资本市场法中的各种信息披露制度对于投资者、监管机构和其他利益相关者就尤为重要。另外,要实现欧盟经济战略的绿色转型,势必要引导更多的投资流向有利于可持续发展的经济领域和市场主体,实现这一目标的一大前提就是上市企业要披露一定范围内相关的、可比较的和可信的可持续发展信息。③

---

① 参见《非财务性报告指令》第 6、8 点权衡理由。

② "合格评定机构"指依照 Verordnung (EG) Nr. 765/2008 des Europäischen Parlaments und des Rats vom 9. Juli 2008 über die Vorschriften für die Akkreditierung und zur Aufhebung der Verordnung (EWG) Nr. 339/93。由每个成员国唯一的国家审定机构(Nationale Akkreditierungsstelle)确定进行合格审定的机构。德国的国家审定机构是 Deutsche Akkreditierungsstelle GmbH (DAkkS)。

③ 《可持续性报告指令》第 2 点权衡理由。

在欧盟内部受规制市场上市的所有发行人必须披露某些信息,规范这一行为的核心法律是《欧洲议会及部长理事会关于其有价证券被允许在受规制市场交易之发行人的信息透明化要求和谐化暨修正 2001/34/EG 指令之指令》[①](以下简称《透明度指令》)。该指令适用范围内的企业除了微型上市企业外,其他大中小型上市企业绝大部分本身就在《可持续性报告指令》的适用范围内(少数例外可能是不采用公司、合伙企业等常见法律形式的发行人,例如作为发行人的国家)。《透明度指令》对 ESG 事项设置了一些衔接性规定,比如:发行负责人对年度财务报告合乎会计标准的声明也要包括可持续性报告;审计人须对可持续性报告发表认证评估,且如果存在对该报告的审计附注(Prüfungsvermerk),要和年度财务报告一并完整公布。其中与外国发行人密切相关的是欧盟委员会在确定第三国的可持续性报告标准的等价性时须遵循的两项基本准则:第一,标准必须使企业负有公布关于 ESG相关要素信息的义务;第二,公布信息的范围至少要包含理解其业务活动对可持续相关事项的后果以及可持续性事项对企业业务流程、结果和财务状况所必需的信息(第 23 条第 4款第 5 项)。

除衔接性规定外,德国法和欧盟法还为上市企业制定了一些额外的实质性披露义务。

德国《商法典》第 289f 条规定上市股份公司或者在有组织的市场中只交易非股份类有价证券,但出于自身原因却将自己发行的股份在多边交易系统中交易的股份公司必须在企业治理情况说明(Erklärung zur Unternehmensführung)中描述确保企业领导层组成多样性的行动纲要。如果选择在公司网页公布该说明,运营情况说明书就必须提及相关网页的信息。如果符合条件的公司同时是一个企业集团的母企业,则必须在集团的运营情况说明中加入前述行动纲要。这一纲要应涉及如何在公司代表机关和监事会成员的构成方面实现年龄、性别、教育或职业背景方面的多样性;多样性的目标;落实纲要的方式方法;在上一营业年度内达到的结果。如果没有多样性行动纲要的说明,也要按照"奉行或解释"原则做出论证。

《可持续报告指令》在纲要中增加了一项关于企业高层机关中残障人士多样性的内容,并且为了避免重复披露的行政成本,规定负有可持续性报告义务的上市企业可以通过在企业治理情况说明中援引可持续性报告中的相关内容来履行义务。该指令还给上市企业(微型上市企业除外)引入了一项情况说明书中须披露的新项目——企业最重要的非物质资源(Wichtigste Immateriellen Ressourcen)。其定义是企业业务模式根本上依赖于它的、能构成为一种价值创造源泉的、没有物理实存的资源(但本身不是资产负债表中的无形资产,如商誉等),例如,雇员的经验、雇员对企业的忠诚度和工作的积极性、企业与供应商和客户的关系等。这些信息很多都与 ESG 相关,将有助于投资者理解为何越来越多的企业其账面资

---

① Richtlinie 2004/109/EG des Europäischen Parlaments und des Rates vom 15. Dezember 2004 zur Harmonisierung der Transparenzanforderungen in Bezug auf Informationen über Emittenten, deren Wertpapiere zum Handel auf einem geregelten Markt zugelassen sind, und zur Änderung der Richtlinie 2001/34/EG.

产价值与资本市场价值差距越来越大,帮助他们做出更好的投资选择。

七、域外企业合理选择投资国的必要性

鉴于欧盟指令主要有赖于成员国的转化才能发挥实效的特点,不同国家的具体化规则也是各有特点,这对域外企业选择投资目的国提出了更高的要求。比如德国《商法典》在转化指令过程中对指令的不同规则就有着宽严不同的再设计。有些减轻了企业义务,如《非财务性报告指令》本来要求企业交易活动对 ESG 可能发生的消极影响都应该说明,但《商法典》第 289c 条第 3 款第 3 项却限缩为"十分"可能的"严重"消极影响才应该说明。有些则加重了企业的义务,如指令本来授权成员国无论运营情况说明书外的特别非财务性报告是否包括指令规定的内容,只要其在财务报告基准日之后 6 个月内在网站上公布即可。但《商法典》第 289b 条第 3 款却要求特别报告必须包括指令规定的内容,公布日期不能晚于财报基准日之后 4 个月,而且必须在网站公布至少 10 年。

即便未来《可持续性报告指令》生效后欧盟各国信息披露立法的统一性将会大大提高,但鉴于指令转化的过程不可避免地还会保有各国的特点,外国投资者在选择设立企业或投资的对象国时依然不应忽视欧盟法下不同法域规则的细微差异,从而做出更精明的商业选择。

第三节　企业在供应链上延伸的注意义务

正如第一节中所述,随着企业实现特定社会政策、环保政策的直接行动义务逐渐增加,在德国及稍后在欧盟层面诞生了供应链上注意义务这一新的义务类型。其特点是企业不仅有控制自身行为的义务,还有义务通过私法性质的工具(主要是合同、行业标准、行业倡议等形式)一定程度上控制供应链上的交易伙伴的行为。

一、立法沿革

2021 年 7 月 16 日德国联邦议会通过了《关于供应链中的企业注意义务的法律》(Gesetz über die unternehmerischen Sorgfaltspflichten in Lieferkette),该法第 1 条创设了一部对构建德国企业未来的社会与环境治理制度至关重要的单行法——《关于避免在供应链中侵害人权的企业注意义务的法律》(Gesetz über die unternehmerischen Sorgfaltspflichten zur Vermeidung von Menschenrechtsverletzungen in Lieferketten,以下简称《供应链注意义务法》[①])。根据前述 7 月 16 日法律的第 5 条,《供应链注意义务法》已于 2023 年 1 月 1 日全面生效。

---

① 该简称亦是德国联邦法律公报上的官方简称:Lieferkettensorgfaltspflichtengesetz。

　　但欧盟内部并非只有德国已经引入或计划引入供应链注意义务,如 2017 年法国关于供应链上警惕义务的立法和 2019 年荷兰反对童工的立法也都涉及这一全新的义务形态。[①] 任由成员国单独立法容易导致规则碎片化、不协调以及由此引发的欧盟内部市场竞争条件的不均等。有鉴于此,欧盟委员会于 2022 年 2 月 24 日便推出了一份《欧洲议会及部长理事会关于可持续性方面企业注意义务暨修改(EU)2019/1937 指令之指令(草案)》[②],目前正在欧洲部长理事会和议会一读的阶段。最新的指令草案是 2023 年 6 月公开的欧洲部长理事会、欧盟委员会和欧洲议会三方讨论后提出的折衷成员国利益后的修改版草案。[③] 根据草案第 30 条,一旦指令生效,各国的转化期间将为 2 年。考虑到欧盟立法流程的通常时间,笔者预计生效时间将不早于 2026 年年初。

　　由于该草案内容尚不确定,修改版草案相比欧盟委员会的原始草案已经变化甚大,可见各国对此态度分歧。从实务价值出发,笔者将以德国现行有效的《供应链注意义务法》为核心分析,当指令修改版草案[④]与德国法存在重要差异或有所增益时才会特别加以说明。

二、立法目的

　　《供应链注意义务法》的立法目的在于沿着产业链的移动优化世界范围的人权状况,从而按照联合国 2030 年可持续发展议程去塑造全球化的新样式。[⑤] 这涉及国内法与国际法层面两项重要的立法必要性的证成问题。其一,原则上维护与促进各项人权是国家的职权,私法主体只有补充性的义务。但是该草案的起草单位德国联邦劳动与社会部却认为企业对人权的注意义务独立于国家保障人权的能力和准备程度。德国立法者在此似乎假定了外国的法律体系不能很好地履行保护人权的职责。[⑥] 这构成了某种对国际法上平等的其他国家主体的谴责。其二,即便德国的国内法仅拘束与德国有密切连接点的人,其在外国也可能有溢出效力。更加引发争议的是,该法的适用对象还包括仅在德国设有分支营业所的外国大型企业。虽然外国企业在德国经营当然有遵守德国法的合规义务,但《供应链注意义务法》引入了一个沿着供应链扩展的新的合规模式,导致这些外国企业自身在外国的某些行为或外国生意伙伴的某些行为也将受到德国法的干预。这对于国际法上的主权平等原则是某种突破。该法的起草者应当也注意到了这一点,因此在草案中反复强调法律要求企业遵循的是“国际承认的人权”标准。然而笔者对此不无疑虑,稍后将在第四小节展开详细分析。

---

　　① 　BT-Drs. 19/28649,24.

　　② 　Vorschlag für eine Richtlinie des Europäischen Parlaments und des Rates über die Sorgfaltspflichten von Unternehmen im Hinblick auf Nachhaltigkeit und zur Änderung der Richtlinie (EU) 2019/1937.

　　③ 　ST 10267 2023 INIT,https://eur-lex. europa. eu/legal-content/DE/TXT/? uri=consil%3AST_10267_2023_ INIT,2023－06－15.

　　④ 　下文使用“指令草案”一词时如无特别说明,都指欧洲部长理事会的修改版草案。

　　⑤ 　BT-Drs. 19/28649,1.

　　⑥ 　Ebd.

欧盟委员会的立法动因与德国立法者同中有异。相似的是,新一届欧盟委员会在欧洲内部市场建设上的方向也是向生态更可持续、社会性更强的经济体转型;①在价值观上也要借着绿色转型、正义转型来协调联盟各国乃至大企业的价值取向。因此,其供应链注意义务立法对内承担着校准成员国立法价值基准的功能;对外则试图成为践行国际人权标准的楷模,促进发展中国家经济、社会、生态的可持续发展。② 但不同的是,欧盟立法关注的层面不仅仅是某个成员国的利益,而是要考虑促进统一大市场内部的法制协调和公平竞争。所以更多地涉及不同国家行政管辖权的分配和基本竞争规则的确立。

三、适用范围

《供应链注意义务法》第 1 条确定了其适用范围。其判断涉及企业法律形式、国际法上的连接点和企业雇员规模三类要素。首先,从法律名称就可以看出,适用对象是各种法律形式的企业,而不限于公司、合伙企业等国内法上特定的企业组织所采用的法律形式。德国企业法理论和立法文件都表明,本法中企业的具体担当者可以是自然人、公法或私法上的法人或有权利能力的人合非法人组织。③ 但是"企业"概念也包含着法主体应当在市场上以企业的方式活动,因此,公法上的法人中纯粹从事行政任务的区域团体(比如德国的县市政府)显然不包含在内。其次,任何在国际私法上与德国存在以下四类连接点的企业当然适用本法:(1)主要企业管理机构;(2)主营业所;(3)企业的管理住所;(4)企业章程确定的住所。即便没有这些明显的连接点,只要企业有一家分营业所在德国国内,且满足第三类雇员规模指标,也要适用该法。这一项规则显著扩展了《供应链注意义务法》的域外效力。④ 最后,所适用的企业都是雇员人数意义上的大型企业。2023 年度的人数门槛是 3 000 名,2024 年开始降低为 1 000 名。按照我国的统计标准⑤,每年统计期末大于 1 000 名雇员的(如没有该数据则适用年均雇员数)企业也属大型企业之列。

对于在德国国内有四类明显连接点的企业,1 000 人的人数门槛并不是很难达到。因为在计算雇员数时,派遣到国外的正式雇员、在企业服务超过 6 个月的劳务派遣工以及关联企业的雇员数都会计算在内。

指令草案规定的适用范围在企业的法律形式、连接点和适用门槛上都和德国法不同。

---

① 这里值得一提的是,随着 2021 年 6 月 30 日《欧洲议会及部长理事会为实现气候中立而设定框架暨修改(EG)Nr. 401/2009 及(EU) 2018/1999 条例之条例》(欧洲气候法)的颁布,欧盟为自己设定了有拘束力的减排任务:到 2030 年将排放量至少减少 55%,到 2050 年实现气候中立。

② 指令草案权衡理由第 1～4 点。对外推动域外国家转化某些国际人权标准的目的,参见 Gemeinsame Mitteilung an das Europäische Parlament und den Rat-EU-Aktionsplan für Menschenrechte und Demokratie 2020－2024 (JOIN (2020) 5 final)。

③ BT-Drs. 19/28649,33.

④ 该项规则在联邦劳动与社会部草案中原本是没有的,参见 BT-Drs. 19/28649,7。它是在联邦议会劳动与社会委员会执笔的委员会建议稿中新加入的内容,参见 BT-Drs. 19/30505,6。

⑤ 国家统计局 2017 年《统计上大中小微型企业划分办法》附表。

草案对"企业"的定义比德国法更窄。体现为除了受监管的金融企业以外[①]，企业指的是依欧盟各成员国法律设立的资合公司或者依第三国法律设立但类似资合公司的企业；[②]或者适用于依欧盟各成员国法律设立的人合组织[③]或者依第三国法律设立但类似人合组织的企业，其所有成员都由依欧盟成员国法设立的或第三国法下类似的资合公司组成。自然人以及有自然人参与的人合组织不在适用范围。

对企业和欧盟的关联性也并没有像德国法一样要求存在空间性的连接点，而是以企业设立行为所依据的准据法为连接点。门槛标准也不单单是雇员人数这一要素，而是根据雇员人数加净营业收入双要素综合确定。而且还根据企业是否在重点行业，区分了一般适用对象和特别适用对象，并特意降低了后者的适用门槛。

一般适用对象指设立法为欧盟成员国法的企业，其上一营业年度年平均雇员人数大于500 人、全球净营收大于 1.5 亿欧元。特别适用对象指设立法为欧盟成员国法的企业，其上一营业年度年平均雇员人数大于 250 人但小于等于 500 人、全球净营收大于 4 000 亿欧元但小于等于 1.5 亿欧元；且其全球净营收中有至少 2 000 亿欧元来自某些可持续风险较高的行业。[④]

计算雇员数目时同德国法一样，须将劳务派遣工和部分劳动时间的雇员经过折算都纳入其中，但是并不包含关联企业的雇员数。

由于这些要素都有不同，因此很难横向比较。尚不容易判断指令转化后的适用范围相比德国现行法是否会扩大。而且欧盟委员会初始草案最初没有规定企业需要连续一段时间符合上述条件才会适用，部长理事会的修改版草案则要求须连续两个营业年度都符合上述条件才行，似乎意图缩减适用范围。

可以确定的一点是，草案对域外企业的适用范围明显要大于德国国内法。因为草案第二条第二款规定设立法为第三国的企业也要分两类对象适用该法。一般适用对象的条件是上上个营业年度在欧盟领域内的净营收大于 1.5 亿欧元的企业；特别适用对象是上上个营业年度在欧盟领域内的净营收大于 4 000 万欧元但小于等于 1.5 亿欧元，且至少 2 000 万欧元的净营收来自上述重点行业。它并不以域外企业在欧盟境内设有营业所、管理中心或住所为要件。

在管理域外企业方面草案设计了一个创新的制度——域外企业的欧盟内部全权代理人制度（第 16 条）。据此，在某个成员国营业的域外企业必须按照该国法律任命一个自然人或法人为全权代理人，该代理人的住所必须在该国境内且必须确认接受该任命。代理人须

---

　　①　草案第 2 条第 8 款授权成员国自行决定是否将受监管的金融企业纳入适用范围。如果决定纳入，根据第 3 条的定义此等机构不受前述企业法律形式的限制。

　　②　包含的法律形式则援引了欧盟《会计指令》附录一，对依德国法设立的企业来说就是指以下三种：Aktiengesellschaft、Kommanditgesellschaft auf Aktien 以及 Gesellschaft mit beschränkter Haftung。

　　③　包含的法律形式亦援引了欧盟《会计指令》附录二，对依德国法设立的企业来说就是指以下两种：offene Handelsgesellschaft 以及 Kommanditgesellschaft。

　　④　包括纺织品、皮革及相关产品（含鞋）制造；纺织品、衣服、鞋的批发；农业、林业、渔业（含水产养殖）；食品饮料生产；农业原材料、活畜、木材、食品饮料批发；矿产资源开采；基本金属制造、其他非金属矿产品制造、机器设备外的金属产品制造；矿物原材料批发、矿物基础产品批发、中间产品批发。

向该国监管机关报告自己的名号、住址、电子邮箱地址和电话号码。他的功能是作为监管机关与域外企业的点对点接口,负责主动向其住所地所在国(也可以是在上上个营业年度获得最多欧盟内净营收的国家)的监管机关报告其所代理的域外企业已经符合指令适用标准,并负责受领该机关发布的与履行注意义务有关的通知。域外企业必须给予全权代理人必要的权限与资源。

为了给企业一定的缓冲期,草案第 30 条规定指令转化期分三个阶段。第一阶段(指令生效 3 年后开始)的适用对象是年平均雇员人数大于 1 000 人、全球净营收大于 3 亿欧元的欧盟企业以及年平均雇员人数大于 1 000 人、欧盟内净营收大于 3 亿欧元的第三国企业。第二阶段(指令生效 4 年后开始)适用对象是前述一般适用对象,而特别适用对象将在第三阶段(指令生效 5 年后开始)才发生适用义务。

四、从国际法引出的保护标准

注意义务的规范目的是确保上述适用对象预防或降低其供应链中存在的某些人权或与环境相关的风险,抑或停止已经发生的与人权或与环境相关的违反义务行为。清楚地界定需要达到的人权或环境质量的标准无疑是履行注意义务的前提,唯有这样才可以既保证企业对法的安定性的需求,又切实强化企业对人权和环境的尊重。

《供应链注意义务法》第 2 条第 1 款定义了人应享有的"受保护的权利地位"的来源——10 部德国业已批准的国际法上的协定。笔者按照其与劳动相关的国际人权公约和一般性人权公约分为两类,就其批准国的数目与重要的未批准国如表 4—8 所示。

表 4—8 与劳动相关的国际人权公约的批准情况

与劳动相关的国际人权公约的名称	批准国数量[①]及我国的批准情况	重要的未批准国示例
国际劳工组织《强迫或强制劳动公约》Übereinkommen Nr. 29 der Internationalen Arbeitsorganisation vom 28. Juni 1930 über Zwangs-oder Pflichtarbeit a)Protokoll vom 11. Juni 2014 zum Übereinkommen Nr. 29 der Internationalen Arbeitsorganisation vom 28. Juni 1930 über Zwangs-oder Pflichtarbeit	180 国批准;我国 2022 年 8 月 12 日批准,2023 年 8 月 12 日生效。2014 年的议定书有 59 国批准;我国尚未批准	文莱、美国;议定书则有巴西、中国、希腊、匈牙利、印度、印度尼西亚、伊朗、意大利、日本、墨西哥、尼日利亚、巴基斯坦、韩国、新加坡、南非、美国、越南
国际劳工组织《结社自由和保护组织权利公约》Übereinkommen Nr. 87 der Internationalen Arbeitsorganisation vom 9. Juli 1948 über die Vereinigungsfreiheit und den Schutz des Vereinigungsrechtes geändert durch das Übereinkommen vom 26. Juni 1961	157 国;我国尚未批准	巴西、中国、印度、伊朗、马来西亚、新西兰、新加坡、泰国、美国、越南

---

① 本表中批准国数量的截止时间是 2023 年 3 月 13 日。

续表

与劳动相关的国际人权公约的名称	批准国数量及我国的批准情况	重要的未批准国示例
国际劳工组织《组织权利和集体谈判权利原则的实施公约》Übereinkommen Nr. 98 der Internationalen Arbeitsorganisation vom 1. Juli 1949 über die Anwendung der Grundsätze des Vereinigungsrechtes und des Rechtes zu Kollektivverhandlungen geändert durch das Übereinkommen vom 26. Juni 1961	168 国；我国尚未批准	中国、印度、伊朗、泰国、美国
国际劳工组织《对男女工人同等价值的工作付予同等报酬公约》Übereinkommen Nr. 100 der Internationalen Arbeitsorganisation vom 29. Juni 1951 über die Gleichheit des Entgelts männlicher und weiblicher Arbeitskräfte für gleichwertige Arbeit	174 国；我国 1990 年 11 月 2 日批准	卡塔尔、美国
国际劳工组织《废除强迫劳动公约》Übereinkommen Nr. 105 der Internationalen Arbeitsorganisation vom 25. Juni 1957 über die Abschaffung der Zwangsarbeit	178 国（2 国批准后公告废除：1979 年新加坡、1990 年马来西亚）；我国 2022 年 8 月 12 日批准，2023 年 8 月 12 日生效①	韩国
国际劳工组织《就业和职业歧视公约》Übereinkommen Nr. 111 der Internationalen Arbeitsorganisation vom 25. Juni 1958 über die Diskriminierung in Beschäftigung und Beruf	175 国；我国 2006 年 1 月 12 日批准	日本、马来西亚、新加坡、美国
国际劳工组织《准予就业最低年龄公约》Übereinkommen Nr. 138 der Internationalen Arbeitsorganisation vom 26. Juni 1973 über das Mindestalter für die Zulassung zur Beschäftigung	175 国；我国 1999 年 4 月 28 日批准，最低工作年龄是 16 岁	澳大利亚、伊朗、新西兰、美国
国际劳工组织《关于禁止和立即行动消除最有害的童工形式公约》Übereinkommen Nr. 182 der Internationalen Arbeitsorganisation vom 17. Juni 1999 über das Verbot und unverzügliche Maßnahmen zur Beseitigung der schlimmsten Formen der Kinderarbeit	187 国（全部国际劳工组织成员国②都已批准）；我国 2002 年 8 月 8 日批准	无

而作为受保护的法律地位来源的一般性人权公约只有两部（见表 4—9）。

表 4—9　　　　　　　　　　　一般性人权公约的批准情况

一般性人权公约名称	生效缔约国数量及我国的批准情况③	重要的未批准国示例
《公民权利和政治权利国际公约》Internationaler Pakt vom 19. Dezember 1966 über bürgerliche und politische Rechte	173 国；我国 1998 年 10 月 5 日签署，尚未批准	文莱、中国、古巴、马来西亚、缅甸、沙特阿拉伯、新加坡、阿联酋

---

① 日本也是 2022 年 7 月 19 日才批准，于 2023 年 7 月 19 日生效。

② ILO 的成员国总数截至 2023 年 1 月 26 日为 187 国（包含 1 个非联合国成员国：库克群岛），参见 https://www.ilo.org/global/about-the-ilo/how-the-ilo-works/member-states/lang-en/index.htm,最后访问日期：2023 年 1 月 26 日。只有 7 个联合国成员国不是国际劳工组织成员国：安道尔、不丹、朝鲜、列支敦士登、密克罗尼西亚、摩纳哥、瑙鲁。

③ 根据联合国条约集网站 https://treaties.un.org/Pages/UNTSOnline.aspx? id=2&clang=_en 查询，2023—03—13。

续表

一般性人权公约名称	生效缔约国数量及我国的批准情况③	重要的未批准国示例
《经济、社会及文化权利国际公约》Internationaler Pakt vom 19. Dezember 1966 über wirtschaftliche, soziale und kulturelle Rechte	171 国；我国 1997 年 10 月 27 日签署，2001 年 3 月 27 日批准	文莱、古巴、马来西亚、沙特阿拉伯、新加坡、坦桑尼亚、美国

紧接着在第 2 条第 2 款主要基于这些国际法渊源中包含的禁令推导出了德国国内法上的禁令。然而有一些禁止性义务是从其他没有包含在附录中的国际劳工组织的公约中引出的(见表 4—10)。

表 4—10　　　　　　　　国际劳工组织相关公约的批准情况

国际劳工组织公约的名称	批准国数量及我国的批准情况	重要的未批准国示例
《职业安全和卫生及工作环境公约》Übereinkommen Nr. 155 der Internationalen Arbeitsorganisation vom 22. Juni 1981 über Arbeitsschutz und Arbeitsumwelt	76 国；我国 2007 年 1 月 25 日批准	加拿大、法国、德国、印度、印度尼西亚、以色列、意大利、日本、瑞士、英国、美国
《关于促进职业安全与卫生框架的公约》Übereinkommen Nr. 187 der Internationalen Arbeitsorganisation vom 15. Juni 2006 über den Förderungsrahmen für den Arbeitsschutz niedergelegten Grundstandards des Arbeitsschutzes	59 国；我国尚未批准	巴西、中国、印度、以色列、意大利、荷兰、新西兰、沙特阿拉伯、南非、瑞士、美国

从上表可见，大多数《供应链注意义务法》保护的客体——人——的权利地位(Rechtsposition)的确来源于各国具有高度共识的国际法条约，但其中有两类权利在国际上共识程度较低。第一类是结社自由、结社权保护和劳动关系集体谈判权，与之相关的两项公约的签署国数量都低于 170 个，而且未批准的国家中包含中国、美国、印度、巴西等在世界经济中举足轻重的国家。不仅这些内部国情复杂的大国，即便一些经济发展程度各异的小国也有一些没有批准这类公约，如新加坡、新西兰、马来西亚、越南、泰国、伊朗。第二类是具体化的享有特定劳动环境标准和劳动保护的权利。上表所列的与之相应的公约批准国家显著欠缺多数性。

另一类保护客体——环境——涉及的国际法规范来源是三项公约(见表 4—11)。

表 4—11　　　　　　涉及环境保护的相关国际公约的批准情况

与环境相关的国际公约名称	生效缔约国数量及我国的批准情况	重要的未批准国示例
《关于汞的水俣公约》Übereinkommen von Minamata vom 10. Oktober 2013 über Quecksilber	139 国；我国 2013 年 10 月 10 日签署，2016 年 8 月 31 日批准	埃及、哈萨克斯坦、马来西亚、俄罗斯、新西兰
《关于持久性有机污染物的斯德哥尔摩公约》Stockholmer Übereinkommen vom 23. Mai 2001 über persistente organische Schadstoffe, zuletzt geändert durch den Beschluss vom 6. Mai 2005	185 国；我国 2001 年 5 月 23 日签署，2004 年 8 月 13 日批准，同年 11 月 11 日生效	马来西亚、美国

续表

与环境相关的国际公约名称	生效缔约国数量及我国的批准情况	重要的未批准国示例
《控制危险废物越境转移及其处置巴塞尔公约》Basler Übereinkommen über die Kontrolle der grenzüberschreitenden Verbringung gefährlicher Abfälle und ihrer Entsorgung vom 22. März 1989, zuletzt geändert durch die Dritte Verordnung zur Änderung von Anlagen zum Basler Übereinkommen vom 22. März 1989 vom 6. Mai 2014	189 国;我国 1990 年 3 月 22 日签署,1991 年 12 月 17 日批准,1992 年 5 月 5 日生效	美国

从批准国数量来看,除《关于汞的水俣公约》缔约国较少,其他两公约属于具高度国际共识的环境法规范。

欧盟指令草案定义注意义务的基本逻辑和《供应链注意义务法》完全一致,都是以一些国际人权法和国际环境法规范上的义务为立足点,将预防和纠正违反义务的特定行为(草案第 3 条使用了"消极后果"这一概念)定义为注意义务。

与之不同的是,援引为保护标准的国际环境法规范预计将大幅扩张,额外涵盖《生物多样性公约》《生物多样性公约卡塔赫纳生物安全议定书》《生物多样性公约关于获取遗传资源以及公正公平分享利用遗传资源所产生惠益的名古屋议定书》《保护臭氧层维也纳公约》《关于消耗臭氧层物质的蒙特利尔议定书》《濒危野生动植物种国际贸易公约》《关于在国际贸易中对某些危险化学品和农药采用事先知情同意程序的鹿特丹公约》。欧盟部长理事会商讨后又增加了《世界遗产公约》和《关于特别是作为水禽栖息地的国际重要湿地公约》。这些国际法规范所界定的义务往往比较明确,而且违反义务的行为也都在附录 1 的第 2 部分被草案穷尽式地加以列举。此外,各国对这些国际公约的共识也比较强,除了名古屋议定书和鹿特丹公约的生效缔约国数量分别是 138 个和 164 个外,其余都大于 170 个[①],且我国是所有上述公约或议定书的成员国。

但在与人权有关的国际法规范的收录范围上,欧盟委员会和代表成员国利益的欧盟部长理事会之间已经显现出了明显的分歧。欧盟委员会原始草案中本来大举扩张了与人权相关的国际公约的范围,囊括了《防止及惩治灭绝种族罪公约》《消除一切形式种族歧视国际公约》《消除对妇女一切形式歧视公约》《禁止酷刑和其他残忍、不人道或有辱人格的待遇或处罚公约》《儿童权利公约》《残疾人权利公约》《联合国打击跨国有组织犯罪公约》及其《关于防止、禁止和惩治贩运人口特别是妇女和儿童行为的补充议定书》。出乎意料地是竟然还包括了仅以联合国大会决议形式做出的《世界人权宣言》《在民族或族裔、宗教和语言上属于少数群体的人的权利宣言》《联合国土著人民权利宣言》以及仅由国际劳工组织大会决议的《国际劳工组织关于工作中基本原则和权利的宣言》和国际劳工局理事会批准的《关于多国企业和社会政策的三方原则宣言》。前述公约所规定的保护义务在技术上并非都有

---

① 统计时间截至 2023 年 3 月 13 日。

清晰的实现方式,而最后的几项宣言性文件的引入更是可能违背对立法内容的明确性要求。20 余项公约、宣言所列举的受保护的权利地位范围过大,显然会对企业造成震撼性的影响。最新的理事会修正草案已经删除了上述所有拟增加的国际法文件,只保留了和德国《供应链注意义务法》完全相同的 10 部公约。

五、从受保护的权利地位到企业注意义务

虽然作为保护标准的一般人权多数不会被否认,但为了实现这些权利所依赖的具体规范却可能引发争议。上述国际公约的规范模式往往是禁止性规范,即禁令。这些禁令经过《供应链注意义务法》的再转化构成了德国国内法上具体的禁令。这一转化过程有四大特点。

第一,德国立法者设置的禁令不限于国际公约内明确禁止的行为方式,还包括其他可能侵害到特定人权(不包括环境权)的行为方式,将其作为兜底条款(第 2 条第 2 款第 12 项、第 4 款第 1 句)。但是该法也对额外的作为或违反义务的不作为方式施加了限定,要求这些行为会以特别严重的方式直接导致对特定人权的影响,并且在考虑到一切相关情况对其做出明智的评估后其违法性依然显著。尽管如此,这一项规则依然包含了需要进行具体化价值判断的不确定法律概念,其内容可能因为过于不明确而违反宪法上的依法治国原则,有违宪之虞。[①] 欧盟立法者也规定了类似的兜底条款,同时设有较为严苛的适用要件:企业有可能作为人权侵害主体;侵害行为直接影响 10 部人权公约所列举的法益;考虑到所有个案情形,企业按照合理判断本来有可能识别出其责任范围内的人权侵害。

第二,不仅对违反禁令的行为加以规制,也延伸到对有违反之虞的"风险状态"进行预先管理。人权风险或与环境有关的风险指的是基于事实上的情况有充分可能性将发生违反禁令的行为的状态(《供应链注意义务法》第 2 条第 2、3 款)。

需要注意的是,这些禁令本身可能依据其他法律构成企业的行为规范,但不是《供应链注意义务法》要求的行为规范。它们只是企业注意义务的目的性构成要件,即注意义务的目的是在企业的供应链中预防或减少违反禁令的风险,或者在发生违反后停止侵害。因此第 3 条第 1 款定义的 9 项注意义务都围绕着管控风险、停止侵害、提供救济展开。

第三,注意义务不局限于企业自身业务范围,而是可以沿着供应链横向延展。传统企业法秉承了民法的"自己行为、自己责任"的原则,企业主体对与自己有一定联系的第三人的行为承担责任是例外情形。这种例外虽然通常存在于企业联合法(Konzernrecht)中,但属于一种企业集团内的纵向连接。这点在《供应链注意义务法》和指令草案中都有体现。比如前者规定关联企业中的母公司如果能对属于集团的公司施加决定性的影响[②],这些公

---

① Gerald Spindler, Verantwortlichkeit und Haftung in Lieferantenketten-das Lieferkettensorgfaltspflichtengesetz aus nationaler und europäischer Perspektive, in: ZHR 186, S. 67—124, S. 79(2022).

② 这里所说的"决定性的影响"与德国企业集团法(《股份法》第 17 条第 1 款)所要求的"支配性的影响"有所不同,本法的决定性的影响强调对关联企业的合规措施实际发生的影响,而《股份法》的支配性影响只要通过控股等方式可能发生影响。

司的运营就被当作母公司自身的业务领域(第2条第6款第2句)。后者往往是在具体规则中将企业自身和子企业作为义务主体同时并举。

注意义务立法的突破在于设置了一种沿着供应链的横向连接关系。这里的核心概念是"供应链"。德国法中的供应链涉及一个企业的全部产品与服务,包含生产产品或提供服务所需的一切步骤,从原材料获取到向最终顾客交付,无论这些步骤是发生在德国国内还是国外(第2条第5款)。但实际上,德国法延伸企业注意义务的方向还仅限于上游供应商,这一点从供应商的定义就可看出(第2条第6、7款)。欧盟立法者在延伸企业的义务对象上走得更远。欧盟委员会的草案使用了价值实现链(Wertschömpfungskette)这一概念,而理事会修改版草案改用了活动链(Aktivitätskette)概念,两者内涵类似。注意义务延伸的指向既包括企业的上游也包括下游的交易伙伴;既包括从事原材料、部件制造活动的供应商,也覆盖研发、仓储、运输、拆卸、回收服务的提供商。

第四,该法规定的注意义务性质上是基于风险管理的"尽力而为的义务"(Bemühenspflicht)而非"结果性的义务"(Erfolgspflicht)。[①]履行义务与否的评判不是基于损害结果是否出现,而是要看企业有无在各自不同的条件下建立并运行有能力做到的、适当的风险分析、风险控制和纠正、救济机制。[②]欧盟立法者在指令的权衡理由中也将注意义务归类为一种"手段性的义务"(Mittelverpflichtung)[③],即法律不要求企业完全阻止所有消极后果,使其事实上不发生,而仅仅是有义务采取适当措施。草案第4条构建的整体义务框架也很接近德国法。其蓝本是2018年《OECD负责任商业行为合理勤勉指南》涉及的合理勤勉程序的六个模块:(1)将注意义务引入企业政策和管理系统(第5条);(2)调查评估对人权及环境的消极影响(第6、9条);(3)预防、消除或减少潜在的或事实存在的消极影响(第7、8条);(4)评估措施的有效性(第10条);(5)沟通义务(第11条);(6)设置纠正措施。[④]

六、注意义务的类型和内容

1.建立宏观风险管理机制

《供应链注意义务法》要求企业必须建立适当且有效的风险管理机制,保证自身尽到所有注意义务。注意义务的有效性是指当企业在供应链中导致或有助于风险产生或违反义务的行为时,能够识别或减少风险、防止或停止侵害、缩小侵害范围。企业必须在内部确立专人负责风险管理,如指派人权专员(Menschenrechtsbeauftragte)。业务领导(总经理级别)必须定期听取负责人员的工作汇报,至少每年一次。

欧盟指令草案则将宏观风险管理机制和企业战略挂钩,要求企业必须在其战略中描述

---

① BT-Drs. 19/28649,1; Hannes Wais, Die Vertragliche Seite des LkSG, in: JZ 2023,S. 430.
② BT-Drs. 19/28649,41.
③ 权衡理由第15点。
④ 权衡理由第16点。

履行注意义务的方式(包括长期性的方式)、企业自身雇员及其子企业和直接/间接业务伙伴的行为操典(Verhaltenskodex)以及履行注意义务的具体程序(包括审核行为指引并将指引外扩到交易伙伴的措施)。成员国要立法确保企业至少每两年更新一次与履行注意义务有关的企业战略,如有重大变故(比如利益相关方提供了重要检举信息或者企业自身履行持续评估义务时发现风险管理有重大漏洞),则须及时更新战略。

2.执行微观风险控制措施

(1)风险调查义务

德国法规定企业必须对自身业务范围和直接供应商进行适当的人权风险分析和与环境有关的风险分析。自身业务范围依《供应链注意义务法》第2条第6款第1句的法定定义是指企业为达成企业目的所从事的一切活动,包括产品的产销和服务的提供。直接供应商是指为提供企业生产所必需的产品或服务的合同伙伴。如果企业为了规避对直接供应商的注意义务,比如重塑上游供应链,专门成立一家采购公司,令其只雇佣极少的雇员,而让采购公司集中采购企业所需的一应原料。此时这些间接供应商虽然和企业没有合同关系也应被视为直接供应商。欧盟指令草案规定的风险调查对象更广,除了企业自身业务范围,还包含所有子企业以及沿着活动链的所有上下游交易伙伴。例外的是,因为身处风险行业而以较低的门槛被纳入适用范围的企业不需要对风险情况进行面面俱到的调查,而只需调查与前述行业相关的消极后果即可。对受监管的金融企业,调查义务依《指令草案》第6条第3款成为一种尽职调查形式的义务,立法者要求企业必须在提供特定的金融服务之前完成风险调查。

风险分析的内容可以有适当的优先级和权重区别,可以根据企业的业务特点设计。常规风险分析必须每年进行一次;如供应链风险状况发生实质改变或增大,比如开拓了新业务领域、引入了新产品或新项目,就必须因变化进行风险分析。指令草案并没有硬性规定风险调查的周期,但规定了对企业自身、其所有子企业以及交易伙伴的风险调查机制的有效性至少每两年要评估一次。

分析结果应当在企业内部通报给有决定权的决策者,如董事会或采购部门。欧盟指令则给企业管理者的裁量施加了进一步的明确限制。要求企业获得了初步信息后,按照消极后果的严重性和发生的可能性来确定采取纠正措施的优先度,应对最迫切的消极后果完毕后再去处理迫切度较低的风险。为此,指令也要求成员国给企业充分赋权,确保他们有权掌握适当的信源,比如第三方的独立报告、申诉程序中举报人提供的信息、企业集团内部的信息共享(涉及营业秘密的除外)等。

(2)设置申诉程序义务

除了企业自身主动分析风险、预防损害之外,德国立法者也要求企业畅通申诉措施(Beschwerdeverfahren)以便发动群众充当"吹哨人"。该措施旨在为他人举报由于企业自身业务范围内的经济活动或任何供应商的经济活动造成的人权或环境相关的风险或违反义务行为提供渠道。申诉程序必须可追溯且有反馈。这是指企业收到举报信息后必须向举报人确认收讫,并且专职负责企业举报申诉事宜的企业工作人员必须跟举报人研究讨论其举报的事实。

企业专职工作人员可以提议进行内部友好协商;企业也可以在满足一定条件的情况下参与外部申诉程序(外部申诉程序必须满足可及性、公正性、对申诉人的安全性),比如由行业组织举行的调解、听证等程序。

对申诉措施的有效性也要进行年度评估,如自身业务领域或直接供应商的风险状况发生实质改变或增大,也必须因应变化进行特别评估。如有需要,申诉程序应及时重启。企业对风险分析、预防和纠正措施有效性的审查都应该注意通过处理申诉人提供的线索获得额外信息。

(3)违法行为预防义务

一旦确认存在风险,必须不迟延地采取具体预防措施(《供应链注意义务法》第 6 条)。

首先,企业管理层必须发布企业人权战略原则声明,该声明必须包括三项基本内容:第一,描述企业制定适当且有效的宏观风险管理框架、进行适当的风险分析、采取适当的具体预防措施的程序,描述企业采取救济、申诉措施的程序;第二,基于现有风险分析确定的企业日后进行新的风险分析时的优先对象(比如更偏重环境风险抑或人权风险);第三,基于现有风险分析确定的对自身雇员和供应商保护人权和环境行为的期望(比如以商业准则、行动指南等形式呈现的指向本企业和供应商的行为标准)。

其次,在自身经营活动中采取适当的具体预防措施,尤其列举了若干示例:第一,制定在业务流程中落实前述企业人权战略的措施,并对遵守战略的情况进行考核;第二,研究并实施适当的采购战略以防止或减轻已识别的风险;第三,在相关业务领域中加强人员培训。

最后,企业必须针对直接供应商采取某些预防措施,这在一定程度上限制了企业的合同自由。在缔约对象选择上,必须考虑对直接供应商保护人权和环境行为的期望。在合同内容上,企业必须通过合同令直接供应商负有按照企业管理层的期望行为的义务,并且使其有义务让它的上游供应商也符合这种期望,为此也须使直接供应商在合同中承诺进行相关的人员培训和继续教育。除了强制纳入这类执行性的合同内容,第 6 条第 4 款第 3、4 项还强制纳入了监督性的合同内容,要求企业必须约定合同性的监督机制,考核直接供应商是否遵守了企业的人权战略。在缔约实践中,企业对直接供应商可能会使用到的合同工具包括但不限于:采购合同中的中继条款(Weitergabeklauseln),即要求合同相对方承诺将本企业对其使用的供应商行为准则也对其上游供应商使用;要求其必须在企业选择的或审核过的上游供应商名单中购进特定产品;要求其证明特定产品来自受认证的地区;要求其必须采纳某些第三方认证体系;赋予自身对直接供应商现场核查的权利;赋予自身对直接供应商委托第三方进行审计的权利;等等。无论是企业自身还是委托的第三方在行使合同中约定的核查、审计的权利时亦要注意保护供应商的商业秘密。①

---

① Hannes Wais, Die Vertragliche Seite des LkSG, in：JZ 2023，S. 432.

对这三类具体的预防措施的有效性要进行年度评估；如自身业务领域或直接供应商的风险状况发生实质改变或增大，也必须因应变化进行特别评估。如有需要不应等待评估完成而必须及时更新预防措施。欧盟指令草案允许预防措施的常规评估周期更长一些，但至少是每两年一次。

3. 纠正违法行为并消除损害后果

如果企业在自身业务范围或其直接供应商处（与风险分析义务一样，如果存在规避法律的行为，间接供应商将被拟制为直接供应商）确认存在违反人权或与环境相关义务的行为，或者此等违反行为即将发生，有义务不迟延地采取纠正措施以阻止、停止损害或缩小损害的范围。如果是在德国国内的自身业务范围内，采取纠正措施必须能停止损害。但考虑到企业对自身的外国分支机构的影响力以及企业集团中母企业对子企业的纵向影响力可能有限，且外国的法秩序与德国也不尽相同，所以对企业在外国的自身业务范围内或者对子企业采取的纠正措施只要原则上能够停止损害即可。

而如果损害是在直接供应商那里发生，且企业本身不能在可预见的时间内停止损害，那么企业必须不迟延地制定并执行一项停止或减少损害的行动纲要（Konzept）。该行动纲要必须包含具体的时间表（Zeitplan）并将下列措施纳入考量：第一，与直接供应商共同起草并执行一项旨在停止或减少损害的行动计划；第二，与其他企业在行业倡议或行业标准的框架内联合行动，以提升对造成损害的直接供应商的影响力；第三，在努力减少风险的同时暂时中止业务关系。

中止业务关系作为一项对私主体干预极大的手段只有在满足很严格的构成要件时才必须适用，即义务违反行为必须十分严重；在行动纲要确定的时间内实施纲要所定措施没能纠正违反义务的行为；企业没有更和缓的手段，且提高其对直接供应商的影响力也显得不具前景。不能仅仅因为一国未批准或未转化《供应链注意义务法》附录所确定的国际公约而决定中断业务。

对纠正措施的有效性也要进行如对预防措施的有效性同样的年度常规审查或与风险状况相关的特别审查，如有需要必须及时更新纠正措施。欧盟指令草案（《供应链注意义务法》第 7 条第 4 款）将常规评估的周期延长为至少每两年一次。

4. 向间接供应商的延伸

德国现行法上企业注意义务指向的对象原则上是自身业务范围或直接供应商的行为。但除了上述企业规避法律时存在的对间接供应商的拟制，还有一种基于个案的将注意对象延伸到间接供应商的例外。

《供应链注意义务法》第 9 条规定，如果企业掌握事实上的线索依据，证明间接供应商存在违反该法定义的人权或环境相关义务的行为[这就是该条第 3 款"实质性认识"（Substantiierte Kenntnis）的法定定义]，就必须对宏观风险管理机制做出调整，并不迟延地将适当的微观风险控制措施和纠正措施延伸适用于该间接供应商。"实质性"标准要求企业获得的信息(无论是通过申诉程序或是从德国政府部门获取,还是从在特定地区运营的企业或供应商处获知的风险信息)必须是以可审查的和严肃诚实的方式获得的。[①]

由于这种延伸的注意义务将大大增加企业的运营成本、影响合作伙伴的交易选择,哪些措施属于适当的措施颇需技术性的权衡和政策性的灵活调整。为此德国立法者在第 3 款中使用了概括性的立法风格(Pauschalierender Stil)并在第 4 款为此专门设置了授权条款。授权联邦劳动与社会部会商联邦经济与能源部共同制定法规(Rechtsverordnung)来进一步明确注意义务延伸的范围,为国内的政治妥协、国际经济发展与人权—环境保护的平衡提供一个立法接口。

欧盟指令对此的规则略有不同。风险调查义务的指向原则上不限于直接交易伙伴,也要覆盖到间接交易伙伴。

5. 欧盟法对损害预防和消除义务的优化

相比德国法,指令草案重构了预防义务和纠正义务间的关系,并在维持欧盟市场主体的竞争力、与竞争法相协调及减轻中小企业合规成本等方面做了明显优化。

德国法中原则上只有确定存在实际消极后果时才要求企业采取纠正措施。除非违反人权或环境相关义务的行为即将发生、具有很强紧迫性的时候,才要求企业在没有发生实际损害时采取包含终止业务关系在内的纠正措施。指令草案则将预防和消除消极后果的措施一体化设计,合同性质的保证不仅可用于预防也可用于纠正违法行为;中断或终止业务关系的措施不仅可用于纠正也可提前用于预防违法行为。

指令设计的预防/纠正义务体系首先要求制定一个适当、清晰的包含时间节点的行动计划,并且要包含可以评价计划效果的定性及定量的指标体系。其次,主要手段也是要求直接交易伙伴做出合同性的保证,确保它们遵守企业的行为指引和行动计划,并通过合同保证手段将压力沿着企业活动链向间接交易伙伴延伸。如果直接交易伙伴不能有效配合,企业就可以与间接交易伙伴直接缔结含有保证内容的合同。作为补充,尤其是合同保证等措施都不适合或没有效果时,在欧盟竞争法允许的范围内可以联合其他企业一致行动以提高它们预防或降低消极后果的能力。最后,对合同相对人遵守保证的情况必须采取适当的核查措施(如某些产业的行业倡议或独立第三方审查)。

为了防止这种干预行为演变为缔约歧视或者附加不合理交易条件,草案规定与中小企业缔结的含有保证内容的合同必须公平、适当、无歧视。而且对因为履行义务而难以承受额外负担的中小企业伙伴,企业要给予有目的的、适当的支持,包括直接融资、优惠利率借贷、担保、提供顾问服务和企业员工培训等。此外,如果对中小企业伙伴守约情况引入了第三人核查,企业本身要替它们支付费用。

作为预防或纠正措施的最后手段,草案也有对私主体业务关系直接加以干预的规定。

---

① BT-Drs 19/28649,50.

干预措施是分级进行的,触发要件是前述措施未能阻止或适当减轻消极后果。第一级措施是不与之开拓新的业务关系也不扩张既有的业务关系。第二级措施是如果短期通过努力尚有可能达到效果,按照成员国国内法企业可以暂停业务关系。第三级措施也是按照成员国国内法的规定,如果潜在消极后果很严重,或者虽不严重但没有理由相信短期努力会有成效时,企业可以终止业务关系。可即便分级施策,干预私主体的商业决策还是可能会对市场主体、基本民生产生不利影响,必须要对一些典型的例外做出豁免。

首先,是民法上存在强制缔约义务的交易,比如电信、邮政、空运、医药等保障人生存基础的交易不适用。其次,受监管的金融企业在提供特定金融服务时不适用。再次,是考虑立法目的,如果停止业务关系可能造成的消极后果(比如交易伙伴关闭或解雇大量雇员,或者导致其支付能力显著下降从而更难以提供适当的劳动条件等)比意欲避免的消极后果更加严重时,就不必暂停或终止业务。最后,考虑到维护必要的企业竞争力,如果没有替代性的交易机会以获取企业必需的原料、产品或服务,从而会使企业招致显著损害时,就不必暂停或终止业务。基于最后两类原因而不对交易关系采取措施的企业须向监管机关充分论证,同时定期复核最初不采取行动的决定、努力寻找替代交易机会。一旦后两类豁免原因不再存在,应该就业务关系采取相应措施。

出于新法不溯及既往的原则,未来企业对指令转化期之前缔结的业务关系不必适用暂停或终止义务,只对之后新缔结的交易关系发生作用。

七、抑制气候变化义务

相比德国法指令草案新增的一项内容是一般适用对象抑制气候变化的义务。依草案第 15 条,企业必须提交行动计划(包含实行措施以及与之关联的投融资措施),以实现业务模式和企业战略向可持续经济过渡及保证全球变暖最多 2℃ 的目标。尤其是要根据企业可以合理获得的信息分析气候变化多大程度上构成企业运营的风险以及运营活动反过来对气候变化的后果。与在可持续性报告中只需要简要描述上述内容不同,这里的报告内容应该更为详细。而且一旦企业调查认为气候变化构成主要风险或企业运营的主要后果包含气候变化,就必须额外报告企业减少温室气体排放的目标。

八、信息保存与披露义务

《供应链注意义务法》第 10 条对企业履行义务的行为设置了专门的记录和报告义务。各项注意义务的履行都必须在企业内部持续不断地用文档加以记录,档案自做出之日起保存期间不得少于 7 年。企业每年都要制作对上一个年度履行注意义务情况的报告,在上一个营业年度结束后最迟 4 个月内必须在企业网站公布该报告(保证至少 7 年内可免费下载)。

报告须以可理解的方式呈现以下四个方面内容:第一,企业在过去一年中是否识别出或识别出哪些与人权或环境相关的风险或违反义务的行为;第二,对照该法关于注意义务的第 4 至第 9 条陈述企业是如何履行注意义务的(其中包括陈述其人权战略基本原则中涵括的大致内容、针对申诉个案所采取的应对措施);第三,企业对各项措施的作用和有效性的评价;第四,通过评价得出的对改进未来措施的结论。当然,若企业在报告中可信地展现出完全没有在自身业务范围或直接供应商处查证到任何相关风险或义务违反行为,则不必叙述第二至第四点。此处的信息披露义务和第二节涉及的会计法上的披露义务一样,也可能涉及企业营业秘密,所以第 10 条第 4 款规定在披露时也要恰当地考虑保护营业秘密。①

指令草案只是明确规定企业必须将履行注意义务的情况向公众做出报告。对于《可持续性报告指令》适用范围内的企业,报告一并包含在可持续性报告当中;其他企业则应每年在其网站上用国际业务往来所通用的语言公布专项报告。各国自行确定报告公布的期限,但最迟不得晚于财务报告基准日之后 12 个月。报告的内容和标准依草案第 11 条第 2 款由欧盟委员会以委任立法的形式加以确定。

九、政府监管与执法

1. 德国政府监管权的配置

除了规定注意义务,一项完整的法规范必然要包含法律后果。《供应链注意义务法》主要的法律后果是行政法上的罚款和强制执行,因此其主要仰赖公法性的执行机制。该法第 19 条明确了监管机关是联邦经济与出口管制局[Bundesamt für Wirtschaft und Ausfuhrkontrolle,总部位于法兰克福西北郊的埃施伯恩(Eschborn)市],该局 2022 年在莱比锡南部的博尔纳(Borna)市新建了一处分局,目前专门负责执行《供应链注意义务法》。联邦经济与能源部会同联邦劳动与社会部共同对该局的行政活动进行法律与业务监督。这种会同监管的模式无疑是德国立法者试图缓解企业自治与政府干预、经济活动效率与劳动者权利保障之间的紧张关系的一种方式。他们希望具体监管措施始终保有一定的灵活性,并且由业务主管领域、部门业绩目标、部长所属政党都不同的两个联邦部持续博弈,以便不断达成实用主义的妥协。

作为政府监管的基础,企业一方面有义务按照主管机关确定的方式用德文电子文档的形式在上一个营业年度结束后最迟 4 个月内向政府提交其年度报告(即其向社会公众披露的报告)。另一方面有义务容忍监管行为并加以配合(这种配合当然并非无限度的,比如德国《刑事诉讼令》等其他法律规定的沉默权并不受影响)。

下面将两个部门在制定法规、监管方面的权力划分按照主从关系加以说明(见表 4—12)。

---

① Gerald Spindler, Verantwortlichkeit und Haftung in Lieferantenketten——das Lieferkettensorgfaltspflichtengesetz aus nationaler und europäischer Perspektive, in: ZHR 186, S. 91(2022).

表 4—12　　　　　　　　　　　德国国内监管的职权划分

以劳动与社会部为主会同经济 与能源部制定法规的事项	以经济与能源部为主会同劳动 与社会部处理的事项
报告审查:审查企业是否制作了报告及报告是否涵盖了法定内容,如果没有完全覆盖法定内容可要求补充	对联邦经济与出口管制局行政活动的整体法律与业务监督
基于风险的监管:依职权或依申请审查企业是否履行了各项注意义务;查证存在违反注意义务的行为后,责令消除并预防之后的违反行为(可以传讯、责令企业递交包含明确实行时间节点的革除弊端的计划、责令企业采取具体行动履行注意义务)	
进入权与查阅权:在企业通常的经营时间内进入相关空间、查阅经营材料和记录的权力	
规定企业的答复义务和提交材料的义务:企业或接受传讯的自然人有义务告知并向监管机关交出其履行法定职权所需的材料。该义务也覆盖了义务人已经掌握或基于现存合同关系能够获取的关联企业、直接供应商或间接供应商的相关信息	

　　该法规定的行政法律责任包含行政强制执行和行政处罚。第 23 条将《行政强制执行法》(Verwaltungs-Vollstreckungsgesetz)第 11 条第 3 款的强制金的最高额由 2.5 万欧元加倍为 5 万欧元。第 24 条则按照违反秩序行为的严重程度设置了三级行政罚款(见表 4—13)。

表 4—13　　　　　　　　　　　行政罚款的分级与分类

行政罚款 最高额	违反秩序行为之类型	组织违反秩序时罚款最高额的提高
最高 80 万欧元的严重违反秩序行为	1. 在风险分析中确认风险后不采取或不及时采取预防措施; 2. 未能建立申诉程序; 3. 在损害发生后不采取或不及时采取纠正措施; 4. 当损害发生于直接供应商处时,不制定或不及时制定行动纲要;不贯彻或不及时贯彻行动纲要; 5. 当企业通过申诉程序对间接供应商的义务违反有实质性认识时,不制定或不及时制定行动纲要;不贯彻或不及时贯彻行动纲要	如果是法人、无权利能力的社团或有权利能力的人合组织内负有领导或管理职责的人违反秩序,可以依《秩序违反法》(Gesetz über Ordnungswidrigkeiten)第 30 条第 2 款第 3 句,对组织本身处针对自然人的罚款最高额 10 倍以下的罚款。 如果法人或人合组织平均年营业收入(Umsatz)大于 4 亿欧元,针对违反最高罚款额为 80 万欧元的第 3、4、5 类型,可以处企业平均年营业收入 2% 的罚款。在计算平均值时取企业在行政处罚决定做出前三个营业年度的营业收入计算。与企业构成一个经济整体的全部其他人(自然人或法人)或人合组织在全球范围内的营业收入都要纳入企业收入
最高 50 万欧元的一般违反秩序行为	1. 不确立专人负责企业的整体风险管理; 2. 不进行法定的风险分析; 3. 未评估或未及时评估预防措施的有效性; 4. 未及时更新预防措施; 5. 未评估或未及时评估纠正措施的有效性; 6. 未及时更新纠正措施; 7. 未评估或未及时评估申诉措施的有效性; 8. 未及时重启申诉程序; 9. 违背联邦经济与出口管制局做出的有可执行性的命令,不在适当期间内补充报告内容; 10. 违背联邦经济与出口管制局做出的有可执行性的命令,不在接获命令后 3 个月内递交消除弊端的计划	

续表

行政罚款 最高额	违反秩序行为之类型	组织违反秩序时罚款最高额的提高
最高 10 万 欧元的轻 微违反秩 序行为	1. 未记录并保管佐证企业履行义务的文档或保 管时间少于 7 年； 2. 未制作报告或未及时向公众公布报告； 3. 未向主管机关提交或及时提交报告	罚款最高额相比自然人不加倍

做出行政罚款的权力授予给了联邦经济与出口管制局。

如果企业被以有法律拘束力的方式确认违法并被处以最低 17.5 万欧元的行政罚款，会丧失获得《反限制竞争法》(Gesetz gegen Wettbewerbsbeschränkungen)第 99 和 100 条规定的公委托人(Öffentliche Auftraggeber)或行业委托人(Sektorenauftraggeber)发出的供应、建筑或服务委托的资格，除非其能证明完成了《反限制竞争法》第 125 条规定的自我纠偏。这一排除获得公共委托的资格的行政处罚应有一个适当的处罚期间，且不得超过 3 年。如果企业被处以针对组织的行政罚款，那么触发该项资格罚的行政罚款门槛相应有所提高。如果是严重违反秩序的行为须不低于 200 万欧元；一般违反秩序的行为须不低于 150 万欧元；按平均年营业收入计罚则须不低于营业收入的 0.35%。

2. 未来欧盟内部监管权的跨国配置

按照目前的指令草案，对欧盟企业的管辖权将按照属人原则确定，即企业的登记住所在哪里管辖权便归属该国。域外企业则分两种情况，如果企业只在一个欧盟成员国有分支机构，那么依照属地原则由该国监管机构管辖；如果在多个成员国有多个分支机构或者没有任何分支机构，那么按照最密切联系原则选定的管辖国是在上上个营业年度获得最大部分欧盟内净营收的国家。如果由于业务变动，企业赚取最多净营收的国家发生变动，可以提出有充分论证的申请以变更管辖国。如果母企业代子企业履行义务，管辖权属于母企业的管辖国。但如果该国查明代子企业履行的要件不具备，母企业管辖国应通知子企业管辖国监管。

为了在欧盟层面应对跨国经营企业的管辖权分配和监管合作带来的挑战，指令要求建立一个欧洲监管机关网络(第 21 条)。各国有义务向欧盟委员会通报域外企业在其境内获得的净营收额，以便欧盟委员会分析后确定特定企业的管辖国。各国也可以通过该网络交换监管信息、请求他国协助跨国调查、公布行政处罚决定。对外国监管机关的协助请求各国最迟应于 1 个月内做出响应(如有合适理由最多延长 2 个月)。

草案要求成员国通过行政法为监管机关配置的权力也和德国法类似。调查阶段需保证的基本权力包括要求获得信息和进行调查的权力。调查程序原则上依照成员国国内法，指令仅规定了一项欧盟层面的程序规则——除非预先通知企业会影响调查的有效性，必须预先警告企业即将进行调查。除了依职权展开调查，草案也鼓励依靠群众监督。规定成员国必须设置举报机制，要求监管机关必须对自然人或法人根据客观状况提出的有理由的怀疑在合理期间内做出审查,将审查结果及理由尽快反馈给举报人。认为举报成立时应启动调查。

一旦发现有违反注意义务的行为就进入处理阶段。此时成员须为监管机关配备的权力应包括:责令停止违法行为、命令禁止再犯、命令企业纠正违法行为、直接干预企业的纠正措施、做出行政处罚(含行政罚款)或者在情况紧急且损害难以回复时采取临时措施。行政处罚决定应当公开至少 3 年。

3. 行政指导与信息公开:政府的柔性服务

除却上述硬性的监管职能,德国主管机关还负责通过提供行政指导、发布信息的方式促进企业履行注意义务,比如发布合规指南、跨行业或特定行业的相关信息。联邦经济与出口管制局每年还要公布一份情况报告,说明上一个年度内该机关所采取的监管、执行措施,在不提及具体企业名称的情况下报道查明的企业违反义务的行为和采取的纠正措施,并对企业提交的报告做出总体评价(《供应链注意义务法》第 21 条)。

未来欧盟委员会也将被授权和成员国以及利益相关方共同出台一份示范合同条款指引,供企业拟定含有保证义务的合同时自愿参考。在指令生效后两年内欧盟委员会将在和成员国、利益相关方、欧盟基本权利局、欧洲环境局等机构商议后颁布一份指南来指导企业和成员国有关机关的实践。欧盟委员会也要在其网站公布其归集的各国监管机关信息,以便利行政相对人查找。

成员国可以单独或联合建设网站、平台,用来汇集、传播监管信息,支持企业履行注意义务。此时要特别关注中小企业的利益,成员国可以为其提供财政支持。

此外,行业组织、民间的人权—保护组织也在促进企业履行义务方面发挥重要的辅助作用,企业可以凭借行业规则、第三方利益相关者的倡议设计完善其风险管理系统。对此,欧盟将与成员国合作发布指引评估各种行业规则和倡议的参考价值,并推广、传播这些软法性质的规范。

十、立法技术特点

贯穿德国和欧盟立法的一个指导原则就是"适当性"(Angemessenheit)原则。这一原则是为了降低企业履行注意义务的成本,合理兼顾企业利益。

德国立法者在《供应链注意义务法》第 3 条第 2 款专门规定了评价企业履行义务方式适当性的四项因素:企业交易的类型与范围;掌握的对造成风险或义务违反行为的其他主体的影响力资源;违反行为的可能性、可逆性、通常情形下可预期的严重性;企业自身行为对风险或违反行为的原因。

欧盟立法者也同样遵循该原则。比如在调查实存或潜在的消极后果时、规避或减轻潜在消极后果时或者对交易伙伴履行合同保证的情况进行审查时等,立法者都只是命令企业采取适当措施。判断适当性的总原则和德国法一样也是在概念定义条款中加以规定。一方面,措施要适应消极后果的轻重缓急;另一方面,要是企业按照合理的判断有能力采取的措施。合理判断的因素有：后果是由企业单独导致，还是企业和交易伙伴共同导致的，抑或是交易伙伴单独导致的；后果是发生在子企业的业务领域还是发生在直接交易伙伴或间接交易伙伴处。这些决定了企业施加影响力的难度。还要考虑企业对其他主体的影响力资源（这也与其所在行业和企业本身活动链的特点有关，比如活动链上的企业相互依存度如何，市场是买方市场还是卖方市场，是否掌握对交易伙伴必需的垄断技术等）。成员国在决定对违法企业行政处罚的种类或额度时也要遵循合理适度原则，将企业为纠正违法行为而做出的努力充分考虑在内。处罚裁量的要素可能包含企业履行监管机关纠正命令的情况、为改良企业管理和基础设施所追加的投资、为交易伙伴中的中小企业提供的支持措施等。

为了降低合规成本，自然也需要立法避免企业的无谓劳动。为了给在企业集团内处于从属地位的子企业减负，指令草案专门规定子企业例外地可以由第三人——母企业——代为履行注意义务。这种避免重复劳动的合规减负在 ESG 信息披露义务上本就存在，这里不过是在注意义务领域加以推广。草案第 4a 条还为代子企业履行注意义务的母企业规定了若干条件，这些条件实质上就是确保后者可以有效履行义务而对前者必须拥有的影响力手段，包括：子企业向母企业提供所有必要信息；必须遵守母企业为履行注意义务而调整的企业战略；子企业自身的战略和风险管理系统也全面纳入了注意义务；子企业能确实采取一些预防及纠正措施。这些条件还间接地为解释德国法上何为母企业对子企业施加了"决定性影响"提供了可能的参考。

最后一个特点是注重与企业利益相关方的全过程对话，将企业履行注意义务前与利益相关方充分的谘商作为保证机制有效性的手段广泛运用。比如指令草案规定在调查消极后果时，企业可以咨询利益相关方来收集风险信息（第 5 条第 4 款）；在拟定预防行动方案和改正措施方案时也要与可能涉及的利益相关方协商（第 7 条第 2 款、第 8 条第 3 款）。

第四节　欧盟与德国供应链注意义务立法的潜在影响

《供应链注意义务法》的适用范围可能包含外国的企业组织，并通过其国内法干预了这些外国企业在德国之外的经营活动（见图 4—1）。作为受该法规制的企业供应链上的交易伙伴，许多外国组织也会受到该法的间接影响。

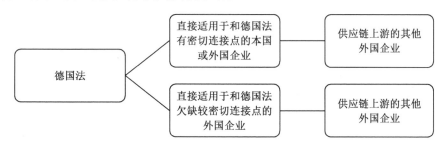

图 4—1　德国《供应链注意义务法》的域外适用模式

未来的《供应链注意义务指令》的域外适用范围将更加广泛，而且是依托远比德国庞大的欧洲内部市场，对其负面效应的外溢不能低估。

一、可能侵蚀他国的经济、社会主权

《联合国宪章》第 2 条和第 78 条明确联合国成员之间的关系应遵守主权平等原则。1970 年联合国大会以决议方式做出的《关于各国依联合国宪章建立友好关系及合作之国际法原则之宣言》第 3 项"依照宪章不干涉任何国家国内管辖事件之义务之原则"也揭示了每一国有选择其经济、社会制度的不可移让之权利，不受他国任何形式的干涉。任何国家均不得使用或鼓励使用经济、政治或任何他种措施强迫另一国家，以取得该国主权权利行使上之屈从。并且在总结部分宣告上述原则构成国际法的一般原则。而欧盟及德国试图对外国组织施加的行为规则在涉及结社自由、结社权保护和劳动关系集体谈判权以及某些具体化的劳动保护标准方面是否构成习惯国际法或国际法一般原则恐尚需证成。因此，对不是相关国际公约缔约国的外国来说，对这些与德国法欠缺较密切连接点甚至完全没有连接点的外国企业自主设定权利义务，是其主权行使范围内的事项，且没有按照德国确立的注意义务标准进行立法的国际义务。欧盟及德国立法者通过直接惩罚企业而间接干预外国企业的行为是否构成对他国经济社会主权的干预有值得讨论之处。

此外，考虑到他国的国内法，供应链注意义务立法还有可能引发国际经贸关系的紧张。比如我国 2021 年生效的《反外国制裁法》第 3 条第 2 款针对外国违反国际法和国际关系基本准则，依据其本国法律对我国组织采取歧视性限制措施且干涉到我国内政的，授权国务院有关部门采取反制措施。如果德国监管部门在执法过程中存在对我国企业的国别歧视（未来也有可能涉及司法机关在审理民事或行政诉讼时的歧视性裁判），且被认定为干涉内政或至少危害我国发展利益的，可能会导致我国的反制。[①]

最后，如果歧视行为不发生在德国政府，而是适用该法的企业歧视性地对待中国供应商；或者企业虽无歧视行为，但被不可靠实体清单工作机制认为违反正常的市场交易原则，中断与中国供应商的正常交易。且两者都严重损害前述中国市场主体的合法权益，可能被列入商务部"不可靠实体清单"（2020 年《不可靠实体清单规定》第 2 条）。

二、对市场竞争的影响

《供应链注意义务法》及指令草案中包含的企业针对直接供应商的强制性合同义务无疑提高了双方的缔约成本、合规成本。在下游买家竞争较为充分的市场中可能促使上游供应商改变其产品的销售对象。另外，该法的严格和高标准执行也可能削弱德国市场对外国直接投资者的吸引力。尽管欧盟指令将在更广泛的欧盟范围内统一提高企业注意义务的

---

① 对这一可能有类似看法的，参见张怀岭：《德国供应链人权尽职调查义务立法：理念与工具》，《德国研究》2022 年第 2 期，第 81—82 页。

程度,降低对德国市场和企业造成的单方面不利影响。但如果世界其他主要经济体并没有积极跟进,则较高的欧盟义务标准可能对整个欧盟内部市场的吸引力和市场主体的竞争力带来不利。

而在下游买家竞争不充分,换言之,存在一定程度的买方垄断时,适用《供应链注意义务法》的企业对其直接供应商施加的合同限制可能触犯德国、欧盟或他国的反垄断法。虽然欧盟正致力于规则的协调,以便在加强内部反垄断执法的同时,提高供应链上的人权保护水平,但是此等强制性合同内容依然可能触发欧盟域外的反垄断执法。

假设一家符合该法适用标准的德国公司甲依法进行了年度风险分析,认为其中国的若干直接供应商存在干扰雇员自由成立工会的风险。该公司的中国子公司乙在我国某个高技术产品细分市场上具有市场支配地位。为了应对这一风险,乙公司与其中国供应商修改了采购合同,规定这些供应商只能从其母公司——德国甲公司——指定的更上游的供应商清单中采购产品。此时,乙公司的合同行为就可能因为没有正当理由限定交易相对人只能与其指定的经营者交易而触犯我国《反垄断法》第 22 条第 1 款第 4 项。因为《供应链注意义务法》第 2 条第 2 款第 6 项定义的劳动者缔结联合组织的自由(Koalitionsfreiheit)与我国法律秩序未必兼容,我国《工会法》12 条规定基层工会的建立必须报上一级工会批准。中国供应商遵守我国法律的批准程序,依我国法律并非干扰人权的行为,因此乙公司的这一理由未必正当。

三、德国对欧盟指令草案的立场

德国高度重视对外经济的发展,其国际投资和国际货物贸易在整个欧盟都处于非常领先的地位。流入德国的外国直接投资数量通常排在欧盟国家前 3 名的水平,2018 年最高达到约 721 亿美元的水平,而即便欧陆疫情最严重的 2021 年也维持了约 313 亿美元的水平。德国对外直接投资更是冠绝欧盟,2021 年达到了近 6 年来最高的 1 517 亿美元。[①] 在国际货物贸易方面,德国也是典型的大进大出的加工制造大国。常年稳居世界货物贸易进出口双料第 3 名的位置,2021 年其货物出口价值是欧盟第 2 名荷兰的 1.95 倍,达到 16 320 亿美元(进口价值也是 2021 年欧盟第二名荷兰的 1.87 倍)。[②] 考虑到欧盟供应链注意义务立法的上述潜在影响,任何导致国际商贸活动过分不可预期、诱使企业鲁莽收缩供应链的欧盟立法都很难被德国接受。

2022 年 11 月 30 日德国代表团在欧盟部长理事会审议指令草案的会议上提出的几点意见也印证了这一论点。首先,德方强调撤出市场只能作为最终策略(Ultima Ratio)来考虑,应该避免鲁莽地退出采购市场,而将关注点放在赋能供应商而不是动辄惩罚他们。但另一方面,在中止业务关系作为最后的结果不能避免的极端情况下,即便援引企业利益也

---

① UNCTAD, World Investment Report, Annex table 1.
② WTO, World Trade Statistical Review 58(2022).

不能妨碍采取退出市场的措施。其次,德方坚定地要求指令中必须包含安全港(Safe Harbour)制度。也就是说,当企业自愿遵守了行业倡议或采纳了有资质的认证时,企业的过错形态为轻过失时应享有减免法律责任的特权。再次,基于成员国宪法和《欧盟基本权利宪章》包含的法治国原则,法律要具有确定性。德方认为指令附录列举的人权标准有必要进一步细化,兜底条款也须加以限制。最后,除了以上希望限制部分干预的意见外,德国在环境事项上则建议扩展包括生物多样性和防止海洋污染方面的利益,并且在资本市场规制和金融服务监管方面统筹考虑可持续性投资措施,以促进非金融类企业实现指令拟规定的生态和社会价值。[①]

四、与德国民法与民事诉讼程序的衔接

除却上述对市场运行可能造成的扰动外,德国及未来欧盟整体的供应链注意义务立法也在与德国国内民事实体法和程序法的衔接方面引发了若干新的问题。

首先,预防义务中的暂停或终止业务关系必然导致合同的解除。《供应链注意义务法》并没有关于解除的条件和民法上的法律后果的明确规定,尚待德国的判例和学说在个案中予以具体探讨。指令草案考虑到了这一点,要求成员国的合同法必须对此做出规定。可能的转化方式是增加一些合同法定解除权的类型,同时还要考虑设置适当地做出解除意思表示的期间。

其次,该法第 6 条第 4 款要求企业在与直接供应商的纳入监督条款以防止后者可能的人权或环境侵害行为。该义务并未给企业及其供应商之间的合同直接塞入强制性的内容,而是要求企业在具体实施中通过自主的法律行为设置其具体内容。考虑到该法中注意义务总的性质是尽力而为的义务,有德国学者据此认为在与直接供应商的合同中不是必须纳入监督、预防性的条款。因此欠缺这些条款的合同不会仅仅因为违反法律的禁止性命令或者善良风俗而无效(《德国民法典》第 134、138 条)。[②] 实践中为了避免与供应商逐个谈判、缔约,企业很可能针对业务往来中的不特定主体适用标准化的合同内容,因此就会产生德国债法上与一般交易条件(Allgemeine Geschäftsbedingungen)有关的规则如何适用的问题。[③] 参考德国立法者在立法文件中举出的若干此类监督条款的示例,合同中可能包含根据企业之后对供应商风险分析的结果而由前者单方面调整合同内容的条款。此时,这种保留单方面的给付变更权的内容可能因为《德国民法典》第 308 条第 4 项而无效。[④] 如果针对供应商的违约行为约定有违约金条款,《德国民法典》中的一般交易条件法对此也设有比较高的条件。[⑤]

---

① 15024/1/22 REV 1 ADD 1：DEU Protokollerklärung.
② Hannes Wais, Die Vertragliche Seite des LkSG, in：JZ 2023，S. 430.
③ Hannes Wais, Die Vertragliche Seite des LkSG, in：JZ 2023，S. 429-430.
④ Wolfgang Wurmnest, in：MünchKomm BGB, Bd. 2，9. Aufl. 2022，§ 308 Nr. 4 BGB Rn. 16.
⑤ BGH NJW 2016，1230，1232；BGH NJW 2017，3145，3146.

再次,《供应链注意义务法》第 3 条第 3 款明确规定故意或过失违反该法不导致民事责任,但独立于该法成立的民事责任不受影响。几乎没有争议的是该法不是德国《民法典》第 823 条第 2 款意义上的旨在保护其他人的保护性法律(Schutzgesetz)。然而根据第 823 条第 1 款的一般性侵权似乎也并非不可想象的。如果比较一下法国《2017 年 3 月 27 日关于母公司及供应链上的企业警惕义务的 2017 - 399 号法律》①,就会发现法国立法者明确地提示违反该法规定的警惕义务(le devoir de vigilance)的法律后果是导致违反者的责任,并使违反者负有损害赔偿义务(《商法典》第 L. 225 - 102 - 5 条第 1 段)。这里的损害指违反者如果履行了义务则可以避免的后果。但须注意的是该条还有一个明示的要件——符合法国《民法典》关于一般侵权责任的第 1240 和 1241 条所规定的条件。在违反警惕义务时,比较难以证成的恰恰就是一般侵权要件中企业行为与损害结果间的因果关系。法国宪法委员会在 2017 年 3 月 23 日针对该法草案的判决中也强调,根据该法新增的《商法典》第 L. 225 - 102 - 5 条只是对责任法上的一般规则的确认,并不是要创设一个对他人行为负责的制度。②

指令草案的真正突破是按照一般的侵权责任四要件模式设置了独立的损害赔偿请求权。行为是指未能履行草案第 7、8 条规定的预防或消除消极后果义务的不作为。过错形态包含故意或过失,这里要注意的是并没有对轻过失的责任豁免。损害后果是指按照各国国内法所保护的属于自然人或法人的法益。因果关系的正面表述是由于企业的不作为而导致损害,明示的排除因果关系的规则是损害仅仅由于交易伙伴的行为而导致。赔偿请求权应当覆盖完整的损害赔偿,而完整的赔偿包含的要素则按照成员国的民法加以确定,但绝对不能包含过度赔偿(比如惩罚性赔偿或多倍赔偿)。如果涉及复数主体的共同侵权,无论成员国的法律如何,依照该指令,企业与其子企业或交易伙伴都负连带赔偿之债。而且草案还规定了一条具有国际私法性质的规则,即成员国必须确保转化该侵权责任的国内法属于强行法,从而在侵权损害赔偿请求权的准据法为欧盟域外法时保证成员国的国内法优先适用。

最后,由于人权受损或环境侵权的受害者相对于适用《供应链注意义务法》的大型企业在诉讼资源上常居于弱势,为此该法专门授权特定类型的受害者可以授予住所在德国国内的工会或 NGO 单独的诉权。换言之,这类组织可以以自己的名义提起民事诉讼而不仅仅是代理原受害者。③ 然而并非所有民事权利受损的人都是有授权资格的适格受害人,适格的标准是该人十分重要的受法律保护的地位遭受了损害,比如生命权或身体健康权。但要注意,"十分重要"这一限定不意味着立法者在各种人权类型之间存在评价差异。可被授权

———————————

① Loi no 2017 - 399 du 27 mars 2017 relative au devoir de vigilance des sociétés mères et des entreprises donneuses d'ordre.

② Décision no 2017 - 750 DC du 23 mars 2017,alinéa 27—28.

③ BT-Drs. 19/28649,52.

的组织也有一定的限制条件。按照组织自己的章程,它们必须是非营利的;其成立目的也不能只是一时地追求人权或国内法上与人权相当的权利的实现,而是要一贯地以此为志业;且要能维持自己的持续存在,换言之要能支配可信的财产。

第五节　德国法上企业的直接行动义务

除了极为广泛的信息披露义务和最新的供应链上的注意义务外,德国立法者也早已将越来越多的社会政策目标渗入了传统企业法的领地,为企业自身的组织活动、运营活动设置了许多直接行动义务。

一、争取性别平等的义务

在德国较早而且较为典型的例子就是社会政策中的性别平等立法对企业法的渗透。德国专门的性别平等立法最早的是 1994 年《在联邦行政机关及联邦法院中支持妇女及家庭与职业相协调法》(Gesetz zur Förderung von Frauen und der Vereinbarkeit von Familie und Beruf in der Bundesverwaltung und den Gerichten des Bundes,以下简称《妇女支持法》),该法 2015 年 4 月 25 日被新的《在联邦行政机关、联邦企业及联邦法院中的妇女平等法》(Gesetz für die Gleichstellung von Frauen und Männern in der Bundesverwaltung und in den Unternehmen und Gerichten des Bundes,以下简称《联邦平等法》)所取代。但两者对企业类主体都只有极为有限的影响。《妇女支持法》第 1 条规定的适用范围仅限联邦自主行政范围内的公企业。《联邦平等法》第 2 条结合第 3 条第 9 款稍微扩大了适用范围,包含了联邦间接行政范围内的机构(以及这些机构未来私有化后变为的私法上的企业),但可以说还是以公企业为主。直到 2021 年对《联邦平等法》进行大修后才将适用性别平等规则的可能性推广到所有联邦直接或间接参与的法人。但适用方式是任择式的,即通过全体一致做出的修改法人章程的决议在章程中添加全部或部分适用该法的声明。一旦适用,则企业法人在人员招聘、晋级、在职教育、差旅、领导岗位女性比例等方面负有保证性别平等的直接义务。

二、公司组织法立法导向的变迁

不仅如此,企业法的核心内容——企业组织法——也吹响了变化的前奏。尤其在股份公司企业治理领域,德国法日益呈现出利益多元化的相关者导向(Interessenplurale Stakeholder-Ausrichtung),其中主要的利益相关者的诉求往往也都围绕着 ESG 事项。

首先,股份公司董事的薪酬机制应反映其工作对公司可持续性的价值成长做出的贡献程度。《股份法》第 87 条第 1 款第 2 句规定上市股份公司董事的薪酬结构应当以公司可持续的长期发展为导向。为转化欧盟的股东权利指令而于 2019 年专门加入的第 87a 条第 1

款更是要求上市股份公司监事会必须以决议方式创设一个明确且可理解的董事薪酬系统，其中必须包含的元素之一就是董事对促进公司战略与长期发展所做的贡献。随着立法进程经历了从企业社会责任到 ESG 的扩大，这里的可持续性概念是一个不确定法律概念。① 虽然对没有上市的股份公司目前还没有成文法要求其董事会的薪酬制度必须以可持续性发展为导向，但从立法文件中可以看出德国立法者认为在判断董事和监事的注意义务和职责时也要考虑到可持续性的目标导向。②

其次，这种激励机制反映了德国股份公司董事领导义务内涵的变化。《股份法》第 76 条第 1 款规定董事会以集体责任的方式对公司的领导负责。促进公司可持续性发展的义务在评估董事的领导是否对公司利益造成损害方面引入新的维度，因为长期的盈利能力与短期利益最大化是不同的，评估时不能只看短期利益。③ 公司降低当期利润而强化对雇员的社会性支出、给当地环保 NGO 捐赠、放弃对第三人的某些请求权或者接受和解都会有助于公司社会接受度的提高，从而为未来的利润增长打好基础。④ 这也被一些德国学者称为公司声誉管理义务(Pflicht zum Corporate Reputation Management)。⑤ 而且对这种长期收益的理解也不能简单等同于其所能为公司带来的金钱收益，因此不能仅仅因为提高公司声誉带来的单纯的金钱收益低于履行社会义务的成本就认为董事会违反了其领导义务。这种新的评价维度使得董事会的决策有了更多的说明其合理性的事由，从而某种意义上扩展了董事会商业决策的裁量空间。⑥

除了正式的立法，与公司治理密切相关的软法中也明显开始强调 ESG 概念，与此密切相关的就是 2022 年《德国公司治理操典》(Deutscher Corporate Governance Kodex)的修改。这部文件由德国联邦司法部于 2001 年设置的德国公司治理法典委员会定期公布。委员会成员来自德国上市企业的董事、监事代表以及企业的利益相关者(机构投资者、私人投资者、经济学与法学界人士、会计师与工会联盟代表)。文件通过原则、建议和鼓励三种规范类型来推广德国大企业所采取的有关领导和监督的最佳实践。2022 年的改革主要就是为了呼应上市企业领导与监督实践中对生态与社会可持续性的强调⑦，以及对欧盟《可持续性报告指令》即将颁布与德国性别平等领域的修法给《股份法》带来的影响做出响应。

尽管性质上是软法，部分规则名义上叫"建议"，但《股份法》第 161 条第 1 款却令这些建议柔中带刚。因为上市公司的董事会和监事会据此有义务每年就领导和监督活动符合《德国公司治理操典》中建议的情况做出说明，如果没有符合，就需要加以解释。

---

① Jens Koch AktG Kommentar § 87 Rn. 25.
② BT-Drs. 16/13433，10；Jens Koch AktG Kommentar § 87 Rn. 25.
③ BGH v. 10.7.2018-II ZR 24/17, AG 2018, 841, 847；Daniel Walden, in NZG 2020, S. 50, 52.
④ Jens Koch AktG Kommentar § 76 Rn. 35.
⑤ Christoph H. Seibt, in：DB 2015, S. 171ff.
⑥ BGH NJW 2002, 1585, 1586.
⑦ 《德国公司治理法典》2022 年修改说明，第一部分：一般性解释。

在董事会的业务领导任务方面,治理操典的 A. 1 项建议要求董事会在长期战略、逐年计划和风险管理机制三方面不仅要考虑经济和企业金融的利益,也要考虑生态与社会的可持续性。而考虑的方式也是遵循双重重要性原则,即一方面要系统地识别和评估生态、社会因素给企业带来的风险和机遇;另一方面要系统地识别和评估企业活动带来的生态与社会后果。第 A. 3 项建议即便没有法律规定,企业的内控系统和风险管理系统也要覆盖可持续性相关的目标、掌握并处理有关数据。不过随着下节将要叙述的德国供应链注意义务法和上一节分析的《可持续性报告指令》相继生效,可持续性事项将越来越密集地被实定法所规制。如此一来,一部分对可持续性事项的治理义务就转化为董事会的合规义务而继续发挥作用。

在监事会的监督和咨询任务方面,治理操典的第 6 项原则修改的部分强调它们尤其要包含可持续性问题。这种监督和咨询无疑要对应董事会的各项领导工作,包括其战略方向、年度执行计划和内控与风险管理系统有无充分考虑可持续性要素。[①] 仅仅规定任务还不足以保证监事会的履职能力,修正后的第 C. 1 项建议还规定监事会成员的能力构成要包含处理对企业来说重要的可持续性问题的能力。如果一家德国股份公司是涉及公共利益的(《股份法》第 107 条第 4 款援引《商法典》会计法部分的第 316a 条的定义,内容与《会计指令》基本一致),其监事会中必须组建审计委员会(Prüfungsausschuss)。审计委员会的重要使命就是在会计、审计事项上对公司运行进行监督。鉴于非财务性报告已经成为涉及公共利益的德国股份公司会计项目的一部分,未来的可持续性报告义务更将提质扩容,第 D. 3 项建议审计委员会成员的能力构成中要包含可持续性报告的制作和审计能力。

第六节　结　语

通过本章对欧盟及德国法中与 ESG 相关的立法例的梳理,可以发现 ESG 这一概念并不是突然出现的,而是对更早的企业社会责任概念的继承和发展。其内涵也逐渐扩展。其中,企业需要关注的环境事项从传统环保法中典型的污染排放、垃圾处理、加工中对危险物质的使用,扩展到循环经济、生物多样性保护,再到《欧洲气候法》颁布后的控制温室气体排放、遏制全球变暖。社会事项从传统劳动法涉及的劳资关系协调扩展到性别平等、包容残障人士、与企业所在地社群的对话等领域。企业治理事项传统上主要是企业合规管理涉及的反腐败、反贿赂,但随着法律增加了企业需要履行的环境、社会义务,良好的企业治理也必须相应包括新的内容,比如管理者需要掌握环境科学、人权法、可持续性报告审查等方面的知识;需要关注和本地社群的公共关系。笔者认为这种变化的根本特点就是企业关注的价值主体从个别的、具体的逐渐变为广泛的、一般的,比如排污事项涉及的往往是一个本地

---

① 《德国公司治理法典》2022 年修改说明,对 C. 1 项建议的解释。

的有限生态系统(包含人、其他动植物还有土壤、空气等非生物的集合体),但应对气候变化关注的可以说是整个生物圈。相应地,企业行为考量的价值主体也从本地的人群扩展到全人类。同理,劳动关系本来只涉及本企业特定的、有限的雇员这一价值主体,但企业强化性别平等、提高残障人士便利度的行为受益的价值主体并不限于雇员,也可能是雇员的家属、企业的访客。这一特点无异于是德国乃至欧盟企业法部分"公法化"的一个明证,因为公法的基本标志就是立足于共同体的一般公共利益来规制人的行为。

从设置的义务类型来看,也经历了从单纯的信息披露义务到越来越多、越来越细致的具体行为义务的发展。这无疑将要求在企业决策者、管理者的行为层面融入更多的"公法性思维"。亦即决策者不能再从企业短期经济利益这一较为单一的维度出发,而是更像当代政府决策者那样要无时无刻地兼顾多目标间的平衡。对其行为的问责监督主体也不再仅限于私法性的组织体内部的股东,甚至远超和其有雇佣关系的雇员或投资关系的投资者,而是包括了工会、人权 NGO、环保 NGO 等社会组织。这种压力来源也更像政府决策者才会面临的情境。

从立法技术来看,ESG 法制也是典型的公私法交融的领域。一方面,其核心法律主体是作为组织体的企业,因此核心规制工具属于企业组织法。但是组织的决策必然落脚到决策者、管理者、监督者个人,所以在企业内部的行为法层面也要细化这些个人的审慎管理义务和对企业、对股东的法律责任。另一方面,企业与其他外部民事主体间法律关系的重新调整需要和民法(尤其是合同法和侵权法)的修改紧密结合。除了这些,私法性机制也离不开公法性的执行机制,这就需要对行政法做出衔接性的规定。

与企业运营和政府监管活动相伴而生的还有商品和信息的流动。引入 ESG 规则会导致国际国内的商品流发生变化,如何使这种变化既有利于己,又不违反现有的国际竞争法、国际贸易法的规则也是一国立法者必须考虑的内容。而信息流的变化无论其收集、处理者是私主体抑或公主体都会产生敏感信息保护的问题,包括个人信息、营业秘密、企业声誉等方面。因此构成了横贯公私法领域的议题。

正是由于其高度的交融性和复杂性,无论德国还是欧盟立法者都注重保持法律规则的适度灵活。首先,立法后及时、定期的评估非常重要。这样可以从实践中出现的弊端中及时获得反馈从而修改立法。其次,大胆授权行政机关立法,更快速地创设或修改具体义务内容,以适应快速变化的市场环境。最后,积极利用行业组织、专业团体的软法,一些政府感知信息较为滞后或者成本过大的领域不妨保留给社会组织,鼓励它们自治自律。目的也是保证规则更快速地适应市场变化。

笔者认为,欧盟和德国立法的理念变化对我们的确具有启发性,但其公法化趋势未必是我们要全面、立即加以模仿的。尤其是考虑到两者在企业组织的发展成熟度、企业可支配的物质资源的平均水平和国民经济短期发展目标上的差异,如果贸然加重我国企业法上 ESG 相关的义务,就可能降低企业聚焦提高生产效率、提升科技水平的资源,分散企业管理者的决策精力。

我国五位一体的发展战略也要求企业逐步提高对 ESG 事项的关注,并身体力行地推进社会文明、生态文明的发展。尤其是当前我国面临环境资源约束紧、物质资源分配贫富差距大、国民消费能力和意愿亟待提升、社会群体撕裂有所抬头的紧迫状况,越来越难以割裂社会文明、生态文明的进步与物质文明的发展。对 ESG 事项的适度投资,长远看不但不会拖慢我国的物质积累,反倒会拉升内需、降低职场内耗、提高劳动效率。

为此更值得借鉴的是德国及欧盟更成熟、更协调的立法策略和平衡冲突性法益的技术,同时预防其负面溢出效应对我国的影响并提前思考对策。最后按照适当的改革步调,来实现我们面向 21 世纪中叶的"五位一体"而非"绿色挂帅"的社会经济发展目标。

第五章　英国 ESG 法治框架分析

刘林琳[*]

ESG 是环境(Environmental)、社会(Social)与治理(Governace)的统称。2004 年,联合国全球契约组织(United Nations Global Compact)发布报告《有心者胜》(Who Cares Wins),首次提出"环境、社会、治理(ESG)"概念。2006 年,联合国负责任投资原则组织(United Nations-Principles for Responsible Investment,UN-PRI)首次将环境、社会、治理(ESG)作为衡量可持续发展的重要因素。ESG 强调企业不仅要关注财务绩效,也要从环境、社会及治理角度衡量企业价值,使企业履行社会责任的表现可量化、可比较并可持续改善。[①] 早在 1999 年,英国就已率先在养老基金投资领域中引入 ESG 投资因素。十多年来,英国虽未设立统一的、强制性的 ESG 法律,但也出台了多项针对 ESG 披露、投资、评级的法律政策,逐步提升了 ESG 在金融市场中的重要性和社会影响。微观上,ESG 运作流程主要可分为三个阶段:首先,公司根据制度框架发布 ESG 报告,披露相关信息;其次,评级机构对公司 ESG 表现进行评级;最后,投资机构根据 ESG 评级完成投资决策,企业则根据评级结果进行相应的整改与完善。[②] 据此可发现,根据阶段的差异性,ESG 体系可分为三个方面:ESG 披露、ESG 评级以及 ESG 投资。为此,本文第二、三、四节将分别介绍英国 ESG 法治在信息披露、评级制度以及投资方面的具体规定。

第一节　英国 ESG 法制发展历史脉络与基本框架

近年来,ESG 在全球资本市场引发关注,但其并没有统一的明确理解或定义。不同组织在衡量 ESG 时所考虑的具体内容也存在差异。例如,MSCI[③] ESG 评级指数,在环境、社

---

[*] 刘林琳,上海财经大学法学院博士生,主要研究方向:环境法。
[①] 财新智库、ESG30:《2022 年 ESG 发展白皮书》。
[②] 李小荣、徐腾冲:《环境—社会责任—公司治理研究进展》,《经济学动态》2022 年第 8 期,第 133 页。
[③] MSCI(Morgan Stanley Capital International),即明晟|摩根士丹利资本国际公司,是美国指数编制公司,从事于为投资者提供决指数数据和公司信息。See About Us, MSCI. https://www.msci.com/who-we-are/about-us,last visited on 2023—02—17.

会和治理指标下设置了 10 个议题,37 个核心指标(见表 5—1)。① 可持续会计准则委员会 (Sustainability Accounting Standards Board,SASB)将 E、S、G 与责任投资原则相结合,从而衍生出 26 个通用指标(见表 5—2)。我国于 2023 年 1 月实施的、由中国质量协会发布的《企业 ESG 评价指南》规定②,环境、社会、治理三大板块下共包含 7 个一级指标和 39 个二级指标及对应的若干表现。③

表 5—1 MSCI ESG 评级指标

一级指标	二级指标	核心指标
环境	气候变化	碳排放、财务环境影响、产品碳足迹、气候变化脆弱性
	自然资源	水资源稀缺、原材料来源、生物多样性和土地使用
	污染与废物	有害气体和废物排放、电子垃圾、废弃材料和包装物
	环境机遇	清洁技术机遇、可再生能源机遇、绿色建筑机遇
社会	人力资源	劳工管理、人力资源发展、安全与健康、供应链劳工标准
	产品责任	产品质量与安全、隐私和数据安全、化学安全、责任投资、金融产品安全、健康和人口风险
	利益相关方	争议根源
治理	社会机遇	实现沟通、关爱健康、赢得收益、获得营养与健康机遇
	企业治理	董事会、所有权、薪酬、审计
	企业行为	企业道德、腐败、不正当竞争、稳定的财务制度、透明纳税

表 5—2 SASB 衡量 ESG 的通用指标

一级指标	核心指标
环境	温室气体排放、空气质量、能源管理、水及污水管理、废弃及有害物管理、生态影响
社会资本	人权和社区关系、顾客隐私、数据安全、可及性和可负担性、产品质量和安全、顾客权益、销售实践与产品标示
人力资本	劳工实践,员工健康与安全,员工参与、多元化与共融
商业模式和创新	产品设计和生命周期管理、商业模式弹性、供应链管理、材料采购与效率、气候变化的物理影响
领导力与管治	商业伦理、竞争行为、环境合法合规管理、重大事故风险管理、系统化风险管理

可见,ESG 所指内涵十分丰富且广泛。由于英国目前并没有统一的 ESG 法律,也未规

---

① ESG Ratings,MSCI,https://www.msci.com/zh/esg-ratings#_msciinteractiveassets_WAR_msciinteractiveassets_INSTANCE_kCKSnb1tqh8I_IconTab1,last visited on 2023—02—17.

② 《中国质量协会关于批准发布〈企业 ESG 管理体系要求〉〈企业 ESG 评价指南〉两项团体标准的公告》,质协字 320 号,2022 年 11 月 18 日发布。

③ 由于该文件目前并未公开,因此具体信息无法获知。参见《企业 ESG 评价指南》,载全国团体标准信息平台:http://www.ttbz.org.cn/StandardManage/Detail/72297,最后访问日期:2023 年 2 月 17 日。

定具体的相关指标,因此难以对其具体内涵进行界定。故而本文在阐释英国 ESG 法治时,将把其他国际组织制定的多种 ESG 指标作为参考依据。其实质是分析英国现有法律政策中涉及的有关环境、社会、治理等核心问题的内容。

一、英国 ESG 法制发展历史脉络

英国 ESG 立法最早起源于养老金投资领域。1999 年《地方政府养老金计划(资金管理和投资)(修正案)条例》规定,养老金管理机构在进行投资活动时应当考虑社会、环境或道德因素,并通过"投资原则报告"予以披露。[①] 2006 年,随着《公司法》的实施,英国政府从 ESG 投资领域开始转向对 ESG 披露问题的规制。《公司法》规定上市公司在编制董事报告中业务回顾内容时应包含其与环境问题(包括公司业务对环境的影响)、员工、社会和社区问题等事项有关的公司策略,以及这些策略的有效性。2010 年英国财务报告委员会(Financial Reporting Council,FRC)专门针对 ESG 发布了《英国管理守则》(The UK Stewardship Code,UKSC),但该政策并不具有强制性,允许企业自愿选择是否遵守。除法律政策外,部分非官方文件也开始号召公司自愿披露相关信息。如 2011 年 2 月戴维斯勋爵(Lord Davies of Abersoch)发布《董事会中的女性》(Women on Boards),建议公司董事会实现性别平等,并披露性别指标,如上市公司应每年披露女性在董事会中的比例、女性在高级行政职位上的比例以及女性雇员在整个组织中的比例。

2013 年通过修改《公司法》,英国实施了首个强制性 ESG 披露规范。《〈2006 年公司法〉修改(战略报告和董事报告)条例》强制要求所有上市公司在董事报告中披露温室气体排放相关信息。[②] 之后,英国政府陆续制定多项强制性披露规则。如 2015 年《现代奴役法》要求特定组织每年需制定一份奴役和人口贩运声明。[③] 2017 年,《平等法案(性别薪酬差距信息)条例》强制要求企业发布性别薪酬差距信息。[④] 2018 年《公司(董事报告)和有限责任合伙企业(能源和碳报告)条例》要求企业报告能源使用情况。[⑤] 2022 年《公司(战略报告)(气候相关财务披露)条例》要求所有上市公司和大型资产所有者从 2022 年 4 月起按照气候相关财务信息披露(Task Force on Climate-related Financial Disclosures,TCFD)所规定的框架指标公开信息。[⑥]

除自愿性与强制性 ESG 披露义务之外,1992 年英国颁布的《凯德伯瑞最佳实践守则》

---

① 该法第 9A 条规定,养老金管理机构必须公布一份关于其投资决定原则的书面声明,应当包括"……(f)在选择、保留和实现投资时考虑社会、环境或道德因素的程度(如果有的话)"。The Local Government Pension Scheme (Management and Investment of Funds) (Amendment) Regulations 1999,Art 9A.

② The Companies Act 2006 (Strategic Report and Directors' Report) Regulations 2013,Art 15.

③ Modern Slavery Act,Art 54.

④ Equality Act 2010 (Gender Pay Gap Information) Regulations 2017.

⑤ Companies (Directors' Report) and Limited Liability Partnerships (Energy and Carbon Report) Regulations 2018.

⑥ The Companies (Strategic Report) (Climate-related Financial Disclosure) Regulations 2022,Art 4.

(Cadbury Code of Best Practice)还创设了"遵守或解释"原则,即对于颁布的公司治理准则,公司可以选择完全遵守这些准则,也可以选择对不适宜的条款不予遵守,但须在公司的定期报告中予以披露并做相应解释。在对企业的义务要求上,"遵守或解释"原则弱于强制性义务,但又高于自愿性义务;有利于政府引导公司治理方向的转变,同时又给予其一定的经营自主空间。因此,"遵守或解释"原则不仅一直适用至今,更为其他国家广泛模仿。如2010 年英国实施的第一部系统规定公司治理问题的政策文件——《英国公司治理准则》(UK Corporate Governance Code,UKCGC);2016 年《公司、合伙企业和集团(账户和非财务报告)条例》规定公司要以非财务报表的形式披露其运营过程中涉及环境、人权、员工等因素的战略活动。① 以上法律政策在适用上都延续了"遵守或解释原则"。

经过十几年发展,英国已然形成了较为完善和全面的 ESG 法律框架。总体而言,英国 ESG 法治的历史发展过程突出显示了以下特点(见表 5-3):

第一,规制措施多样化发展。一方面,受规制的 ESG 主体范围不断扩大。最初,对环境、社会、道德等方面考量的要求仅适用于养老金投资管理,之后在 2006 年扩展至上市公司。此后,ESG 法规适用对象逐步扩大到资产管理者、资产所有者、服务提供者等多个市场主体参与者。② 如《投资中介机构的受托责任》(Fiduciary Duties of Investment Intermediaries)中列明,需要遵守该条例进行 ESG 整合的"投资中介"(Investment Intermediaries)包括投资经理、代理商(Broker)和托管人。③ 另一方面,ESG 的规范要求日益丰富和具体化。从早期仅在养老金这类关注长线回报的投资类别中考量环境、社会、道德等议题,到近年来专门出台多项针对 ESG 的法规和指引以提升透明度建设。在发展过程中,对不同主体的责任要求逐步明确、清晰和完善,一些规范要求综合考量了持续性和可量化的问题。④ 例如,2010 年 FRC 专门针对 ESG 首次发布了 UKSC,形成了对完整 ESG 要素的要求。⑤ 针对不同市场主体的 ESG 法律法规齐头并进,共同推动了英国可持续金融的发展,使其逐步成为欧洲可持续投资的引领者之一。

第二,规制内容愈加严格。在强制性方面,早期 ESG 披露以自愿为主,UKCGC 则将 ESG 相关信息的披露义务由自愿披露上升为"遵守或解释"原则,即上市公司应当遵守披露规则,否则需在其报告中解释不遵守的原因。之后,随着欧盟要求其成员国实施非财务报告指令,英国也通过国内立法的形式强制其国内上市公司披露与环境、人权等问题相关的公司战略信息,如温室气体排放、能源使用、性别薪酬差距、现代奴隶等。随着气候变化问

---

① The Companies,Partnerships and Groups(Accounts and Non-Financial Reporting)Regulations 2016,Art 414CB Contents of non-financial information statement.

② 《研究|全球 ESG 政策法规研究英国篇》,载和讯网:http://news.hexun.com/2020-05-28/201440458.html,最后访问日期:2023 年 2 月 17 日。

③ Fiduciary Duties of InvestmentIntermediaries,The Law Commission,Published 1 July 2014.

④ 《研究|全球 ESG 政策法规研究英国篇》,载和讯网:http://news.hexun.com/2020-05-28/201440458.html,最后访问日期:2023 年 2 月 17 日。

⑤ The UK Stewardship Code,Financial Reporting Council,Published 2010.

题的日益严重,2021 年英国成为世界上第一个强制执行 TCFD 的国家。2022 年 4 月 20 日,英国金融行为监管局(Financial Conduct Authority,FCA)公布了其最终政策决定,即修订英国《上市规则》(Listing Rules)和《披露指南和透明度规则》(Disclosure Guidance and Transparency Rules sourcebook,DTRs),以提高英国上市公司董事会和执行管理层的多样性和透明度。①

第三.次级法律规范占据重要地位。以议会立法为代表的《公司法》在 ESG 规制上发挥重要作用,如《公司法》要求大中型公司(参照营业额、资产负债表总额和员工人数来衡量)发布年度战略报告。该报告必须列出有关各种 ESG 相关项目的信息,例如,业务对环境的影响,围绕公司员工的披露,社会、社区和人权问题,以及公司与每个事项相关的政策。然而,通过议会立法形式确立的法律虽然体现了民主性和公平性,但由于其立法进程过于漫长,且程序繁琐,具有明显的滞后性。因此,具有灵活性和及时性的次级规范在一定程度上能够克服法律的内生性缺陷。② 特别是 ESG,作为一种新兴的公司治理理念,在短时间内很难通过烦琐的议会立法程序予以规制。因此,次级规范实际上在 ESG 法治中占据更为重要的地位,如《公司治理准则》(Code on Corporate Governance)、《伦敦交易所规则》(Stock Exchange Rules)和《收购合并准则》(Takeovers and Mergers Code)等。

表 5—3　　　　　　　　　英国 ESG 主要法律政策的发展脉络

初次制定时间	最近修改时间	文件名称	发布机构/组织	主要内容
2021		《加强资产管理公司、人寿保险公司和受 FCA 监管的养老金提供者的气候相关信息披露》③	金融行为监管局(FCA)	该规则要求溢价上市公司、标准上市股票和全球存托凭证(GDR)的发行人、资产管理公司按照 TCFD 框架,披露制定气候相关的财务信息
2021		《养老金计划法》④	英国政府	该法案赋予政府权力,规定何时以及如何要求养老金计划采用强化治理要求,并根据 TCFD 的建议进行报告
2021	2022	《2022 年公司(战略报告)(气候相关财务披露)条例》⑤	商业、能源和工业战略部,以下简称 BEIS⑥	该法规要求所有上市公司和大型资产所有者从 2022 年 4 月起按照 TCFD 建议实施披露

---

① 《盘点 2022 年全球 ESG 的高光时刻》,载搜狐网:https://www.sohu.com/a/633348069_121119270#:~:text=2022%E5%B9%B44%E6%9C882,%E5%A4%9A%E6%A0%B7%E6%80%A7%E5%92%8C%E9%80%8F%E6%98%8E%E5%BA%A6%E3%80%82,最后访问日期:2023 年 2 月 17 日。

② 林少伟:《英国现代公司法》,中国法制出版社 2015 年版,第 28 页。

③ Enhancing climate-related disclosures by asset managers, life insurers and FCA-regulated pension providers.

④ Pension Schemes Act.

⑤ The Companies (Strategic Report) (Climate-related Financial Disclosure) Regulations 2022.

⑥ Department for Business, Energy and Industrial Strategy.

续表

初次制定时间	最近修改时间	文件名称	发布机构/组织	主要内容
2021		《职业退休金计划(气候变化治理和报告)条例》①	就业和养老金部②	该条例要求养老金计划和资产达 50 亿英镑或以上的授权主信托基金自 2021 年 10 月起评估并公开报告其投资的气候变化风险
2020		《FCA 裁定加强上市发行人的气候相关信息披露》③	FCA	该法规要求溢价上市的商业公司按照 TCFD 的建议披露(在遵守或解释的基础上)
2019		《绿色金融战略》④	BEIS	该战略制定了一项帮助英国减少碳排放的计划,并将提案分为三类:绿色金融、绿色融资和抓住机遇
2019		《改善股东参与和提高管理透明度(PS19/13)》⑤	FCA	本法规实施修订后的《股东权利指令》(SRD2),要求(在遵守或解释的基础上)资产所有者和资产管理人披露参与和投票政策,包括 ESG 问题
2019		《加强银行和保险公司对气候变化带来的金融风险的管理方法(SS3/19)》⑥	PRA	该条例规定了由气候变化引起的风险因素,以及银行和保险公司应采取的管理/缓解的战略方针
2019		《英国 2050 年的净零目标》⑦	BEIS	这项法律要求英国在 2050 年之前将所有的温室气体排放达到净零
2017		《英国性别薪酬差距报告法》⑧	英国政府,政府平等事务办公室	该规定要求公开披露拥有 250 名以上员工的公司的整体、平均和中位性别薪酬差距
2017		《ESG 报告指南》⑨	伦敦交易所(London Stock Exchange Group,LSEG)	LSEG 的指导旨在帮助公司了解投资者对 ESG 信息的要求,找到相关的报告框架,并提高全球报告标准。它包括 8 个优先报告事项:战略相关性、投资者重要性、投资级数据、全球框架、报告格式、定期投资者沟通、绿色收入报告和债务融资。其中还涉及对可持续发展目标和金融稳定委员会气候相关财务披露任务的规定
2017	2018	《清洁发展战略》⑩	英国政府,BEIS	该政府战略旨在确保经济增长和减少污染排放;同时成立了绿色金融工作组

---

① The Occupational Pension Schemes (Climate Change Governance and Reporting) Regulations 2021.

② Department of Work and Pensions.

③ FCA ruling to enhance climate-related disclosures by listed issuers FCA.

④ Green Finance Strategy.

⑤ Improving Shareholder Engagement and Increasing Transparency around Stewardship (PS19/13).

⑥ Enhancing banks' and insurers' approaches to managing the financial risk from climate change (SS3/19).

⑦ UK's 2050 net zero target.

⑧ The UK Gender Pay Gap Reporting Act.

⑨ Your Guide to ESG Reporting.

⑩ Clean Growth Strategy.

续表

初次制定时间	最近修改时间	文件名称	发布机构/组织	主要内容
2016		《区政府工作守则》①	养老金监管部门	DC 计划的实践守则,要求考虑重大的 ESG 和道德因素
2016		《公司、合伙企业和集团(账户和非财务报告)条例》②	英国政府	英国于 2016 年 12 月实施了《欧盟非财务报告指令》。《2014/95/EU 指令:关于某些大型企业和集团披露非财务和多样性信息》修订了 2013/34/EU 会计指令。它要求相关公司在管理报告中披露有关环境事务、社会和员工方面、尊重人权、反腐败和贿赂问题以及董事会多样性的政策、风险和结果的信息。这将为投资者和其他利益相关者提供一个更全面的公司业绩图。欧盟成员国必须在 2016 年 12 月 1 日之前转换欧盟《非财务报告指令》的规则
2015		《现代奴役法》③	英国政府	该法第 54 条要求某些组织每年制定一份奴役和人口贩运声明。此外,2020 年,政府提出了加强第 54 条的进一步措施
2011		《董事会中的女性》	英国政府;戴维斯勋爵	关于在英国公司董事会中实现性别平等的建议;包括关于披露若干性别指标的建议
2010	2020	《英国管理准则》④	FRC	该准则规定了机构投资者应追求的一些良好实践领域。FCA 要求英国授权资产管理公司报告其是否适用该准则。适用该准则的投资者在遵守或解释的基础上根据其原则进行报告。FRC 在其网站上发布了对该准则的承诺声明,并宣布将于 2016 年开始根据签署人对准则披露的质量对其进行公开分级
2006	2013	《对〈2006 年公司法〉的修改(战略报告和董事报告)》⑤	英国政府,商业、创新和技能部⑥	该条例强制要求所有上市公司在董事报告中进行强制性的温室气体报告(第 7 部分:关于温室气体排放的披露),并体现人权和多样性
1999		《地方政府养老金计划(资金管理和投资)(修正案)条例》⑦	英国政府,环境、运输和区域部⑧	养老基金必须在投资原则声明中披露在选择、保留和实现投资时对社会、环境和道德因素的考虑程度(如果有的话)

---

① DC Code of Practice.

② The Companies, Partnerships and Groups (Accounts and NonFinancial Reporting) Regulations 2016.

③ Modern Slavery Act.

④ The UK Stewardship Code.

⑤ Changes to the Companies Act 2006 (Strategic report and Directors' Report) 2013.

⑥ The Department for Business, Innovation and Skills.

⑦ The Local Government Pension Scheme (Management and Investment of Funds) (Amendment) Regulations 1999.

⑧ Department of the Environment, Transport and the Regions.

续表

初次制定时间	最近修改时间	文件名称	发布机构/组织	主要内容
1992	2018	《英国公司治理准则》	FRC	该准则规定了董事会领导力和效率、薪酬、问责制以及与股东关系方面的良好实践标准。它指出,董事会的作用是"促进公司的长期可持续成功,为股东创造价值,为更广泛的社会做出贡献"。它建议多样化的董事会和劳动力参与的选择,包括雇员董事

二、英国 ESG 法制基本框架

英国没有单一的、包罗万象的 ESG 立法或法规。英国 ESG 制度包括一系列不同的国内和欧盟衍生法律法规,其中许多法律政策并不仅仅以 ESG 为重点。英国 ESG 政策与法律主要立法来源有 2018 年《英国公司治理守则》、2006 年《公司法》、2020 年《英国管理守则》、2008 年《气候变化法》、2010 年《反贿赂法》、2010 年《平等法》、2015 年《现代奴隶制法》《上市规则》《披露指南和透明度规则》等。养老基金则需遵守养老金立法的额外要求,包括养老金监管机构、养老金和终身储蓄协会以及养老金气候风险行业协会等组织发布的《养老金条例》补充指南,如 2005 年《职业养老金计划(投资)条例》、2013 年《职业和个人养老金计划(信息披露)条例》和 2021 年《职业养老金计划(气候变化治理和报告)条例》等。

可见,英国的 ESG 法律政策规定是分散的,不同文件对环境(E)、社会(S)和治理(G)的规定呈现不同程度的重叠。目前英国没有一项涵盖所有 ESG 因素的总体立法,但是,现有多种法规涵盖了 ESG 的各个方面,不同规模、行业的公司应当以规定的方式遵守 ESG 相关政策。其中,英国有关 ESG 的核心政策载于《公司法》《英国公司治理守则》《披露指南和透明度规则》和《英国管理守则》。

(一)议会立法:《公司法》中的 ESG 规则

作为普通法系国家,判例法是英国主要的裁判依据。因此,英国公司法的传统法律渊源是法院判例。1862 年英国首次颁布了以公司法命名的成文法,该法与新的法令合并为1948 年《公司法》,后经 1961 年、1967 年、1970 年、1976 年、1980 年、1981 年、1985 年、1989年等多次修改。[①] 1988 年,英国贸易工业部成立公司法审议指导小组(The Company Law Review Steering Group),负责审议原有公司法的实施情况,并起草各类建议草案。[②] 经过 8年努力,2006 年 11 月 8 日,新版《公司法》获英国皇室批准通过。当时,2006 年《公司法》被认为是英国立法史上篇幅最长的一份法案,共 1 300 条。该法颁布后,几乎每年都有修改。

---

① 郭洪俊:《英国最新〈公司法〉修改述评》,《金融法苑》2008 年第 2 期,第 13 页。
② 葛伟军:《英国公司法改革及其对我国的启示》,《财经法学》2022 年第 2 期,第 35 页。

近些年,随着 ESG 观念对企业经营的影响日益显著,《公司法》也逐渐增加了更多有关董事义务、环境保护、社区治理、员工权益等 ESG 因素方面的法律规定。

1. 董事义务转向:从"股东利益为先"到"开明的股东价值"

长久以来,虽然保护社区公共利益与保障股东和公司债权人利益共同作为英国公司法发展的基本目的,但不难看出其范围是以股东利益为中心而进行的适度扩张。① 然而,在现代社会下,公司行为不仅仅只影响股东,也扩充至其他利益相关者,如企业破产"不仅涉及公司债权人之间的各种纠纷,也会提高所在社区的失业率,影响社会安定等"。② 利益相关者主义可分为以下两类:第一,工具主义的利益相关者主义(Instrumental Stakeholderism),以开明的股东价值(Enlightened Shareholder Value)为代表。受英国贸易工业部推动、成立的公司法审议指导小组,为推动《公司法》修改,于 1999 年发布了《战略性框架》(The Strategic Framework)③,提出,"为了增强公司的竞争性和促进社会整体福利,应当舍弃守旧的股东利益为先的价值取向,代之以开明的股东价值"。④ 公司法审议指导小组认为,董事在经营时应当考虑其他利益相关者,如此才有利于长期维护股东利益。第二,多元化的利益相关者主义(Pluralistic Stakeholderism)。相较于前者,该理论更为极端,认为应当彻底摈弃单一股东因素,在决策中综合考量利益相关者的冲突问题。⑤ 哈佛大学法学院教授白布查克更倾向于多元化的利益相关者主义,这是因为他认为开明的股东价值究其根本仍是以股东利益为先。⑥ 然而公司法审议指导小组并未采纳该意见,其认为以开明的股东价值为取向是公司法未来修改的最佳方向。⑦

为推动 2006 年公司法现代化发展,除公司法审议指导小组外,英格兰、威尔士及苏格兰法律委员会也相继发布两个关于公司法修改的报告:股东救济措施和公司董事义务。⑧ 特别是关于公司董事义务的报告,着重于通过推动董事义务的成文化,以规范董事利益冲突。委员会认为,"法典化的董事义务是将已知或可预见的义务规定在内,同时也可对未知但将来可能产生的义务持保留意见",有利于公司法更为稳定、清晰,便于实施。⑨

早期董事义务的规定仅存在于判例之中,在英格兰、威尔士及苏格兰法律委员会的推动下,2006 年《公司法》首次以成文法的形式规定了董事对公司应负的职责与义务。⑩ 该法第 171~177 条规定了董事的一般义务,包括:第一,依据公司章程以及授权范围行使权力;

① 林少伟:《英国现代公司法》,中国法制出版社 2015 年版,第 19—20 页。
② 林少伟:《英国现代公司法》,中国法制出版社 2015 年版,第 20 页。
③ 该框架是推动制定 2006 年《公司法》的第一份修改意见报告,为后续修改报告奠定了基础。
④ 林少伟:《英国现代公司法》,中国法制出版社 2015 年版,第 20 页。
⑤ 刘畅、雷良海:《企业社会责任、机构投资者与股东价值》,《经济研究导刊》2021 年第 13 期,第 58 页。
⑥ 刘俊海:《论公司社会责任的制度创新》,《比较法研究》2021 年第 4 期,第 23 页。
⑦ 林少伟:《英国现代公司法》,中国法制出版社 2015 年版,第 21 页。
⑧ 林少伟:《英国现代公司法》,中国法制出版社 2015 年版,第 29 页。
⑨ 林少伟:《英国现代公司法》,中国法制出版社 2015 年版,第 32 页。
⑩ 郭洪俊:《英国最新〈公司法〉修改述评》,《金融法苑》2008 年第 2 期,第 2 页。

第二,促进公司成功的责任,即公司董事必须以他认为最有可能促进公司成功的方式行事,以符合其整体成员的利益;第三,行使独立判断的责任;第四,行使合理谨慎、技能和勤勉的义务;第五,避免利益冲突的义务;第六,不接受第三方利益的义务;第七,申报拟议交易或安排中的利益的义务。

相较于原有规定,2006 年《公司法》第 172 条有关董事"促进公司成功的责任"被认为是董事义务法典化过程中的最大改变。[①] 该条第(1)款规定,公司的董事必须以其认为最可能促进公司成功的方式行事,以利于其成员的整体利益,并应当考虑到(不限于)以下事项:(a)任何决定可能产生的长期后果;(b)公司员工的利益;(c)促进公司与供应商、客户和其他方面的商业关系的需要;(d)公司业务对社区和环境的影响;(e)公司保持高标准商业行为的声誉的可取性,以及(f)公平对待公司成员。

最初,随着有限责任制度的发展,股东至上成为企业唯一的"正确",企业价值的最大化即为股东利益的最大化。然而,随着企业所有权与经营权的分离,企业不再仅仅关注股东利益,利益共享而非股东至上越来越成为社会共识。[②]英国 2006 年《公司法》也不再认为董事的主要职责仅是为股东的利益促进公司的成功。故而,《公司法》第 172 条要求英国公司的董事在履行职责时应当考虑公司员工的利益、公司运营对社区的影响、环境及其高标准商业行为的声誉等多方因素,以有利于公司全体成员的整体利益。

2.透明度建设:逐步扩充企业非财务信息披露内容

增强公司治理透明度是公司法现代化发展的重要内容之一。1999 年,公司法审议指导小组发布的《战略性框架》提出公司法修改时应当遵循便于交易、便于适用、规则界线的三大指导原则。[③] 透明度建设有利于保障交易第三方的安全,降低交易成本,便于商业交易活动的顺利进行,因此公司法审议指导小组认为应当要求公司按照法定要求全面及时向外披露相关信息,以提高交易透明度。[④] 2006 年《公司法》及颁布后的多次修订都有涉及 ESG 相关指标的披露规定。十几年来,《公司法》不断加强企业 ESG 披露义务。2006 年《公司法》要求上市公司披露"业务回顾报告"的规定被认为是英国有关 ESG 信息披露的最早的法律规范。此后,有关 ESG 信息披露的法律规定主要分布在 2013 年、2016 年、2022 年对《公司法》的修改条例中。

(1)2006 年:董事报告

2006 年《公司法》规定公司董事必须在每个财政年度编制"董事报告"(Directors' Report),并详细规定了董事报告的编制义务主体,批准签署程序,以及一般原则、业务回顾(Dusiness Review)、向审计师披露的声明等具体内容。其中"业务回顾报告"既是对 1985年《公司法》"经营和财务审查报告"(Operating and Financial Reviews)的继承,在具体内容

---

① 郭洪俊:《英国最新〈公司法〉修改述评》,《金融法苑》2008 年第 2 期,第 3 页。
② 朱慈蕴、吕成龙:《ESG 的兴起与现代公司法的能动回应》,《中外法学》2022 年第 5 期,第 1244 页。
③ 林少伟:《英国现代公司法》,中国法制出版社 2015 年版,第 18—19 页。
④ 林少伟:《英国现代公司法》,中国法制出版社 2015 年版,第 18 页。

上也有所创新。① 《公司法》第 417 条(5)款规定,上市公司在编制董事报告中有关业务回顾内容时应包含公司与环境问题(包括公司业务对环境的影响)、员工、社会和社区问题等事项有关的任何政策,以及这些政策有效性的信息。同时,若报告中不包含上述内容,则公司必须予以明确说明未涉及信息的具体类型。

(2)2013 年:战略报告

2013 年,英国对此予以修订,颁布了 2013 年《〈2006 年公司法〉(战略报告和董事报告)条例》,规定大中型公司(参照营业额、资产负债表总额和员工人数来衡量)必须在每个财政年度编制"战略报告"(Strategic Report)。同时,该法将上述有关 ESG 信息披露的义务从"董事报告"转移至"战略报告"中披露;并在环境、员工、社会和社区问题之外,增设对公司人权问题,以及对董事、管理层和员工的性别比例数据信息披露的法律义务。②

(3)2016 年:非财务报告

2014 年 10 月 22 日欧洲议会和理事会通过第 2014/95/EU 号指令——《非金融信息披露指令》(Non-Financial Reporting Directive,NFRD)。该指令被认为是首次系统规定 ESG 三要素的法律文件。NFRD 指出,员工人数超过 500 人的大型企业应当披露"非财务报告",其内容涵盖 ESG 议题,即至少须涉及环境、社会、员工事务、尊重人权、反腐败和贿赂问题。③

2016 年 12 月,为符合欧盟 2014/95/EU 指令要求,英国颁布《公司、合伙企业和集团(账户和非财务报告)条例》,修订了 2006 年《公司法》中对战略报告的要求。该法规定,对于员工人数超过 500 人以上的贸易公司、银行、保险公司或从事保险市场活动的公司,其战略报告必须包括"非财务信息声明"。

非财务信息报表必须包含为使相关利益主体全面了解公司的发展、业绩和地位及其活动的影响所必需的信息,至少涉及(a)环境事项(包括公司业务对环境的影响)、(b)公司员工、(c)社会事项、(d)尊重人权、(e)反腐败和反贿赂事项。④ 可见,"非财务信息声明"的具体内容与原有"业务回顾"的事项要求存在重叠部分,除环境事项、公司雇员、社会事务等事项外,还包括尊重人权,反腐败和反贿赂事项。

此外,2016 年《公司、合伙企业和集团(账户和非财务报告)条例》要求公司在非财务信息报表中,还应当说明本公司在履行《公司法》第 172 条规定的职责时如何考虑上述事项,以及对此类问题进行尽职调查时的程序。同时,该法还进一步要求公司在报表中说明,环境事项、公司雇员、社会事务、尊重人权、反腐败和反贿赂等非财务问题对自身商业活动的影响,包括其有可能具有的对公司业务、产品、服务等产生不利影响的风险;公司如何应对风

---

① 郭洪俊:《英国最新〈公司法〉修改述评》,《金融法苑》2008 年第 2 期,第 6 页。

② The Companies Act 2006 (Strategic Report and Directors' Report) Regulations 2013,Art 414C.

③ 朱慈蕴、吕成龙:《ESG 的兴起与现代公司法的能动回应》,《中外法学》2022 年第 5 期,第 1250 页。

④ The Companies, Partnerships and Groups (Accounts and Non-Financial Reporting) Regulations, Art 414CB (1).

险;以及对与公司业务相关的非财务关键绩效指标的说明等。

（4）2022 年:气候财务披露

2022 年《公司(战略报告)(气候相关财务披露)条例》规定,将战略报告中的"非财务信息声明"修改为"非财务和可持续性信息声明",明确规定相关公司必须披露气候财务信息。即公司在该声明中应当说明:(a)公司在评估和管理与气候有关的风险和机遇方面的治理安排;(b)公司如何识别、评估和管理与气候有关的风险和机会;(c)如何将识别、评估和管理与气候有关的风险的过程纳入公司的整体风险管理过程;(d)关于与公司业务有关的主要气候相关风险和机会,以及评估这些风险和机会所参照的时间段的说明;(e)主要气候相关风险和机遇对公司业务模式和战略的实际和潜在影响;(f) 在考虑到与气候有关的不同情况下,分析公司业务模式和战略的复原力;(g)公司用于管理气候相关风险和实现气候相关机会的目标,以及对照这些目标的表现;(h)用于评估管理气候相关风险和实现气候相关机会的目标进展情况的关键绩效指标,以及这些关键绩效指标所依据的计算方法。[①]

(二)次级规范:ESG 治理的主要法律渊源

2018 年《英国公司治理守则》和 2020 年《英国管理守则》是英国企业治理制度的重要组成部分,其具体实施由英国财务汇报局负责。《上市规则》要求在主板市场溢价上市的公司应当遵守或解释他们在哪些方面偏离了《英国公司治理守则》(称为"遵守或解释"原则)。因此一般来说,《英国公司治理守则》适用于上市公司,《英国管理守则》适用于机构投资者。对于非上市公司的监管则主要适用《大型民营企业的沃茨(Wates)公司治理原则》(Wates Corporate Governance Principles for Large Private Companies,简称"Wates 原则")。下文将对主要 ESG 法律政策文件进行详细介绍。

1.《英国公司治理守则》的历史发展与特点

财务汇报局刊发的英国《公司治理守则》(UK Corporate Governance Code,UKCGC)的前身可追溯至《凯德伯瑞最佳实践守则》(Cadbury Code of Best Practice)。1992 年,由阿德里安·卡德伯里爵士主持的公司治理财务委员会(Committee on the Financial Aspects of Corporate Governance)颁布《凯德伯瑞最佳实践守则》,之后被全球近 100 多个国家所借鉴。[②] 1998 年,汉普尔委员会与伦敦证券交易所将《凯德伯瑞最佳实践守则》和《格林伯里守则》(Greenbury Code)合并,发布《联合守则》。同时,《联合守则》引入了"原则"(Principles)规定,使公司能够以更加灵活的方式实施治理。之后,在 2006 年和 2008 年对《联合守则》进行适度修订后,经过 2009 年的审查,2010 年采用了《英国公司治理守则》这一名称。《英国公司治理守则》于 2012、2014、2016、2018 年多次修订,现行版本于 2018 年 7 月发行(见表 5—4)。

---

① The Companies (Strategic Report) (Climate-related Financial Disclosure) Regulations 2022, Art 4.

② Cheffins B R, Reddy B V. Thirty years and done-time to abolish the UK Corporate Governance Code, 22(2) Journal of Corporate Law Studies, 709(2022).

表 5—4　　　　　　　　　　　　　　《英国公司治理守则》修订历程①

年份	报告/守则	增加的关键内容	有关放松管制的举措	条款数量
1992	《凯德伯瑞最佳实践守则》	针对上市公司的先驱性公司治理准则,重点是董事会、董事、报告和财务控制		19 条规定
1995	《格林伯瑞守则》	首创的高管薪酬守则,涉及薪酬委员会、信息披露、薪酬政策和离职金等方面		39 条规定
1998	《联合守则》	采纳了卡德伯里(Cadbury)、格林伯里(Greenbury)和汉普尔(Hampel)委员会的意见。准则分为两部分,第一部分侧重于对上市公司的指导,第二部分侧重于对机构投资者的指导	引入了一套广泛的原则,使公司有机会以灵活的方式讨论公司治理问题,从而"有可能阻止填鸭式做法"(Box-ticking)	17 条原则,48 条规定
2003	《希格斯报告》(Higgs Report)	探讨了与董事会有关的广泛议题,包括董事会的结构、董事会委员会、主席的作用、董事的遴选以及董事的任期、时间承诺和薪酬		18 条原则,83 条规定
2003	《联合守则(修订版)》	增加了支持原则(Supporting Principles),根据《上市规则》,上市公司有义务讨论这些原则	与《希格斯报告》中的守则草案相比,大大减少了条款的数量	7 项原则,26 项支持原则,48 项规定
2006	《联合守则(修订版)》	增加了指导意见,表明通过代理投票的股东应该能够扣留其投票权	允许董事会主席参加薪酬委员会的工作	与 2003 年法典相同
2008	《联合守则(修订版)》		适用于董事会主席的指导原则在某些方面有所放松	与 2003 年法典相同
2010	《英国公司治理准则》	增加或重新修订了有关主席和非执行董事的角色、董事会的组成、董事的承诺水平、董事会的资源、董事会的风险管理责任和性别多样性的原则/支持原则。增加了关于董事会主席、董事会外部评估和 FTSE 350 公司董事年度选举的规定	第 2 节为机构股东提供指导,在 2010 年《管理准则》定稿后,该节成为一个停止运作的时间表	18 条原则,26 条支持原则,52 条规定
2012	《英国公司治理准则(修订版)》	扩大了关于审计委员会和董事会多样性的指导意见		18 条原则,26 条支持原则,53 条规定
2014	《英国公司治理准则(修订版)》	增加了"可行性声明"条款。重新制定了关于高管薪酬的指导意见。公司被期望表明他们对股东决议的大量反对票的反应		18 条原则,27 条支持原则,55 条规定
2016	《英国公司治理准则(修订版)》	修订后的审计委员会关于成员资格和任命外聘审计师的规定		与 2014 年守则相同
2018	《英国公司治理守则(修订版)》	对利益相关者、诚信和"企业文化"有了新的关注,包括执行英国政府关于员工董事会代表机制的要求	FRC 正在寻求缩短和加强修订后的准则,并删除了支持性原则	18 条原则,41 条规定

---

① Cheffins B R，Reddy B V. Thirty years and done-time to abolish the UK Corporate Governance Code，22(2) Journal of Corporate Law Studies，712—713(2022).

2018 年《英国公司治理守则》全文包括 18 项原则和 41 项规定,涵盖董事会领导和公司宗旨,职责分工,董事会组成、继任和评估,审计、风险和内部控制,薪酬等。[①] 结合其修订历程可发现,《英国公司治理守则》具有以下特点。

(1)重视非股东利益相关者

最初,《凯德伯瑞最佳实践守则》认为公司治理的问题在于如何加强董事会对股东的责任。[②] 此时董事被视为股东的"管家",如何加强董事与股东之间的沟通是公司治理的关键。然而,随着股东至上原则的衰落,《英国公司治理守则》对利益相关者、诚信和"企业文化"等理念有了新的关注。[③] 公司并非孤立的社会主体。一方面,公司通过提供就业和自身发展助力社会经济繁荣;另一方面,股东及利益相关者的支持也有助于提高公司及其董事的利益。因此,公司的成立虽为盈利之目的,但其与社会各利益主体之间的密切联系,意味着其应当秉持诚实、公开的原则,积极回应股东和其他利益相关者的意见,并承担必要的社会责任。基于此,《英国公司治理守则》意欲通过提供一套框架性的公司治理指南,以帮助公司实现可持续性发展的目标。

特别是在员工治理领域,2018 年修订《英国公司治理守则》,要求公司与员工互动,使员工参与成为英国公司治理的新发展。[④] UKCGC 第 5 条规定,董事会应了解公司其他主要利益相关者的意见,并在年度报告中说明在董事会的讨论和决策中如何考虑他们的利益和《公司法》第 172 条规定的事项。为强调董事会与员工之间的互动和联系,《英国公司治理守则》第 5 条规定,公司必须从员工队伍中任命一名董事,或建立一个正式的劳工咨询小组,或指定一名非执行董事(Non-Executive Directors)。如果董事会没有选择这些方法中的一种或多种,它应该解释有哪些替代安排,以及为什么它认为这些安排是有效的。特别地,UKCGC 在此处使用"劳动力"(Workforce)一词,而不是"雇员"(Employees),意在确保兼职员工和机构工人被纳入这一参与框架。

此外,《英国公司治理守则》还规定了对董事薪酬政策的制定,认为董事薪酬应与公司的宗旨和价值、个人表现、公司长期战略等相挂钩,并且设立明确的程序以保障。董事会设立一个由独立的非执行董事组成的薪酬委员会,再由该委员会为董事、高管制定薪酬政策,非执行董事的薪酬则由公司章程规定。

(2)管制强度逐渐宽松

一方面,《英国公司治理守则》在修订过程中的数量总体上呈减少趋势,例如,2013 年删

---

① UK Corporate Governance Code timeline | Corporate Governance,ICAEW,https://www.icaew.com/technical/corporate-governance/codes-and-reports/uk-corporate-governance-code/history,last visited on 2023−02−17.

② Report of the Committee on the Financial Aspects of Corporate Governance (Cadbury Report),Publishing 1992,para 6.1.

③ Cheffins B R,Reddy B V. Thirty years and done-time to abolish the UK Corporate Governance Code,22(2) Journal of Corporate Law Studies,712−713(2022).

④ Johnston A,Samanta N. ESG and Workforce Engagement:Experiences in the UK,Research Handbook on Environmental,Social and Corporate Governance,Edward Elgar,2023.

减大量规定;2018 年删除了"支持性原则"。① 另一方面,条文灵活性增强。特别是在 1998 年"原则"条款的引入,提高了公司治理的灵活性,一直沿用至今。公司及其董事可更加灵活的基于"原则"所含指导精神选择合适的公司治理方式。最后,从法律性质上看,《英国公司治理守则》为上市公司在董事会组成和发展、薪酬、股东关系、问责制和审计方面制定了良好常规标准,但其并非具有严格规则的硬法,亦即对该守则的遵守并非具有强制性。

此外,特别是 2018 年新修订的 UKCGC 第 5 条,除依据"遵守或解释原则"外,该条还规定了"替代措施"。财务汇报局认为,企业只要能够解释有效性,也可以实施 UKCGC 第 5 条规定措施之外的其他方式,以反映企业对员工参与的重视。事实上,UKCGC 并未指出"替代性措施"在有效性程度上不可低于或与法定措施相当。因此,相对于其他条款,UKCGC 第 5 条实际上赋予了企业更宽泛的治理义务。②

即使 UKCGC 第 5 条并不具有较强的约束性,但在实际运作中,上市公司的合规比例并不低。2021 年,有学者对富时 350 指数的上市公司统计发现,68% 的上市企业采用了三种方法中的一种或多种,其中 40% 任命了非执行董事,12% 的企业成立了员工咨询小组,16% 的公司选择两种皆适用,而只有一家公司选择从员工中任命董事。除此之外,还有 32% 的富时 350 指数公司没有采用这三类措施,有的选择实施"替代安排",有的则声称现有机制已满足规定。③

(3)上市公司披露义务加强

20 世纪 90 年代初,《上市规则》的修订要求公司应当声明其是否遵守了《凯德伯瑞最佳实践守则》,或者解释不遵守的原因。④ 这一规则延续至今。根据"遵守或解释"条款,不管其注册地是否在英国,所有在伦敦证券交易所溢价上市的公司都需要遵守《英国公司治理守则》;或解释其为何以及在哪些方面偏离。⑤ 然而相较于 1992 年《凯德伯瑞最佳实践守则》中的 19 条规定,2018 年《英国公司治理守则》所含的 18 条原则、41 条规定显然从整体上提高了企业治理和披露义务。此外,FRC 在 2022 年 7 月的一份立场文件中承诺,针对 DBEIS 关于审计和公司治理的报告,将增加《英国公司治理守则》条款,以指示董事会制定公司审计招标时应当考虑如何扩大市场多样性,同时加强 UKCGC 对内部会计和审计控制、可持续性、环境、社会和治理(ESG)报告以及高管薪酬奖金的处理。⑥ 同时由于公司披

---

① Cheffins B R, Reddy B V. Thirty years and done-time to abolish the UK Corporate Governance Code, 22(2) Journal of Corporate Law Studies, 714(2022).

② Johnston A, Samanta N. ESG and Workforce Engagement: Experiences in the UK, Research Handbook on Environmental, Social and Corporate Governance, Edward Elgar, 2023.

③ Johnston A, Samanta N. ESG and Workforce Engagement: Experiences in the UK, Research Handbook on Environmental Social and Corporate Governance, Edward Elgar, 2023.

④ *Listing Rules* 1993, para 12.43(j).

⑤ *Listing Rules* 1993, para 9.8.6R.

⑥ Position Paper: Restoring Trust in Audit and Corporate Governance, FRC, July 2022, addressing DBEIS (n 21).

露义务的细化与董事信义义务相联系,董事应当为公司 ESG 治理提供支撑,保障真实信息披露,并对其真实性承担责任。①

2.《英国管理准则》要求将 ESG 因素纳入投资决策中

《英国管理准则》(United Kingdom Stewardship Code,UKSC)由审计和公司治理标准监管机构发布,旨在通过提高投资者与公司之间的交流次数与质量,以改善受益人的长期回报。UKSC 针对的是投资经理和资产所有者,也适用于不直接管理投资但提供其他服务以帮助客户实现监管的服务提供商(例如,投资顾问、代理顾问以及数据和研究提供商)。自 2010 年第一部《英国管理守则》发布以来,投资市场发生了重大变化。环境因素,特别是气候变化因素、社会因素,以及治理因素,已经成为投资者在做出投资决策和承担管理时需要考虑的重大问题。②《英国管理准则》指出,"管理"(Stewardship)是指负责任地分配、管理和监督资本,为客户和受益人创造长期价值,为经济、环境和社会带来可持续利益。③

《英国管理准则》本身并不具有法律约束力,与《公司治理守则》类似,采取"遵守或解释"原则。机构投资者和其他相关机构可以自愿选择是否申请成为签署方。签署方需要通过披露相关信息或治理政策以解释说明他们是否遵守 UKSC,以及依循 UKSC 所开展的活动和取得的成果。

3.《Wates 原则》对大型私营企业的 ESG 披露规定

2018 年 6 月,政府出台了《2018 年公司(杂项报告)条例》[The Companies (Miscellaneous Reporting) Regulations 2018],要求所有目前不需要提供公司治理声明的规模较大(2 000 多名员工或营业额超过 2 亿英镑,资产负债表超过 20 亿英镑)的公司披露其公司治理安排。为帮助此类大型私营企业更好地履行该规定,詹姆斯·沃茨(James Wates)担任主席的联盟小组被要求制定相关公司治理原则,即《大型民营企业的沃茨公司治理原则》(以下简称《沃茨原则》)④。

《沃茨原则》指出,大型私营企业在披露其公司治理安排时可遵守以下六项原则。第一,关于目的和领导。需要明确一个有效的董事会发展和促进公司的目的,并确保其价值观、战略和文化与该目的相一致。⑤ 第二,关于董事会构成。有效的董事会构成需要一个有效的主席,需要在技能、背景、经验和知识之间保持平衡,每个董事都有足够的能力做出有价值的贡献。董事会规模应以公司规模和复杂程度为导向。⑥ 第三,关于董事职责。董事

---

① 朱慈蕴、吕成龙:《ESG 的兴起与现代公司法的触动回应》,《中外法学》2022 年第 5 期,第 1258 页。

② UK Stewardship Code, 2020 ,INTRODUCTION.

③ UK Stewardship Code, 2020, INTRODUCTION.

④ INSIGHT:The Wates Principles Report-Wates, https://www.wates.co.uk/articles/insight/the-wates-principles-report/,last visited on 2023-03-31.

⑤ Wates Corporate Governance Principles for Large Private Companies,2018,p.11,PRINCIPLE ONE.

⑥ Wates Corporate Governance Principles for Large Private Companies, 2018, p.13, PRINCIPLE TWO.

会和董事个人要对自己的责任和义务有清晰的认识。董事会的政策和程序应该支持有效的决策和独立的挑战。① 第四,关于机遇与风险。董事会应通过识别创造和保存价值的机会,建立对风险识别和缓解的监督,促进公司的长期可持续成功。② 第五,关于薪酬。董事会应促进与公司长期可持续成功相一致的高管薪酬结构,同时考虑到公司其他地方的薪酬和条件。③ 第六,利益相关者关系与参与。董事应培养与公司宗旨相一致的有效利益相关者关系。董事会负责监督与包括员工在内的利益相关者进行有意义的接触,并在做出决定时考虑他们的意见。④

《沃茨原则》指出,不同的管理和股权结构意味着在大型私营公司中采用"一刀切"的公司治理方式是不合适的。因此,《沃茨原则》提供了一种能够为不同经营方式的公司所使用的,十分具有灵活性的治理原则:鼓励公司以最适合其特定组织的方式使用"遵守或解释"原则;董事会也应根据公司的具体情况,单独考虑每项原则。UKCGC 包括公司应额外遵守的条款,或在不遵守的情况下提供解释。与此不同,《沃茨原则》并没有做出详细的规定,而是在每一项原则下提供指导,以帮助公司根据具体情况选择适合的原则予以适用并解释说明。相应地,该指导意见不需要以与溢价上市公司需要"遵守或解释"UKCGC 条款相同的方式报告。可见,《沃茨原则》并非具有强制性的法律规定,其在是否适用上具有很高的灵活性。⑤

4.《披露指南和透明度规则》中的 ESG 规则

为有效履行监管职责,金融行为监管局(FCA)制定了《FCA 手册》,明确列出了根据《2000 年金融服务和市场法》(Financial Services and Markets Act,FSMA)所赋予权力制定的规则、指南和其他规定。《披露指南和透明度规则》(Disclosure Guidance and Transparency Rules sourcebook,DTRs)即为《FCA 手册》一部分。DTRs 适用于其股票在伦敦证券交易所挂牌交易的公司,但除第 5 章外,不适用于其证券在 AIM 交易的公司或在专业证券市场上市且没有股票或其他证券在受监管市场交易的公司。

《披露指南和透明度规则》是英国为贯彻欧盟《透明度指令》而制定的。其中,披露要求和指南适用于 FCA 有义务适用《市场滥用条例》第 22 条规定的有关披露规定的所有人员。⑥ 如果 FCA 认为发行人、履行管理职责的人员或相关人员违反了任何披露要求,它可以在符合法案规定的情况下,对该人员进行经济处罚或发表声明谴责该人员。⑦ 透明度规则的最初目的是实施透明度指令,并制定其他规则,以确保在英国金融市场有足够的透明

---

① Wates Corporate Governance Principles for Large Private Companies,2018,p. 15,PRINCIPLE THREE.

② Wates Corporate Governance Principles for Large Private Companies,2018,p. 17,PRINCIPLE FOUR.

③ Wates Corporate Governance Principles for Large Private Companies,2018,p. 19,PRINCIPLE FIVE.

④ Wates Corporate Governance Principles for Large Private Companies,2018,p. 21,PRINCIPLE SIX.

⑤ Wates Corporate Governance Principles for Large Private Companies,2018,p. 8.

⑥ DTR 1. 1. 1.

⑦ DTR 1. 5. 3(1).

度和获取信息。①

在信息披露方面,《披露指南和透明度规则》要求公司发布公司治理声明(Corporate Governance Statements),且必须包含以下内容:(a) 发行人的行政、管理和监督机构以及这些机构的薪酬、审计和提名委员会在年龄、性别、种族、性取向、残疾或教育、专业和社会经济背景等方面适用的多元化政策;(b)(a)项的多元化政策的目标;(c)(a)项的多元化政策如何实施;及(d)报告期内的结果。如果发行人没有实施上述多元化政策,公司治理声明必须解释为何如此。②

第二节　英国 ESG 信息披露法律制度

关于 ESG 的信息披露报告是 ESG 体系中的核心部分。可以说,ESG 规制的起点在于促使企业发布全面、准确的 ESG 信息,以规避市场不同主体之间由于信息缺失而导致的风险。根据 KPMG、GRI、UNEP 和斯泰伦博什大学发布的《2016 年可持续报告准则与政策的全球趋势》,截至 2016 年,全球已发布的 ESG 信息披露标准共有 383 个。其中政府发布的标准最多,高达 223 个;金融监管部门发布 69 个;交易所发布 44 个;行业监管部门发布 15 个。针对大型企业的标准达 163 个,其中 52 个针对非上市企业,111 个针对上市企业;针对国有企业的有 28 个;针对公共事业单位的 23 个,针对中小企业的仅 9 个,针对所有企业的有 155 个。③ 按照制定主体的不同,英国企业适用的 ESG 披露法律政策可分为国际组织、交易所、英国政府三类。

一、国际 ESG 信息披露项目及指引

目前国际通行的 ESG 信息披露标准,主要包括(见表 5—5):碳信息披露项目(Carbon Disclosure Project,CDP)、国际综合报告框架(International Integrated Reporting Framework,IIRC)、全球报告倡议(Global Reporting Initiative,GRI)、与气候有关的财务披露问题特别工作组(Task Force on Climate-Related Financial Disclosure,TCFD);可持续发展会计标准委员会(Sustainability Accounting Standards Board,SASB);气候披露标准委员会(Climate Disclosure Standards Board,CDSB)。④

---

①　DTR 1A. 1. 3.

②　DTR 7. 2. 8A , 1B. 1. 7, 1B. 1. 8.

③　《ESG 披露制度有哪些》,载 ESG 指南:https://esg.js.org/criteria/esg-criteria.html,最后访问日期:2023 年 2 月 17 日。

④　《ESG 披露标准之 IFRS 国际财务报告可持续披露准则》,载 ESG 指南:https://esg.js.org/criteria/ifrs-sustainability-disclosure-standards.html♯%E4%B8%80%E3%80%81issb-%E6%88%90%E7%AB%8B,最后访问日期:2023 年 2 月 17 日。

表 5—5　　　　　　　　　　　**国际主要 ESG 信息披露框架或指引**①

名称	年份	简介
GRI	2000	GRI 是世界上使用最广泛的可持续发展报告标准,涵盖生物多样性、税收、能源、废弃物、排放、多元化与平等、劳资关系、客户健康与安全等主题②
SASB	2011	SASB 准则采用行业分类法,指导公司向其投资者披露具有财务重要性的可持续发展信息。这些标准涉及 77 个行业,明确了与每个行业的财务业绩最相关的有关环境、社会和治理等问题的具体内容
IIRC	2010	IIRC 建立在综合思考的基础上,综合报告传达了一个组织的战略、治理、业绩和前景,在其外部环境的背景下,如何在短期、中期和长期创造、维护或削弱价值。国际综合报告框架旨在促进综合报告在全球范围内的推广③
CDP	2000	CDP 专注于气候、水和森林等环境相关的信息披露体系;旨在帮助各组织通过使用一个共同的标准来收集、分析和报告与商业活动有关的温室气体排放,以衡量他们在温室气体排放方面的表现和效率④
CDSB	2010	CDSB 框架构成了 TCFD 建议的基础,并规定了企业在主流报告(如年度报告、10-K 文件或综合报告)中报告环境信息的方法,以使投资者能够评估具体的环境事项与组织的战略、业绩和前景之间的关系⑤
TCFD	2017	围绕治理(Governance)、战略(Strategy)、风险管理(Risk Management)、衡量标准和目标(Metrics and Targets)四个领域,提供了气候相关财务信息披露的框架⑥

　　为解决不同框架下的 ESG 信息披露标准不统一的问题,2020 年 9 月世界经济论坛的国际商业委员会提出构建一套统一的 ESG 指标。2021 年 11 月 3 日第 26 届联合国气候大会,国际财务报告准则基金会(International Financial Reporting Standards Foundation,IFRS 基金会)宣布成立国际可持续发展准则理事会(International Sustainability Standards Board,ISSB),以制定一个全面的可持续发展披露标准的全球基准,满足全球投资者关于气候和其他可持续发展事项的信息需求。⑦ 为此,IFRS 基金会受托人成立了由"五大机构"组

---

　　① 郭宇晨:《双碳目标背景下的企业 ESG 信息披露:实践与思考》,《太原学院学报(社会科学版)》2022 年第 2 期,第 32—33 页。

　　② The global leader for impact reporting,GRI,https://www. globalreporting. org/,last visited on 2023—02—17.

　　③ Integrated Reporting,https://www. integratedreporting. org/resource/international-ir-framework/,last visited on 2023—02—17.

　　④ The Carbon Disclosure Project-ESG│The Report. https://www. esgthereport. com/what-is-esg/the-e-in-esg/cdp-the-carbon-disclosure-project/,last visited on 2023—02—17.

　　⑤ CDSB Framework for environmental information and natural capital reporting│Department of Economic and Social Affairs. https://sdgs. un. org/partnerships/cdsb-framework-environmental-information-and-natural-capital-reporting#:~:text=Description%20The%20CDSB%20Framework%20for%20reporting%20environmental%20information, in%20mainstream%20reports%20for%20the%20benefit%20of%20investors. IFRS-Climate Disclosure Standards Board. https://www. ifrs. org/sustainability/climate-disclosure-standards-board/,last visited on 2023—02—17.

　　⑥ Recommendations│Task Force on Climate-Related Financial Disclosures,https://www. fsb-tcfd. org/recommendations/,last visited on 2023—02—17.

　　⑦ 《ESG 披露标准之 IFRS 国际财务报告可持续披露准则》,载 ESG 指南:https://esg. js. org/criteria/ifrs-sustainability-disclosure-standards. html#%E4%B8%80%E3%80%81issb-%E6%88%90%E7%AB%8B,最后访问日期:2023 年 2 月 17 日。

成的技术准备工作组(Technical Readiness Working Group,TRWG),负责 ISSB 的筹备和技术支持工作(见图 5—1)。这"五大机构"包括:(1)气候披露准则委员会,负责 CDP 项目;(2)国际会计准则委员会,负责制定国际财务报告准则;(3)气候相关财务信息披露工作小组;(4)价值报告基金会(The Value Reporting Foundation,VRF),包含综合报告框架和SASB 标准;(5)世界经济论坛。[①]

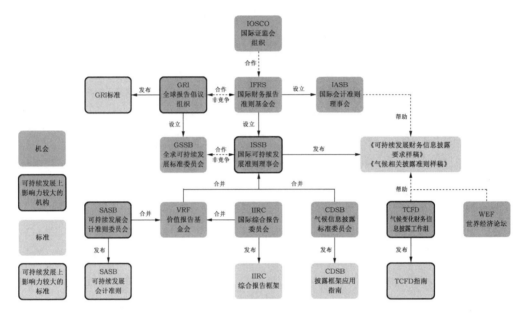

图 5—1 国际 ESG 信息披露标准及其制定机构关系[②]

二、英国伦敦证券交易所的 ESG 披露标准

不同证券交易所规定的信息披露标准不同。其中 GRI 标准涉及范围最广,据统计,全球有 96％交易所在其指导文件中规定适用(见图 5—2)。在上交所追踪的 120 家证券交易所中,有 68 家为上市公司发布了 ESG 报告指南。[③] 英国伦敦交易所从 2017 年起每年发布《ESG 报告指南》,鼓励上市公司发布 ESG 报告,为上市公司提供 ESG 信息追踪和报告的指引。但是伦敦交易所发布的《ESG 报告指南》并没有给出详细的主题、议题,而是让上市公司从众多国际组织发布的标准选择一个予以应用并披露。

---

① 《ESG 披露标准之 IFRS 国际财务报告可持续披露准则》,载 ESG 指南:https://esg.js.org/criteria/ifrs-sustainability-disclosure-standards.html♯％E4％B8％80％E3％80％81issb-％E6％88％90％E7％AB％8B,最后访问日期:2023年 2 月 17 日。

② 《ISSB 可持续披露准则能统领 ESG 披露标准吗?》,载腾讯网:https://new.qq.com/rain/a/20220701A0D3Q800.,最后访问日期:2023 年 2 月 17 日。

③ ESG Disclosure,Sustainable Stock Exchanges,https://sseinitiative.org/esg-disclosure/,last visited on 2023—02—17.

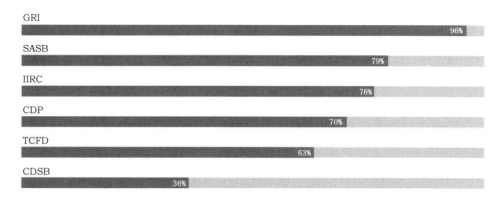

图 5—2　全球证券交易所规定适用的信息披露标准的总量[①]

伦敦证券交易所致力于可持续发展,平衡经济进步、社会可接受度和环境保护的关系。其承诺到 2030 年将 LSEG 的碳排放减少 50%,到 2040 年达到净零排放。根据 2021 年伦敦证券交易所发布的《促进可持续增长》(Enabling Sustainable Growth)报告,为坚持可持续发展,伦敦交易所将继续加快向碳清零排放的过渡、实现绿色经济的增长、创造包容性经济机会。[②]

为履行联合国"零排放"的承诺,一方面,为让更多的公司和发行人获得向低碳经济转型所需的资金,伦敦证券交易所加入全球领先金融机构联盟——"零净值格拉斯哥金融联盟"(Glasgow Financial Alliance for Net Zero),致力于加速全球经济的去碳化。同时,2021 年 2 月,伦敦证券交易所还在其可持续债券市场中推出了过渡债券板块,用于支持发行人为过渡相关活动筹集资金。[③] 另一方面,为使投资者能够建立与绿色转型相关的投资组合,2021 年 11 月,伦敦证券交易所宣布其计划为自愿碳市场开发一个新的市场方案,以加快为相关项目提供融资,助力向低碳经济的公正过渡;此外,英国富时罗素还于 2021 年 7 月推出了富时欧盟气候基准指数系列(FTSE EU Climate Benchmarks Index Series)。此外,为提高数据透明度,促进信息披露;伦敦证券交易所为客户提供了多个不同资产类别的环境、社会和治理数据,涉及全球 10 000 家 ESG 评级机构。特别是在气候变化领域,早在 2017 年,伦敦证券交易所便加入 TCFD;并自 2019 年以来在其年度报告和可持续性报告中披露气候变化风险;还在 2021 年为 400 多家发行人引入了气候治理评分。[④]

三、英国政府对特定 ESG 指标的强制性披露规定

不同框架下的标准侧重于不同领域,故而理论上,企业可根据经营范围自愿选择一个

---

① ESG Disclosure,Sustainable Stock Exchanges,https://sseinitiative.org/esg-disclosure/,last visited on 2023-02-17.
② Enabling Sustainable Growth. London Stock Exchange Group,2021.
③ 同上.
④ 同上.

或多个标准披露 ESG 信息。例如,劳埃德银行集团(Lloyd's Banking Group)的 ESG 报告符合联合国环境规划署金融倡议的负责任银行原则,同时也符合全球报告倡议标准、SASB 和 TCFD 披露框架。英国并未制定统一的 ESG 信息披露框架,但英国政府通过国内立法的形式引入了 TCFD 框架、非财务报告等特定标准。因此,企业虽仍可自愿选择其他国际标准披露 ESG 信息,但必须同时符合英国国内制定的特定 ESG 披露规定。

(一)气候相关财务信息披露

英国是世界上第一个强制执行气候相关财务信息披露(Task Force on Climate-related Financial Disclosures,TCFD)的国家。G20 认为,金融企业需要进行适当的披露,以管理和定价气候风险,并根据其对低碳经济转型情景的看法做出贷款、投资或保险承保决策。有效披露与气候相关的金融风险将有助于避免风险的突然重新定价和对市场稳定的影响。因此,2015 年 12 月,金融稳定委员会(Financial Stability Board,FSB)在前主席兼英格兰银行行长马克·卡尼(Mark Carney)的领导下,成立了气候相关财务披露工作组,负责制定自愿、一致的气候相关信息披露规则,以促进贷款人、保险公司、投资者和其他利益攸关方更好地评估气候变化对金融行业的风险和机遇。[①]

2016 年 12 月,TCFD 发布了《与气候有关的财务披露建议(报告)》[Recommendations of the Task Force on Climate-related Financial Disclosures(report)]草案,分别从治理、战略、风险管理、衡量标准和目标四个领域创建了全球第一个完全由行业领导的、与气候有关的财务披露建议。[②] TCFD 主席迈克尔·R. 布隆伯格(Michael R. Bloomberg)指出,气候变化不仅是环境问题,也是商业问题;TCFD 报告代表了私营部门为提高气候相关金融风险的透明度而做出的重要努力。在发布了一系列报告草案后,2017 年 6 月,TCFD 发布了与气候有关的财务披露建议的最终版本,在 4 项总体建议下列出了 11 项建议披露。[③] TCFD 框架促进了气候变化信息的透明度,为金融投资链中与气候相关的财务披露提供了具体的技术指南,并为提高投资者和其他人适当评估和定价气候相关风险和机遇的能力奠定了基础,提高了气候信息透明度,从而有效改善了气候风险管理。[④]

在全球范围内,TCFD 披露建议获得多个国家、组织的支持。据统计,截至 2022 年 11 月,来自 100 多个国家的 4 000 多个组织支持 TCFD,总市值达 27 万亿美元。[⑤] 随着 TCFD

---

① Climate change task force,FSB,December 4,2015; and Proposal for a Disclosure Task Force on Climate-Related Risks,FSB,November 9,2015.

② The Task Force on Climate-related Financial Disclosures announces publication of Recommendations Report,TCFD,14 December 2016.

③ Implementing the Recommendations of the Task Force on Climate-related Financial Disclosures,TCFD,June 2017.

④ Enhancing climate-related disclosures by asset managers,life insurers,and FCA-regulated pension providers,cp21—17.

⑤ About | Task Force on Climate-Related Financial Disclosures,FSB. https://www.fsb-tcfd.org/about/#history,last visited on 2023—02—17.

影响力的日益扩大,2019 年英国政府发布的《绿色金融战略》指出,期望所有上市发行人和大型资产所有者在 2022 年之前按照 TCFD 的建议披露。2020 年 11 月,政府宣布打算到 2025 年,强制要求全部经济体遵守 TCFD 披露框架。[①] TCFD 框架在英国得到了广泛的支持,截至 2021 年 4 月,已有 2 000 多家机构公开宣布支持这些建议。[②] 之后,2021 年 10 月,英国宣布将根据 TCFD 的建议,制定相关法律以强制要求大型企业披露气候相关财务信息,英国成为首个强制企业遵守 TCFD 披露要求的国家。为与 TCFD 强制披露要求相一致,英国修改了以下国内立法:

第一,2022 年发布《公司(战略报告)(气候相关财务披露)条例》,要求所有上市公司和大型资产所有者从 2022 年 4 月起按照 TCFD 建议披露。[③] 预计超过 1 300 家在英国注册的企业和金融机构被要求根据 TCFD 的框架披露气候相关财务信息。[④]

第二,2021 年实施《养老金计划法》,该法案赋予政府权力,就何时以及如何要求养老金计划采用强化治理要求并按照 TCFD 建议报告制定法规。

第三,2021 年《职业退休金计划(气候变化治理和报告)条例》[The Occupational Pension Schemes (Climate Change Governance and Reporting) Regulations]要求资产在 50 亿英镑以上的养老金计划和授权主信托基金,从 2021 年 10 月起评估和公开报告气候变化对其投资的风险。

第四,2022 年 1 月 18 日,《有限责任合伙企业(气候相关财务披露)条例》颁布。该条例广泛适用于相关的有限责任公司。简而言之,内容包括:(1)要求拥有 500 名以上员工的贸易型或银行型有限责任公司的成员,在其战略报告中包括与气候有关的财务披露信息。(2)要求拥有超过 500 名员工、营业额超过 5 亿英镑的、非贸易型或银行型的大型有限责任公司的成员在能源和碳报告中披露与气候相关的财务信息。[⑤]

(二)非财务报告信息披露

2014 年 10 月 22 日欧洲议会和理事会通过第 2014/95/EU 号指令——《非金融信息披露指令》。该指令被认为是首次系统地将 ESG 三要素列入法规条例的法律文件。《非金融信息披露指令》规定,员工人数超过 500 人的大型企业应当披露“非财务报告”,其内容涵盖

---

① PS21/23：Enhancing climate-related disclosures by standard listed companies ,FCA,https://www.fca.org.uk/publications/policy-statements/ps-21-23-enhancing-climate-related-disclosures-standard-listed-companies,last visited on 2023－02－17.

② Enhancing climate-related disclosures by asset managers，life insurers，and FCA-regulated pension providers，cp21－17.

③ The Companies (Strategic Report) (Climate-related Financial Disclosure) Regulations 2022，Art 4.

④ 《盘点 2022 年全球 ESG 的高光时刻》,载搜狐网：https://www.sohu.com/a/633348069_121119270#：~：text=2022%E5%B9%B44%E6%9C%882,%E5%A4%9A%E6%A0%B7%E6%80%A7%E5%92%8C%E9%80%8F%E6%98%8E%E5%BA%A6%E3%80%82,最后访问日期：2023 年 2 月 17 日。

⑤ 《非财务报告：有限责任合伙公司(气候相关财务披露)条例 2022》,载中国国际贸易促进委员会：https://www.ccpit.org/uk/a/20220211/20220211q46p.html,最后访问日期：2023 年 2 月 19 日。

ESG 议题,即至少须涉及环境、社会、员工事务、尊重人权、反腐败和贿赂问题。① 欧盟成员国必须在 2016 年 12 月 1 日前移植欧盟该指令规则。为此,英国于 2016 年 12 月颁布《公司、合伙企业和集团(账户和非财务报告)条例》,要求员工人数超过 500 人以上的贸易公司、银行、保险公司或从事保险市场活动的公司,其战略报告必须包括非财务信息报告。

非财务信息表必须包含必要的信息,以了解公司的发展、业绩和状况及其活动的影响,至少与以下方面有关:(a)环境问题(包括公司业务对环境的影响)。(b)公司的雇员。(c)社会事务。(d)对人权的尊重。(e)反腐败和反贿赂事项。② 且该法第 414CB(2)条规定,以上信息必须包括:(a)对公司业务模式的简要描述。(b)描述公司在上述事项方面奉行的政策以及公司根据这些政策实施的任何尽职调查程序。(c)对这些政策的结果的描述。(d)与上述事项有关的主要风险描述,若这些风险是在与公司业务相关的情况下产生的:(i)描述其有可能在这些风险领域造成不利影响的业务关系、产品和服务;(ii)关于公司如何管理主要风险的说明。(e)与公司业务相关的非财务关键绩效指标的说明。

(三)可持续报告信息披露

2021 年 4 月,欧盟委员会发布了《企业可持续性报告指令》的提案。③ 2022 年 11 月 28 日,欧盟理事会(Council of the EU)正式通过《企业可持续发展报告指令》(Corporate Sustainability Reporting Directive,CSRD),并于 2022 年 12 月 18 日正式生效,取代于 2014 年 10 月发布的《非财务报告指令》(Non-Financial Reporting Directive,NFRD),成为更加全面、严格和统一的欧盟 ESG 信息披露核心法规。④

如上所述,英国政府实施的非财务报告信息披露是对欧盟指令的国内法转换。2020 年 1 月 31 日英国脱欧后,欧盟新实施的相关 ESG 政策,英国不再负有法定遵循义务。但是,随着欧盟全面废除 NFRD,CSRD 政策的推行,势必对英国带来新的挑战。NFRD 与 CSRD 在适用范围、框架标准等方面截然不同。

第一,在适用范围上,CSRD 更广。首先,NFRD 只要求雇员超过 500 人的"公共利益实体"报告可持续发展表现;但 CSRD 要求所有大型公司(符合雇员超过 250 人、营业额超过 4 000 万欧元或总资产超过 2 000 万欧元的公司)以及所有上市公司(雇员少于 10 人或营业额低于 2 000 万欧元的微型企业除外)报告其经营的可持续性。⑤ 其次,CSRD 不再局限于传统的以控制力和影响力为基础的报告主体边界,必须从整个产品和服务价值链的角度评

---

① 朱慈蕴、吕成龙:《ESG 的兴起与现代公司法的能动回应》,《中外法学》2022 年第 5 期,第 1250 页。

② The Companies, Partnerships and Groups (Accounts and Non-Financial Reporting) Regulations 2016, Art 414CB(1).

③ 邓建平、白宇昕:《域外 ESG 信息披露制度的回顾及启示》,《财会月刊》2022 年第 12 期,第 77 页。

④ 《ESG 披露标准之 CSRD(欧盟企业可持续发展报告指令)》,载 ESG 指南:https://esg.js.org/criteria/csrd.html♯%E4%BB%8E-nfrd-%E5%88%B0-csrd,最后访问日期:2023 年 2 月 17 日。

⑤ The Corporate Sustainability Reporting Directive, https://plana.earth/academy/csrd-corporate-sustainability-reporting-directive, last visited on 2023-02-17.

价其受到的外部影响和对外部的影响。这跨越了产品生产或者服务的全生命周期:既包含产品或服务的开发、使用或处分,也包含上游的设计、开采、生产、运输、存储和供应,还包含下游的使用或接收、经销、零售、运输、存储、拆解直至填埋。例如,温室气体排放量的披露,不仅应考虑企业本身的排放,还应考虑其经营活动所带来的上游(材料采购)和下游(产品消费)的排放范畴。[1] 最后,CSRD 还将无形资源正式纳入 ESG 报告。要求企业在 ESG 报告中披露可能影响价值创造和可持续发展的无形资源,特别是知识产权、技术专利、客户关系、数字资产和人力资本等。[2]

第二,在信息报告框架标准适用上,CSRD 更具强制性。NFRD 报告提供了自愿性的报告指南,即应当公布与环境保护、社会责任和员工待遇、对人权的尊重、反腐败和贿赂以及公司董事会多样性相关的信息,但具体框架可遵循任意标准。CSRD 则引入了更详细的报告要求。首先,企业将按照统一的《欧洲可持续发展报告标准》披露信息。该标准由欧洲财务报告咨询小组负责制定,包括一般原则、一般信息披露及环境、社会和治理 11 个专项议题标准。其次,企业必须基于"双重实质性"(财务实质性和影响实质性)作为可持续发展信息披露的基础。企业应同时考虑其商业模式如何影响可持续发展,以及外部可持续发展因素(如气候变化或人权议题)如何影响其经营活动。最后,企业应对其可持续发展报告进行第三方的审验和鉴证。2026 年起需进行有限保证,2028 年起需进行合理保证。[3]

(四)其他强制披露的 ESG 指标

在英国,大多数情况下,企业发布 ESG 报告并非强制性的法律规定,但是在部分法律中可能会涉及有关 ESG 个别因素的强制披露规则。

1. 温室气体排放

自 2013 年 10 月 1 日,根据《公司法(战略报告和董事报告)条例》,上市公司编制的董事报告中必须披露有关温室气体排放的相关信息。具体而言,该报告必须说明公司运营过程中因燃料燃烧、设备运作所产生的碳排放量;以及公司为自身使用而购买电力、热能、蒸汽或冷却而产生的碳排放量。如果公司无法获得上述内容的部分或全部信息,那么报告必须说明没有包括哪些信息以及原因。[4]

2. 能源使用

2018 年《公司(董事报告)和有限责任合伙企业(能源和碳报告)条例》在第 2 部分通过修订《2008 年大中型公司和集团(账目和报告)条例》,对企业提出了新的能源使用报告义务。一方面,通过修订《2008 年条例》第 10 条和附表 7 的第 7 部分,要求上市公司必须报告

---

① 《ESG 披露标准之 CSRD(欧盟企业可持续发展报告指令)》,载 ESG 指南:https://esg.js.org/criteria/csrd.html♯%E4%BB%8E-nfrd-%E5%88%B0-csrd,最后访问日期:2023 年 2 月 17 日。

② 同上。

③ 同上。

④ The Companies Act 2006 (Strategic Report and Directors' Report) Regulations 2013, Art 15.

其全球能源使用情况,即必须在董事报告中说明公司运营和购买自用的能源使用情况,以及为提高能源效率采取的行动。[①] 另一方面,在《2008 年条例》附表 7 中加入了新的第 7A 部分,规定大型非上市公司必须在董事报告中陈述公司的温室气体排放、能源使用以及为提高英国能源效率所采取的行动。[②]

3. 性别薪酬差距

2017 年,英国实施《平等法案(性别薪酬差距信息)法规》,是第一个强制要求企业发布性别薪酬差距信息的国家。[③] 该法第 2 条规定,任何员工人数在 250 人或以上的雇主有义务向政府和公众发布与性别薪酬差异有关的特定信息。[④]

性别薪酬差距是指员工中男性和女性的平均收入之间的差异。性别薪酬差距与同工同酬不同。同工同酬是法定原则,指从事同种工作的熟练度相同的劳动者,应不分性别地获取同样报酬。而性别薪酬差距是衡量企业在一段时间内男女平均收入差异的指标,并不考虑职位或资历的差异。因此,公司遵循了同工同酬原则,并不意味着其一定不存在性别薪酬差距。如果大多数妇女受雇于低薪工作,那么它仍然可能存在性别薪酬差距。[⑤]

4. 现代奴隶

据国际劳工组织统计,全世界超过 4 000 万人成为现代奴隶制的受害者,其中约有 2 490 万人被强迫劳动,1 540 万人遭受强迫婚姻。对于强迫劳动问题,私营部门发生概率最大,其中约 64%(1 600 万人)在从事家庭务工、建筑行业等工作中遭受剥削;另有 16%(410 万人)被国家当局强迫劳动;19%(480 万人)遭受强迫性剥削。[⑥] 所谓"现代奴隶",与人口贩运[⑦]、强迫劳动在本质特征上类似,指通过武力、其他形式的胁迫或欺诈来剥削人类

---

① Companies (Directors' Report) and Limited Liability Partnerships (Energy and Carbon Report) Regulations, PART 2 "Amendments to the Large and Medium-sized Companies and Groups (Accounts and Reports) Regulations 2008", Art 4,6.

② Companies (Directors' Report) and Limited Liability Partnerships (Energy and Carbon Report) Regulations, 2018, PART 7A "Disclosures concerning greenhouse gas emissions, energy consumption and energy efficiency action by unquoted companies". Art 20A,20B,20C.

③ Keeve T. Peer, Effects inESGRatings: Evidence from Gender Pay Gap Disclosures, https://www. tilburguniver-sity. edu/sites/default/files/download/TanjaKeeve. pdf,last visited on 2023－02－17.

④ The Equality Act 2010 (Gender Pay Gap Information) Regulations 2017,Art 2.

⑤ Who needs to report their gender pay gap. https://www. gov. uk/guidance/who-needs-to-report-their-gender-pay-gap,last visited on 2023－02－17.

⑥ 《废除奴隶制国际日》,载联合国:https://www. un. org/zh/events/slaveryabolitionday/,最后访问日期:2023 年 2 月 19 日。

⑦ 《巴勒莫议定书》规定,"人口贩运"系指为剥削目的而通过暴力威胁或使用暴力手段,或通过其他形式的胁迫,通过诱拐、欺诈、欺骗、滥用权力或滥用脆弱境况,或通过授受酬金或利益取得对另一人有控制权的某人的同意等手段招募、运送、转移、窝藏或接收人员。剥削应至少包括利用他人卖淫进行剥削或其他形式的性剥削、强迫劳动或服务、奴役或类似奴役的做法、劳役或切除器官。

以强迫服务。[①] 为打击现代奴隶制,惩罚此类罪行的犯罪者,以加强对受害者的支持和保护,英国于 2015 年 3 月 26 日通过了《现代奴隶制法案》。[②] 该法案第 54 条"供应链的透明度"规定,特定商业组织必须在每个财政年度编制一份奴役和人口贩运声明(Slavery and Human Trafficking Statement),明确列出其为防止现代奴隶制所采取的措施。[③]

英国政府致力于提高自身供应链的透明度,并于 2020 年 3 月发布了世界上第一份《政府现代奴隶制声明》。该声明阐述了政府如何与企业合作实施有效的现代奴隶制尽职调查,提高政府商业团队防止现代奴隶制的能力,并发布了指南,列出了所有政府部门必须采取的步骤,以识别和减轻整个商业生命周期中的现代奴隶制风险。[④]

为推进现代奴隶信息披露,英国政府发布了多项政策。在 2020 年 9 月 22 日公布的政府对供应链透明度磋商的回应中,政府承诺推进一揽子改革,以加强第 54 条,包括将公布现代奴隶制声明的义务主体扩大到预算在 3 600 万英镑以上的公共机构、明确必须涵盖的报告主题、设定单一的报告期限、所有现代奴隶制声明必须提交给政府现代奴隶制声明登记处等。[⑤] 在此基础上,2021 年 1 月 12 日,政府宣布计划将修改立法,对未能履行其法定义务公布年度现代奴隶制报表的组织进行经济处罚。2021 年 3 月 11 日,政府宣布启动现代线上奴隶制声明登记处,汇总所有现代奴隶制声明。这是《现代奴隶制法案》独立审查的一项重要建议,是政府致力于提高供应链透明度,监测和推动《现代奴隶制法案》第 54 条的一个重要里程碑。[⑥]

第三节 英国 ESG 评级法律制度

ESG 评价是 ESG 体系的关键环节,是衡量企业 ESG 绩效的工具。[⑦] 作为 ESG 评价的重要组成内容,ESG 评级意即第三方机构对一家公司的 ESG 所披露的信息及表现进行打分评级。ESG 评级能够帮助投资者识别和了解证券和投资组合层面的财务上的重大 ESG

---

① Principles to guide government action to combat human trafficking in global supply chains,https://www. gov. uk/government/publications/trafficking-in-supply-chains-principles-for-government-action/principles-to-guide-government-action-to-combat-human-trafficking-in-global-supply-chains-html-version # fnref:1,last visited on 2023－02－17.

② Overview of the Modern Slavery Act and supporting documents,GOV. UK,https://www. gov. uk/government/collections/modern-slavery-bill,last visited on 2023－02－17.

③ Modern Slavery Act,Art 54.

④ UK government modern slavery statement progress report,https://www. gov. uk/government/publications/uk-government-modern-slavery-statement-progress-report/uk-government-modern-slavery-statement-progress-report-accessible-version,last visited on 2023－02－17.

⑤ 2021 UK Annual Report on Modern Slavery,https://www. gov. uk/government/publications/2021-uk-annual-report-on-modern-slavery/2021-uk-annual-report-on-modern-slavery-accessible-version,last visited on 2023－02－17.

⑥ 2021 UK Annual Report on Modern Slavery. https://www. gov. uk/government/publications/2021-uk-annual-report-on-modern-slavery/2021-uk-annual-report-on-modern-slavery-accessible-version,last visited on 2023－02－17.

⑦ 王凯、张志伟:《国内外 ESG 评级现状、比较及展望》,《财会月刊》2022 年第 2 期,第 138 页。

风险。① 评级机构首先需要参照国际组织、交易所或政府等公布的 ESG 标准或指引事先制定评级体系；其次，评级机构通过截取企业社会责任报告的内容、通过公开渠道或向企业发放问卷的方式采集相关信息和数据；最后，评级机构给出评分和评级结果。

一、多样化的 ESG 评级体系

由于不同机构进行 ESG 评级的标准不统一，因此同一公司可能存在不同的 ESG 评级结果。据统计，2018 年全球已有 600 多个 ESG 评级体系，此后仍在继续增长。② 全球现有评级机构超 10 000 家。③ 不同主体对待 ESG 评级体系的看法也存在差异。2020 年，ERM 所属的可持续能力研究所(Sustain Ability Institute)发布了对 ESG 评级体系的评分报告，从专家和投资者两个不同的视角调查了对现有评级体系的质量和有用性的看法(见表 5—6)。综合评价后，可发现排名前五的 ESG 评价体系是 CDP、Sustainalytics、RobecoSAM、MSCI 和 EcoVadis。

表 5—6　　　　　　　　　不同 ESG 评级体系的质量和有用性的评价排名④

评级名称	评级质量（专家）	评级质量（投资者）	有用性（投资者）	有用性（专家）	平均	排名
CDP	1	2	2	2	1.75	1
Sustainalytics	3	3	1	1	2	2
RobecoSAM	2	1	4	3	2.5	3
MSCI ESG 指数	4	4	3	4	3.75	4
EcoVadis CSR Rating	9	/	/	8	4.25	5
彭博社 ESG 披露评分	5	6	6	5	5.5	6
ISS-Oekom 企业评级	6	7	7	6	6.5	7
ISS 质量评分	8	5	5	9	6.75	8
FTSE Russell's ESG 评级	7	9	9	7	8	9
汤森路透 ESG 评分	10	10	8	10	9.5	10
Vigeo Eiris	11	8	10	11	10	11

按照区域划分，总部位于英国的具有影响力的 ESG 评级机构主要包括 CDP 和富时罗

---

① *What is ESG Ratings*，ESG Enterprise，https://www.esgenterprise.com/esg-reporting/what-is-esg-ratings/#:~:text = ESG%20ratings%20are%20comprised%20of%20three%20things%3A%20corporate，a%20rating%20scale%20that%20starts%20from%200-100.%20，last visited on 2023—02—17.

② Rate the Raters 2020，Sustainability，，https://www.sustainability.com/thinking/rate-the-raters-2020/，last visited on 2023—02—17.

③ Enabling Sustainable Growth，London Stock Exchange Group，2021.

④ Rate the Raters 2020：Investor Survey and Interview Results，Sustainability，https://www.sustainability.com/globalassets/sustainability.com/thinking/pdfs/sustainability-ratetheraters2020-report.pdf，last visited on 2023—02—17. 其中投资者角度的 ESG 评级质量和有效性仅统计前十。

素(FTSE Russell)。CDP 全球环境信息研究中心是一家总部位于伦敦的非政府国际组织，前身为碳排放披露项目(Carbon Disclosure Project)，是"全球商业气候联盟"(We Mean Business Coalition)的创始成员。CDP 致力于推动企业和政府减少温室气体排放，保护水和森林资源。在伦敦、北京、中国香港、纽约、柏林、巴黎、圣保罗、斯德哥尔摩和东京设有办事处。富时罗素编制了富时社会责任指数系列，是首个度量符合全球公认企业责任标准的公司表现的指数系列，由富时全球股票指数系列衍生而来。包括 FTSE4Good Developed Index(发达市场富时社会责任指数)、FTSE4Good Emerging Index(新兴市场富时社会责任指数)等。

目前，英国并未实施有关 ESG 评级的法律政策。现有 ESG 评级和数据服务通常由第三方提供，由于没有监管，该领域总体上缺乏一致性。2020 年，经济合作与发展组织(OECD)在其 ESG 投资报告中曾提到，由于框架、措施、关键指标和衡量标准、数据使用、定性判断和子类别的权重等存在区别，ESG 评级结果因所选择的服务提供商不同而存在较大差异。[①] 企业或者投资者往往需要获取多个不同机构的数据以综合考量 ESG 风险。对此，2023 年，英国 FCA 宣布成立专门小组，以整合 ESG 资本市场。[②]之后，2023 年 7 月 5 日《ESG 评级和数据产品提供商的行为准则》(Code of Conduct for ESG Ratings and Data Products Providers)草案公开，并于当年 12 月正式实施。

二、董事高管薪酬纳入 ESG 绩效评价

将 ESG 绩效纳入高管激励及薪酬计划，逐渐被投资者及研究机构提及，并作为一种有效实践在公司中得到应用。据统计，标准普尔 500 指数成分股中有 15% 的公司制定了与 ESG 相关的高管激励计划；富时罗素 100 指数中，有约 45% 的公司将高管激励计划与 ESG 目标挂钩。[③] 在 MSCI ESG 评级中，"高管薪酬"议题下已经设置了"CEO 薪酬是否与公司 ESG 绩效挂钩"以及"是否详细披露公司 CEO 等高管的薪酬结构和水平"的考核指标。一方面，从外部视角看，公司将高管薪酬与 ESG 因素相联系可以向市场传递积极开展 ESG 行动的信号，增强相关方对公司可持续发展的信心。另一方面，从内部视角看，通过将 ESG 因素纳入高管薪酬，公司可以有效保障 ESG 管理要求的严格执行。

英国十分重视公司董事薪酬披露治理。2006 年《公司法》第 420 条规定，上市公司的董事必须为公司每个财政年度编制董事薪酬报告。同时，董事薪酬报告内容应涉及"薪酬比

---

① Is it Time to Regulate ESG Scores and Ratings? -ESGInvestor, https://www. esginvestor. net/is-it-time-to-reg-ulate-esg-scores-and-ratings/, last visited on 2023－02－17.

② Feedback Statement on ESG integration in UK capital markets(FS22/4), https://www. fca. org. uk/publica-tions/feedback-statements/fs22-4-esg-integration-uk-capital-markets, last visited on 2023－02－17.

③ GADINIS S, MIAZAD A. Corporate Law and Social Risk, 73(5)Vanderbilt Law Review, 1404(2020).

率和薪酬差距",即披露最高收入的董事和高管,以及收入最低的 10% 的员工之间的薪酬比率。[①] 2018 年《公司治理守则》第五部分专章介绍了公司对薪酬的治理,首先,公司在制定薪酬政策和做法时应旨在支持战略并促进长期可持续的成功。高管薪酬应与公司宗旨和价值观保持一致,并与公司长期战略的成功交付明确挂钩。其次,应建立正式和透明的程序,以制定高管薪酬政策并确定董事和高级管理人员的薪酬。最后,任何董事均不应参与决定其本身的薪酬结果。董事在批准薪酬结果时,应考虑公司业绩和个人表现以及更广泛的情况,行使独立判断和酌情权。

将 ESG 因素纳入高管薪酬及激励计划,是董事会促使管理层对公司 ESG 进展负责的方式,也是公司向利益相关方表明其足够重视 ESG 问题的途径。然而目前没有法律要求将高管薪酬或激励措施与 ESG 指标挂钩,但实践中一些积极履行 ESG 发展的组织已开始试图将 ESG 与薪酬相挂钩,履行超越法律标准的较高义务。不少公司正在推进 ESG 因素成为评价公司高管薪酬的衡量标准,包括消费巨头百事可乐、沃尔玛和苹果、壳牌等。[②] 在英国,2022 年快时尚电商 Boohoo 也开始将 ESG 因素与薪酬联系起来,承诺从 2022 年开始支付的高管奖金将有 15% 与 ESG 目标挂钩,以确保执行管理层能够对可持续业务目标的实现负责。

第四节　英国 ESG 投资实践及法律规制

2006 年,联合国支持的负责任投资原则(Principles of Responsible Investment,PRI)提出 ESG 投资理念,即签署 PRI 的机构投资者应当承诺:"作为机构投资者,有责任为受益人的最佳长期利益行事。作为信托方,我们相信环境、社会和公司治理(ESG)问题可以影响投资组合的表现(在不同的公司、部门、地区、资产类别和时间上有不同的程度)。"[③]同时,针对 ESG 投资,PRI 指出,机构投资者应当把 ESG 问题纳入投资分析、决策过程(原则 1),以及其所有权政策和实践中(原则 2),并寻求所投资实体对 ESG 问题的适当披露(原则 3)。[④]

近些年,全球 ESG 投资不断深化、扩展。据统计,截至 2023 年 2 月 6 日,全球签约 PRI(负责任投资原则)的机构达到 5 369 家。根据签约类型,其中有 727 家为资产所有者、4 098 家为投资经理人、544 家服务提供方(见图 5—3)。按照所属区域划分,总部位于英国的签约 PRI 的机构有 793 个[⑤],总数仅次于美国(见图 5—4)。

---

① 牟文超:《英国公司治理体制的演变及启示——兼论董事薪酬相关制度安排》,《经济管理》2011 年第 9 期,第 190 页。

② 朱慈蕴、吕成龙:《ESG 的兴起与现代公司法的能动回应》,《中外法学》2022 年第 5 期,第 1249 页。

③ What are the Principles for Responsible Investment?, PRI. https://www.unpri.org/about-us/what-are-the-principles-for-responsible-investment,last visited on 2023—02—17.

④ 同上。

⑤ 其中 89 家为资产所有者、591 家为投资经理人、113 家为服务提供商。

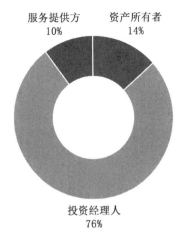

图 5—3　签约 PRI 的机构所属类型分布①

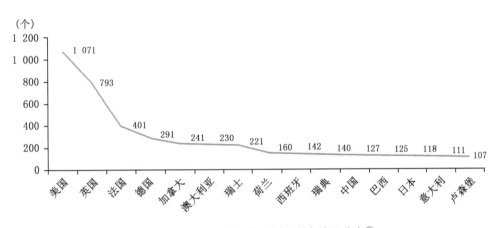

图 5—4　签约 PRI 的机构(总部)所在地区分布②

与此同时,各国不断加强对负责任投资的规制。根据 UNPRI 统计,截至 2023 年 1 月,全球负责任投资政策数量急速增长(见图 5—5)。截至 2017 年,已有 176 个国家颁布了环境框架法,有 164 个国家设立了内阁级环境保护机构,环境层面的监管要求覆盖更加广泛且严格。③

---

① *Signatory directory*, PRI, https://www.unpri.org/signatories/signatory-resources/signatory-directory, last visited on 2023—02—17.

② 为便于分析,此图仅展示分布机构数量最多的前 16 个地区。

③ 《全球 ESG 政策及监管要求日益严格》,载 ESG 官方网站:http://www.esgzh.com/ESG/358.html,最后访问日期:2023 年 2 月 17 日。

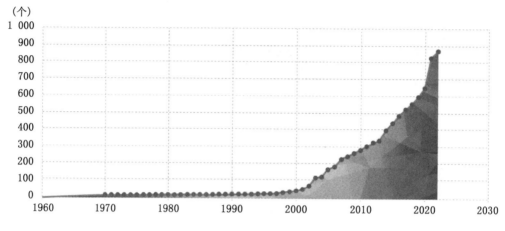

图 5—5　全球累计 ESG 政策数量①

不同司法管辖区对 ESG 投资报告的监管强度存在明显差异。2021 年，PRI 审查了 9 个司法管辖区后，将其按照规制强度分为高、中、低 3 个等级，并将英国列为 ESG 投资报告的高监管地区（见表 5—7）。② 高度监管的司法管辖区（High-regulation Jurisdictions）的特点是在投资过程和多个主题领域都规定了报告要求或准则；且大多数对资产所有者和投资经理来说都是强制性的。③

表 5—7　　　　　　　　　　　　不同司法管辖区下的 ESG 投资报告监管强度

监管强度	司法管辖区
高度监管	欧盟、法国、中国香港和英国
中度监管	澳大利亚、中国和日本
低度监管	加拿大和美国

在英国，与投资相关的 ESG 报告要求集中在实体层面的披露上。例如，对于资产所有者来说，《职业养老金计划（投资）条例》和《固定缴费计划的实践守则》侧重于披露关于代理投票和与被投资公司接触的政策和原则，以及披露在投资决策中如何考虑非财务事项。《职业退休金计划（投资）条例》还要求披露资产所有者如何激励投资经理"根据对债务或股权发行人的中长期财务和非财务业绩的评估做出决定，并与债务或股权发行人接触，以改善其中长期业绩"。准强制性的《英国管理准则》进一步推动了这种报告，要求资产所有者和投资经理报告如何执行该准则的原则，包括使用的资源和激励措施，以及如何将问题传

---

①　Regulation database，PRI，https://www.unpri.org/policy/regulation-database，last visited on 2023—02—17.

②　Review of trends in ESG reporting requirements for investors，UN-PRI，https://www.unpri.org/download?ac=16705，last visited on 2023—02—17.

③　同上。

达给受益人。

此外,英国虽已退出欧盟,但为衔接欧盟 ESG 相关法律,英国政府正在考虑制定以下法律:第一,根据《PS19/13:提高股东参与度和增加管理的透明度》,英国正在实施欧盟 SRD Ⅱ 的报告要求;第二,正在制定《英国绿色分类法》;第三,《FCA 关于可持续性披露要求(SDR)的讨论文件》要求资产所有者和投资经理披露 ESG 问题对投资风险和回报的影响,以及他们的投资对社会和环境的影响(符合双重重要性的概念)。

特别是在气候变化领域,英国政府出台多项 ESG 投资政策(见表 5-8)。第一,《职业养老金计划(投资)条例》的强制性气候相关财务披露要求相关资产所有者根据 TCFD 建议进行报告。第二,金融行为监管局提议的 CP21/17 将 TCFD 报告要求扩展到资产管理公司、人寿保险公司和 FCA 监管的养老金提供者,并应当披露在选择外部经理人时如何考虑气候变化。第三,工作与养老金部门的《关于气候和投资报告的咨询》将气候变化报告要求向前推进了一步,要求养老基金报告其活动(投资组合)与远低于 2℃ 的情况相一致的程度。[1]

表 5-8　　　　　　　　　　英国针对不同投资主体实施的法律政策

投资主体类型	有关 ESG 投资报告的规制措施
资产所有者[2]	《职业养老金计划(投资)条例》[3] 《养老金计划的强制性气候相关财务披露》[4] 《英国管理准则》 第 3259 号:关于《1995 年养老金法》修正案[5] 《固定缴费计划的实践守则》[6] 《PS19/13:提高股东参与度和增加管理的透明度》[7] 《FCA 咨询文件(CP21/17):加强资产管理公司、人寿保险公司和受 FCA 监管的养老金提供者的气候相关信息披露》[8] 《关于气候和投资报告的咨询》[9] 《FCA 关于可持续性披露要求(SDR)的讨论文件》[10] 《英国绿色分类法》[11]

---

[1]　Review of trends in ESG reporting requirements for investors,UN-PRI,https://www.unpri.org/download? ac ＝16705,last visited on 2023-02-17.

[2]　根据联合国 UN-PRI 的定义,资产所有者主要包括四类:养老基金、主权基金、保险和家族办公室。

[3]　The Occupational Pension Schemes (Investment) Regulations.

[4]　Mandatory climate-related financial disclosures by pension schemes.

[5]　Amendment to 1995 Pensions Act:No. 3259.

[6]　Code of practice for defined contribution schemes.

[7]　Improving shareholder engagement and increasing transparency around stewardship,PS19/13.

[8]　FCA consultation paper (CP21/17) on enhancing climate-related disclosures by asset managers,life insurers and FCA-regulated pension providers.

[9]　Consultation on climate and investment reporting (from the Department for Work & Pensions).

[10]　FCA discussion paper on sustainability disclosure requirements (SDR).

[11]　The UK Green Taxonomy.

续表

投资主体类型	有关 ESG 投资报告的规制措施
投资经理人	《PS19/13:提高股东参与度和增加管理的透明度》 《FCA 咨询文件(CP21/17):加强资产管理公司、人寿保险公司和受 FCA 监管的养老金提供者的气候相关信息披露》 《FCA 关于可持续性披露要求(SDR)的讨论文件》 《英国管理准则》 《英国绿色分类法》
服务提供方	《英国管理准则》

第五节　英国 ESG 实施机制

由于英国有关 ESG 的法律政策或由市场主体自愿履行,或依据"遵守或解释"原则,总体上不具有强制性。因此,有关 ESG 监管方面,迄今为止英国还没有实质性的执法。ESG 目前主要活跃于金融领域,所以英国最主要的监管机构为金融行为监管局和财务报告委员会。此外,英国环境监管机构对公司违反环境行为的处罚虽非直接针对 ESG,但仍可视为其监管的一个环节。

一、金融监管部门

毫无疑问,金融监管部门是 ESG 实施过程中的重要监管机构。英国最主要的 ESG 监管部门即为英国金融行为监管局(Financial Conduct Authority,FCA),前身为金融服务管理局(Financial Services Authority,FSA)。基于 2000 年《金融服务和市场法》的授权,FSA 是一个拥有法定权力的独立的非政府机构。2013 年 4 月 1 日,根据 2012 年《金融服务法》(Financial Services Act),FSA 被废除,其大部分职能被移交给英国金融行为监管局和审慎监管局(Prudential Regulation Authority,PRA)。[①] 其中,PRA 负责对大约 1 500 家银行、建筑协会、信用社、保险公司和主要投资公司进行审查监管。FCA 则继承了 FSA 对公司的监管权力,并负责监管零售和批发金融市场的行为,监督支持这些市场的交易基础设施以及对不受 PRA 监管的公司进行审慎监管。[②] FCA 积极制定 ESG 相关政策文件,如《披露指南和透明度规则》《加强资产管理公司、人寿保险公司和受 FCA 监管的养老金提供者的气

[①] Financial Services Act 2012: overview of reforms, Practical Law, https://uk. practicallaw. thomsonreuters. com/7-503-5430? originationContext=document&transitionType=DocumentItem&contextData=(sc. Default)&ppcid =072190a907ed416a8c09a38e354b1e80&comp=pluk, last visited on 2023—02—17.

[②] FCA: role, governance and power, Practical Law, https://uk. practicallaw. thomsonreuters. com/6-504-5439? originationContext=document&transitionType=DocumentItem&contextData=(sc. Default)&ppcid=072190a907ed416 a8c09a38e354b1e80&comp=pluk, last visited on 2023—02—17.

候相关信息披露》①、《加强上市发行人的气候相关信息披露》②、《改善股东参与和提高管理透明度》③等。特别是其颁布并执行的《上市规则》,适用于所有在伦敦交易所主板市场上市的公司。依据《上市规则》第 9 章,在伦敦证券交易所高级板(the Premium Tier)上市的企业需要依据《英国公司治理准则》披露 ESG 相关信息。

作为监管机构,FCA 具有执法权力,包括但不限于:撤销公司的授权;禁止个人从事受监管活动;对违反 FCA 规则或有市场滥用行为的公司和个人处以罚款;提出刑事起诉以应对金融犯罪,如内幕交易、未经授权的业务和谎称获得 FCA 授权的行为;对未经授权的公司和个人发出警告;等等。④ 但实际上,对于 ESG 监管,FCA 虽秉持积极态度,但其并不主张过多使用强制性规范限制公司行为,而是引导企业主动承担社会责任。为此,FCA 制定了 ESG 战略路线,并明确以下 5 项核心主题:第一,透明度(Transparency),促进气候变化的透明度和价值链上更广泛的可持续性;第二,信任(Trust),在 ESG 标签的工具、产品和支持生态系统中建立信任和诚信;第三,工具(Tools),与其他机构合作,提高行业能力,支持企业管理气候相关和更广泛的可持续发展风险、机遇和影响;第四,转型(Transition),支持金融在实现市场主导向更可持续经济转型方面的作用;第五,团队(Team),制定战略、组织结构、资源和工具,以支持将 ESG 纳入 FCA 活动。⑤ 此外,2022 年 12 月 13 日,FCA 宣布成立 ESG 咨询委员会,以帮助董事会履行其与 ESG 相关的职责,包括满足政府对金融监管机构的期望,将英国的气候目标纳入其决策和行动,并就相关的新兴 ESG 主题或问题提供指导,以及监管机构应如何制定其 ESG 战略的意见。⑥

二、财务报告委员会

财务报告委员会(Financial Reporting Council,FRC)的主要职责是对监管审计师、会计师和精算师进行监管,以促进商业的透明度和诚信。2021 年,财务报告委员会发布了《关于环境、社会和治理的意向声明》。2022 年,根据"与气候相关的财务披露工作组"和"简化能源和碳报告"的要求,FRC 修订了关于战略报告的指导意见,纳入了与气候相关的财务风险和机会的指导意见。同时,FRC 还制定了《英国管理准则》《英国公司治理守则》,并负责对公司执行情况进行监督。然而,由于此类政策对于公司的要求多依据"遵守或解释"原则,因此 FRC 对公

①　Enhancing climate-related disclosures by asset managers, life insurers and FCA-regulated pension providers

②　FCA ruling to enhance climate-related disclosures by listed issuers.

③　Improving Shareholder Engagement and Increasing Transparency around Stewardship, PS19/13.

④　Enforcement, FCA. https://www.fca.org.uk/about/how-we-regulate/enforcement,last visited on 2023-02-17.

⑤　A strategy for positive change:our ESG priorities, FCA,https://www.fca.org.uk/publications/corporate-documents/strategy-positive-change-our-esg-priorities,last visited on 2023-02-17.

⑥　UK Regulator FCA Launches ESG Committee,ESG Today,https://www.esgtoday.com/uk-regulator-fca-launches-esg-advisory-committee/#:~:text=According%20to%20the%20FCA%2C%20the%20new%20committee%20will,how%20the%20regulator%20should%20develop%20its%20ESG%20strategy,last visited on 2023-02-17.

司是否履行 ESG 规则的监管,多为事后评价,没有实质性的执法措施。

三、环境监管机构

根据 2006 年《公司法》第 414C 条,上市公司在其战略报告的非财务声明部分,应当概述与公司业务发展对环境的影响。现有关于 ESG 规制的法律文件,环境披露占据重要内容,如上市公司温室气体排放、能源和碳报告框架、TCFD 强制性披露等。环境作为 ESG 内容的重要环节,环境监管部门无疑是 ESG 监管中最具强制力的主体。

英国环境局[在威尔士,是威尔士自然资源局(NRW)]是英国最活跃的 ESG 监管主体,有权对违反环境法律政策的个体处以罚款或发布停止、恢复等通知,严重的可依法提起诉讼。例如,污水排放、废物处理、环境许可证管理等。此外,环境监管机构还可以就气候变化问题处以罚款,这些问题通常与不遵守温室气体排放交易计划有关。

第六章 加拿大 ESG 法治体系研究

张翰林*

自 2010 年开始,加拿大涵盖 ESG 投资在内的责任投资市场的发展空前高涨,仅 2020 年 1 月至 4 月,就推出了 11 只可持续发展基金。历经十余年的探索发展,加拿大通过实践不断研究出台新的政策和法律,逐步对参与 ESG 的各方主体的信息披露、法律责任以及考核主体等进行了细致规定,在为 ESG 投资的发展夯实制度基础的同时,标志着加拿大有关 ESG 的政策法律体系的基本框架业已逐步形成。

第一节 加拿大 ESG 法律与政策概述

一、加拿大 ESG 发展背景

加拿大位于北美洲北半部,东临大西洋,西濒太平洋,是世界上国土面积第二大的国家。其地域气候变化较大,中西部最高气温达 40℃以上,北部最低气温达到−60℃。由于北部气候严寒,80%的加拿大人口居住在靠美国北部分界线 160 公里宽的狭长地带。全国地貌类型多样,具有丰富的自然资源。其森林覆盖面积和矿业产量均居世界第三,海岸线长度居世界第一。① 因此,加拿大自然资源产业发展程度较高,包括林业、渔业、农业、矿产业和能源业。作为能源大国,加拿大的原油探明储量为 1 710 亿桶,天然气探明储量 2.18 万亿立方米,是世界第三大原油储量国和第四大天然气生产国。其炼油工业和天然气产业是国家经济的重要组成部分,产值占制造业之首。加拿大也是世界上高等级铀矿资源储量最丰富的国家,铀产量超过全球总量 1/3,为核电站提供了重要资源支撑。随着环保意识的提升,加拿大依据自身优势,大力发展清洁能源。② 目前,加拿大拥有世界上最高的水力发

---

　* 张翰林,上海财经大学法学院博士生,主要研究方向:环境法。

　① 参见中华人民共和国商务部(n. d.). 加拿大地理环境:http://ca. mofcom. gov. cn/article/ddgk/zwrenkou/201905/20190502868089. shtml,最后访问日期:2023 年 2 月 21 日。

　② 参见中华人民共和国商务部(n. d.). 加拿大自然资源及其开发利用政策:http://ca. mofcom. gov. cn/article/zt-dy/200604/20060402020090. shtml,最后访问日期:2023 年 2 月 21 日。

电量,全国 70％以上电量来自水电。作为西方发达国家的一员,加拿大在 20 世纪末就已经建立了非常完备的生态环境保护法体系。

1999 年,《加拿大环境保护法》出台,法案明确规定了包括污染防治、有毒物质管制、动物制品和生物科技等多个环境相关问题。加拿大政府在这份法案中明确表示,加拿大坚持以可持续发展为原则,将环境、社会和经济发展这三个因素考虑在决策过程中。[①]

随着对气候变化的关注度不断提升,2015 年,加拿大环境部正式更名为环境和气候变化部(Minster of Environment and Climate Change),显示出加拿大对气候变化话题的高度重视。2016 年,加拿大发布了《泛加拿大清洁发展和气候变化框架报告》(简称"《框架报告》"),目标是成为全球低碳转型的领导者。2019 年,加拿大宣布将在 2050 年达成碳中和。[②] 为了达成这一目标,加拿大联邦政府积极与各省政府、地区政府和原住民合作,希望落实《框架报告》。

新冠疫情暴发后,加拿大加速了经济低碳转型的脚步。2021 年 6 月 29 日,联邦政府通过 C12 法案,又名《加拿大碳中和责任法案》。该法案详细规划了达成 2050 年碳中和的发展路线和年度减排目标,并明确了各政府部门具体职责。其中,法案要求财政部发表一份面对公众的相关金融风险报告。2020 年 12 月,加拿大出台《健康环境和健康经济计划》,旨在通过大力发展低碳转型产业推动经济复苏。[③] 该计划是加拿大第一个国家层面的环境适应经济发展计划,与《框架报告》相配合。加拿大宣布将在市场注入约占 GDP 总量 3％～4％的资金以刺激市场活力,而这些资金都将严格遵守低碳发展的总目标。其中,约 640 亿美元的资金将专门投资环境相关领域(见表 6-1)。

表 6-1　　　　　　　　　　加拿大绿色发展宏观战略性政策汇总

时间	文件名称	内容
1999	《加拿大环境保护法》	针对污染防治、有毒物质控制、动物制品和生物科技等方面立法,明确了各方在环境保护问题上的法律责任和对应惩处。加拿大政府明确提出了可持续发展的国家发展战略

---

① See Canadian Environmentd Protection Act,1999. https://www. canada. ca/en/environment-climate-change/services/canadian-environmental-protection-act-registry/publications/canadian-environmental-protection-act-1999. html, last visited on 2023-03-01.

② See BILL · C-12,Second Session,Foty-third Parliament,69-70 ElizabethⅡ,2020-2021,STATUTES OF Canada 2021 CHAPTER 22,An Act respecting trans Parency and accountability in Canada's efforts to achieve net-zero greenhouse gas emissions by the year 2050. https://parl. ca/DocumentViewer/en/43-2/bill/C-12/royal-assent,last visited on 2023-03-01.

③ See Government of Canada. December 11,2020. A Healthy Environment and a Healthy Economy. https://www. canada. ca/en/environment-climate-change/news/2020/12/a-healthy-environment-and-a-healthy-economy. html, last visited on 2023-03-01.

续表

时间	文件名称	内容
2017	《泛加拿大清洁发展和气候变化框架报告》	该框架规定了 2030 年前加拿大绿色发展战略,主要分为四个方面:碳定价,其他温室气体减排措施,适应气候变化和增强气候变化抵御力,以及加速环境相关科技创新和创造绿色工作机会。报告强调了碳定价和绿色投资的重要性和有效性并鼓励各级政府合作
2020	《C12-加拿大碳中和责任法案》	详细的规划了达成 2050 年碳中和的发展路线和年度减排目标,并明确了各政府部门具体职责
2020	《健康环境和健康经济计划》	加拿大第一部国家层面的环境适应经济发展计划,与《框架报告》相配合。该计划规划了新冠疫情后的财政刺激方案,要求所有拨款遵守绿色低碳的投资原则

二、加拿大 ESG 法律与政策概览

(一)加拿大 ESG 相关法律

一般而言,每个实体都有被加拿大 ESG 有关的监管框架所涵盖的方面。在考虑该实体的具体法律适用问题时,起到决定性因素的实体的活动、地点、结构以及其他因素都应当给予充分考虑。例如,公开报告的发行人须遵守适用的证券法和相关的证券交易所规则(包括与气候有关的财务披露要求)。公共公司以及私人公司受联邦或相关省级商业公司法规的约束。所有组织都要遵守适用的 ESG 法律,如环境和职业健康与安全法,以及旨在禁止欺骗性标识做法的法律。

金融机构、保险公司和养老金计划管理人可能被要求遵守特定的 ESG 立法、指导或报告要求。在《2022 年预算案》中,联邦政府宣布,受联邦监管的银行和保险公司将被要求从2024 年开始,通过分阶段的方式,按照气候相关金融信息披露工作组(TCFD)的框架报告其气候相关金融风险。[①] 金融机构也将被要求收集和评估其客户的气候风险和排放量,这将对获得融资和其他金融服务的企业产生二次影响。2022 年 5 月 26 日,金融机构监管办公室(OSFI)发布了准则草案《B-15:气候风险管理》,以征求利益相关者对联邦监管金融机构的气候相关治理、风险管理和披露做法的期望的反馈。

政府通过其机构和项目,也要遵守 ESG 规则。例如,根据《加拿大净零排放责任法》,环境和气候变化部部长必须向议会报告有关实现加拿大政府减排目标的计划和进展。《加拿大净零排放责任法》包括第三方对政府实现这些目标进行问责的具体措施。同样,根据《联合国土著人民权利宣言》(UNDRIP),司法部长必须与土著人民协商和合作。例如,制定和实施一项行动计划,以实现《联合国土著人民权利宣言》的目标,以及编写关于《联合国土著人民权利宣言》和行动计划执行情况的年度报告。

---

① See Canadian Energy regulator Act. 2022. https://www.cer-rec.gc.ca/en/about/publications-reports/canada-energy-regulator-esg/canada-energy-regulator-esg-overview.html,last visited on 2023—03—01.

(二)加拿大 ESG 相关政策

目前,加拿大还没有正式出台绿色金融相关政策。在加拿大,财政部、环境与气候变化部和金融机构监督办公室(OSFI)是在可持续金融方面参与度最高的政府部门。

全球经济与气候委员会估计,到 2030 年全球低碳解决方案市场将价值 26 万亿美元,在全球创造强劲增长和多达 65 万个就业机会。对于希望取得成功同时减少污染并为子孙后代保护环境的企业、个人和社区来说,这是个好消息。对加拿大来说,这标志着一个千载难逢的机会,可以领导世界创造这些解决方案。为了充分实现这一机会,加拿大的创新者需要正确的财政支持。

2018 年,环境与气候变化部和财政部共同指派专家组成了可持续专家协会(Expert Panel on Sustainable Finance),以调查金融部门如何帮助鼓励和引导这些资金用于加拿大的低碳倡议。该协会主要负责研究和探讨加拿大可持续金融发展的相关议题和政策建议。

2019 年,该机构发表了《专家协会关于可持续金融的最终报告》[①](Final Report of the Expert Panel on Sustainable Finance,简称《报告》),是制定绿色金融政策的第一步。《报告》将可持续金融市场的构建分为三个重点,即机遇、市场规模基础以及可持续增长的金融产品和市场。针对这三个主要组成部分,可持续专家协会提出了 15 点建议,其中包括鼓励公众低碳投资,推动加拿大资产管理行业将可持续投资作为常态投资原则,以及帮助加拿大石油和天然气产业低碳转型。由于加拿大传统能源产业经济体量巨大,《报告》侧重于低碳转型金融,强调了清洁科技创新,大力发展转型金融债券,以及协助加拿大石油和天然气企业进行低碳转型等方面。

加拿大政府还高兴地宣布,财政部部长比尔·莫尔诺(Bill Morneau)已加入气候行动财政部长联盟。[②] 该联盟是各国财长促进气候行动和分享相关财政政策和实践经验的论坛。正如专家小组的报告所表明的那样,金融部门在帮助加速向低碳和气候适应型经济转型方面发挥着重要作用。财政部部长比尔·莫尔诺指出:"我们在技能培训、教育、业务增长方面的许多投资都是为了释放加拿大人的潜力。我们对加拿大低碳经济的投资也是如此,它可以创造数十万个新的绿色就业机会,并为家庭创造更多的繁荣。我要感谢专家小组对我们如何通过金融机构和投资基金最好地挖掘这一潜力的见解,我们期待与金融界和所有加拿大人合作,帮助我们成为全球低碳领导者。" 环境与气候变化部部长凯瑟琳·麦肯纳说:"面对气候变化,我们必须将可持续金融作为优先事项。这是关于拥有世界所需解决方案的加拿大发明家和企业家的机会——确保他们获得所需的资金支持,以便在 26 万亿美元的全球清洁解决方案市场中竞争并获胜。这也是为了确保我们现在投资于清洁经济,以

---

① See Department of Finance Canada, Expert Panel on Sustainable Finance Delivers Final Report; Finance Minister Joins International Climate Coaliton. https://www.canada.ca/en/department-finance/programs/financial-sector-policy/sustainable-finance.html, last visited on 2023－03－01.

② 同上。

便我们能够吸引未来的清洁工作。这一切的核心是共同努力,确保我们正在建立一个可持续的加拿大未来,并为我们的子孙后代留下一个健康和繁荣的加拿大。"可持续金融专家小组主席蒂夫·麦克莱姆(Tiff Macklem)指出:"金融部门不会解决气候变化问题,但创新、清洁电力、深层建筑改造、气候适应型基础设施等都需要投资,而这正是金融至关重要的地方。为了使加拿大在一个越来越关注健全的环境管理的世界里具有竞争力,可持续金融需要在加拿大金融服务业中成为常规业务。"[①]

《报告》同时建议成立一个由多政府部门和金融界专家共同组成的可持续金融行动协会(Sustainable Finance Action Council,SFAC),长期负责协调各政府部门配合可持续金融发展,并落实《报告》中提出的各项建议。《报告》强调了标准化和信息统一的重要性,建议加拿大政府在采用统一国际可持续金融标准的基础上出台辅助性政策。例如,加拿大标准协会(Canadian Standard Association,CSA Group)负责设立分类技术委员会(Taxonomy Technical Committee),专注于制定绿色债券分类标准和转型债券分类标准,并邀请其他国家一起讨论如何将"对环境有益但是不符合国际绿色标准的活动包括在分类标准之中"。财政部同时需要出台可持续金融标准鉴定准则,帮助投资者辨别可持续金融产品,防止"洗绿"行为。OSFI 则负责协调联邦层面、省层面和市政层面最佳案例的分享和标准的统一。

在数据汇总方面,《报告》建议将加拿大气候信息和分析中心(Canadian Centre for Climate Information and Analytics,C3IA)重新定位,成为一个统筹气候、经济、学术和金融数据的信息和决策分析中心。2020 年 5 月,加拿大政府根据《报告》的建议,斥资 730 万美元(约合人民币 4 728 万元)成立 SFAC,专注于气候相关信息披露和可持续投资的标准设立。加拿大可持续金融建设的政府决策框架初步成立(见表 6—2)。

表 6—2　　　　　　　　　　　　加拿大可持续金融相关机构

时间	名称	内容
2018	可持续专家协会	由加拿大财政部和环境与气候变化部共同任命相关专家成立的协会,负责探索和起草符合加拿大气候和经济发展目标的气候金融政策建议
2020	可持续金融行动协会	由多政府部门和金融界专家共同组成,长期负责协调各政府部门配合可持续金融发展,并落实《报告》中提出的各项建议。最终目标是实现 2050 年碳中和以及全面增强加拿大应对气候变化的能力
2020	分类技术委员会	主要负责:(1)发展绿色和转型金融相关分类标准;(2)代表加拿大参与和领导国际通用转型金融分类标准的确立;(3)代表加拿大参与可持续金融技术委员会
2018	加拿大气候信息和分析中心	C3IA 的定位提升为一个一站式的政府官方可持续金融相关数据中心,汇总气候、经济、学术和金融信息,帮助强化经济应对气候变化的适应能力,推动经济低碳转型

---

① See"Final Report of Canada's Expert Panel on Sustainable Finance of Mobilizing Finance for Sustainable Growth". Government of Canada. July 14, 2019.

　　2018 年,联邦政府出台《温室气体污染法案》(Greenhouse Gas Pollution Pricing Act, GGPPA)①要求各省推行符合联邦政府要求的碳税政策,或者采用联邦后备碳税政策。联邦后备碳税政策有两个主要部分组成:对石油(汽油)的常规性征税和对工业生产过程中产生的二氧化碳征税。后者的征税标准将依据一个名为"产出基准定价系统规定"(Output-based Pricing System Regulations,OBPSR)的体制,根据工业生产过程中超额排放的二氧化碳数量计算赔偿金。该政策受到了安大略省、阿尔伯塔省、萨斯喀彻温省和新不伦瑞克省 4 个能源密集型省份的强烈反对,通过法律诉讼的方式控告联邦政府越权。但诉讼在 2021 年被加拿大最高法院驳回。

　　在 2020 年 12 月的《健康环境和健康经济计划》中,特鲁多政府宣布了更为严格的联邦碳税政策,向加拿大 2030 年碳减排目标推进。新的碳税将在 2021 年每立方吨 40 加币的基础上每年增加 15 加元,最终在 2030 年达到 170 加元每立方吨。为了弥补能源价格上涨对居民带来的经济损失,加政府将会把收得的碳税中的 90% 用于各省份居民退税上。据统计,大多数居民得到的退税会比支付的碳税要多。截至 2021 年 1 月,13 个省份中有 7 个采取了联邦后备计划,剩余省份采取自身碳税政策。该计划在 2022 年累计减少 5 000 万至 6 000 万吨的碳污染,相当于减少 1 200 万辆汽车,或关闭 14 家燃煤电厂。②

　　环境信息披露方面,加拿大并没有出台强制性的法规,但是证券监管局(Canadian Securities Administration)要求所有上市公司和发行人必须披露会对投资者决策产生影响的一切信息,其中包括环境相关信息。2010 年 6 月,加拿大证券管理局发布《环境报告指导》,帮助报告发行人决定需要披露的环境信息。

　　根据《环境报告指导》,环境披露并没有一个具体可量化的评判标准,而是需要根据具体内容,披露环境相关风险、趋势与不确定因素、环境法规对财务和运营的影响,以及任何具有实质性的环境影响等。指导指出,这一系列原则也适用于其他信息披露标准评判。环境披露应作为常规风险披露内容或是管理层讨论与分析(MD&A)内容的一部分,在年报或者发行报告中出现,而不是一个额外增加的项目。

　　2020 年修订版的《加拿大商业公司法》与环境披露要求相呼应,扩大了董事的责任义务范围,要求公司管理者除了股东利益外,还考虑环境及利益相关者。完善的法律制度和在现有制度上补充环境相关内容的披露方式推动企业进行信息披露。2014 年 3 月,多伦多证券交易所发布《环境与社会信息披露指引》,鼓励上市公司披露环境与社会影响。加拿大证券监管局、加拿大良好企业管理联盟(Canadian Coalition for Good Governance)等机构也发布了 ESG 披露指导,主要使用的是 SASB 标准和 TCFD 框架。

---

　　① See Canada Gazette,Part I,Volume 155,Number 10:Greenhouse Gas offset Credit System Regalation (Canada). https://canadagazette. gc. ca/rp-pr/p1/2021/2021-03-06/html/reg1-eng. html,last visited on 2023－03－04.
　　② 参见加拿大碳税纷争:为何征环境税? 向谁征? 谁来征? 用向哪儿? https://www. cdmfund. org/23131. html, last visited on 2023－03－04.

加拿大没有要求投资基金进行环境披露,但是安大略省在2014年要求养老基金在投资决策中进行 ESG 整合并披露有关信息。由于养老基金资金实力雄厚,企业受到该法规的影响也较大。截至2020年,标准普尔/多伦多证券交易指数里的177家公司(约71%)都发布了2019年 ESG 报告。然而,这些报告的准确性、一致性和信息的质量仍有改进的空间。2020年11月,加拿大体量最大的8家养老金基金呼吁企业统一使用 SASB 和 TCFD 框架进行披露。① 新冠疫情暴发期间,加拿大政府要求所有申请了大型企业紧急金融基金的企业根据 TCFD 框架发布气候相关金融风险披露报告。

三、加拿大 ESG 评估的对象

作为 ESG 的一部分被评估的问题继续发展。虽然不打算穷尽,但加拿大的主要 ESG 问题包括以下内容:

环境类(E)问题包括:(1)减少、规范和定价排放(包括温室气体);(2)污染;(3)废物产生;(4)资源开采;(5)产品管理;(6)能源消耗;(7)水的管理;(8)使用不可再生的资源;(9)复垦和对土地的影响;(10)对危险天气和极端天气事件增加的影响进行管理;(11)可持续社区/发展;(12)生物多样性。

社会类(S)问题包括:(1)公平、多样性和包容性;(2)人权;(3)强迫劳动;(4)职业健康和安全;(5)负担得起的住房;(6)数据保护;(7)隐私。

治理类(G)问题包括:(1)董事会的组成和薪酬;(2)治理系统和战略;(3)股东/利益相关者参与;(4)反腐败供应链;(5)信息技术和安全;(6)跟踪和遵守不断变化的披露要求。

此外,在加拿大,与原住民社区有关的考虑是 ESG 所有三个支柱的一部分。加拿大的原住民拥有受宪法保护的权利,包括自治权,加拿大政府承认这是一项固有的权利。省政府和联邦政府通过立法、政策、方案和倡议,并作为其各自对推进和解的承诺的一部分,努力维护这些权利。例如,在不列颠哥伦比亚省,省政府和土著社区之间的关系正在演变,包括共同决策,包括在土著人民领土上的自然资源开发。② 虽然与原住民的关系通常被认为类似于一个组织与利益相关者的关系,但在加拿大,将其视为与权利人、监管者和政府的关系更为合适。与原住民的关系也提供了其他机会,包括作为股权伙伴、雇员和供应商。因此,一个组织与原住民社区之间的关系可以成为该组织可持续性的重要决定因素。

---

① See Trevor Wong-Chor, Matthew Pollock, Kevin Nelson, Major Canadian Pension funds call for standardized ESG disclosures in Canadian bussiness. https://www. dlapiper. com/en/us/insights/publications/2020/11/major-canadian-pension-funds-call-for-standardized-esg-disclosures, last visited on 2023-03-04.

② See Disruption Magazine, How Canada is Tackling ESG, also see Online Library of Liberty, https://www. disruptionmagazine. ca/how-canada-is-tackling-esg, last visited on 2023-03-04.

四、ESG 战略

(一)公司的 ESG 战略

一个公司的 ESG 战略的设计和实施将取决于许多因素,包括:组织的规模、该部门的地理位置、主要 ESG 问题的性质以及董事会和高级管理层的现有结构、组成和经验。

环境、社会和治理战略通常由董事会在高级管理层的协助下确定。[①] 第一步是确定组织的优先 ESG 问题、风险和机会,这通常通过实质性评估完成。一些组织利用其一般的实质性评估来确定,例如,上市公司必须公开报告的内容,这可能涉及评估组织的问题、计划的回应和这些回应的有效性。其他组织使用 ESG 报告框架来帮助指导他们的特定 ESG 物质性评估。其他组织仍然记录每一个影响商业战略和财务规划的实际和潜在的 ESG 影响,并进行情景分析以评估 ESG 影响的影响。ESG 优先事项的范围通常受到组织的主要利益相关者的利益以及该部门的其他人在 ESG 方面的工作的影响。

在实施方面,组织通常采用自上而下的方法,通过实施一个内部系统,不断发展和实施 ESG 战略。组织可能会建立一个或多个董事会层面或管理层层面的委员会,专门监督和报告 ESG 问题。组织通常会建立具体的 ESG 政策和程序,以及其他手段支持和跟踪他们的 ESG 表现。组织可能会使用 ESG 指标和目标,并建立监测和绩效评估的内部系统。公司内部的 ESG 表现可以通过公司方案以及高级(行政人员)级别的薪酬安排进行激励。

加拿大的董事会在设计和实施公司的环境、社会和治理战略方面起着主导作用。这符合董事行使其自由裁量权并做出符合公司最佳利益的决定的职责,也符合他们在做出这些决定时考虑公司广泛的利益相关者的能力。

对于董事会如何设计和实施 ESG 战略,并没有一个统一的方法。有些人让整个董事会参与到对 ESG 战略的监督中。其他公司会建立新的委员会(如独立的委员会)来监督 ESG;或者扩大现有委员会(如治理委员会)的任务,以监督 ESG 相关事宜。将具体的 ESG 责任分配给一些不同的董事会委员会,包括审计和薪酬委员会,也是很常见的。这在很大程度上取决于组织的规模以及现有的结构和董事会的委员会。

内部律师在支持组织的环境、社会和治理战略的发展和实施方面经常发挥重要作用,包括就建立适当的结构和报告机制以实施环境、社会和治理举措提供建议。

(二)ESG 战略实施的监督

组织通常使用一些机制来监测其 ESG 战略的实施效果。组织一般会实施系统、方案和程序收集和跟踪 ESG 相关数据和信息。这些信息可以与历史趋势、内部目标或外部 ESG

---

① See Datta PR, Gopalakrishna-Remani VE, Bozan KA, The impact of sustainable governance and practices on business performance: an empirical investigation of global firms, Int J Sustain Soc,7(2):97—120(2015).

指标比较,包括通过与组织同行的比较。①

组织可以确定或定义与实施其 ESG 目标有关的关键绩效指标(KPI),这些指标可能是由组织的实质性评估提供的。这些关键绩效指标和其他 ESG 绩效数据将作为定期 ESG 绩效报告的一部分向董事会报告。在数据技术的帮助下,我们看到日常生成的 ESG 数据激增,以及正在进行的更复杂的分析,以提供对 ESG 绩效的更深入了解。不与具体量化措施挂钩的 ESG 绩效领域可能更难监测,但可以通过员工参与度、组织文化和外部机构的评级等跟踪。一些组织已经实施了监测这些领域的做法,其中可能包括定性评估、调查和其他形式的反馈、滑动测量和直接的利益相关者参与来监测和跟踪进展。各组织也经常将他们的环境、社会和治理表现与行业内其他组织公开的数据比较。②

董事会和其他公司机构的作用将取决于该组织在 ESG 方面确立的具体角色和责任。鉴于董事会在监督 ESG 方面的最终责任,它通常会通过定期的 ESG 报告参与对 ESG 表现的定期审查和评估。对 ESG 绩效的监督将得到管理层和组织内各部门的支持,有时会与原住民和当地社区、非政府组织和外部顾问,如顾问、注册会计师和法律顾问一起工作。③

在加拿大,将高管薪酬与环境、社会和治理战略结合起来并没有标准的方法,但我们看到某些部门正在形成共同的主题。例如,银行业去年报告说,6 家最大的银行在其各自首席执行官的行政薪酬中增加了 ESG 部分。

全球治理和高管薪酬小组 2021 年的一份报告发现,在多伦多证券交易所上市的 60 家最大的公司中,63％的公司(俗称 TSX 60)在高管薪酬中使用 ESG 类型的措施。纳入这些措施的主要行业是材料、能源、金融和消费类行业。在使用时,这些激励措施在衡量中最常见的权重是 20％。

加拿大上市公司使用的绝大多数高管薪酬措施都是短期激励措施,其中健康和安全目标是最常见的。虽然这些具体的运营 ESG 指标已经使用了很多年,但在 2012 年至 2019 年间,多伦多证券交易所 60 家公司的 ESG 相关目标增长了 18％。同样,我们现在看到一小部分多伦多证券交易所 60 家公司将 ESG 相关的衡量标准与公司高管的长期激励挂钩,例如与环境和多样性、公平和包容有关的指标。④

随着我们看到加拿大公司报告 ESG 和定义总体 ESG 目标的趋势增长,这些公司的高管薪酬将与更广泛的 ESG 因素相联系。

---

① See Brahma, S., Nwafor, C., Boateng, A, Board gender diversity and firm performance: The UK evidence, Int. J. Financ. Econ. 2020.

② See Jo, H. & Na, H,DoesESGreduce firm risk? Evidence from controversial industry sectors, Journal of Business Ethics, 110(4),441－456(2012).

③ See Fatemi, A. Glaum, M. & Kaiser, S,ESG performance and firm value: The moderating role of disclosure, Global Finance Journal,38, 45－64(2018).

④ See Lo, K. Y., & Kwan, C. L,The effect of environmental, social, governance and sustainability initiatives on stock value-Examining market response to initiatives undertaken by listed companies, Corporate Social Responsibility and Environmental Management(2017).

(三)ESG 战略的展望

当涉及在一个组织内成功实施 ESG 战略时,没有"一刀切"的方法。通过 ESG,组织可以确定优先问题,并采取积极的方法来管理它们。这包括识别和评估组织的风险和机会,并对这些问题进行优先排序,以设定现实的目标。风险和机遇的识别可以由内部和外部利益相关者的投入以及对适用于该组织的 ESG 领域的法律的理解来指导。它也可以通过与行业内其他公司的 ESG 表现进行比较来指导。

虽然 ESG 平台的发展、其优先事项和沟通应该来自高层,但 ESG 也应该被整合到整个组织中,以便 ESG 视角可以应用到所有决策中。ESG 的基础问题是动态的和不断发展的,法律要求和优先事项可以迅速改变。因此,组织必须确保他们对 ESG 采取全面的方法,将其嵌入他们的使命、愿景和价值观中,并使其成为他们文化的一部分。①

第二节 加拿大 ESG 信息披露制度

一、信息披露的内涵

(一)何为 ESG 信息披露

加拿大证券法要求上市公司披露可能影响其财务业绩的重大信息,包括与 ESG 因素有关的信息。此外,联邦政府已出台法规,要求大公司披露其碳排放和气候相关的风险和机会。以下是加拿大 ESG 披露的一些关键方面:

(1)重要性。公司只被要求披露重要的信息,即可能影响其财务业绩或投资者的决策。

(2)具体的 ESG 因素。公司不需要披露所有 ESG 因素的信息,而只需要披露那些重要的因素。在加拿大通常披露的一些关键 ESG 因素,包括气候变化、劳工实践和治理实践。

(3)报告标准。加拿大没有标准化的 ESG 披露报告框架,但许多公司遵循国际报告标准,如全球报告倡议组织(GRI)或可持续发展会计标准委员会(SASB)。

(4)执法。加拿大证券监管机构有权强制执行披露要求,并可对未能遵守要求的公司处以罚款或其他处罚。

(二)关于 ESG 披露梳理

随着加拿大和世界努力应对气候变化的加速,对现有和历史上的种族和性别不平等的清算,以及全球供应链的中断,环境、社会和治理问题已经成为一个比以往任何时候都更重要的问题。企业被要求对他们的气候足迹、为改善多样性所做的努力,以及确保诚实的商

---

① See Catalyst, Gender Diversity on Boards in Canada: Recommendations for Accelerating Progress, Commissioned by the Government of Ontario, 2016. Available online: https://www.catalyst.org/research/gender-diversity-on-boards-in-canada-recommendations-for-accelerating-progress,last visited on 2023—03—06.

业惯例得到遵守负责。① 因此,加拿大企业正面临着越来越繁重的披露任务,特别是在涉及气候相关影响时。虽然在全球范围内已经出现了将 ESG 问题置于优先地位的趋势,但目前加拿大有两个关键 ESG 问题:一是环境和社会事务的公司治理和风险监督;二是治理及其影响的披露。② 这些问题在很大程度上是作为公共公司事务出现的,根据证券法和联邦商业公司法③发布了指导和监管办法(见图 6—1)。

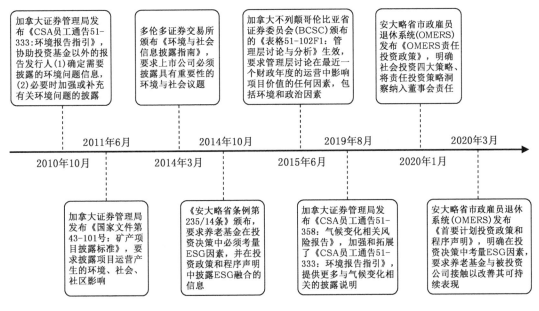

图 6—1　加拿大 ESG 披露梳理汇总

2010 年 10 月,加拿大证券管理局(CSA)发布了《CSA 员工通告 51-333:环境报告指引》,对除投资基金以外的发行人做出持续披露环境信息的规定。该指引要求报告发行人必须披露具有实质性的环境信息、与环境事宜相关的风险与事件、环境风险监控与管理、与环境披露有关的治理结构等内容。该指引的出台,标志着加拿大 ESG 政策法规体系建设的开启。

2011 年 6 月,加拿大证券管理局发布《国家文件第 43-101 号:矿产项目披露标准》(National Instrument 43-101:Standards of Disclosure for Mineral Projects),其中条例 20 要求矿产项目考虑并披露:(1)可能对开采矿产资源或矿藏能力产生影响的已知环境问题;(2)与项目有关的社会或社区相关的要求或计划;(3)与项目相关的废物处置与回收细节。

---

① See Nekhili, M. Nagati, H., Chtioui, T. & Rebolledo, C,Corporate social responsibility disclosure and market value:Family versus nonfamily firms, Journal of Business Research, 77,41—52(2017).

② See Chakraborty, A. Gao, L. & Sheikh, S.,Corporate governance and risk in cross-listed and Canadian only companies,Management Decision,Vol. 57:10, 2740—2757(2019).

③ See Businesses in Canada can incorporate under the federal statute (the Canada Business Corporations Act,R. S. C. 1985 c. C-44) or one of the federal or territorial statutes.

加强了对矿业企业的环境管理和相关信息披露要求。2014 年 3 月,加拿大多伦多证券交易所(TMX)发布《环境与社会信息披露指引》,为企业高层管理者(尤其是首席财务官)、内部法律顾问、审计委员会成员等在公司内开展与 ESG 相关的活动及对外信息披露提供引导。

该指引表示,依据现行的加拿大证券条例(Securities Rules)规定,报告人必须披露具有实质性的环境与社会议题。2014 年 10 月,加拿大安大略省颁布《安大略省条例第 235/14 条》,对安大略省退休金法案进行补充。

新颁布的法案增加了 ESG 信息披露的要求,强制规定退休金投资政策和程序声明中需包括投资决策是否以及如何纳入 ESG 因素的信息。对原有法案的增补修订,提升了对 ESG 信息披露的强制性要求。加拿大不列颠哥伦比亚省证券委员会(BCSC)于 2015 年 6 月颁布实施了《表格 51-102F1:管理层讨论与分析》,该文件倡导公司管理层在最近一个财政年度的运营中考量影响项目价值的相关因素,包括政治或环境问题,对公司治理架构中的管理层提出关注环境议题的要求。2019 年 8 月,加拿大证券管理局发布《CSA 员工通告 51-358:气候变化相关风险报告》,让投资者们更加了解公司商业模式的可持续性以及与气候变化有关的机会与风险。[①]

该通告加强和扩展了《CSA 员工通告 51-333:环境报告指引》中的指导,提供了更多与气候变化信息披露相关的细节。2020 年 1 月和 3 月,加拿大安大略省市政雇员退休系统(OMERS)先后颁布了《OMERS 责任投资政策》和《OMERS 首要计划投资政策和程序声明》,要求 OMERS 制定在投资决策中考量 ESG 因素的政策与程序,明确董事会对退休金责任投资的职责。

OMERS 基础设施旨在为其成员提供安全和可持续的养老金。OMERS 相信,运营良好、具有健全的 ESG 实践的组织会有更好的表现,特别是在长期内,投资这些公司符合其对成员的信托责任。OMERS 将可持续投资原则纳入投资分析和决策过程,可持续投资方法建立在四个总体战略之上:一是将 ESG 因素纳入投资决策过程;二是积极与投资组合公司合作,促进可持续的商业实践;三是与机构合作,交流信息,发展实践,倡导更好的透明度;四是不断调整该方法,以确保它随着时间的推移保持相关性和有效性。

二、信息披露制度的分类

(一)主要的 ESG 披露制度

在加拿大,公司和投资者必须遵守与 ESG 有关的法律规定。

1. 披露要求

加拿大对 ESG 因素的披露要求主要是在国家文件 51-102 持续披露义务和国家文件

---

① See Climate Change Resilience and Adaptation for Public Transit. https://publicreview. csa. ca/Home/Details/4943,last visited on 2023-03-07.

58-101 公司治理实践披露中规定的。① 这些法规要求公司披露与 ESG 因素有关的重大信息,如气候变化风险、多样性、人权和劳工实践。加拿大政府也出台了法规,要求某些公司报告其温室气体排放、能源消耗和其他环境数据。例如,联邦政府基于产出的定价系统(OBPS)要求每年排放超过 50 000 吨二氧化碳当量的公司报告其排放量,并购买碳信用额度以抵消其排放量。加拿大证券法要求在加拿大证券交易所上市的公司披露与 ESG 因素有关的重大信息,包括气候变化风险、社会问题和公司治理实践。公司必须在其年度和季度文件以及其他监管文件中披露这些信息,如招股说明书和管理信息通告。此外,加拿大政府已出台法规,要求某些公司报告其温室气体排放、能源消耗和其他环境数据。②

加拿大证券法要求上市公司披露可能影响其财务业绩的重大信息,包括与 ESG 因素有关的信息。此外,联邦政府已出台法规,要求大公司披露其碳排放和气候相关的风险和机会。

其他需要补充的方面是股东参与和法律责任部分。股东参与是促进负责任的公司行为和解决 ESG 相关问题的一个重要工具。在加拿大,股东参与已经成为公司治理的一个越来越重要的部分,机构投资者与公司就 ESG 问题接触,并就 ESG 相关议题提交股东提案。

2. 环境披露

加拿大证券监管机构鼓励发行人利用现有的披露形式来表明他们已经考虑了环境风险,制定了基本的环境政策,并在董事会层面指定了环境风险管理的责任③,而不是对环境问题提出单独的、具体的披露要求。监管机构指出,发行人应指出与物理风险(如极端天气事件或海平面上升)有关的重大风险,以及企业在向低碳经济转型中面临的重大风险(包括声誉风险、政策风险、监管风险和市场风险等)。

由于大多数行业都面临着环境和气候变化的风险,所有加拿大发行人都应该考虑他们是否面临任何重大的环境风险,并对这些风险进行具体的事实披露,而不是给予一般性的披露和使用模板语言。④ 此外,发行人的 AIF 中必须披露环境保护要求对其发行人、资本支出、收益和竞争地位的实际或预期影响。

3. 社会披露

在 ESG 披露方面,社会事务没有得到环境和治理事务的重视,但这并不意味着重大社

---

① See Canadian, S. A. Regulation 58-101 respecting Disclosure of Corporate Governance Practices(2014). Retrieved from https://lautorite. qc. ca/fileadmin/lautorite/reglementation/valeurs - mobilieres/58 - 101/2014 - 12 - 18/2014dec18-58-101-final-en. PDF,last visited on 2023—03—06.

② See Liao, L. Luo, L. & Tang, Q. Gender diversity, board independence, environmental committee and greenhouse gas disclosure, The British Accounting Review, 47(4),409—424(2015).

③ See De Villiers, C. Jia, J. & Li, Z,Are boards' risk management committees associated with firms' environmental performance?, British Accounting Review, 54(1), 101066,(2022).

④ See Baldini, M. Dal Maso, L. Liberatore, G. Mazzi, F. & Terzani, S. Role of country-and firm-level determinants in environmental, social, and governance disclosure. Journal of Business Ethics, 150(1),79—98(2018).

会风险不需要披露。① 最近对 CBCA 的修订将加拿大最高法院在 BCE Inc. 诉 1976 年债券持有人一案中的决定编入法典,该决定扩大了董事忠诚义务的范围(即"为了公司的最佳利益而诚实地、真诚地行事"),除了股东的利益之外,还包括考虑环境和利益相关者的利益,如雇员、退休人员、债权人、消费者和政府。这可能不需要加拿大发行人做出重大改变,因为 BCE 中扩大的忠诚义务已经适用于这些发行人,但这意味着联邦政府对 BCE 的加强。

此外,CBCA 修正案规定,受 CBCA 管辖的发行人必须每年披露发行人雇员、退休人员和养老金领取者的福利情况。规定所需披露内容的条例目前尚未公布,但任何此类披露意味着雇员、退休人员和养老金领取者作为公司利益相关者的作用将得到加强。

2018 年,魁北克金融市场管理局(AMF)发布了一份通知,强调如何将现有的 AIF 和 MD&A 风险披露应用于披露现代奴隶制问题(包括强迫劳动、债务奴役、人口贩运和童工)。魁北克省是目前加拿大唯一对现代奴隶制披露进行评论的司法管辖区。最近在加拿大参议院提出的立法,要求加拿大发行人向公共安全和应急准备部长报告它所采取的步骤,以防止和减少发行人在加拿大或其他地方使用强迫或童工来制造商品或由发行人进口的风险。鉴于这项拟议的立法,所有加拿大发行人应考虑他们是否有现代奴隶制的风险,包括通过供应链或国际业务,并确定是否存在任何由此产生的重大风险。

4. 治理披露

建立"不遵守就解释"制度的趋势越来越明显,以解决代表性不足的群体在董事会和 C-suites 中的代表性问题,此外还用于披露治理议题,包括董事和高管的薪酬以及董事提名程序。根据 CSA 的要求,发行人还必须对妇女在高级领导岗位上的代表情况进行规定的披露,并在此过程中证明其符合 CSA 的要求或解释不符合要求的情况。这包括发行人在考虑潜在的董事或高管职位的提名或任命时,是否考虑妇女的代表性。②

自 2020 年 1 月 1 日起,CBCA 公司须遵守与董事会和高级管理层多样性有关的新披露要求。除了上文讨论的披露董事会性别多样性的要求外,新的 CBCA 要求规定了"不遵守就解释"的方法,并将多样性要求扩大到明显的少数群体成员、土著人和残疾人。分发 CBCA 的公司必须在每次年度会议上向每个股东提供这一披露,可以是与会议通知一起发送,也可以是与信息通报一起提供。受 CBCA 管辖的发行人应审查其目前在董事会和管理层多样性方面的做法,以确保它们与新的要求完全一致。

此外,在一个尚未确定的日期,联邦政府将修订 CBCA,以使 CBCA 发行人的股东有权就支付给公司董事和高级管理层成员的报酬的方式进行投票。这种投票的结果对公司没有约束力,但发行人可能希望考虑这种投票的要求会如何影响他们的报酬方式。

---

① See Endrikat, J. De Villiers, C. Guenther, T. & Guenther, E. Board characteristics and corporate social responsibility: a meta-analytic investigation, Business & Society, 60(8), 2099-2135(2021).

② See Harjoto, M., Laksmana, I. & Lee, R. Board Diversity and Corporate Social Responsibility. *J Bus Ethics* 132,641-660(2015).

5. 与气候相关

2010 年,加拿大证券管理机构(代表省级和地区级证券管理机构的国家机构,简称 CSA)发布了 CSA 工作人员通知 51-333《环境报告指南》,然后在 2019 年发布了 CSA 工作人员通知 51-358《气候变化相关风险报告》。[①]

工作人员公告 51-333 和 51-358 规定了加拿大上市公司与气候有关的基本治理和披露义务,既参考了现有的标准,又对这些标准如何适用于与气候有关的事项提供了具体指导。[②] 简而言之,加拿大上市公司须遵守以下规则(此外还有一些超出本文范围的具体规则):第一,与气候有关的披露,就像所有其他的披露一样,是以重要性评估为指导。第二,年度信息披露必须包括有关财务和财务状况的重要信息。第三,环境保护要求对公司的运营影响,以及对运营具有根本意义的社会和环境政策的信息。第四,风险因素的披露必须包括重大环境事项;毫无疑问,对气候相关事项的治理、管理和风险监督是董事会层面的责任。

6. 多样性

CSA 还负责规定董事会和管理层的多样性和多样性披露,尽管这里的多样性仅指妇女在高级职位上的代表性。[③] 自 2020 年 1 月起生效的 CBCA 修正案扩大了根据该法规成立的公共公司的多样性义务,以包括原住民、残疾人和明显的少数民族成员以及妇女。[④]

根据 CSA 的 58-101F1 公司治理披露表,上市公司必须提供与妇女在董事会和管理职位上的代表性有关的披露。这种披露是在"遵守或解释"的基础上进行的,也就是说,没有或不能遵守多样性义务的公司必须解释为什么会这样。规模较小的上市公司"风险发行人"比规模较大的"非风险发行人"的义务要少。非风险发行人必须进行以下披露,或者解释他们为什么没有处理这些问题:一是关于妇女在董事会中的代表权的政策信息;对妇女在董事会和执行官员职位上的代表权水平的考虑。[⑤] 二是与妇女在董事会和高管职位上的代表性有关的目标。三是妇女在董事会和执行官员职位上的人数。

自 2020 年 1 月起,根据 CBCA 注册成立的上市公司(无论它们是风险还是非风险发行

---

① See Practical Law Canada,Environmental,Social and Governance (ESG) Toolkit:Canada,Practical Law News(Nov. 18,2022),https://uk. practicallaw. thomsonreuters. com/w-0348588? transitionType = Default&contextData = (sc. Default) &firstPage=true,last visited on 2023—03—08.

② This is subject to the implementation of National Instrument 51-107 which would supplement the current disclosure regime with a TCFD-aligned mandatory disclosure framework-see "Current Developments" below.

③ See Sarah Marsh, 2023 CanadianESGReporting Insights, PwC Canada News(Feb. 19,2023), https://www. pwc. com/ca/en/today-s-issues/environmental-social-and-governance/esg-reporting-insights. html,last visited on 2023—03—08.

④ See Ben-Amar,W. Chang,M. & McIlkenny,P. Board gender diversity and corporate response to sustainability initiatives:Evidence from the Carbon Disclosure Project,Journal of Business Ethics,142(2),3369—3383(2017).

⑤ See Boutchkova,M. Gonzalez,A. Main,B. G. & Sila,V. Gender diversity and the spillover effects of women on boards,Corporate Governance:An International Review,29(1),2—21(2021).

人),都必须对原住民、残疾人和明显的少数族裔成员[①]以及妇女进行类似的多样性披露(或解释为什么他们没有处理这些问题)。除了在 SEDAR(加拿大上市公司文件库)上提交这些信息外,CBCA 公司还必须根据 CBCA 向董事提交其多样性披露。

董事会中的性别多样性会影响公司的自愿披露[②],例如其环境、社会和治理披露(ESG)。越来越多的文献表明,董事会的大部分工作发生在委员会中,这些委员会是董事会中较小的工作组。在较小的工作组中,即使是少数妇女也可能在该群体中所占比例较高。因此,性别多样性对董事会决策的影响在委员会中更为普遍,因为女性的想法和意见在较小的工作组中可以产生更大的影响。[③] 通过加入委员会,女性有机会为董事会的任务和决策做出积极贡献。

7. ESG 披露的常用做法和框架

加拿大公司被允许自愿披露与环境、社会和治理有关的事项,只要这种披露符合一般的披露规则——主要是披露必须以所披露的信息的重要性为依据的规则。许多加拿大公司确实在自愿披露环境、社会和治理方面的信息,从知名的全球标准和框架中获得指导或参考。

作为 NI 51-107 发布的一部分,CSA 对发行人的气候相关持续披露进行了审查,发现在被审查的发行人中,约有 70% 参考了全球报告倡议组织,57% 参考了 SASB 框架,55% 参考了 TCFD,30% 参考了联合国可持续发展目标。加拿大的发行人很少(如果有的话)严格按照任何一个 ESG 框架报告。相反,大多数发行人在准备和披露信息时参考了一个或多个标准或框架的部分内容。

(二)强制性 ESG 披露

根据加拿大的证券立法,目前没有单独的具体要求规定环境和社会(E&S)相关的披露。相反,发行人必须在其持续披露文件中以有意义的方式披露"重大"信息,其中包括如果遗漏或误报,可能会影响合理投资者购买、出售或持有证券决定的信息。这一要求适用于 E&S 信息,如同适用于任何其他信息。

近年来,加拿大证券管理局(CSA)发布了指导意见,帮助发行人确定哪些环境信息是实质性的,应在其持续披露文件中披露。该指南列出了以下确定重要性的指导原则,CSA 指出这些原则也可适用于非环境信息:

(1)没有明确的检验标准。信息成为重要信息并没有一个量化的门槛,限定的重要性因行业、发行人和环境而异。发行人在确定重要性时应同时考虑定量和定性因素。

---

① See Each of these categories of person is defined in the Federal Employment Equity Act, S.C. 1995, c. 44.

② See Boutchkova, M. Gonzalez, A. Main, B. G. & Sila, V. Gender diversity and the spillover effects of women on boards. Corporate Governance: An International Review, 29(1), 2—21(2012).

③ See Ben-Amar, W. Chang, M., & McIlkenny, P. Board gender diversity and corporate response to sustainability initiatives: Evidence from the Carbon Disclosure Project. Journal of Business Ethics, 142(2), 369—383(2017).

（2）背景。某些事实和信息的重要性应根据所有可用的信息来考虑，而不是在一个孤岛上。

（3）时机。发行人应考虑此类信息的影响何时发生，以及是否需要提前披露。

（4）趋势、需求、承诺、事件和不确定性。发行人应考虑任何趋势、需求、承诺、事件和不确定性的概率。

（5）站在重大性的一边。如果对信息是否重要有任何疑问，鼓励发行人站在重要性的一边，披露信息。

例如，在管理层讨论与分析（MD&A）中，发行人必须披露可能无法在其财务报表中充分反映的重要信息，以及有可能影响发行人未来的趋势和风险。[①] 与消费者偏好、供应链管理、碳信用额度或碳排放的可用性和价格有关的趋势是可能被考虑的环境和社会信息的例子，并可能需要在管理层讨论和分析中披露。在年度信息表（AIF）中，发行人必须说明，除其他事项外，与公司及其业务有关的、最有可能影响投资者购买公司证券决定的风险因素，以及已经实施的、对其业务至关重要的环境和社会政策。[②]

（6）气候变化风险。如极端天气模式的潜在风险，限制排放的法规，向低碳经济的过渡，以及与现代奴隶制相关的风险，都是此类潜在风险的例子，如果被认为是重要的，就可能需要披露。[③]

《指导意见》还提醒发行人，有关环境问题的前瞻性信息，无论是在持续披露文件中还是在自愿报告和网站中披露，都可能受到证券法的约束。前瞻性信息可能表现为目标、目的、预测、可能发生的事件或运营结果，并包括面向未来的财务信息（FOFI）。当披露的前瞻性信息是实质性的，报告发行人必须包括某些细节，包括可能导致实际结果与前瞻性信息产生重大差异的重大风险因素，以及用于制定前瞻性信息的重大因素或假设。

现代奴隶制这一社会问题是魁北克省金融市场管理局（AMF）发布的一份通知（以下简称通知）的主题，目的是就有关现代奴隶制的现有披露要求向发行人提供指导。通知指出，这一社会问题特别影响建筑业、制造业、娱乐业和农业。与《指导意见》类似，通知指出，它没有修改任何现有的法律要求，也没有设立新的要求，而是将重点放在根据合理投资者评估的重要性上，作为在管理层讨论和分析中披露风险因素的检验标准。AMF 指出，发行人可能面临有关现代奴隶制的诉讼风险、监管风险、声誉风险和运营风险，可能必须在持续披

---

① See Form 51-102F1 Management's Discussion and Analysis，sections 1. 2 and 1. 4.

② See Form 51-102F2 Annual Information Form，sections 5.1(4) and 5. 2.

③ See CSA Staff Notice 51-333 Environmental Reporting Guidance dated October 27，2010；CSA Staff Notice 51-358 Reporting of Climate Change-Related Risks dated August 1，2019；and Notice relating to modern slavery disclosure requirements issued by the Autorité des marches financiers（Québec）dated September 4，2018（further discussion on the Notice relating to modern slavery is provided below）.

露文件中讨论。AMF 还指出,在履行其监督职责时,董事会以及审计委员会[①]和核证员"应审查管理层对现代奴隶制相关问题的重要性的评估,并确信根据证券法规提交的文件中提供的披露与该评估相一致"。[②]

2020 年 10 月 29 日,S-216 号法案,即颁布《现代奴隶制法》和修订《海关关税》的法案(以下简称法案)被提交给加拿大参议院进行一读。该法案是加拿大第一部现代奴隶制披露立法,它对以下实体提出有关强迫劳动或童工的供应链报告要求:(a)在加拿大证券交易所上市,(b)在加拿大有营业场所,在加拿大做生意,或在加拿大有资产,并且该实体符合某些财务和就业标准,或(c)由法规规定,以及(i)在加拿大或其他地方生产或销售货物,(ii)将加拿大境外生产的货物进口到加拿大,或(iii)控制一个从事(i)或(ii)中描述的任何活动的实体。该法案还规定了在这些实体不遵守报告的情况下的执行机制。

发行人还应该知道,多伦多证券交易所(TSX)和多伦多证券交易所创业板(TSX-V)已经采用了有关及时披露的政策,这是证券法规规定的义务之外的政策。[③] 2020 年 8 月,多伦多证券交易所发布了"环境与社会信息披露入门"的更新版本,其中提供了关于这些政策的信息以及其他资源,旨在帮助发行人开始或加强其环境与社会信息。[④]

最后,2019 年获得御准的 C-97 法案对《加拿大商业公司法》进行了修订,要求董事会向其股东披露某些社会信息,包括与董事会和高级管理职位的多样性有关的信息,以及雇员、退休人员和养老金领取者的福利,以及涉及薪酬的某些治理信息。

(三)非强制性 ESG 披露

近年来,加拿大的自愿性环境、社会和治理信息披露显著增加。[⑤] 组织所面临的挑战之一是决定使用哪种标准或框架披露 ESG 信息。[⑥]

公司通常会根据或参照一个或多个环境、社会和治理框架,如可持续发展会计准则委员会、TCFD 和全球报告倡议组织建立的框架准备。[⑦] 一些公司会准备更有针对性的披露,

---

① Bravo, F. & Reguera-Alvarado, N. Sustainable development disclosure: Environmental, social, and governance reporting and gender diversity in the audit committee, Business Strategy and the Environment, 28(2), 418—429 (2019).

② Notice relating to modern slavery disclosure requirements issued by the Autorité des marches financiers (Québec) dated September 4, 2018.

③ See Policy 3. 3, Timely Disclosure and Policy Statement on Timely Disclosure for the respective timely disclosure policies of the TSX-V and TSX.

④ XMX Group and CPA Canada, "A Primer for Environmental & Social Disclosure" (2020), https://www. tsx. com/resource/en/2388,last visited on 2023—03—10.

⑤ See Ntim, C. G. Soobaroyen, T. & Broad, M. J. Governance structures, voluntary disclosures and public accountability: The case of UK higher education institutions, Accounting Auditing & Accountability Journal, 30(1), 65—118(2017).

⑥ See Arevalo, J. & Aravind, D. Strategic outcomes in voluntary CSR: Reporting economic and reputational benefits in principles-based initiatives, Journal of Business Ethics, 144, 201—217(2017).

⑦ Please refer to our November 30, 2020 Bulletin "Boards and Management in Canada Take Note: Demand for BetterESGOversight and Disclosure" for further details on ESG-related standards and frameworks.

重点是他们希望向公众强调的环境、社会和治理叙述的战略要素。

根据不同的部门,自愿性 ESG 披露通常包括对一系列 ESG 因素的详细披露,包括以下内容:

环境方面(E)包括:气候和温室气体排放①、能源效率、空气质量、水和自然资源的消耗、废物以及生物多样性。

社会方面(S)包括:公平、多样性和包容性、职业健康和安全、员工参与、劳动关系和做法、人权、强迫劳动、隐私以及与土著社区和其他地方社区的关系。

治理方面(G)包括:董事会组成、高管薪酬、治理结构、商业道德、供应链管理以及贿赂和反贪污。

某些行业已经建立了自己的行业特定框架,该行业的组织可以选择使用这些框架来衡量和公开报告他们的环境、社会和治理绩效。一个例子是自然资源行业,包括采矿业和石油天然气。这个行业的许多组织是自愿性 ESG 披露的早期采用者,并一直自愿和公开报告可持续性指标,包括职业健康和安全、水的使用和经济影响。

许多公司,无论是上市公司还是私营企业,都选择以不同的形式公开披露广泛的 ESG 信息,包括在年度可持续发展报告或公司网站上。自愿性的 ESG 披露可以为公司的利益相关者提供有价值的信息,包括消费者、公司所在的社区和投资者。然而,公共发行人应该意识到,这种披露并不能取代证券立法所要求的在其持续披露文件中进行强制性披露的需要,而且这种信息可能受到有关前瞻性信息的证券立法的约束。因此,在进行自愿性 ESG 披露时,发行人应考虑:(i)披露的信息是否包含任何前瞻性信息,以及(ii)披露的信息是否包含必须纳入其持续披露文件(包括 MD&A 或 AIF)中的重要信息。此外,发行人应确保 ESG 相关信息在所有文件中的一致性和准确性,包括自愿报告和强制性持续披露文件,并认识到在自愿(以及强制)披露中对 ESG 相关信息的任何失实陈述都会导致二级市场披露的潜在民事责任。

《指南》建议董事会和管理层在向公众发布信息之前有一个强有力的程序来审查自愿披露的信息,以确保信息的可靠性和准确性。环境、社会和治理的披露应该有事实和数据的支持,而不是过分的期望。免责声明也是至关重要的。

此外,在进行面向投资者的 E&S 披露时,发行人可能要考虑加拿大善治联盟在《董事 E&S 指南》中提出的以下建议:②

一是传达与治理、战略和风险管理有关的关键考虑因素,并根据投资者的观点和需要提供一定程度的细节、背景、支持信息和指标。

---

① See Tingbani, I. Chithambo, L. Tauringana, V. & Papanikolaou, N. Board gender diversity, environmental committee and greenhouse gas voluntary disclosures, Business Strategy and the Environment, 29(6), 2194－2210 (2020).

② See Canadian Coalition for Good Governance, "The Directors' E&S Guidebook" (2018), https://ccgg.ca/policies/, last visited on 2023－03－10.

二是建立明确的、可衡量的、前瞻性的、可比较的环境与安全指标。有几个被广泛接受的指标,公司可以用来作为指导。

三是说明在公司报告中选择的报告框架及其理由。这对强制性和自愿性报告来说都是可取的。

四是在环境与安全报告与财务报告分开的情况下,确保一定程度的董事会问责制。至少,对 E&S 报告的批准应该由负责 E&S 监督的董事会委员会负责,董事会应该有控制措施,对管理层编写报告所依赖的事实和假设进行合理的核实和保证。

(四)关于 ESG 的主要披露义务

根据加拿大证券法,报告发行人(一般是指上市公司)需要定期向公众披露有关其业务和事务的所有"重要信息"以及对任何"重大变化"进行及时披露。此外,根据公司法和证券法,有一些规定的披露要求——包括与环境、社会和治理因素有关的披露。这些要求得到了证券监管机构的指导支持。例如,2010 年加拿大证券管理局(CSA)发布《工作人员通知51-333:环境报告指南》,为报告发行人提供了环境相关风险披露的指导。2019 年发布的《CSA 工作人员通知 51-358:气候变化相关风险的报告》,在《工作人员通知 51-333》的基础上进行了扩展,专门就气候变化报告以及如何根据现有的持续披露要求准备重大气候相关风险的披露提供指导。2021 年,CSA 公布了拟议的《国家文件 51-107:气候相关事项的披露》(NI 51-107),以征求意见。如果被采纳,拟议的新规则将扩大 CSA 先前对披露气候相关风险和温室气体排放的指导,规定所有报告发行人(投资基金、资产担保证券发行人和某些外国发行人除外)都必须披露与他们围绕气候相关风险和机会的治理做法有关的强制性信息。除某些修改外,NI 51-107 规定的拟议的气候相关披露基本上与气候相关金融披露工作组(TCFD)的四个核心披露要素相一致。此外,2022 年 1 月,CSA 发布了《工作人员通知 81-334:与 ESG 相关的投资基金披露》,该通知为投资基金提供了与 ESG 考虑有关的披露做法的指导,特别是投资目标参考 ESG 因素的基金和其他使用 ESG 策略的基金。

证券监管机构的指导意见明确指出,报告发行人必须考虑 ESG 因素,作为确定哪些信息必须从合规的角度在重要性和现有监管要求的基础上披露的一部分。此外,证券监管机构已明确表示,该指导意见并不创建或修改任何现有的法律要求。

根据其他法规(包括环境法)及与 ESG 相关的报告要求披露。这些要求包括,例如,强制报告温室气体排放和其他污染物排放到环境中的数据,这些信息由政府机构向公众报告。

(五)董事及董事会的 ESG 披露

加拿大公司董事有两项主要职责:第一项是他们的受托责任,即为了公司的最佳利益而诚实和善意地行事;第二项是他们的责任,即行使一个合理谨慎的人在类似情况下会行使的谨慎、勤勉和技能。① 2008 年,加拿大最高法院明确为今天所说的环境、社会和治理方面的考虑打开了大门,认为,在考虑什么是公司的最大利益时,"董事可以考虑股东、雇员、债权人、消费者、政府和环境等方面的利益,以便为他们的决定提供参考"。②

2019 年《加拿大商业公司法》(CBCA)的修正案巩固了对联邦监管公司的要求,该修正案明确规定,在为公司的最佳利益行事时,董事可以考虑(1)股东、雇员、退休人员、债权人、消费者和政府的利益,(2)环境,以及(3)公司的长期利益。

作为董事会监督和做出符合公司最佳利益决定的责任的一部分,董事会在环境、社会和治理报告方面的一个关键作用首先是监督和行使董事会层面的自由裁量权,为组织制定和实施环境、社会和治理的优先事项、战略和制度。③ 作为行使这一自由裁量权的一部分,董事会必须了解和参与,并获得适当和相关的信息,以协助建立、监测和评估组织的 ESG 表现和披露。董事会在确保环境、社会和治理披露的问责制方面发挥着关键作用,确保披露控制和政策的建立和实施,为环境、社会和治理披露中反映的信息、事实和假设提供合理的核查和保证。

一个组织的官员和高级管理层通常负责执行董事会层面的 ESG 决策,并确保董事会能够获得适当的相关信息。官员和高级管理层通常还负责监督确保以下方面的制度:ESG 披露是准确和完整的以及披露的信息是一致和可靠的,并符合监管报告要求,以及在适用的情况下,自愿报告倡议。

(六)ESG 披露的最佳做法

无论一个组织采用哪种环境、社会和治理报告框架,在准备其环境、社会和治理信息披露时,都应考虑某些最佳做法。以下方面应当予以充分考虑:④

披露应该是具体的。组织应将重点放在对组织及其业务的短期和长期可持续发展具有重要意义和相关性的实体特定 ESG 因素上。如果对某些环境、社会和治理因素是否重要存在疑问,组织应站在重要性的角度披露相关信息。

避免笼统的和模板式的语言。组织应避免使用模板语言,并尽可能避免在"遵守或解释"的方法中使用笼统的披露。这样的披露在报告发行人之间往往缺乏可比性,并可能遗漏为披露提供足够背景的必要信息。

① See Hoang, T. C. Abeysekera, I. & Ma, S. Board diversity and corporate social disclosure: evidence from Vietnam, Journal of Business Ethics, 151(3), 833-852(2018).

② See Katmon, N. Mohamad, Z. Z. Norwani, N. M. & Al Farooque, O. Comprehensive board diversity and quality of corporate social responsibility disclosure: Evidence from an emerging market, Journal of Business Ethics, 157(2),447-481(2019).

③ See Manita, R. Bruna, M. G. Dang, R. & Houanti, L. H. Board gender diversity andESGdisclosure: evidence from the USA, Journal of Applied Accounting Research, 19(2),206-224(2018).

④ See Practical Law Canada, Environmental, Social and Governance (ESG) Toolkit: Canada, Practical Law News (Nov. 18,2022), https://uk. practicallaw. thomsonreuters. com/w-0348588? transitionType=Default&contextData=(sc. Default)&firstPage=true.

披露应该是前瞻性的、平衡的和客观的。组织应确保信息披露是平衡的,不要只关注组织的积极成就,还要报告组织面临的挑战和问题,以及这些挑战和问题对组织及其业务的影响,包括其财务业绩。[①]

衡量标准应该是可靠的、可衡量的和可比较的。组织应确保其选择的环境、社会和治理框架在其自愿报告和强制性持续披露文件(如果适用)中得到一致应用。在使用定量数据、基准和目标的同时,还可以使用补充性的定性描述。当使用量化的环境、社会和治理数据时,它应该在各年以及组织的各种披露文件中得到一致的披露。在可能的情况下,组织还应该解释 ESG 指标和财务业绩之间的联系,包括展示 ESG 倡议如何推动增长,促进生产力,并以货币形式解决风险管理。

第三节　加拿大 ESG 评级与投资的法治实践

一、加拿大 ESG 评级概述

(一)何为 ESG 评级

评级是指环境、社会和治理评级机构对公司的环境、社会和治理表现提供评估,投资者和其他利益相关者可以利用这些评估来做出投资和其他决定。[②] 以下是加拿大 ESG 评级的一些关键方面:

一是评级机构。在加拿大有一系列 ESG 评级机构,包括 Sustainalytics、MSCI 和 Refinitiv。

二是方法。每个评级机构都有自己的方法来评估公司的 ESG 表现,其中可能包括一系列因素,如环境表现、劳工实践和治理实践。

三是评级。公司通常被赋予一个等级,等级越高,表示 ESG 表现越好。投资者可以利用评级来做出投资决策,公司也可以利用评级来衡量其与同行的表现。

四是局限性。ESG 评级有一些局限性,包括它们是基于公开的信息,可能无法捕捉到公司 ESG 表现的所有细微差别。此外,不同的评级机构可能使用不同的方法和标准,因此很难比较不同机构的评级。

---

① See Sarah Marsh, 2023 Canadian ESG Reporting Insights, PwC Canada News(Feb. 19, 2023), https://www.pwc.com/ca/en/today-s-issues/environmental-social-and-governance/esg-reporting-insights. html, last visited on 2023-03-11.

② See Utkarsh Sharma, Akshat Gupta, Sandeep Kumar Gupta. The pertinence of incorporating ESG ratings to make investment decisions: a quantitative analysis using machine learning. Journal of Sustainable Finance & Investment, 1-15(2022).

(二)ESG 评级系统

ESG 评级机构是独立的组织,根据一系列与 ESG 因素相关的标准来评估公司。[①] 在加拿大,有几个 ESG 评级机构,包括 Sustainalytics、MSCI ESG Research 和 FTSE Russell。这些机构为投资者提供有关公司在 ESG 方面的表现的信息,可以帮助投资者做出更明智的投资决定。[②] 这些机构根据一系列标准对公司进行评估,包括环境影响、社会责任和公司治理实践。

(三)加拿大的 ESG 评级制度

加拿大的 ESG 评级机构中,较为知名的主要有两家,分别是 Sustainalytics 和 MSCI ESG Research。这两家 ESG 评级机构均提供企业 ESG 评级服务,其评级方法主要基于 ESG 因子的数据分析和企业的可持续性绩效。

加拿大的 ESG 评级制度还包括一些评估框架和标准,例如加拿大证券交易委员会(CSA)要求公开公司披露其 ESG 相关信息,这促进了 ESG 评级的发展。此外,加拿大还发布了一些 ESG 标准和指南,例如加拿大公司治理准则和加拿大企业社会责任报告指南。

二、加拿大 ESG 投资概述

(一)何为 ESG 投资指南

加拿大的许多机构投资者已经采用了 ESG 投资指南,其中规定了考虑到 ESG 因素的投资决策的原则和标准。以下是加拿大 ESG 投资准则的一些关键方面:

一是信托责任。加拿大的机构投资者有信托责任为其客户的最佳利益行事,这包括考虑到可能影响其投资的长期表现的 ESG 因素。

二是原则。ESG 投资指南可以规定一些原则,如将 ESG 因素纳入投资决策,就 ESG 问题与公司接触,并以符合 ESG 原则的方式投票。

三是标准。环境、社会和治理投资指南也可以规定做出投资决策的具体标准,如避免投资于有不良劳工行为或严重依赖化石燃料的公司。

四是报告。机构投资者可能被要求报告他们的 ESG 投资和表现,无论是向他们的客户还是向监管机构。

加拿大投资行业监管组织(IIROC)要求投资公司在做投资决定时考虑 ESG 因素。IIROC 准则要求公司评估与潜在投资相关的 ESG 风险和机会,并将这些信息纳入其投资决策过程。此外,负责任投资原则(PRI)是一个促进负责任投资行为的全球投资者网络。

---

① See Landi, G. and Sciarelli, M. Towards a more ethical market: the impact of ESG rating on corporate financial performance, Social Responsibility Journal, Vol. 15 No. 1,11－27(2019). https://doi.org/10.1108/SRJ-11-2017-0254,last visited on 2023－03－11.

② See Devalle, A. Fiandrino, S. & Cantino, V. The linkage betweenESGperformance and credit ratings: a firm-level perspective analysis, International Journal of Business and Management, 12(9),53－65(2017).

许多加拿大投资公司是 PRI 的签署方,PRI 要求签署方将 ESG 因素纳入其投资决策过程。加拿大投资行业监管组织(IIROC)要求投资公司在做投资决定时考虑 ESG 因素。IIROC 准则要求公司评估与潜在投资相关的 ESG 风险和机会,并将这些信息纳入其投资决策过程。[①]

(二)投资选择

加拿大的债务投资者正越来越多地寻找机会投资于与环境、社会和治理相关的债务工具(简称"ESG 产品")。

加拿大的 ESG 产品有多种形式,而且新品种不断涌现。ESG 产品的三个主要类型是:

一是"收益使用"产品,其收益必须用于解决特定的环境或社会问题。

二是"与可持续性相联系的"产品,在这种产品中,票据和有时其他定价特征的调整取决于特定目标是否得到满足。

三是越来越多的上述混合体。

在与可持续性挂钩的融资中,达到目标的发行人通常会得到定价下降的奖励(例如,降低票息)。如果不能实现特定的目标,通常不会导致债务工具的违约,但可能会导致定价上升。一些与可持续性挂钩的产品同时具有向上和向下的定价调整,而其他产品只包括一个或另一个。[②]

在评估 ESG 产品时,加拿大投资者会参考相关机构发布的不具约束力的原则。对于债券的发行,相关原则是由国际资本市场协会发布的绿色债券原则、社会债券原则和与可持续性挂钩的债券原则。对于贷款,相关原则是由亚太贷款市场协会、贷款市场协会和贷款辛迪加和交易协会联合发布的《绿色贷款原则》《社会贷款原则》和《与可持续性挂钩的贷款原则》。

与其他司法管辖区一样,由于缺乏将 ESG 产品指定为绿色、社会或可持续发展相关产品的标准化标准,导致人们对"洗绿"(用 ESG 术语修饰常规债务工具)的担忧。为了解决这个问题,ESG 产品的发行人制作一个框架,说明拟议的发行如何与相关原则保持一致,这已经成为标准做法。该框架通常由第三方专家(在此称为"第三方审查员")评估,该专家将报告该框架的可信度。

除了通常的贷款标准外,在 ESG 融资中,贷款人/投资人将考虑发行人是否有合适的 ESG 相关目标以及拟议产品的条款是否适当地反映了这一目标。这通常涉及审查发行人的 ESG 框架和相关的第三方报告,以及所提供的 ESG 工具的具体内容。

[①] See Andre Poyser & Dan Daugaard. Indigenous sustainable finance as a research field: A systematic literature review on indigenising ESG, sustainability and indigenous community practices, Accounting & Finance, 63, 47−76 (2023).

[②] See Atta-Darkua, V. D. Chambers, E. Dimson, Z. Ran, and T. Yu. Strategies for Responsible Investing: Emerging Academic Evidence, The Journal of Portfolio Management Ethical Investing, 46 (3), 26−35(2020).

(三)ESG 融资活动的特点

近年来,加拿大的 ESG 融资活动在交易数量和总交易额方面都有显著增加。

加拿大最大的银行有突出的 ESG 贷款业务,加拿大的养老基金是 ESG 产品的投资者。此外,加拿大的银行一直是 ESG 产品的重要发行者,加拿大最大的养老基金至少从 2018 年开始就一直是绿色债券市场的积极发行者。[①]

"收益使用"产品最初在加拿大 ESG 融资中占很大比例。其中许多涉及政府实体、金融机构和其他投资级实体发行的绿色或社会债券。例如,安大略省和魁北克省以及温哥华市和多伦多市近年来都发行了绿色或社会债券,此外还有前面提到的银行和养老基金的发行。

最近,在加拿大获得 ESG 融资的发行人种类明显增加,包括更多的非银行企业发行人。随着这些发行人在 ESG 融资方面变得更加活跃,他们正在开发适合他们需求的产品,包括混合和匹配绿色、社会和可持续发展相关的工具特征的产品。[②]

根据 CFA 协会的数据,环境问题对公司债券收益率的影响比社会问题更频繁,而主权债务收益率的情况则相反。这可能意味着,对于企业发行人来说,在涉及 ESG 融资时,环境目标往往比社会目标具有更大的定价影响。位于卡尔加里的加拿大大型能源公司恩桥公司(Enbridge Inc.)在 2021 年发行了一种同时具有环境和社会目标的可持续发展挂钩债券。恩桥公司的可持续发展挂钩债券将于 2033 年到期,其中包括增加恩桥公司员工队伍的多样性和减少温室气体排放的目标。如果恩桥公司未能在 2026 年 8 月前实现其劳动力多样性目标,债券的年利率将增加 5 个基点至 2.55%。如果恩桥公司在 2031 年 8 月前未能实现其温室气体排放目标,债券的年利率将在当时有效的利率基础上增加 50 个基点。

(四)ESG 融资的发展及最佳做法

虽然 ESG 融资在加拿大并不新鲜,但目前的状况是在过去几年内发展起来的,而且增长和创新的速度仍然很高。

虽然 ESG 产品最初主要对投资级发行人有吸引力,但它们正日益成为非投资级公司的一个可行的融资选择,这些公司正在根据自己的需要定制产品并开发新功能。这种情况在加拿大的能源和自然资源行业尤为明显。[③] 重工业的参与者往往能够制定明确的环境目标,有可能成为 ESG 债务发行的基础。

第三方审查员的作用之一是确定发行人所陈述的环境和/或社会目标是否适当和可信。一个业务对环境有重大影响的发行人,一般需要包括一个合适的环境目标,以获得第三方审查

①　See Stéphanie Lachance & Judith C. Stroehle. The Origins of ESG in Pensions：Strategies and Outcomes, Wharton Pension Research Council Working Papers,711(2021).

②　See Alda，M. Corporate Sustainability and Institutional Shareholders：The Pressure of Social Responsible Pension Funds on Environmental Firm Practices，Business Strategy and the Environment 28(6),1060－1071(2019).

③　See Espahbodi, L. Espahbodi, R. Juma, N. & Westbrook, A. Sustainability priorities, corporate strategy, and investor behavior, Review of Financial Economics,37(1),149－167(2019).

员的批准。如果这样的发行人也有社会目标,它可以创造一个混合产品。如果发行人的业务对环境有重大影响,没有环境目标的社会产品不太可能通过第三方审查员的审查。[①]

加拿大 ESG 产品的其他发展包括转向更具体的收益使用要求。早期的产品通常在高层次上说明收益的使用,而现在的趋势是越来越具体。如上所述,不同类别的 ESG 产品之间的界限也越来越模糊,市场参与者希望将收益使用要求纳入与可持续性相关的发行中,并将环境和社会目标结合起来。

成功的 ESG 产品将有两个主要特征。一是符合相关原则的 ESG 结构,并由第三方审查员批准;二是作为一个传统的债务工具,它的风险回报率很有吸引力。

尽管投资者对 ESG 产品有很大的需求,但融资的 ESG 方面通常会作为综合投资分析的一部分来审查。投资者希望避免为了 ESG 标签而牺牲业绩。

考虑进行 ESG 融资的发行人应在融资过程的早期聘请其法律顾问和财务顾问,以便确定适当的发行结构,包括要提供的 ESG 产品的类型以及评估拟议的 ESG 特征的预期营销和定价影响。

在收益使用的发行中,这涉及确定收益的适当用途。如果产品将与可持续性挂钩,潜在的发行人将需要选择与发行人的行业和商业模式相关的关键绩效指标(KPI)。然后,发行人应针对每个关键绩效指标设定雄心勃勃和有意义的可持续性绩效目标(SPTs)。每个 SPT 应代表相应 KPI 的实质性改善。发行人的关键绩效指标和 SPT 将由第三方审核员审查,以确定是否符合相关原则。发行人成功实现 SPT 将导致其可持续发展挂钩产品的定价特征的调整。[②]

(五)ESG 产品发展进路

随着 ESG 产品在加拿大市场上变得越来越突出,越来越多的人要求制定专门针对加拿大经济的分类标准。欧盟已经为可持续活动制定了全面的分类标准,与此不同的是,加拿大还没有一个本土的分类标准来管理 ESG 产品。

一些机构和组织已经为加拿大环境、社会和治理分类法提出了建议。[③] 特别是,加拿大标准协会一直在开发一个过渡性金融分类法,作为拟议的"加拿大过渡性金融国家标准"的一部分。虽然拟议的国家标准的未来尚未确定,但过渡性金融(为高排放公司转向气候中立或气候积极的业务提供资金的 ESG 产品)的发展是加拿大以资源为重点的行业的 ESG金融的一个重要特征。

虽然一些评论家认为,为 ESG 产品制定一个单一的全球标准是可取的,但其他评论家

[①] See Bender, J. T. A. Bridges, C. He, A. Lester, and X. Sun, A Blueprint for Integrating ESG into Equity Portfolios, The Journal of Investment Management, 16(1)2018.

[②] See CFA Institute (2019). IntegratingESGin Fixed-Income Investing. Interview with Kathleen Bochman. Online under: www. cfainstitute. org/en/research/multimedia/2020/integrating-esgin-fixed-income-investin, last visited on 2023−03−12.

[③] See Baldini, M. Dal Maso, L. Liberatore, G. Mazzi, F. & Terzani, S. Role of country-and firm-level determinants in environmental, social, and governance disclosure. Journal of Business Ethics, 150(1), 79—98(2018).

认为,需要更多的地方差异。例如,有人提出,像欧盟制定的分类法不适合加拿大,因为它不能为重工业提供足够的机会,通过 ESG 产品为过渡活动提供资金。

随着加拿大考虑实施本土的 ESG 分类标准,预计加拿大发行人对 ESG 产品的使用将继续增加。最终,全球资本市场可能会导致各主要金融市场对 ESG 产品的监管有一定程度的相似性,尽管有局部的差异。目前,加拿大正在走自己的路,同时密切关注世界其他地区的发展。

(六)ESG 行动主义

机构投资者在塑造加拿大的 ESG 方面发挥着重要作用。在许多情况下,他们凭借其规模和长期的投资视野,在影响 ESG 的采用方面起着主导作用。机构投资者有自己的 ESG 战略,以评估其所有资产的 ESG 方面。他们越来越多地评估一个组织的 ESG 表现,作为其投资决策的一部分,并根据 ESG 标准和风险状况分配资本,这反过来又影响了估值和资本的获取。[①]

机构投资者的监管者也在影响着 ESG 在加拿大的实施。例如,加拿大养老金监督机构协会(CAPSA)正在为养老金计划管理者制定一项基于原则的指导方针,将 ESG 因素纳入养老金投资和风险管理。这将是 CAPSA 的第一份关于 ESG 的准则,预计它将补充 CAP-SA 的现有政策。CAPSA 的指导方针是养老金部门的一个重要权威来源——特别是在没有具体立法要求的情况下。2022 年 6 月 9 日,CAPSA 发布了一份准则草案供公众咨询。

减贫中心的准则草案涉及一些关键领域,包括:

(1)正式承认 ESG 因素对养老金计划投资战略的重要性。[②]

(2)指南说明在不同的时间范围内对这些 ESG 因素的考虑与计划管理人的信托要求有什么关系。

(3)指导计划管理者如何评估并将环境、社会和治理因素纳入其投资决策,以及应制定哪些程序(如果有的话)来监督投资经理在计划管理中使用的任何援助。

(4)环境、社会和治理因素将如何影响计划管理和治理的其他方面,包括计划管理人如何与他们所投资的人接触(包括对计划成员和其他利益相关者的文件和披露以及透明度)。

股东行动主义也在影响着加拿大 ESG 的发展。股东正越来越多地促使对组织的 ESG 战略进行评估和改变,包括在以下领域:气候(目标和过渡战略)、董事会和管理层的多样性、人权、技术以及治理。

1. ESG 框架下股东对公司的影响

激进的股东正以多种方式在 ESG 事务方面对企业施加压力。股东(和其他利益相关者)正在直接与企业就 ESG 表现和承诺以及投资者对 ESG 的期望不断提高进行更深层次

---

① See Practical Law Canada, Environmental, Social and Governance(ESG)Toolkit: Canada, Practical Law News (Nov. 18,2022), https://uk. practicallaw. thomsonreuters. com/w-0348588? transitionType = Default&contextData = (sc. Default)&firstPage=true,last visited on 2023—03—12.

② See Bird, R, and J. Gray. Principles, Principals and Agents, International Centre for Pension Management Working Paper,(2013).

的接触。股东们不仅在寻求有关 ESG 事务的信息,而且在寻求影响 ESG 的结果。所有行业的公司都看到了与一系列 ESG 问题有关的股东提案的增加,例如,关于 ESG 风险和机会的更大透明度和分析,以及对特定 ESG 目标或做法的承诺。激进的股东正在利用代理投票来推动公司采取基于股东的 ESG 目标的举措。

激进的股东也在相互合作,并与其他机构投资者合作,以实现组织内部的变革和 ESG 对话。激进的股东不仅将影响和活动限制在他们所持股份的公司,还与政府和监管机构就 ESG 要求接触。

2. ESG 框架下股东关注的重点

股东关注 ESG 的许多领域,认识到有许多 ESG 问题有可能影响企业的可持续性和财务表现。[①] 与气候风险以及向低碳经济转型相关的风险和机遇有关的问题,继续主导着能源行业以及其他准备实现低碳未来的行业的 ESG 对话。近年来,受 COVID-19 大流行病和应对种族和其他社会不平等的重大社会运动等因素的影响,我们看到人们越来越关注社会问题。这导致人们更加关注与公平、多样性和包容性、人权以及整体员工参与和福祉有关的工作场所问题。

加拿大出台了代理人投票指南和可持续金融的相关规定。在加拿大,已经建立了代理投票准则,以促进负责任的公司治理做法。例如,加拿大善治联盟(CCGG)已经发布了一套代理投票指南,就股东应该如何对各种公司治理问题进行投票提供建议,包括董事会的多样性和高管薪酬。CCGG 的指导方针被加拿大的机构投资者广泛使用。

可持续金融是指促进 ESG 因素的金融服务和产品。在加拿大,可持续金融是一个不断增长的领域,联邦政府和金融业积极推动可持续金融实践。例如,联邦政府发起了一个可持续金融行动委员会,以促进可持续金融,并发行绿色债券为气候变化倡议提供资金。此外,加拿大的金融机构越来越多地提供可持续投资产品,如绿色债券和社会责任投资基金。

还有一类即特定部门的法规。加拿大的一些部门受制于与环境、社会和治理相关的具体法规。例如,采矿业受《加拿大采掘业透明度措施法》的约束,该法要求采矿、石油和天然气公司公开披露对外国政府的付款。此外,银行业要接受联邦政府的气候风险压力测试,该测试评估气候变化对银行业金融稳定的潜在影响。

股东(以及私营和公共部门的许多其他利益相关者)也注重了解和评估一个组织可能与土著人民的互动。股东越来越意识到和解和原住民权利的重要性,以及他们对一个组织的可持续性的重要性,包括与监管环境的关系。[②] 加拿大正在采取各种各样的监管和政策行动(包括执行《联合国土著人民权利宣言》),这些行动强调了土著关系和伙伴关系的实质

① See De Villiers, C. Naiker, V. & Van Staden, C. The effect of board characteristics on firm environmental performance. Journal of Management,37(6),1636-1663(2011).

② See Kolev, K. D. Wangrow, D. B. Barker, I. I. I. V. L. & Schepker, D. J. Board committees in corporate governance: A cross-disciplinary review and agenda for the future, Journal of Management Studies,56(6),1138-1193(2019).

重要性。

股东们关注的其他问题包括供应链管理、网络安全、隐私、职业健康和安全、董事会和管理层的多样性以及治理。①

3.ESG 行动主义的兴起

ESG 行动主义在加拿大正在增加,并获得了更多的公众关注。2021 年 11 月,加拿大绿色和平组织向竞争局提出正式投诉,指控加拿大壳牌公司的"驱动碳中和"广告活动正在误导公众。在投诉中,绿色和平组织对壳牌公司的碳"抵消"计划的可信度提出疑问,该计划声称该公司化石燃料的所有排放都可以通过森林恢复和其他举措来抵消。2021 年 8 月,荷兰的广告监督机构裁定,一个类似的荷兰皇家壳牌公司的广告活动无法得到证实,该活动因此被撤销。

2022 年 4 月,6 位公众在环保组织 Ecojustice 和 Stand. earth 的支持下,呼吁竞争局调查一家加拿大银行关于气候承诺和化石燃料融资的说法。申请人认为,在该银行停止资助化石燃料企业的扩张之前,应禁止其宣传自己支持《巴黎协定》或旨在到 2050 年实现净零排放。在撰写本报告时,这项投诉尚未解决。

从股东的角度看,在 2020 年,TCI 基金管理公司及其相关的慈善基金会儿童投资基金基金会发起了"对气候说"倡议,根据该倡议,企业承诺将其气候变化战略提交给年度股东大会。加拿大国家铁路公司和加拿大太平洋铁路公司的股东已经承诺在未来的年度会议上举行"对气候说"投票。

2021 年 6 月,TMX 集团有限公司的股东以压倒性多数投票赞成一项修正的股东提案,该提案要求董事会向股东报告其 ESG 工作,包括与之相关的工作。一是制定关于公平、多样性和包容性的内部方案和政策;二是审查从土著和其他代表性不足的群体所拥有的企业的采购;三是与合格的和其他组织合作,支持这项工作。

与全球范围内 ESG 行动主义的增加相一致,也许是受到其他司法管辖区最近 ESG 行动主义成功的启发,加拿大的 ESG 行动主义正在增加。2021 年 11 月,Laurel Hill 咨询集团(一家北美独立的跨国代理招标公司)发布了一份报告,称 2021 年在加拿大调查的所有股东提案中,超过 60% 与 ESG 有关,高于 2020 年的 25%。随着对 ESG 问题的信息和表现的需求增加,这一趋势将继续下去。

此外,随着 ESG 报告框架的标准化,以及报告的 ESG 信息的整体质量和可比性的提高,股东将能够更好地比较不同的组织,看到他们的组织在 ESG 表现方面可能存在的不足。股东们可能会越来越多地转向 ESG 行动主义,作为实现变革的一种方法。②

---

① See Jain, T. Jamali, D. Looking Inside the Black Box: The Effect of Corporate Governance on Corporate Social Responsibility. Corp. Gov. Int. Rev. 24,253—273(2016).

② See Eccles, R. G. and J. C. Stroehle. Exploring the Social Origins of ESG Measures, Oxford University Working Paper,(2018).

第四节　加拿大 ESG 的实施机制

一、ESG 监管

(一)ESG 监管的主要内容

加拿大 ESG 法律与政策的监管主要涵盖环境监管、劳动标准、人权监管、土著权利与和解以及监管机构和行业团体五个方面:

1. 环境监管

加拿大联邦政府已经颁布了一系列保护环境的法律和法规,包括《加拿大环境保护法》《濒危物种法》和《加拿大环境评估法》。此外,每个省和地区都有自己的环境立法和监管框架。加拿大环境监管的一些重点领域包括空气和水污染,废物管理,以及保护生物多样性。①

2. 劳动标准

加拿大的劳动标准由一系列联邦和省级立法管辖,包括《加拿大劳动法》和各种省级就业标准。这些法律规定了工资、工作时间、职业健康和安全以及其他与劳动相关问题的最低标准。此外,加拿大的许多公司与工会有集体谈判协议,这有助于促进良好的工作条件和公平工资。

3. 人权监管

加拿大的人权法规受一系列联邦和省级法律的约束,包括《加拿大人权法》和各种省级人权法规。这些法律禁止基于一系列特征的歧视,包括种族、性别、性取向和残疾。此外,《加拿大权利和自由宪章》规定了一系列受宪法保护的基本权利和自由。

4. 土著权利与和解

土著权利与和解是加拿大一个越来越重要的领域,因为该国正在努力解决历史上的不公正问题,并促进土著和非土著人民之间更多的理解和合作。加拿大政府于 2016 年通过的《联合国土著人民权利宣言》规定了一系列与土著人民有关的权利和原则。此外,真相与和解委员会的行动呼吁为解决寄宿学校的遗留问题和促进原住民与非原住民之间的和解提供了路线图。②

5. 监管机构和行业团体

除了管理加拿大环境、社会和治理问题的法律和法规外,还有一系列监管机构和行业

---

① See 2021—2022 Annual Report of the Canada Energy Regulator-A Clear Path Forward. https://www.cer-rec.gc.ca/en/about/publications-reports/annual-report/2021/board-report/clear-path-forward.html,last visited on 2023—03—13.

② See Podlasly,M. Lindley-Peart,M. & von der Porten,S. Indigenous sustainable investment:discussing opportunities in ESG, The First Nations Major Projects Coalition,(2021).

团体在促进负责任的企业行为和解决环境、社会和治理相关问题方面发挥作用。例如,加拿大证券管理机构是一个协调和统一加拿大证券市场监管的伞式组织。加拿大投资行业监管组织负责监管加拿大的投资商及其代表。负责任投资协会是一个会员制组织,在加拿大促进负责任的投资。

从上述五个方面可以清楚地认识到加拿大的 ESG 法律监管是一个复杂和不断发展的领域,有许多不同的倡议和法规,以促进负责任的企业行为和解决 ESG 相关问题。随着投资者和利益相关者越来越关注 ESG 因素,加拿大的 ESG 法律监管可能会在未来几年继续发展和演变。

(二)监管制度

在加拿大,与 ESG 有关的监管要求来自许多不同的法规。根据宪法的规定,加拿大的立法权在联邦政府和省政府之间分配。因此,两级政府以及市政府和土著管理机构都有相关的 ESG 立法。加拿大没有具体和全面的以 ESG 为导向的法典或法规。相反,与 ESG 相关的监管义务是通过多项法规以及普通法的要求来实现的,包括以下方面:(1)公司法。(2)证券法。(3)与主题有关的法律领域。例如,环境、职业健康和安全、就业以及养老金监管等。

具体而言,公司法方面,加拿大有关商业公司运作的法律框架,特别是董事的职责,承认董事在行使自由裁量权,做出符合公司最佳利益的决定时,可以考虑其他利益相关者,包括:雇员、环境、消费者、政府以及退休人员和养老金领取者。[①] 这种更广泛的利益相关者利益方式在 2019 年被编入《加拿大商业公司法》(CBCA)。当时,CBCA 也进行了修订,要求某些公司的董事在年度会议上披露高级管理层的薪酬办法,以及关于雇员、退休人员和养老金领取者的规定信息。2018 年还对 CBCA 进行了修订,要求根据 CBCA 存在的公共公司对其董事会和高级管理层在指定群体方面的多样性进行强制性披露。

证券立法规定,上市公司有义务披露影响其业务的重大风险,并在可行的情况下,披露这些风险的财务影响。近年来,加拿大证券监管机构就确定重大财务影响提供了进一步的指导,包括最近的气候影响。

包括《竞争法》和《消费者包装和标签法》在内的立法在应对虚假或误导性陈述和欺骗性营销行为方面有广泛的应用。环境和职业健康与安全立法为 ESG 因素提供了额外的框架。例如,根据《联邦影响评估法》进行的环境评估要求从一些具体的环境、社会和治理因素的角度评估指定的项目,一个项目对可持续性的贡献程度及其在多大程度上阻碍或促进了联邦政府履行气候承诺的能力是主要评估要素。

加拿大颁布了《采掘业透明度措施法》,以促进全球努力提高采掘业的透明度和阻止腐败。该法案自 2015 年起生效,要求某些组织提交年度报告,披露向国内和国外政府支付的

---

① See Nikolakis, W. Harry, N. & Cohen, D. Who pays attention to indigenous peoples in sustainable development and why? Evidence from socially responsible investment mutual funds in North America, Organization & Environment, 27(4),368—382(2014).

某些现金和实物。

　　加拿大在养老金监管方面也取得了进展。自 2016 年以来,安大略省对投资政策和程序声明(SIPPs)提出了 ESG 要求。SIPPs 必须具体披露 ESG 因素是否被纳入 SIPP,如果纳入,计划的投资策略是如何处理 ESG 因素的。全国各地的其他养老金监管机构已经发布了指导意见,正在发布指导意见,或以其他方式表示有兴趣要求计划管理者提高透明度,说明如何将 ESG 因素纳入投资和风险管理战略。

　　加拿大正在试图以立法的方式解决企业供应链中存在的现代奴隶制问题。联邦政府正在努力通过立法,要求某些实体公开报告他们所采取的措施,以防止和减少在加拿大境内或该实体的进口货物供应链的其他地方生产货物的任何步骤中使用童工或强迫劳动的风险。根据《海关法》,加拿大已经禁止进口全部或部分由强迫劳动制造或生产的货物。

(三)监管依据

　　加拿大的 ESG 法律框架的关键组成部分是基于"硬"(强制性)法律。加拿大的 ESG 监管框架由各级政府与 ESG 考虑有关的许多法规和条例组成。例如,环境、职业健康和安全法律规定的要求包括最低行为标准和报告要求。这些法律规定了强制性的义务,并规定了一系列执法措施,以支持对这些要求的遵守。

　　"软"法律的例子包括加拿大证券管理局(CSA)的多样性和气候变化治理披露建议,这些建议遵循"遵守或解释"模式。然而,"软"法律正日益成为"硬"法律。例如,CSA 以国家文件的方式,发布《气候相关事项披露规定》(NI 51-107)提出。该规则将扩大 CSA 先前对披露气候相关风险和温室气体排放的指导,规定报告发行人必须在其年度文件中披露的强制性信息。[①] 根据 NI 51-107,所有报告发行人(投资基金、资产担保证券发行人和某些外国发行人除外)将被要求披露其围绕气候相关风险和机会的治理做法,与气候相关金融披露工作组(TCFD)的报告框架建议密切配合。

　　还有行业协会和监管机构制定的各种准则、标准和建议,推动了与 ESG 相关的行为标准。例如,竞争局发布了关于《竞争法》《纺织品标签法》和《消费者包装和标签法》适用于"绿色清洗"以及在加拿大做虚假、误导和未经证实的环境广告或声明的风险的准则。其他例子包括加拿大养老金监管机构协会,该协会是联邦和省级养老金监管机构的全国性协会,根据 ESG 养老计划的梳理[②],该协会正在为养老金计划管理者制定一项基于原则的指导方针,将环境、社会和治理因素纳入养老金投资和风险管理。该准则的草案已于 2022 年 6 月 9 日公布。

---

　　① 　See Practical Law Canada, Environmental, Social and Governance (ESG) Toolkit: Canada, Practical Law News (Nov. 18, 2022), https://uk. practicallaw. thomsonreuters. com/w-0348588? transitionType = Default&contextData = (sc. Default)&firstPage=true, last visited on 2023-03-14.

　　② 　See Hammond, B. and A. O'Brien(2021), Pensions and ESG: An Institutional and Historical Perspective, Wharton Business School. Pension Research Council Working Paper.

(四)负责实施和执行的机构

许多不同的监管机构负责管理作为加拿大 ESG 监管框架一部分的各种法规。这些机构包括各级政府及其各自的部门、部委、机构和专业治理监管机构等。构成加拿大环境、社会和治理框架的法规通常包括一个执法制度,规定对违反义务的行为进行起诉和征收罚款、罚金和其他执法机制,如行政命令。

举例来说,加拿大的证券监管机构在适用的证券立法下通常拥有广泛的权力,可以为了公共利益发布命令,包括对未遵守适用证券法的报告发行人及其董事和高级职员进行制裁和处罚。例如,证券监管机构可以发布命令,以暂停或禁止证券交易、要求公布或修改披露文件、施加行政处罚、禁止个人担任任何发行人的董事或高级职员以及要求交出利润。

此外,证券监管机构可以对违反证券法的行为启动准刑事诉讼程序,或向法院申请民事强制执行令,如命令支付损害赔偿或补偿。

(五)监管机构执行的一般方法

在加拿大,执行 ESG 框架要素的一般方法取决于基本法规和管理机构的执法政策和做法。

例如,在证券法方面,监管机构一直专注于确保报告发行人向投资者和公众提供不虚假或误导的披露。近年来,证券监管机构已经明确表示,与 ESG 相关的披露将受到更多的审查,以符合证券法的要求。例如,在 2021 年,不列颠哥伦比亚省证券委员会和安大略省证券委员会都开始对被认定为 ESG 投资参与者的注册者,如投资基金经理进行"绿色"清查,以监督他们遵守证券法,并确保他们在 ESG 产品营销材料中的披露与投资组合相一致。

加拿大的其他监管机构已经审查了企业对其业务或产品在环境、社会和治理因素方面的误导性和/或未经证实的声称。这些声称(通常被称为"洗绿")可能违反了《竞争法》《消费者包装和标签法》《纺织品标签法》或《商标法》等法规的某些要求。

例如,在 2022 年 1 月,Keurig 同意支付 300 万加元,因为它在一次性咖啡豆的可回收性方面对消费者进行了误导性宣称。此外,作为与竞争局和解的一部分,Keurig 同意支付 8.5 万加元的调查费用,并向加拿大一家环保慈善机构捐赠 80 万加元、加强其企业合规计划、改变其可回收性声明和包装以及发布关于其产品可回收性的纠正通知。

除了监管执法,我们也看到政府使用其他机制来支持 ESG 目标。例如,加拿大政府建立了一个大型雇主紧急融资机制,向受 COVID-19 大流行影响的大型企业提供短期贷款。为了通过该计划获得资金,借款人必须承诺按照 TCFD 的建议发布年度气候相关财务披露报告以及披露为实现加拿大 2050 年的环境目标所做的工作。

(六)ESG 监管框架的补充

加拿大已经启动了一些私营部门的倡议,以补充 ESG 框架的监管方面。这方面的例子包括:

(1)加拿大矿业协会的"迈向可持续采矿"倡议要求披露和验证某些环境和社会绩效指

标。该协会的所有成员都必须参与该倡议,为他们的加拿大业务服务。

(2)加拿大电力公司创建了"可持续电力公司"品牌,这是加拿大电力公司主要根据《国际标准 26000——社会责任指南》为公用事业公司设立的称号。除其他事项外,希望使用这一称号的公司必须承诺:①恪守可持续发展——企业责任政策;②关于关键绩效指标的报告;③核实公司业绩。

泰克资源有限公司和 DLT 实验室最近宣布的试点项目采用了区块链技术的多种用途,以提高商品的可追溯性和透明度。特别是这个试点项目旨在使用区块链技术来追踪负责任地生产的锗,从矿山到客户。这是第一次使用区块链来追踪这种关键矿物。

加拿大气候参与组织是一个由几个投资者网络领导的倡议,包括股东研究与教育协会、负责任投资协会和 Ceres 投资者网络,并得到联合国负责任投资原则的支持。它的目的是促进金融和工业之间的对话,并促进向净零经济的公正过渡。

加拿大公司也在参与国际环境、社会和治理倡议。例如,加拿大最大的六家银行已经签署了"净零银行联盟",该倡议汇集了世界各地的银行,承诺在 2050 年前将其贷款和投资组合与净零排放保持一致。

除了私营部门的倡议,加拿大各地的自我监管机构也在启动 ESG 倡议。例如,监管法律专业的省级机构对 ESG 问题的教育提出了强制性要求,如公平、多样性和包容性以及土著文化间的能力。

(七)监管责任

上市公司如果没有普遍遵守证券法,例如在披露中遗漏或误报重要信息,可能会面临监管部门的调查和执法行动。[1] 例如,在安大略省,在任何报告、招股说明书或发布中做出误导性陈述是一种犯罪。[2] 在安大略省,违反证券法可能会导致罚款(目前每项违规行为最高可达 100 万美元)和/或被勒令停止证券交易。

(八)ESG 监管进展及发展方向

1. 与气候有关

2021 年 10 月 CSA 公布了拟议的国家文书《气候相关事项的披露》(NI 51-107)征求公众意见。NI 51-107 不会取代上述现有的披露制度,但将主要根据气候相关财务披露工作组(TCFD)的建议补充披露要求。值得注意的是,NI 51-107 明确排除了 TCFD 的"情景分析"披露要求。

2. 供应链/强迫劳动

加拿大曾多次试图通过现代奴隶制立法,最近的一次是 S-211 号法案,即颁布《打击供应链中的强迫劳动和童工法》和修订《海关关税》的法案,该法案于 2021 年 11 月提交给参议

---

[1] See CSA Staff Notice 51-358 Reporting of Climate Change-related Risks (osc. ca), p. 7.

[2] See NI 51-102,section 5. 8.

院。与其前身一样,该法案的主要目的是通过对符合某些标准的加拿大政府机构和企业施加供应链报告要求,作为一种透明度工具。

3. 证券诉讼

随着监管义务的深度和细节的增加,利益相关者也在要求更高质量的披露。在全球范围内,要求发行人的气候相关风险有更大透明度的诉讼趋势越来越多,加拿大实体尤其应该为以下类型的诉讼做好准备:

(1)虚假陈述和不充分披露:这是指发行人知道某些与气候有关的风险却没有披露的索赔。在美国,已经有无数基于误导性或不充分披露的诉讼,通常是以集体诉讼的形式。[1]在加拿大,根据省级证券法,对招股说明书、持续披露和口头声明中的错误陈述存在法定诉讼理由。投资者可以提出这些索赔,而无需证明对被指控的虚假陈述的依赖。

(2)股东行动主义:在全球范围内,股东对气候变化问题的行动主义正在加速。在加拿大,这一趋势预计会增长:在 2020 年代理季节,SMP TSX 60 的发行人收到了 40 个与 ESG 事项有关的股东提案。[2] 股东也可以寻求获得董事会和管理层的决策记录,以检查公司行为是否符合公开的 ESG 承诺。

4. 洗绿

洗绿行为涉及虚假陈述,或以其他方式误导性地宣传一个公司和/或其产品是可持续的或其他对环境负责的。洗绿的主张可以采取广告标准投诉、消费者保护、欺诈和其他监管投诉的形式。

仅美国的零售业就出现了 20 多起绿色洗牌的案例。在加拿大,消费者对环境可持续性的要求越来越高,这也给那些试图宣传自己具有环保意识的公司带来了竞争法上的陷阱,因为竞争法明确禁止欺骗性营销。例如,2022 年 1 月 6 日,咖啡壶公司 Keurig 同意支付 300 万美元,因为它在一次性咖啡壶的可回收性方面对消费者进行了误导性宣传。该公司被要求支付 85 000 美元的费用,并向一个环境慈善机构捐赠 800 000 美元。Keurig 公司还被要求改进其企业合规计划,以防止今后出现欺骗性营销问题,包括改变其广告中的可回收性声明。

美国的事态发展也告诉我们,监管机构的洗绿调查有可能引发更广泛的洗绿诉讼。例如,燕麦牛奶公司 Oatly 最近面临代表其股东提起的几起集体诉讼,他们被指控在 2021 年 5 月首次公开募股之前,在可持续性和财务指标方面误导了潜在的投资者。[3]

二、ESG 法律责任

(一)法律责任相关规定

加拿大 ESG 相关法律责任的规定,依然保持与前述相一致,散见在环境法、证券法、合

---

① See York Count v Rambo (2019) 3:19-cv-00994 US District Court for the Northern District of California.

② See Proxy season 2021: Navigating turbulent times | Canada | Global law firm | Norton Rose Fulbright.

③ See Bentley V. Oatly Group AB-Climate Change Litigation (climatecasechart.com).

同法中：

1. 证券法中规定的法律责任

证券法规定未能披露与 ESG 因素相关的重要信息的公司可能面临加拿大证券法规定的法律责任。例如，公司如果没有披露可能影响其财务业绩的重大环境或社会风险的信息，可能会受到证券监管机构执法行动的影响，包括罚款或其他处罚。

2. 环境法中规定的法律责任

环境法规定造成环境损害或未能遵守环境法规的公司可能面临加拿大环境法规定的法律责任。这可能包括对清理费用、罚款或其他处罚的责任。此外，受到环境破坏（如污染或泄漏）伤害的个人或团体，可能用法律途径寻求损害赔偿。

3. 雇佣法中规定的法律责任

雇佣法规定从事歧视性或不公平就业行为的公司可能面临加拿大就业法规定的法律责任。这可能包括与骚扰、歧视或不正当解雇有关的损害赔偿责任。

4. 合同法中规定的法律责任

合同法规定未能履行与环境、社会和治理因素有关的合同义务的公司可能面临加拿大合同法规定的法律责任。例如，公司如果违反了与环境绩效或劳工实践有关的合同，可能会受到合同另一方的法律诉讼。

5. 产品责任法中规定的法律责任

根据加拿大产品责任法，生产或销售对个人或环境造成伤害的产品的公司可能面临法律责任。这可能包括与缺陷或有害产品造成的人身伤害或财产损失有关的赔偿责任。

6. 其他

在信托责任方面。在加拿大，公司的董事和高管有信托责任，以公司及其股东的最佳利益行事，这可能包括考虑到可能影响公司长期业绩的环境、社会和治理因素。未能履行这一义务的董事和高管可能面临违反信托责任的法律责任。

此外，在气候变化诉讼方面。近年来，加拿大与气候变化相关的诉讼不断增加。例如，在 2019 年，加拿大联邦法院裁定，联邦政府没有采取足够的行动来应对气候变化，因而未能保护濒危物种。此外，加拿大的几个城市已经对化石燃料公司提起诉讼，声称这些公司促成了气候变化，应该对适应其影响的相关费用负责。①

为了应对类似问题，一方面，加拿大继而出台了 ESG 标准。在加拿大，一些组织已经制定了 ESG 标准，公司可以用来指导他们的 ESG 实践。例如，全球报告倡议组织（GRI）提供了一个广泛认可的 ESG 报告框架，而可持续发展会计准则委员会（SASB）提供了特定行业的 ESG 标准，公司可以用来报告其 ESG 表现。此外，加拿大标准协会已经制定了一个可持续森林管理的标准。

---

① See Nowiski NA. Rising above the storm: Climate risk disclosure and its current and future relevance to the energy sector, Energy Law J, 39(1), 1—46(2018).

另一方面,加拿大开始重视影响力投资。影响力投资是指除了财务回报之外,还打算产生积极的社会或环境影响的投资。在加拿大,影响力投资是一个不断增长的领域,有一些影响力投资基金和金融机构提供影响力投资产品。联邦政府还推出了社会融资基金,这是一个 7.55 亿美元的基金,为社会目的组织提供融资。

总的来说,加拿大的 ESG 法律监管包括披露要求、ESG 评级系统、投资指南以及公司和投资者的法律责任。这些法规旨在促进公司部门的透明度和问责制,并鼓励公司在做出商业决策时考虑 ESG 因素。这与全球解决 ESG 相关问题的努力是一致的,如气候变化和社会不平等。

(二)公司法律责任

公司及其董事和高级职员可以因未披露与 ESG 相关的重要信息或做出与 ESG 因素相关的虚假或误导性陈述而被追究法律责任。股东也可以对公司违反其与 ESG 因素相关的责任提起诉讼,[①]例如在决策过程中没有考虑气候变化风险。此外,加拿大证券管理局(CSA)已经发布了与气候变化有关的披露指南,为公司提供了如何遵守与气候变化风险有关的披露要求的信息。

一般来说,在北美,原告在诉讼中把董事和高管与公司并列,作为额外的追偿来源是很常见的。董事和高级职员还面临以下具体的责任风险:

一是违反职责的衍生诉讼。董事可能会被起诉,因为他们没有履行为公司的最佳利益行事的受托职责,在评估与气候有关的风险时没有以合理的谨慎、技能和勤勉行事。在气候风险管理已被纳入商业计划、战略和财务报告的情况下,法院更有可能遵守信托责任。

二是默许指控。如果公司没有遵守其披露义务,董事和监事可能要对授权、允许或以其他方式默许这种失败负责。

三是压迫。股东和/或有担保债权人可以声称,董事未能以符合其合理期望的方式应对气候变化相关风险,从而不公平地损害了担保持有人的利益。

如果董事能够证明他们已尽职尽责,不存在利益冲突,并做出了在合理范围内的决定,法院将尊重董事做出的商业判断(商业判断规则)。

---

① Miralles-Quirós, M. M. Miralles-Quirós, J. L. & Redondo Hernández, J. ESG performance and shareholder value creation in the banking industry: International differences, 11(5) Sustainability, 1404 (2019).

第七章　澳大利亚 ESG 法治框架研究

姜彩云[*]

长期以来,企业存在的唯一目的是为其股东创造利润(即股东至上主义),然而这一观点近年来受到越来越多的批评。批评股东至上主义的人着重考虑了环境、社会和治理因素,并对那些从事强有力的企业社会责任举措的企业持肯定态度。[①] 近年来,ESG 自愿披露框架的激增给公司带来了越来越大的压力,要求它们采纳并报告快速发展的 ESG 标准。各国政府对此愈发重视,并将其转化为强制性披露义务。当前,环境、社会和公司治理(ESG)投资已迅速成为大多数公司业务战略的主要内容。在此情形下,澳大利亚在法制层面较早地关注到 ESG 要素。责任投资市场稳步扩大,直接推动了澳大利亚 ESG 投资的迅速发展。本章旨在考察澳大利亚 ESG 发展的历史脉络与基本框架,审视澳大利亚 ESG 信息披露制度,梳理澳大利亚的主流 ESG 信息披露框架和外部鉴证机制,介绍澳大利亚的 ESG 评级制度以及澳大利亚 ESG 投资实践及其法律规制,以期为我国建立健全适应全球化发展趋势的 ESG 法律规范体系提供一定的经验借鉴。

第一节　澳大利亚 ESG 法制发展历史脉络与基本框架

1924 年,英国学者谢尔顿[Sheldon,最早提出"企业社会责任"(Corporate Social Responsibility,CSR)][②],认为企业应承担满足人类需求的责任,主张企业的经营应当促进社会利益。企业社会责任赋予企业以最有效的方式灵活地利用其资源,估计这将通过基于市场的方法提高企业价值并提供长期利益。然而,此种模式下,公司还必须能够有效地向公司成员传达社会责任行动将在短期和长期产生的价值和利益。企业社会责任是 ESG 的基础,ESG 概念源起于投资者对 CSR 的关注,并代表着未来 CSR 发展的方向,"ESG"一词于

---

* 姜彩云,上海财经大学法学院博士生,主要研究方向:国际环境法、气候变化法等。

① Matthew Quandt, Loosening Shareholder Primacy's Grip on Environmental, Social, Governance(ESG) Factors:Benefit Corporations Offer Increased Latitude in Decision-Making for ESG-Motivated Directors,4(2)Business & Finance Law Review,97(2021).

② 王大地、黄洁主:《ESG 理论与实践》,经济管理出版社 2021 年版,第 51 页。

2005 年在一项名为"有心者胜"的里程碑式研究中首次提出。①

一、澳大利亚 ESG 法制发展的历史脉络

澳大利亚的 ESG 法制肇始于 2001 年《公司法》(Corporations Act)。ESG 代表了衡量公司可持续和道德影响的三大要素。澳大利亚 ESG 法律与政策数量趋于稳定,质量趋于成熟,经历了萌芽期、高速发展期,现已步入平稳细化期。

(一)萌芽期:2001 年至 2010 年

澳大利亚早在 2001 年《公司法》中便有关于 ESG 信息披露的规定——有关道德考虑的信息。澳大利亚 2001 年《公司法》第 1013DA 条规定:如果产品披露声明声称在选择、保留或实现投资时考虑了劳工标准或环境、社会或道德因素,澳大利亚证券投资委员会(Australian Securities & Investments Commission,ASIC)可制定必须遵守的准则。

2001 年《公司法》第 299 (1)(f)条规定:如果该公司的业务受到联邦或州或地区法律规定的任何特定和重要的环境监管,请详细说明该实体在环境监管方面的表现。② 2001 年《公司法》虽仅仅对 ESG 做出原则性的约束,但对于市场相关利益主体的 ESG 实践已经有所说明和要求。这也形成了 2011 年两项补充指南的基础。

2007 年澳大利亚联邦出台的《国家温室气体和能源报告法》(National Greenhouse and Energy Reporting Act),确立起温室气体排放和能源消耗的报告框架。该法为企业和设施的碳排放、能源生产、能源消耗规定了临界点,要求超过的设施和企业向能源效率和气候变化部与温室气体和能源数据办公室提交碳排放报告。

2008 年全球金融危机动摇了全球市场,引发了经济危机。这需要非同寻常的政府干预,并造成了广泛的社会后果。全球金融危机引发了人们对企业问责制、道德行为、风险监督以及对广泛利益相关者进行战略管理的能力的担忧。经济全球化与变幻莫测的政治格局与人口、城市化、资源利用、气候变化以及员工和消费者态度的重大变化相结合。伴随非政府组织的迅速崛起和对企业问责制的影响,企业的运营环境比以往任何时候更加透明。更为重要的是,全球金融危机将注意力集中在企业如何履行其对股东和利益相关者的责任上,这导致越来越多的机构和个人投资者将环境、社会和治理(ESG)因素纳入考虑范围。③

---

① 参见 United Nations Global Compact,Who Cares Wins: Connecting Financial Market to a Changing World,at Vill-ix (2004)(该文概述了全球契约的原则,包括:支持国际人权,防止侵犯人权,维护结社自由和集体谈判,消除强迫劳动,废除童工,消除就业歧视,支持环境预防措施,促进环境责任,鼓励开发和传播环境友好技术,努力反对腐败,如敲诈和贿赂)。https://www. unepfi. org/ fileadmin/events/2004/stocks/who careswins-global-compact2004. pdf 〔hereinafter Who Cares Wins〕,last visited on 2024—07—10.

② The *Corporations Act* 2001, 299 (1)(f) if the entity's operations are subject to any particular and significant environmental regulation under a law of the Commonwealth or of a State or Territory-give details of the entity's performance in relation to environmental regulation.

③ Jeremy Galbreath,ESG in focus:The Australian evidence,118(3)Journal of Business Ethics,529(2013).

这也表明 ESG 的基础是建立在股东利益和社会利益的根本一致上。①

2009 年《公平工作法》(Fair Work Act)是管理澳大利亚雇员和雇主关系的主要立法。这是 ESG 法制中"S"的重要体现。工作健康和安全法被纳入联邦和州的立法中,并要求企业在合理可行的范围内消除健康和安全风险,包括与性骚扰和工作场所欺凌有关的健康和安全风险。

(二)高速发展期:2011 年至 2018 年

2011 年,澳大利亚相继发布了《澳大利亚公司 ESG 报告指南》(ESG Reporting Guide for Australian Companies)、《披露:产品披露声明(及其他披露义务)》[Disclosure: Product Disclosure Statements (and other disclosure obligations)]和《监管指南 65:第 1013DA 条披露准则》(Regulatory guide 65:Section 1013DA disclosure guidelines)。

2011 年 6 月,澳大利亚养老金投资者理事会(The Australian Council of Superannuation Investors,ACSI)与金融服务委员会(Financial Services Council,FSC)首次联合推出《澳大利亚公司 ESG 报告指南》(第一版),为所有公司披露 ESG 信息提供具体指导,重点是标准普尔/ASX 200 指数中的公司。不同于欧美国家、日本等由证券交易所发布,该指南从如何确定披露议题的实质性、ESG 报告可遵循的框架、如何识别 ESG 议题等方面为公司提供信息披露指引。此外,《澳大利亚公司 ESG 报告指南》还对环境、社会、公司治理三个方面提供了可参考的重要报告主题。2011 年 10 月,澳大利亚证券投资委员会(Australian Securities and Investments Commission,ASIC)发布了《披露:产品披露声明(及其他披露义务)》,用以明确 ESG 披露对象。2011 年 11 月,澳大利亚证券投资委员会发布了《监管指南 65:第 1013DA 条披露准则》,旨在帮助指导产品发行人更科学合理地履行 2001 年《公司法》第 1013DA 项下的 ESG 信息披露义务。产品发行人必须在产品披露声明(PDS)中披露在选择、保留或实现投资时如何考虑劳工标准或环境、社会或道德因素。

2013 年 3 月,金融服务委员会(Financial Services Council,FSC)推出《FSC 标准第 20 号:养老金治理政策》(FSC Standard No. 20 Superannuation Governance Policy),旨在促进养老金实体受托人的强有力的治理安排。其中规定了环境、社会和治理(ESG)风险管理政策,要求养老金考量、管理、披露与 ESG 因素相关的风险和机遇。2013 年澳大利亚审慎监管局(Australian Prudential Regulation Authority,APRA)发布了《审慎实践(SPG 530)投资治理指南》,要求 RSE 持牌人建立健全的投资治理框架,用于投资的选择、管理和监测,包括适当的投资风险监测和管理,符合受益人的最佳利益。在投资决策中考量 ESG 因素,进行 ESG 整合,选择获取良好声誉和有利的市场位置的企业。②

2014 年 7 月,澳大利亚证券交易所公司治理委员会(理事会)发布了《公司治理准则和建议》(第三版)[ASX Corporate Governance Principles and Recommendations (Third Edi-

---

① 郭瑞:《道德、法律和公司:公司社会责任的成人礼》,中国法制出版社 2018 年版,第 22 页。
② 徐向艺:《现代公司治理》,经济科学出版社 2013 年版,第 510 页。

tion)]建议上市公司应披露其是否存在任何经济、环境和社会可持续性风险,如果存在,则应披露其如何管理或打算如何管理风险。

2015 年《澳大利亚公司 ESG 报告指南》做出修订,指南进一步细化了投资者关注的具体指标内容,鼓励企业披露有价值的 ESG 信息。该指南也是澳大利亚现行的有关 ESG 报告的最新指引。在高速发展期内,《澳大利亚公司 ESG 报告指南》与《公司治理准则和建议》成为澳大利亚 ESG 法制的主要内容支撑,也表明公司治理是自治与管制双重因素的结果。[1] 2018 年澳大利亚养老金投资者理事会出台的《澳大利亚资产所有者管理准则》旨在影响资产管理公司及其投资公司的行为方面发挥关键作用。该规范提供了原则和指导,承认资产所有者在为整个行业的行为定下基调方面的作用及其对资产管理公司施加的影响。

各州和地方管理污染和废弃物,如维多利亚州出台的 2017 年《环境保护法》[Environment Protection Act(Vic)]规定了政府、企业及个人的一般环境责任。现代奴役制对企业员工构成胁迫、威胁或欺骗,破坏个人自由,主要包括人口贩运、奴役、强迫劳动、债务奴役、欺骗性招募劳工或服务、强迫婚姻和童工。现代奴役是充满剥削和掠夺的行为,容易引起投资者的反感。[2] 对于现代奴役的报告,根据 2018 年《现代奴役法》(Modern Slavery Act),对澳大利亚企业或在澳大利亚经营的年综合收入超过 1 亿澳元的外国企业,以及一些州和地区的政府而言是强制性的。报告企业必须每年披露其供应链中的现代奴隶制风险以及为应对这些风险而采取的行动。对不遵守规定的行为没有经济处罚。基于州的 2018 年《现代奴役制法》(新南威尔士州)要求根据联邦《现代奴役制法》不需要报告的国有企业自愿报告。

(三)平稳细化期:2019 年至 2022 年

自 2019 年起,伴随全球关注并重视 ESG 信息披露与 ESG 投资的发展态势,澳大利亚针对 ESG 信息披露与投资发布了部分配套的规范性文件。

2019 年澳大利亚养老金投资者理事会发布了《朝着更强有力的投资尽职管理》(Towards Stronger Investment Stewardship),文件认为政策制定者有机会推动澳大利亚金融业的变革,这对澳大利亚投资者有利,有利于可持续实践,并符合日益增长的 ESG 期望。呼吁政策制定者和监管机构(审慎监管局)对文件所载的建议做出承诺:其一,修订 APRA 标准和指南,明确承认投资战略制定中的 ESG 问题,并要求养老金受托人董事会有能力和权限处理 ESG 问题。其二,审查管理工作的监管框架。审查应考虑适当的最低标准和报告,适当的监管框架,以及适用于所有机构投资者的管理守则。[3]

同时,2019 年澳大利亚证券交易所公司治理委员会(理事会)发布了《公司治理原则和建议》(第四版)。第四版涵盖了广泛的公司治理事宜,包括管理和监督的基础、董事会结

---

① 张忠野:《公司治理的法理学研究》,北京大学出版社 2006 年版,第 2 页。

② [美]马克·墨比尔斯等:《ESG 投资》,范文仲译,中信出版社 2021 年版,第 23 页。

③ ACSI(2019):Towards Stronger Investment Stewardship,https://acsi. org. au/wp-content/uploads/2020/02/ACSI-Towards-Stronger-Investment-Stewardship-May-2019. pdf,last visited on 2024—07—10.

构、组织文化、公司报告和披露的完整性、对证券持有人权利的尊重、风险管理和薪酬。相较于第三版,第四版除要求公司披露其是否存在任何重大的环境或社会风险,如果存在,则披露其如何管理或打算管理这些风险。此外,建议已拓展至专门提及气候变化,如果涉及重大事项,则考虑按照金融稳定委员会气候相关财务披露工作组(TCFD)的建议披露。另外,还添加了根据国际综合报告委员会(现为价值报告基金会)国际综合报告框架编写的综合报告,并引用了公认的可持续发展报告国际标准。

2021 年在由澳大利亚证券投资委员会发布的《监管指南 175 许可:金融产品顾问——行为和披露》(Regulatory guide 175 Licensing: Financial product advisers－Conduct and disclosure),在确定客户的相关情况时,对劳工标准和环境、社会或道德方面的考虑做出规定,在 RG 175.32 条规定,对于 s961B 要求在多大程度上调查客户对环境、社会或道德因素的态度,咨询提供者必须形成自己的观点。咨询提供者可能需要确定环境、社会或道德因素对客户是否重要,如果答案是肯定的,便进行相关调查。

2022 年 6 月,澳大利亚证券投资委员会(ASIC)发布《在提供或推广可持续发展相关产品时如何避免漂绿》(How to avoid greenwashing when offering or promoting sustainability-related products)[1],主要针对基金发行的可持续发展相关产品要求其适度夸大陈述金融产品或投资策略是环保的、可持续的或道德的,概述了何为漂绿,如何监管等内容。该文件也可原则适用于包括在证券交易所上市的公司或发行绿色债券的实体。2022 年 7 月,澳大利亚证券投资委员会发布了最新一版的《监管指南 168 披露:产品披露声明(及其他披露义务)》,声明作为政策指引型规范性文件,帮助澳大利亚金融活动参与者更好地根据 2001 年《公司法》的要求提供产品披露声明,履行第 1013DA 条所约定的义务。2022 年 12 月,澳大利亚审慎监管局(APRA)发布了《审慎实践(SPG 530)投资治理指南草案》[Prudential Practice Guide-Draft (SPG 530) Investment Governance],规定特定企业如何将 ESG 风险考虑纳入投资分析、决策和监督,确保以适当的资源识别和应对实体投资中的重大 ESG 因素。

在环境问题方面,联邦、州和地方政府已承诺在 2050 年或之前实现净零排放,大多数州和地区在气候政策或立法制度中包括可再生能源目标。工业的介入是解决气候变化问题的重要因素,能够最终推进气候变化法律与政策的实施。[2] 联邦政府已出台的 2022 年《气候变化法案》(Climate Change Bill),是有关制定澳大利亚温室气体减排目标、规定年度气候变化声明、赋予气候变化管理局咨询职能以及相关目的的法案。

在社会问题方面,2022 年 12 月出台的《反歧视和人权立法修正案(工作场所尊重)法》[Anti-Discrimination and Human Rights Legislation Amendment (Respect at Work) Act (Cth)]是对澳大利亚工作场所反歧视状况的重大改变。雇主和企业经营者有责任采取积

---

[1]　可持续发展相关产品是指发行人已将与可持续发展相关的考虑因素[例如环境、社会及公司治理(ESG)事宜]纳入其投资策略和决策的金融产品。

[2]　郭瑞:《道德、法律和公司:公司社会责任的成人礼》,中国法制出版社 2018 年版,第 22 页。

极措施,尽可能消除性别歧视、性骚扰以及受害行为等。

在治理问题方面,除 2001 年《公司法》,在澳大利亚各司法管辖区的反贿赂和腐败法以及举报法中均有所体现,有关数据泄露和网络安全的 2022 年《隐私立法修正案(执行和其他措施)法》[Privacy Legislation Amendment (Enforcement and Other Measures) Act(Cth)]也正予以重视。

二、澳大利亚 ESG 法制的基本框架

通过对澳大利亚 ESG 法制发展的历史脉络的梳理,分析澳大利亚 ESG 法制的基本框架可归纳为 ESG 信息披露制度、ESG 评级制度与 ESG 投资实践三大内容,且三大内容之间密切关联。

第一,关于澳大利亚 ESG 信息披露制度的框架,以《澳大利亚公司 ESG 报告指南》为主体,《披露:产品披露声明(及其他披露义务)》《监管指南 65:第 1013DA 条披露准则》等为补充。《澳大利亚公司 ESG 报告指南》从如何确定披露议题的实质性、ESG 报告可遵循的框架、如何识别 ESG 议题等方面为公司提供指引。自 2011 年发布首版《澳大利亚公司 ESG 报告指南》加之数次《公司治理准制和建议》的修订中对 ESG 报告的重视,以更加科学合理地为公司如何进行 ESG 信息披露提供指引。《澳大利亚公司 ESG 报告指南》衡量"重要性"时不应仅考虑短期财务因素,还应考虑内部和外部因素,即应当考虑公司自身的政策、声明、目标和战略;基于同业(行业)的规范和标准;利益相关者的行为和关注;监管要求和其他法律义务;社会规范和期望,例如,当地的社区或非政府组织的意见。

《澳大利亚公司 ESG 报告指南》将 ESG 问题广泛划分为环境、社会和治理主题,以便于说明公司报告中可能重要的内容。在 2015 年最新版《澳大利亚公司 ESG 报告指南》的应用部分分别对环境、社会、公司治理三方面进行了简化(见表 7-1)。

表 7-1　　　　　　　　　　　　　　　　ESG 报告指南应用(指标)①

名称	《澳大利亚公司 ESG 报告指南》(2011)	《澳大利亚公司 ESG 报告指南》(2015)
衡量指标	环境 ● 气候变化 ● 环境管理体系和合规性 ● 效率(废物、水、能源) ● 其他环境问题(如有毒物质、生物多样性)等 社会 ● 工作场所 H&S ● 人力资本管理 ● 企业行为(如贿赂和腐败) ● 利益相关者管理/经营许可证 公司治理 ● 公司治理	环境 ● 环境管理 ● 气候变化 社会 ● 人力资本管理 ● 其他利益相关者管理 公司治理 ● 公司治理

---

① 此表根据 2011 年和 2015 年《澳大利亚公司 ESG 报告指南》整理而成。

第二，ESG 评级。鉴于当前全球范围内尚未形成统一的 ESG 评级规则，澳大利亚法律与政策中少有涉及此项内容的规定。仅澳大利亚 2013 年《FSC 标准第 20 号：养老金治理政策》、2011 年《监管指南 65：第 1013DA 条披露准则》、2001 年《公司法》中有部分倡导性规定或选择性规定，未针对评级机制或评级机构本身的资质、标准等内容做出规定。

第三，ESG 投资实践。澳大利亚 ESG 法制针对公司、金融产品发行人等，侧重于公司、养老金等的投资管理。这主要体现在《公司治理准制和建议》《FSC 标准第 20 号：养老金政策》《投资治理审慎实践指南（SPG530）》《朝着更强有力的投资尽职管理》《澳大利亚资产所有者管理准则》的相关规定中。

第二节 澳大利亚 ESG 信息披露制度

企业信息披露是企业参与市场的有效方式，也是管理层与外部投资者沟通的主要渠道，意味着企业明确认可利益相关者和公众的信息知情权。[①]

一、澳大利亚 ESG 信息披露制度模式

建立和完善 ESG 信息披露制度是推动市场向"可持续发展"转变的重要举措。[②] 近年来，自愿披露框架的激增给公司带来了越来越大的压力，要求它们采纳并报告快速发展和扩展的 ESG 标准。各国政府纷纷接受了自愿披露框架的各项要素，将其转化为部分强制性披露义务。澳大利亚支持使用相关的原则和指导方针来重建对公司治理制度的信心和投资者的信任。这相比美国受监管的合规制度要轻松许多，并让公司董事会有信心设定最低标准，否则其将面临被公开曝光的风险。澳大利亚 2001 年《公司法》第 1013DA 条为今后设立可持续相关政策法规提供了基础和依据，此后在 2011 年及之后出台的诸多 ESG 规范，多以指南、声明或建议等倡导性方式为公司、金融产品发行人、持牌人及养老基金等规制对象提供披露指引。这也顺应了国际市场的可持续投资趋势，也体现了澳大利亚构建本国可持续金融体系中的实质性进展。

澳大利亚既存在自愿型规制模式（即自愿披露框架或倡导性指引规则），也存在强制性规制模式。一方面，自愿披露框架依然是主流，所使用的当前环境、社会和治理因素范围广泛，涵盖数十个不同的项目和子类别，允许依据不同框架的格式和内容披露，但这也为企业操纵披露的过程提供了充足的空间，并且，不同于财务报表，ESG 的自愿披露是未经审计的。自愿 ESG 披露通常由该组织的高级管理人员监督，通常会纳入组织的年度报告或独立的可持续发展报告中，该报告由管理层做准备并由董事会签署。另一方面，澳大利亚的 ESG 规则也体现了强制性要求。尽管通过行业主导的倡议和自律实现了一些标准化目标，

---

① 卞娜：《公司治理视角下：企业社会责任研究》，中国财政经济出版社 2020 年版，第 146—147 页。
② 王大地、黄洁编：《ESG 理论与实践》，经济管理出版社 2021 年版，第 80 页。

但若不进行强制性披露,则不太可能实现完全标准化。[①]根据《公司法》《现代奴役法》等的规定,董事会将监督以下披露的准备工作,并且应当披露:澳大利亚国家证券交易所(下称澳交所)上市实体的公司治理声明;由大型自营公司、上市公司、披露实体或注册投资编制的开放式基金;由报告企业编写的现代奴隶制声明。企业管理层成员必须监督和批准以下强制性的 ESG 相关披露:一是提交给女童保育组的年度报告必须由该组织的首席执行官(CEO)签署;二是公司的授权人员必须批准公司向澳交所发布的任何持续披露公告。《监管指南 65:第 1013DA 条披露指南》要求产品发行人必须在产品披露声明中披露环境、社会考量细节。《FSC 标准第 20 号:养老金政策》强制要求相关持牌人向证交所披露有关 ESG风险管理政策,以加强对持牌人的责任管理。《国家温室气体和能源报告法》针对某些经济实体规定了报告温室气体排放和能源使用的强制性义务。这或许有助于为投资者提供更为透明、一致、可比的信息,减少潜在的道德争议或诉讼风险。此外,就气候风险而言,澳大利亚联邦政府正尝试引入强制性气候风险披露框架,联邦政府已开始就是否引入符合 ISSB标准的气候报告要求进行磋商,这将使气候报告要求适用于"大型上市公司"和"大型金融机构",对某些澳大利亚公司而言,ISSB 标准可能会从自愿性转变为强制性。

二、澳大利亚 ESG 信息披露的主要框架

(一)国内主流 ESG 信息披露框架

澳大利亚国内主流 ESG 信息披露框架以《澳大利亚公司 ESG 报告指南》为主体,结合《公司治理准制和建议》而展开。

1."E"环境主题

作为生产的主体,企业生产经营过程中所造成的资源、环境与生态问题,都构成了企业除生产经营外应当被纳入范畴的问题。[②]在 2015 年《澳大利亚公司 ESG 报告指南》中,环境主题包括环境管理和气候变化两项内容。

第一,环境管理。环境管理投资者重要性主要体现于对公司供应链、直接操作或产品的环境有影响的经营活动可对股东价值产生深远影响,这包括:在对事件进行调查和建立新的保障措施时,生产会中断;与补救措施有关的资本成本。对受影响的社区、商业伙伴和其他人员的赔偿费用。社区、商业伙伴和员工的赔偿费用以及员工的赔偿费用;对公司的监管和/或社会经营许可的影响,对公司运营的监管和/或社会许可的影响,可能会对公司的监管和/或社会运营许可的影响,这可能表现为声誉受损、运营延误、产品抵制、新法规等。

投资者也愈发意识到,由于公司经营而导致的长期环境外部性,包括稀缺资源(例如淡水、耕地等)的枯竭和未来环境废物的处理,对公司经营社会许可证的潜在负面影响。一个对环境

---

① Javier El-Hage. Fixing ESG: Are MandatoryESGDisclosures the Solution to Misleading ESG Ratings? 26(2) Fordham Journal of Corporate and Financial Law,359(2021).

② 段钢:《绿色责任——企业可持续发展与环境理论思考》,上海社会科学院出版社 2015 年版,第 59 页。

有重大影响的公司,在环境管理方面缺乏承诺、能力或记录,对投资者而言风险更高。

报告应针对每个行业进行定制——污染、水和其他环境因素将对某些行业和企业更加相关和重要,而投资者将不太关心当前或预期环境足迹较小的公司。

环境管理通常报告的指标如下:

(1)环境事故的记录,包括以下资料:①对不遵守环境法律法规的罚款和非货币制裁;②资产负债表上报告的环境准备金;③违反环境许可条件的数量和严重程度;④通过ISO14001 认证的操作比例;⑤处理安全事故报告。

(2)与环境管理相关的政策和制度,与业务的具体情况(重要性)相称。考虑事项包括:①生物多样性影响管理;②水资源管理;③危险废物管理;④涉及有毒物质。

(3)环境数据,如果该公司有重大的环境足迹或面临上述的重大环境风险或外部因素。如,①能源消耗信息,包括可再生能源;②水的消耗;③废物生产。

第二,气候变化。人为导致气候变化的共识已被广泛认可,尤其是企业的碳排放是其主要成因。[①] 气候变化对投资者的重要性体现如下:随着许多国家宣布减少碳排放以应对气候变化的目标,气候变化监管对企业的影响风险只会增加。虽然实现减排的监管机制(碳价、减排补贴、"污染"控制等)可能会随着时间而变化,但长期趋势较为明确。显然,这种风险(特别是在短期和中期)对某些行业或公司(例如那些大量使用化石燃料的公司)更重要。因此,投资者期望这些公司在如何管理这些风险方面披露更多信息。然而,从长期来看,许多其他间接风险将影响更广泛的公司。例如,随着时间的推移,消费模式将向有利于低碳商品和服务的方向转变,从而导致产业结构的重大变化。此外,气候变化的物理影响,如天气模式的变化、风暴强度和海平面上升,可能会使资产面临风险。我们鼓励所有公司在其业务中考虑这些长期趋势,并披露存在重大风险的地方。

一家公司如果不了解其碳排放量、监管风险和其他间接影响,可能会面临以下风险:①随着遵守碳排放法规的成本增加,成本也会增加;②随着客户转向低排放供应商,市场份额下降;③随着气候变化的物理影响加大,加剧对资产的损害。

气候变化通常报告的指标包括:

(1)直接和间接(例如产品)碳排放[例如,通过碳披露项目(CDP)],其他数据和信息,告知投资者每个公司的风险。

(2)其他对气候变化风险的间接敞口,例如,如果主要客户涉及化石燃料。

(3)应对这些风险的措施,与每项业务的相关性和重要性相称。如,①减少碳排放和能源使用的机会;②采取措施管理气候变化带来的实际风险;③减少间接暴露于气候变化风险的措施。

2."S"社会主题

企业社会责任主要来源于企业对自身生存和发展的必要的社会资源的需求,每一组织为

---

① ［美］马克·墨比尔斯等:《ESG 投资》,范文仲译,中信出版社 2021 年版,第 23 页。

了生存都必须与其所在的环境进行交换,不存在自给自足的组织。[①] 对资源的需求导致组织对外部环境的依赖,依赖性是权利的对立面,资源的重要性和稀缺性对组织依赖性的本质和范围起着决定性作用。[②] 在 2015 年《澳大利亚公司 ESG 报告指南》中,社会主题的内容如下:

第一,人力资本管理,包括职业健康与安全。这对投资者较为重要,原因在于人力资本管理(HCM)是执行业务战略、扩张、创新和业务连续性的核心,因此是投资者关注的关键领域。人力资本是每个公司的无形资产,投资市场显然赋予其价值。

对于所有公司来说,强有力的 HCM 控制和实践有助于提高员工的生产力和忠诚度。相反,糟糕的 HCM 可能导致:未能达到战略目标和项目指标;业务中断;士气低落,敬业度低,工作效率不佳;在紧张的劳动力市场中无法吸引技术人才/关键人才的流失;劳资纠纷和糟糕的员工关系;鼓励加强监管或监管机构的行动;声誉损害。

许多公司面临额外的 HCM 风险,这些风险可能对股东产生更严重的影响。特别是:工作场所或职业健康与安全(OH&S)风险,无论是在项目层面还是在员工层面(在高风险职业中雇用工人或承包商的公司),在工人补偿金、安全设备和安全流程方面的成本基础往往较高,并因工人死亡等职业健康与安全事件而面临(通常是严重的)运营和声誉损害;劳工和人权——从表面上看,投资于拥有较低成本供应链的公司(例如,产品或服务来自低收入国家或收入较低的国内劳动力),对投资者来说是一种利好,因为公司可以节省成本。更仔细地检查发现,股东可能会因恶劣的工作条件、不可接受的职业健康和安全以及人权结果而面临更大的风险。这些风险主要是立法风险、操作风险和声誉风险。因此,充分报告这些风险对投资者进行成本效益评估非常重要。

人力资本管理通常报告的指标如下:

(1)定性指标。包括:①人力资本管理的董事会监督;②将人力资源管理和人员风险纳入风险管理流程;③与人力资本管理目标实现相关的高管薪酬;④鼓励员工满意度/敬业度结果的政策和制度,以及相同的关键驱动因素——多样性、反歧视、灵活工作、培训和发展等;⑤职业健康安全政策和体系(适用于所有公司);⑥管理供应链问题(包括承包商和分包商)的政策和系统。

(2)定量指标。包括:①自愿离职率;②员工敬业度/满意度;③产假/育儿假的回报率;④专业发展培训数据;⑤董事会和高级管理层的女性比例;⑥男性和女性员工的薪酬水平;⑦职业健康安全绩效指标,如伤害死亡率、频率、险些脱险和严重程度指标;⑧供应链审计结果。

第二,其他利益相关者问责制。这对投资者的重要性体现在:投资者认为,除了人力资本之外,对公司其他关键利益相关者(如客户、供应商、政府和更广泛的社区)缺乏问责制也是一个风险来源。这是公司"社会经营许可证"的核心——现在人们普遍认为,坚持只对股

[①] 涂俊:《企业环境责任批判与重构》,中国政法大学出版社 2015 年版,第 80 页。

[②] 同上。

东负责的狭隘观点的公司有可能损失股东价值。企业对那些能够对企业的决策、行动、政策、做法和目标等实施影响的人应当承担责任,这既可以是单个的人也可以是人的群体。[①]这是一项比公司及其管理人员简单地遵守所有相关法律更广泛的义务。一家公司的社会许可证与其品牌和声誉密不可分,而品牌和声誉是所有公司都需要培育和保护的无形资产。如果忽视以下利益相关者的利益,可能就会导致声誉和品牌损害、产品抵制或增加监管障碍或成本。

针对客户而言,产品或服务失败会对公司造成更广泛的损害,而不仅仅是最初的营业额损失所带来的直接财务影响。保障产品/服务质量的措施对任何企业来说都是至关重要的,但这些风险在以下情况下可能会更加严重。

(1)客户是弱势群体,处于不利地位,或被视为更容易受到产品/服务缺陷或公司不良行为的影响;

(2)产品或服务对声誉特别敏感,例如食品、医疗保健、金融产品/建议。"B2B"(企业对企业)公司较少受到这种社会许可风险的影响。

就供应商而言,在寻求股东价值最大化的过程中,利用市场主导地位、超出法律和社会可接受范围的公司,可能会面临声誉受损和/或监管机构采取行动来遏制这种滥用市场力量的行为。[②] 剥削供应商给股东带来的社会许可风险与供应商的感知脆弱性相称,例如,如果供应商相对于公司较小或处于其他不利地位。

对于受公司运营直接影响的社区利益相关者,土地所有权人/使用人及其他社区团体可直接受到公司营运的影响。在非政府组织和社交媒体的帮助下,这些团体的权力也越来越大。因此,对许多公司来说,密切管理这些风险已成为常态。

针对更广泛的社区和其他利益相关者,就税收而言,优化公司税收安排以实现股东价值最大化,如果涉及持续较低的有效税率和/或将收益从其来源转移,可能会引发争议。这些公司应该解释他们如何在股东价值和社会许可风险(可能体现在政府/监管行动中)之间权衡。

其他企业行为问题。不良的企业行为,例如,参与贿赂和腐败,是一项相关的投资风险,因为它可能:夸大项目成本,降低盈利能力;增加起诉带来的风险和成本;造成品牌损害;成为糟糕的企业文化的代表;在低收入国家,通过延续贫困、强化腐败和其他不利影响,形成不可持续的商业环境。

投资者正在寻找那些至少从表面上看具有高风险的不良行为的公司的信息,具体来说,包括:①腐败风险高的国家;②政府或监管机构业务或合同;③对社区影响较大的部门,如资源开采;④易受犯罪活动影响的行业,如洗钱或隐瞒资产、赌博和金融等。

通常报告的指标包括:①利益相关者风险的主要来源,因为它们适用于业务和对这些风险的治理监督;②利益相关者参与机制,例如会议、调查、简报、使用网络媒体;③管理利

---

① 涂俊:《企业环境责任批判与重构》,中国政法大学出版社 2015 年版,第 91 页。

② [美]马克·墨比尔斯等:《ESG 投资》,范文仲译,中信出版社 2021 年版,第 30—31 页。

益相关者风险的其他程序,如社区参与、伙伴关系、当地就业;④公司行为准则和其他重要政策、适用范围、相关培训和重要性说明,例如董事会或高级管理人员的责任、与薪酬的联系;⑤举报人政策和制度;⑥报告以前的事件和相关费用。

3."G"治理主题

公司治理不同于一般的企业经营管理问题,其主要解决管理层的选择与激励问题,并实现公司的科学化决策,即如何使公司的管理者在利用资本供给者提供的资产发挥用途的同时,承担起对资本供给者的责任。[1] 公司治理对投资者的重要性体现在,人们对环境和全球供应链在社会经济方面的普遍关切,从而带来经济效益、社会效益等的稳步增长。[2] 澳大利亚的法律和标准已经广泛涵盖了公司治理实践和披露,包括澳大利亚证券交易所发布的《公司治理准则和建议》和澳大利亚养老金投资者委员会发布的上市公司董事会的《公司治理准则》。在这一类别下,投资者将寻求了解公司的治理实践。这些实践提供了对公司管理质量的深入了解,以及作为股东代表的董事会对风险监督的质量。

《公司治理准则和建议》中的原则 7(Principle 7)旨在"识别和管理风险",并详细说明了健全风险管理框架的要求,其中包括审查框架的有效性。2014 年《公司治理准则和建议》规定根据建议 7.4(Recommendation 7.4),上市公司应披露其是否存在经济、环境和社会可持续性风险,如果存在,则应披露其如何管理或打算管理这些风险。2019 年《公司治理准则和建议》特别关注建议 7.4,重新聚焦于重大的环境和社会风险,因此不再提及经济风险。建议 7.4 要求公司披露其是否存在任何重大的环境或社会风险,如果存在,则披露其如何管理或打算管理这些风险。重大的环境和风险主要包括常见的环境和社会风险与新出现的环境和社会风险。前者主要是指气候变化及其相关影响、生物多样性、水资源短缺、环境事件和资源效率和管理在内的环境风险,以及社区参与、多样性和包容性、健康与安全、客户隐私和网络安全、消费者保护和人权在内的社会风险。后者主要是指自然资本、循环经济和现代奴役制,尽管现代奴隶制还不算被广泛认可的新出现的社会风险,但鉴于 2018 年澳大利亚的《现代奴役法》相对较新,也较为前沿地将其纳入其中,成为未来管理和报告这一风险的重要考量。在澳大利亚注册或经营业务且综合年收入至少为 1 亿澳元的经济实体必须每年报告他们如何根据《现代奴役法》解决其供应链和运营中的现代奴隶制风险。

特别是未能遵守 ASX 标准的公司在"如果不,为什么不?(If not,why not?)"之下,政府鼓励提供一个彻底的解释。即公司必须解释为什么没有采纳该建议,其解释必须确保市场收到有关该公司治理的适当水平的信息,以便:①证券持有人和投资界的其他利益相关者可以与董事会和管理层就治理问题进行有意义的对话;②证券持有人可以将这些信息纳入他们如何就特定决议投票的决定;③投资者可以将这些信息纳入他们是否投资该公司的

①　李雪平:《企业社会责任国际法律问题研究》,中国人民大学出版社 2011 年版,第 65 页。

②　[美]马克·墨比尔斯等:《ESG 投资》,范文仲译,中信出版社 2021 年版,第 38 页。

证券的决定。[①] "如果不,为什么不?"的解释主要包括:其一,该部门不存在重大的环境和/或社会风险;其二,公司拥有多元化的投资组合,因此不存在任何重大的环境和/或社会风险;其三,根据州或联邦立法,实体的运营不受环境法规的重大影响,或者如果有影响,也不存在重大违规行为。过去董事会未能解决这些问题,导致许多备受瞩目的企业倒闭。投资者需要公司治理报告,以便更好地了解公司的框架、政策和激励措施,发挥公司治理的激励与约束等功能[②],确保公司实现最佳业绩。

(二)国际主流 ESG 信息披露框架

根据澳大利亚《公司治理准则和建议》第 7.4(Recommendation 7.4),经济实体可以按照价值报告基金会的国际综合报告(IIRC)框架发布综合报告,或按照公认的国际标准发布可持续性报告框架,例如全球报告倡议标准(GRI)、可持续会计准则委员会标准(SASB)以及气候披露标准委员会框架(CDSB)。此外,理事会还特别鼓励各企业参考金融稳定委员会(TCFD)的建议,考虑其是否面临气候变化风险的重大风险。同时,多数企业一般至少使用一种国际报告披露框架或标准(见表 7-2)。

表 7-2　　　　　　国际主流 ESG 信息披露框架与澳大利亚 ESG 信息披露关联一览[③]

序号	名称	内容概述	澳大利亚的关联规定
1	全球报告倡议标准(GRI)	● GRI 报告框架是全球应用最为广泛的 ESG 报告(社会责任报告、可持续发展报告在此不做区分)框架,也是澳大利亚上市企业应用最为广泛的报告框架。GRI 属于模块化的体系,包括三个系列的标准:GRI 通用标准、GRI 行业标准和 GRI 议题专项标准。其最新版本已于 2021 年发布,GRI 标准包含披露,为组织报告有关自身及其影响的信息提供了一种结构化的方式。现行 GRI 标准涉及通用标准以及 GRI 200 系列(经济议题)、GRI 300 系列(环境议题)、GRI 400 系列(社会议题)在内的 34 项议题专项标准。其披露形式主要包含强制披露和自愿披露 ● GRI 标准允许报告的信息涵盖其对经济、环境和社会的所有最重大的影响,或者只关注特定的主题,如气候变化或童工。若组织不能满足 GRI 标准的某些报告要求,或者只想为特定目的的报告特定信息,可以使用选定的 GRI 标准或其部分内容,并参考 GRI 标准进行报告	2011 年《澳大利亚公司 ESG 报告指南》便明确指出,建议企业考虑更广泛的全球报告倡议(GRI)框架和问责指南"重新定义重要性",凸显了重要性不应在单一的"时间点"判断,而应考虑不同时间框架(短期、中期和长期)内的问题和趋势。《公司治理准则和建议》(第四版)第 7.4 规定也为说明当前重要性定义的多样性,列举了国际框架 GRI 标准,突出企业信息对投资者的财务重要性

---

① KPMG:ASX Corporate Governance Principles and Recommendations (Third Edition) Summary report June 2014, https://assets.kpmg.com/content/dam/kpmg/pdf/2014/06/asxcorporate-governance-principles-recommendations-third-edition.pdf,last visited on 2024-07-10.

② 张忠野:《公司治理的法理学研究》,北京大学出版社 2006 年版,第 67 页。

③ 此表由作者整理而成。

续表

序号	名称	内容概述	澳大利亚的关联规定
2	可持续会计准则（SASB）	● 2018 年发布可持续会计准则,并于 2020 年修订,成为全球用于指导 ESG 报告准则制定的首份概念框架。SASB 准则确定了与运输行业、基础设施行业、可再生能源行业等 77 个行业中每个行业的财务业绩最相关的环境、社会和治理问题,旨在帮助公司向投资者披露具有财务重要性的可持续发展信息,从而影响企业的长期业绩 ● 从其主要内容来看,SASB 准则共包含六大内容。一是为发行人提供的一般披露指导;二是针对主体行业的行业描述;三是可持续性披露主题;四是对主题定性或定量分析的会计指标;五是技术指标;六是量化公司业务运营情况的经营指标。SASB 准则从环境保护、领导与治理、商业模式与创新、人力资本及社会资本五大维度,共计 26 个可持续性相关主题规范企业的可持续发展报告	
3	气候相关财务信息披露工作组织框架（TCFD）	● TCFD 旨在组织制定和提供风险管理和披露框架,报告和应对不断变化的自然相关风险,最终实现支持全球资金流动从自然负面结果转向自然积极结果的目标。框架建议围绕着治理、战略、风险管理以及指标和目标四个主题领域的核心要素展开。这些信息构建了一个有助于投资者和其他人了解报告机构如何评估气候相关问题的框架 ● 工作组将与气候相关的风险分为两大类:其一,与向低碳经济转型有关的风险;其二,与气候变化的实际影响有关的风险 ● TCFD 建议要求实体将其与气候相关的财务披露纳入其主流财务文件,至少每年发布一次,广泛分发并向投资者和其他人提供,并遵守与财务报告相同或基本类似的内部治理流程。良好的披露实例包括实体提供涵盖所有 11 项 TCFD 建议的汇总表,并对照披露的位置,在年度报告或其他报告(如可持续性报告或独立的气候变化报告)中提出	在澳大利亚,目前采用 TCFD 报告框架是自愿的,但由于投资者和监管机构的预期,现在采用 TCFD 一致报告的实体数量正在逐年增加。2022 年 3 月,澳大利亚会计准则委员会(AASB)最终确定了一份立场声明,正式支持 TCFD 建议的自愿使用
4	碳信息披露项目（CDP）	● 碳信息披露项目(CDP)为投资者、公司、国家、城市和地区运行全球信息披露系统,并管理其环境影响。CDP 是温室气体排放报告的行业标准,它拥有最丰富、最全面的企业和城市行动的数据库,已经实施超过了 20 年 ● 通过测量和披露提高企业对温室气体排放的认识,对有效管理碳和气候变化风险至关重要。CDP 涵盖了有关环境、森林和水安全的诸多指标,通过邀请企业参与问卷调查来衡量和披露其温室气体排放及有关气候变化的战略目标。调查表的回答基于企业自愿进行。其内容主要包含:公司治理、风险与机遇、商业战略、碳核查、碳定位、目标和绩效等内容①	从澳大利亚 2015 年《公司 ESG 报告指南》来看,在环境要素的评估中,其项下基于气候变化的衡量指标多来自 CDP 框架

---

① Carbon disclosure project. CDP climate change report 2020, global edition. https://www.snclavalin.com/~/media/Files/S/SNC-Lavalin/download-centre/en/report/cdp-report-2020.pdf, last visited on 2024-07-10.

续表

序号	名称	内容概述	澳大利亚的关联规定
5	国际综合报告框架(IIRC)	● 国际综合报告框架(IIRC)最新版已于 2021 年发布,取代了此前的 2013 年版。IIRC 是不断发展的企业报告体系的一部分。该体系由全面的框架和标准促成,涉及与所有资本有关的衡量和披露,适当的监管和有效的保证。IIRC 更加侧重于一个组织在短期、中期和长期创造价值的能力,并在此过程中一是强调简便性、战略重点和未来方向,信息和资本的连通性以及它们的相互依赖性;二是强调组织内部综合思考的重要性 ● IIRC 采用基于原则的方法,旨在灵活性和规定之间取得适当的平衡,承认不同组织个人情况的广泛差异,同时使各组织之间具有足够的可比性,以满足有关的信息需求。IIRC 没有规定具体的关键绩效指标、测量方法或个别事项的披露,但的确包含了符合 IIRC 之前应用的少量要求。可根据现有的合规要求编制,既可作为一份独立报告,也可作为另一份报告或文中可区分的、突出的和可访问的部分。同时,应当包含由负责治理的人接受报告责任的声明 ● IIRC 规定了七项指导原则。IIRC 框架以战略重点和未来方向、信息互联互通、利益相关者关系、实质性、简明性、可靠性与完整性、一致性和可比性为指导原则。在内容上,IIRC 框架包含八项内容要素,这些要素从根本上说是相互联系的,并不相互排斥	2015 年《公司 ESG 报告指南》中明确规定的参考框架来源
6	气候披露标准委员会框架(CDSB)	2022 年 CDSB 框架由原有的报告气候变化信息扩大到报告环境与社会信息。CDSB 旨在帮助组织在主流报告中识别、准备和报告环境和社会信息。环境和社会信息包括:自然、人力和社会资本的依赖性,环境和社会结果,环境和社会风险和机遇,环境和社会政策、战略和目标,对照环境和社会目标的表现。其目的是对组织的主流报告进行调整而非扩大,并将环境和社会信息穿插和定位在主流报告的相关部分,解释组织的业务战略与环境和社会绩效之间的联系。在某些情况下,CDSB 框架规定应根据特定的报告要求提供某些资料。CDSB 框架内容包括:指导原则和报告要求。具体而言,针对 CDSB 框架的指导原则有七项,第一,环境和社会信息的编制应采用相关性和重要性的原则。第二,披露的内容应如实反映。第三,将主流报告中的环境、社会等信息相联系。第四,披露应具有一致性和可比性。第五,披露的内容应明确易懂。第六,披露应是可核查的。第七,披露应具有前瞻性。从而,确保主流报告中的环境和社会信息对投资者是有用的、正确的和完整的。指导原则应根据 CDSB 框架的报告要求,在确定、编制和提交环境和社会信息时予以应用①	澳大利亚气候变化信息披露的重要参考框架

三、澳大利亚产品发行人的 ESG 信息披露指引

2011 年《监管指南 65:第 1013DA 条披露准则》规定了澳大利亚证券投资委员会关于产品发行人如何履行 2001 年《公司法》第 1013DA 条规定的义务的指导方针,即必须在产品披

---

① CDSB. CDSB Framework. https://www.ifrs.org/content/dam/ifrs/groups/cdsb/cdsb-framework-2022.pdf, last visited on 2023-02-10.

露声明(PDS)中披露在选择、保留或实现投资时如何考虑劳工标准或环境、社会或道德因素。

(一)强制披露的内容

首先,是否考虑到这些标准和因素。即产品发行人必须披露在选择、保留和实现投资时是否考虑劳工标准或环境、社会或道德因素。如果产品发行人没有考虑所有这些标准或因素,PDS 必须明确规定考虑哪些标准或因素,不考虑哪些。当产品发行者只考虑到这些标准或因素中的一部分时,它不能给人一种考虑到所有标准或因素的印象。例如,如果只考虑到它所认为的环境、社会或道德方面的考虑,披露就不能给人一种误导性的印象,即也考虑到了劳工标准。如果 PDS 声明在选择、保留和实现投资时考虑了劳工标准或环境、社会或道德因素,PDS 必须有关于这些标准或考虑因素的信息。如果产品发行人对其所认为的劳工标准或环境、社会或道德考虑没有预先的看法,则 PDS 必须明确说明这一点。

其次,是否考虑到标准和考量因素的程度。立法要求披露考虑劳工标准或环境、社会或道德因素的程度,这包括向零售客户提供足够的细节,以了解产品发行人或代表产品发行人所进行的活动,方法包括:(a)考虑标准或考量因素的方法(如果没有方法,则包括没有方法);(b)在使用加权系统时,给予标准或考量因素的权重。产品发行人必须在 PDS 中包括一份关于劳工标准或环境、社会或道德因素考虑程度的一般说明。例如,PDS 可能会说,基金经理会游说那些投资了某些劳工、环境、社会或道德目标的公司,或者基金只会投资那些遵循某些劳工惯例或与某些环境、社会或道德活动没有关联的公司。如果使用加权体系(Weighting System),产品发行人还必须包括该体系的一般描述。如果产品发行人对劳工标准或环境、社会或道德因素的考虑程度没有预先确定的看法(即没有具体的方法),则必须明确说明。例如,PDS 可能会说,产品发行人除了考虑其可能意识到的劳工标准或环境、社会或道德因素外,没有预先确定的观点,但仅限于它们在财务上影响投资的程度。

最后,保留和实现的政策。当 PDS 声称考虑劳工标准或环境、社会或道德因素时,考虑这些标准或考量因素的方法的描述必须包括:(a)如何监督或审查遵守考虑这些标准和考量因素的方法的一般说明,或产品发行人没有固定的监测或审查方法的声明(如果是这样的话);(b)时间表,如果产品发行人有监测或审查投资的规定时间,或如果有的话,声明没有这样的时间表;(c)一般说明当某项投资不再符合所述投资政策时,将会或可能会发生什么,以及在什么时间范围内发生。如果对此没有预先确定的观点,产品发行者必须提供明确的声明,说明该方法是根据具体情况确定的,或者如果是这种情况,则时间框架是不固定的。

(二)披露的详细程度

至少应该向客户提供关于产品发行人考虑哪些问题、如何考虑这些问题以及其方法是否基于某种预先确定的一般信息。关于劳工标准或环境、社会或伦理考虑的披露细节将因产品而异。作为指南,需要遵循表 7—3 的原则。

表 7—3   指导原则——披露应该有多详细①

披露的领域	指导原则
揭示什么是"已知的"	根据 s1013C(2),PDS 只需要包含实际已知的劳工标准或环境、社会或伦理方面的信息。这包括产品发行者所知道的信息。它还包括产品发行人的代表所知道的信息,或产品发行人对产品投资负有最终责任的其他人所知道的信息(基于他们所知道的信息可归责于产品发行人,因为产品发行人有普通法义务监督其代表)
披露个人"合理要求"的内容	s1013D 测试要求 PDS 必须包括诸如"个人作为零售客户在做出是否购买金融产品的决定时合理要求的信息"
从客户的角度评估"合理性"	第 1013F 节指出,如果零售客户在决定是否购买产品时期望在声明中找到信息是不合理的,信息就不必包含于 PDS 中。这里的合理性必须从零售客户的角度来评估,而不是从产品发行人的角度
更多的营销意味着更多的信息披露	一种产品越是在投资决策中考虑这些问题的基础上营销,产品发行人就必须就其考虑的标准或问题以及如何使用这些标准或问题提供越详细的信息。任何细节都必须清晰、简洁和有效,并考虑到 RG 168 中的良好披露原则
解释所有使用的术语(包括行业术语)	产品发行者在任何情况下都必须注意充分定义所使用的术语。如果可能,应该避免使用行业术语或清楚地解释;参见 RG 168.74。如果一个特定的标准或考虑通常以数字或其他非描述性的正式标题为人所知,则必须包括对其主题的简要描述
解释所有使用的政策和方法	在所有情况下,产品发行者必须注意充分解释所使用的政策或方法,包括在相关情况下,政策或方法受限制。任何声明都不应具有误导性或欺骗性。例如,如果声称没有对与产品 X 相关的公司进行投资,则披露应澄清此负面评论捕捉到的关联。例如,负面筛选是否仅限于与产品 X 直接相关的公司(例如,他们制造、开采或种植产品 X),还是扩展到与产品 X 有间接关联的公司(例如,他们运输或零售产品 X)?另外,负面评论是针对公司的母公司还是子公司?
描述所使用的任何具体措施	如果 PDS 声称投资决策是基于与劳工标准或环境、社会或道德考虑相关的目标,产品发行人应披露至少一些衡量这些目标实现程度的方法,或不使用具体措施的事实。例如,如果 PDS 声明产品发行人只投资于劳资关系良好的公司,它必须至少提到它(或外部供应商或评级机制)衡量这一点的一些标准,或者明确表示没有用于衡量这一点的具体标准或机制
考虑将客户转介到二级来源	在大多数情况下,产品发行人不需要在其所使用方法的描述中披露因行业而不同的非常复杂的加权系统的具体细节,但它可能希望让客户查阅二手资料,以获得关于所使用的加权或加权系统的更详细信息,以及关于所使用方法的其他更复杂的细节:参见 RG 65.46—RG 65.47
确定外部供应商或评级机制	如果产品发行人使用外部供应商或评级机制,它可能需要确定外部供应商,并说明客户可以在哪里找到更多关于外部服务提供商的方法。根据 s1013K 的规定,PDS 应向客户提供足够的关于外部提供者的方法或评级机制的信息,以便客户对所采取的方法有一个大致的了解。 注:根据 s1013K,在满足某些要求(特别是声明人的同意)的情况下,PDS 必须只包括由某人所作的陈述,或在 PDS 中表示基于某人所作陈述的陈述

---

① 此表根据 2011 年澳大利亚证券投资委员会发布的《监管指南 65:第 1013DA 条披露准则》整理而成。

（三）监督与执行

违反《监管指南 65：第 1013DA 条披露准则》可能导致 PDS 被认为是有缺陷的。ASIC 监督和执行 PDS 要求的方法主要规定在《监管指南 168 披露：产品披露声明（及其他披露义务）》第 E 节。① 简单来说，ASIC 对 PDS 进行选择性合规性审查，以确定它们是否符合 PDS 要求，包括这些指南（如果适用）。特别是在如下情形中 ASIC 可能审查 PDS：

（a）我们是否将 PDS 归类为易受合规风险影响的项目；

（b）如果我们从外部来源收到关于 PDS 的可信信息，有必要进行审查；

（c）随机。

注意到如果发现或知道有关 PDS 的有效初步披露担忧，ASIC 可在发出临时停止令之前通知发行人我们的担忧。但是，如果延误可能对公众利益造成损害，ASIC 将实施临时停止令。在没有咨询发行人的情况下，等待听证会解决我们的担忧。在这方面，公共利益可以包括非金融方面的关切。

在下列情形下，ASIC 可能会对某一特定发展计划采取执法行动：

（a）发展计划似乎具有误导性或欺骗性，包括在选择、保留或实现投资时对劳工标准或环境、社会或道德因素的考虑程度的整体印象；

（b）个人发展资料表并没有包含所有相关资料；

（c）PDS 不符合《公司法》Pt 7.9 的其他一般和特定内容要求，包括本指南 B 节和 C 节中的内容。

四、澳大利亚 ESG 信息披露外部鉴证机制

开展第三方独立鉴证是保证企业 ESG 信息披露真实可信的关键。公司识别、评估、管理和报告 ESG 相关风险的方式，为投资者提供了有关企业内部这些问题的管理质量和监督的有价值的信息。了解一家公司在 ESG 问题上的治理和问责机制，有助于投资者确定企业高层对这些风险的理解程度。例如，缺乏 ESG 问题的披露可能表明缺乏资源，或者缺乏对重大 ESG 问题如何影响业务的理解或意识。这些信息为投资者提供了一个公司在管理问题方面的指标，如收紧监管标准、不断变化的市场趋势、产品开发和未来增长机会，或利益相关者期望的变化，所有这些都可能影响长期业务价值。②

澳大利亚出台的法律与政策中，外部鉴证一般为倡导性规范，将独立鉴证作为企业的可选方式之一。因此，有限的保证较为常见。大多数企业在环境、社会披露方面的外部鉴证服务是从安永、毕马威、普华永道和德勤四大咨询公司获得。2011 年《澳大利亚 ESG 报

---

① See Section E of Regulatory guide 168 Disclosure：Product Disclosure Statements（and other disclosure obligations）。

② ACSI&FSC，ESG Reporting Guide for Australian Companies. https://www.fsc.org.au/resources/395-30gn-esg-guide-pdf/file，last visited on 2024－07－10.

告指南》为确保 ESG 报告的完整性和透明度，在报告框架中规定了 ESG 披露的独立保证。获得对环境、社会和治理披露的独立保证，使投资者对其完整性有了更大程度的信任。如果公司寻求对其环境、社会和治理披露的保证，建议按照澳大利亚审计和保证标准委员会的标准或其国际同等标准进行。在这些标准建立的框架内，公司可以将保证的范围集中在所报告的最重要的索赔或绩效指标上，而不是在性质上不太重要的披露上。[①] 2015 年《澳大利亚 ESG 报告指南》中也规定，企业可考虑披露有关内部保证程序的信息，或考虑独立的外部保证，使投资者对所披露信息的完整性更加放心。

对包括环境、社会和治理指标在内的重大报告事项获得外部鉴证，为董事会和外部利益相关者提供了额外的信心，即受鉴证的信息能够经得起审查。独立的第三方外部鉴证有助于减少与防范外部诉讼风险，这主要包括：(1)与 ESG 误导和遗漏相关的诉讼，例如，消费者保护和不正当竞争索赔，公司报告、网站和其他营销材料对 ESG 报告不真实的质疑等；(2)欺诈和不公平商业行为索赔，以虚假广告形式吸引投资者；(3)证券欺诈索赔，涉嫌虚假陈述，风险调整后的 ESG 分析可以更全面地了解证券的内在价值，帮助受托人履行其对投资者的义务；(4)供应链中有关侵犯人权的索赔；(5)气候变化诉讼，尤其是战略诉讼的兴起。由于市场对气候变化信息需求的不断增长，越来越多的公司做出了具体的、可核查的公开承诺，以转向可再生能源，并在确定的时间前将温室气体排放量减少至规定数量，可能涉及基于人权保障的气候变化诉讼主张。支持环境、社会和治理及其他无形信息披露的系统、流程等内容，并不像财务业绩方面的运作那样成熟。如果更广泛的环境、社会和治理披露受到有针对性的外部保证，并且董事会清楚地解释了实体对不受独立保证的报告信息进行"核查完整性"的方法，投资者将认为这些披露更可信（根据原则和建议的建议 4.3）。[②] 从报告的角度来看，2019 年《公司治理准则和建议》（第四版）的关键变化之一即建议 4.3，它要求上市实体披露核实任何向市场发布的未经外部审计师审计或核查的定期公司报告[③]的完整性的过程。如果这种类型的公司定期报告不需要经过外部审计师的审计或审查，那么投资者就必须了解该实体是通过什么程序来确信该报告在实质上是准确和平衡的，并为投资者提供适当的信息以做出明智的投资决定。这可以在 ESG 报告本身中披露，也可以在实体的年报或网站的治理披露中广泛披露。

---

① ACSI&FSC,ESG Reporting Guide for Australian Companies(2011). https://www.fsc.org.au/resources/395-30gn-esg-guide-pdf/file,last visited on 2024—07—10.

② See ASX Corporate Governance Council. Corporate Governance Principles and Recommendations 4th Edition (2019) https://www.asx.com.au/documents/asx-compliance/cgc-principles-and-recommendations-fourth-edn.pdf,last visited on 2024—07—10.

③ "公司定期报告"的定义包括实体的年度董事报告、年度和半年度财务报表、季度活动报告、季度现金流报告、综合报告、可持续发展报告或为投资者准备的类似定期报告。

第三节　澳大利亚 ESG 评级制度

一、澳大利亚 ESG 评级的意义

ESG 评级,主要是指第三方机构根据对公司所披露的 ESG 信息和表现进行评级,即将 ESG 相关信息分类、量化、整合的过程。[①] 澳大利亚的 ESG 评级主要受 4 家市场领先的评级公司的影响——MSCI(明晟)、Sustainalytics(晨星)、RepRisk 和 ISS。它们向数十个行业和部门的 10 万多家公司提供评级服务,对 ESG 评级市场产生了重大影响。

开展 ESG 评级不仅是满足投资者投资决策的重要一环,也是应对日益严格的信息披露要求的有效方法。ESG 评级主要由不一致的数据提供者(通常是评级公司)驱动。评级公司和其他 ESG 因素整合机构最终使用的大多数 ESG 数据由被评级公司自愿报告。投资者对于了解重大 ESG 问题如何潜在影响企业的战略设定和管理层的决策较为感兴趣。这是由一系列因素推动的,包括新法规的出台、风险管理实践的持续演变,以及强制性和自愿性披露框架的进一步发展。

二、澳大利亚 ESG 评级的规定

澳大利亚法律中目前没有针对 ESG 评级的专门规定,其主要散见于部分政策指南中,且多为针对披露要求的一般性规定,并未针对评级机制或评级机构本身的资质、标准等实质性内容做出规定。根据澳大利亚 2013 年《FSC 标准第 20 号:养老金治理政策》第 10.9 的规定,在制定养老金投资选项相关的 ESG 政策时,必须披露基金如何将 ESG 纳入其投资决策的考量,并在可能的 ESG 政策重点中要求评级公司等投资服务提供商将 ESG 因素整合到不断发展的研究和分析中。根据 2011 年《监管指南 65:第 1013DA 条披露准则》的规定,产品发行人在描述所使用的具体措施时,若声称其投资决策是基于 ESG 标准的相关目标,则其至少应披露一些衡量这些目标实现程度的方法或不使用具体措施的事实,并在具体说明时提到 ESG 的具体标准至少应当由公司自身或外部供应商或评级机制衡量。此外,如果产品发行人使用外部供应商或评级机制,可能需要确定外部供应商,并说明客户可以在哪里找到更多关于外部服务提供商的方法。根据《公司法》第 s1013K 条的规定,PDS 应向客户提供足够的关于外部提供者的方法或评级机制的信息,以便客户对所采取的方法有一个大致的了解。

澳大利亚同全球多数国家一样,ESG 评级是可选项而非必选项。当下,全球范围内的 ESG 评级机构间尚未形成统一标准,纳入 ESG 分析的大部分信息主要来自公司自愿披露

[①] 王大地、黄洁:《ESG 理论与实践》,经济管理出版社 2021 年版,第 12 页。

或对评级公司问卷的调查回复。不同评级机构有自己的评分方法,评估不同的非财务指标,并经常对 ESG 的组成部分产生分歧。核心 ESG 指标从 12 个绩效指标到其他机构的1 000 个指标不等。例如,MSCI(明晟)评估了 37 个关键 ESG 问题,分为三大支柱(环境、社会和治理)和十大主题(气候变化、自然资源、污染和废物、环境机会、人力资本、产品责任、利益相关者反对、社会机会、公司治理和公司行为),晨星测试每个行业至少 70 个 ESG 指标,并将其分解为"三个不同的维度:准备、披露和绩效"。因此,这导致不同评级机构间产生结果的显著差异,从而损害投资者在做出可持续投资决策时所依赖的信息质量。更为复杂的是 ESG 评级机构没有充分披露其方法或选定指标的重大影响,这可能是由于其专有方法的过度保护。这反而又导致评级总体上缺乏透明度。[①]

第四节　澳大利亚 ESG 投资实践及法律规制

当前,环境、社会和公司治理(ESG)投资已迅速成为大多数公司业务战略的主要内容。其驱动力在于能够减轻对社会产生不利影响的负外部性,并更有可能获得长期利润。ESG因素主要以三种形式存在于投资实践中:传统投资、可持续投资和投资管理。其中,投资管理可等同于公司治理。它通常涉及领先的代理咨询公司与作为股东的公司合作,试图提高投资价值,或促进公司做出更为科学、合理、正确的决策。

一、ESG 投资的基本策略

2006 年在纽约证券交易所发布的《联合国责任投资原则》(United Nations Principles for Responsible Investment,UNPRI),从国际社会层面整合了社会责任投资相关问题。投资机构认识到实施《联合国责任投资原则》,"可以更好地使投资者与更为广泛的社会目标保持一致"。在符合其信托责任的情况下,签署方做出如下承诺:(1)将 ESG 问题纳入投资分析和决策过程;(2)成为积极投资者,并将 ESG 问题纳入其股权政策和实践;(3)寻求被投资实体合理披露 ESG;(4)推动投资行业对责任投资原则的接受和落实;(5)共同努力,提高责任投资原则实施的有效性;(6)对实施原则的活动和进展情况进行报告。

一般认为投资者经常采用的 ESG 投资的基本策略如下:

第一,负面/排斥性筛选:根据 ESG 标准从投资组合或基金中排除某些行业、公司或商业。

第二,正面/最佳类别筛选:根据 ESG 表现,在投资组合或基金中纳入比同行业竞争者更优秀的领域、公司或项目。

第三,基于规范的筛选:要求投资标的符合国际通行的最低标准企业行为准则。

---

① Sakis Kotsantonis & George Serafeim, Four Things No One Will Tell You About ESG Data, 31(2) Journal of Applied Corporate Finance, 50(2019).

第四,整合(Integration)ESG:投资顾问在财务分析中系统地、具体地纳入 ESG 因素。这包括在传统财务分析中引入 ESG 因素,以考虑可能降低公司长期估值的风险,例如,因环境违规而采取的监管行动。

第五,可持续投资:投资于促进可持续性的公司,如清洁能源、绿色技术和可持续农业。可持续投资将 ESG 目标明确纳入投资产品和战略,包括最大限度地接触 ESG 评级较高的公司,从而提高基金的平均 ESG 得分。或者说,可能意味着投资者专注于低碳排放的公司,筛选出严重违反劳工规定的公司。

第六,影响力/社区投资:在私营(非公开)市场,有针对性地开展旨在解决社会或环境问题的投资,包括社区投资,资本投向传统金融服务难以覆盖的个人或社区,以及具有明确地服务于社会或环境宗旨的企业。

第七,企业参与或股东行动:利用股东权力,通过与高级管理层和/或董事会交谈、提交或共同提交提案,以及以 ESG 原则为指导的委托投票来影响公司行为。①

二、澳大利亚 ESG 投资的主要推动机构

ESG 理念并非企业与生俱来的产物,而是立足于政府建立的社会基础,进而固定于各类 ESG 政策与法规中。② 澳大利亚审慎监管局(APRA)、澳大利亚证券交易所(ASX)、金融服务委员会(FSC)是推进澳大利亚可持续金融建设的主要部门,此外,澳大利亚养老金投资者理事会(ACSI)也是推进 ESG 投资实践不可或缺的重要机构。具体而言:

其一,澳大利亚审慎监管局(APRA)是澳大利亚金融服务监管机构,负责银行、保险和养老金部门,通过与澳大利亚财政部、澳大利亚储备银行和澳大利亚证券和投资委员会密切合作来促进澳大利亚金融体系的稳定。负责监督获授权接受存款的机构(如银行、建筑协会和信用合作社)、一般保险公司、人寿保险公司、友好社团、私人健康保险公司、再保险公司以及养老基金(自我管理基金除外)。2013 年发布的《审慎实践(SPG 530)投资治理指南》中对 ESG 投资有所涉及。

其二,澳大利亚证券交易所(ASX)是全球十大上市证券交易所之一,提供上市、交易、清算、结算、技术和信息服务、技术、数据和其他交易后服务。ASX 的证券市场监管是西方比较完善的证券市场监管。③ 交易所充当市场运营商、清算所和支付系统促进者,监督其运营规则的遵守情况,促进澳大利亚上市公司的公司治理标准。在市场监管方面,ASX 合规职能部门分别监督上市实体和市场参与者对 ASX 上市和运营规则的遵守情况。澳大利亚证券和投资委员会(ASIC)对所有交易场所、清算和结算设施所承担的市场监督和监管作用,以及澳大利亚储备银行对金融体系稳定性的监督,增强了对澳交所运营的信心。ASIC

---

① ［美］马克·墨比尔斯等:《ESG 投资》,范文仲译,中信出版社 2021 年版,第 11 页。
② 付鸿彦:《利益相关者视角下战略性企业社会责任》,中国矿业大学出版社 2019 年版,第 14 页。
③ 袁龙、仝允桓:《ASX 证券市场监管及其启示》,《外国经济与管理》2002 年第 5 期,第 29 页。

还监督 ASX 作为上市公司的合规性。

其三,金融服务委员会(FSC)拥有超过 115 名成员,代表澳大利亚的零售和批发基金管理企业、养老金、人寿保险公司、金融咨询网络、持牌受托人公司和公共受托人。该行业负责代表 1 150 万澳大利亚人投资超过 2.6 万亿美元。所管理的资金池大于澳大利亚的国内生产总值和澳大利亚证券交易所的市值,是世界上第三大管理资金池。金融服务委员会通过为其成员制定强制性标准和提供指导说明来促进金融服务行业的最佳做法,以协助提高运营效率。金融服务委员会(FSC)参与编写了《澳大利亚公司 ESG 报告指南》第一版至第二版。

其四,澳大利亚养老金投资者理事会(ACSI)代表成员在 ESG 问题上发出强有力的集体声音。ACSI 成员包括 38 个澳大利亚和国际资产所有者以及机构投资者,该理事会与政府、监管机构和有关机构合作,参与相关法规和政策文件的修订讨论。旨在为成员管理长期投资风险,坚信具有良好 ESG 实践的公司更具可持续性,并提供更好的风险调整后的回报。ACSI 与主要的上市公司在 ESG 问题上进行强有力的、建设性的合作,在 ESG 问题上与主要的上市公司进行强有力的建设性接触;为成员提供重要的研究、政策和投票建议;并与监管机构互动,确保市场专注于投资者的长期利益。ACSI 重视资产管理者在受托责任中考量 ESG 因素,于 2019 年颁布了《朝着更强的投资尽职管理》,建议有关部门加强重视 ESG、修订相关标准和指南。

2017 年年底,澳大利亚可持续金融倡议组织(ASFI)诞生。该组织由高级金融服务机构、学者和民间社团代表组成指导委员会,旨在促进发展以人类福祉、社会公平和环境保护为优先的澳大利亚经济,巩固和提升金融系统的韧性和稳定性。2020 年,ASFI 启动了《可持续金融路线图》研究,促进澳大利亚金融体系的发展更为契合《巴黎协定》关于气候变化的承诺、联合国可持续发展目标以及国际人权公约规定的义务保持一致。其成员主要包括银行、养老金、保险公司和最高机构。ASFI 路线图在四个关键领域提出了 37 条变革建议,这四个关键领域包括:一是将可持续性纳入领导力;二是将可持续性纳入实践;三是为所有澳大利亚民众提供复原力;四是建立可持续的金融市场。

三、澳大利亚养老金的 ESG 投资管理实践

根据澳大利亚 2001 年《公司法》第 s1013D(2A)条的规定,具有投资成分的产品包括养老金产品、投资管理产品和投资性人寿保险产品。[①] 这其中,澳大利亚针对养老金的 ESG 投资的规范性文件最为普遍,也成为其 ESG 法制的一大特色。

养老金因其管理大量退休储蓄并鉴于基金的公共属性、长期属性以及避险属性,使之更为适合 ESG 投资而被广泛纳入各国立法。[②]《FSC 标准第 20 号:养老金政策》《投资治理

---

① See Regulatory guide 65:Section 1013DA disclosure guidelines,RG 65.17。
② 陈骁、张明:《通过 ESG 投资助推经济结构转型:国际经验与中国实践》,《学术研究》2022 年第 8 期,第 94-95 页。

审慎实践指南(SPG530)《朝着更强有力的投资尽职管理》中均有所体现。其中《FSC 标准第 20 号:养老金政策》要求,为养老金担保费用选择基金规则的目的提供默认基金或产品的相关被许可人为该基金或产品实施和制定 ESG 风险管理政策。此外,标准也要求相关持牌人也必须对外披露风险管理细节。《投资治理审慎实践指南(SPG530)》明确要求持牌人在制定投资策略时考虑与 ESG 相关的潜在风险和回报,并将 ESG 因素通过财务量化的方式披露。《朝着更强的投资尽职管理》也特别要求养老金受托管理委员会获得关于 ESG 的资格和能力。

公司对 ESG 问题的管理对其创造长期股东价值的能力产生重大影响,从而对养老金的表现产生重大影响。刚刚入职企业的员工预计要工作 40 年以上,在此期间,他们的养老金投资的风险和回报将受到环境、社会和治理因素的影响。养老基金具有规模大、追求长期收益回报等特征。[1] 因此,养老基金必须管理这些风险,以实现股东价值最大化,并在长期内提高股东回报。

众多养老基金实体(和其他投资实体)已将 ESG 因素纳入投资分析和有关投资的决策。其普遍的理由在于,对 ESG 问题管理不善将导致金融风险以及投资的长期价值下降。因此,对 ESG 披露和风险的分析可能为投资者提供潜在的长期业绩优势。监督被投资公司的 ESG 活动是受托人履行其对成员职责的重要方面。ESG 风险管理政策的制定和实施被认为是养老金受托人的关键。理想情况下,此类 ESG 政策应记录有关与被投资实体参与环境、社会和公司治理活动的流程,并确保以应有的谨慎和勤勉管理投票权。

养老金投资包含绿色投资和履行社会责任两大政策倾向。[2] 2011 年 FSC 和澳大利亚养老金投资者委员会发布了《澳大利亚公司 ESG 报告指南》,以帮助企业识别和报告其 ESG 风险。这也为养老基金和投资者提供了可比较的信息和数据,以便更容易地评估和管理 ESG 风险。同时,指南也为相关被许可方考虑 ESG 问题及其在其业务中的潜在应用提供了有用的背景。有充分理由说明 ESG 政策应适用于所有持牌人,但总的来说,这项规定应只限于适用于有关持牌人(My Super[3])提供的雇主默认养老金产品。对于是否遵守规定进行披露实际上是鼓励性的,而非强制性的。

《FSC 标准第 20 号:养老金标准》旨在促进养老金受托人的强有力的治理安排。该标准明确了养老基金披露的强制性要求,即与公开性和透明度相一致,为了遵守该标准,相关被许可人必须披露并公开其 ESG 风险管理政策。这可以在年度报告中,也可在 RSE 持牌人网站的某个部分,或者两者结合。

相关持牌人需要考虑对投资者最重要的 ESG 问题,这可能取决于基金所面临的 ESG

---

① 何海峰:《发挥证券公司创新服务功能 促进养老金与资本市场长期稳定发展》,《清华金融评论》2022 年第 7 期,第 26 页。

② 尹迪:《责任投资趋势下的养老基金信托责任》,《环球法律评论》2020 年第 4 期,第 99 页。

③ 持牌人是朱莉娅-吉拉德(Julia Gillard)政府在 2011 年为澳大利亚养老金行业宣布的"更强大的养老金改革"的一部分。从 2014 年 1 月 1 日起,雇主必须只向授权的持牌人产品支付默认的养老金供款。

风险和机会,也可能取决于部门或地域。为了说明问题,可能与基金有关的潜在 ESG 问题包括但不限于以下内容(见表7-4):

表7-4　　　　　　　　　与(养老)基金投资相关的 ESG 问题①

环境	社会	治理
大气和水污染 生物多样性 气候变化 森林砍伐 能效 废物管理 水资源短缺	多样性和机会平等 员工参与度(敬业度) 政府与社区参与 人权 土著人权利 劳工标准 产品安全与责任	反(不正当)竞争行为 审计委员会结构 董事会的组成 贿赂及贪污 服从 高管薪酬 利益相关者对话

因此,本标准要求,在制定与持牌人投资选项相关的 ESG 政策时,相关被许可人必须至少披露表7-5中提出的问题(为方便起见,列出了表7-5中可能的重点)。

表7-5　　　　　　　　　　　ESG 披露问题一览表②

问题	可能的 ESG 政策重点
1. 基金如何将 ESG 纳入其投资决策的考量?	在投资政策声明中提及 ESG 问题; 制定程序以识别 ESG 风险或机会; 对 ESG 风险可能较大的投资进行 ESG 尽职调查; 根据 ESG 因素制定行业或风险限制; 评估内部和外部投资经理纳入 ESG 问题的能力; 要求投资服务提供商(如金融分析师、顾问、经纪人、研究公司或评级公司)将 ESG 因素整合到不断发展的研究和分析中
2. 基金将如何监控其投资组合中的 ESG 风险敞口?	定期监控投资组合中各个行业的关键 ESG 趋势; 投资服务提供者定期报告,内容包括:(1)主题性报告;(2)以部门为基础;(3)以资产为基础
3. 基金将如何应对 ESG 风险?	相应地调整投资授权、监测程序、业绩指标和激励结构(例如,确保投资管理流程在适当时反映长期时间范围) 与投资服务提供商沟通 ESG 期望; 与公司就 ESG 问题进行交流; 参与和其他投资者的合作项目; 行使投票权或监督投票政策的遵守情况(如果外包); 参与制定政策、法规和标准; 提交符合长期 ESG 考量的股东决议; 要求投资经理承担并报告 ESG 相关业务
4. 基金将如何向其成员报告其就 ESG 问题所采取的行动?	披露是 ESG 相关倡议(如联合国负责任投资原则 GRI)的签署国; 披露积极的所有权活动(投票、参与和/或政策对话); 向成员报告所采取行动的进展情况

---

①　FSC Standard No 20 Superannuation Governance Policy (March 2013). https://www.fsc.org.au/web-page-resources/fsc-standards/1519-20s-superannuation-governance-20, last visited on 2024-07-10.

②　此表根据2013年澳大利亚金融服务委员会发布的《ESG 标准第20号:养老金治理政策》整理而成。

尽管清单内容较为广泛,但相关持牌人(Relevant Licensee)应谨慎地告知投资者,持牌人将专注于在本交易所预期投资期限内可能影响公司及投资者回报的重大 ESG 风险。

四、澳大利亚资产所有者管理准则

资产管理是指资产所有者有责任行使其所有权,通过促进其投资公司的可持续价值创造,为其受益人保护和提高长期投资价值。有效的管理有利于公司、资产所有者、受益人和整个经济。资产所有者可以帮助保护和长期提高其投资的一种方法是通过其管理实践来考虑 ESG 问题。不过,提高管理实践的透明度可能导致资产所有者对受益人和其他利益相关者的问责制增加。

根据 2018 年《澳大利亚资产所有者管理准则》的规定,为保障及提升其受益人的长期投资价值,促进其投资的公司持续创造价值,资产所有者应遵循如下六项关键原则:

第一,资产所有者应公开他们如何履行其管理责任。对于资产所有者,管理活动包括投票、参与(与资产所有者投资的公司)、政策倡导以及在选择、任命和监督外部资产管理人时考虑管理能力。管理活动可以直接、协作、外包给资产管理公司或第三方服务提供商,或者这些活动的组合。

第二,资产所有人应公开其在公司会议和投票活动中的投票政策。行使表决权是资产所有者就公司战略、领导、薪酬、并购及其 ESG 实践和信息披露表达意见的一种手段。行使表决权的方式有多种,包括:资产所有者可以承担所有投票活动,适用自己的投票政策或第三方的投票政策;资产所有者可以将其表决权委托给资产管理人,由其承担全部或部分投票活动,实施其投票政策或第三方服务提供商的投票政策;资产所有者可以将投票活动外包给第三方服务提供商;根据投资的持有方式、资源能力和持有的重要性,采用多种方法。

第三,资产所有者应该参与公司,包括直接参与、间接参与或两者兼而有之。这通常涉及资产所有者和公司(董事会成员和/或高级管理层)之间就长期所有权问题(如公司业绩、战略、ESG 问题、领导力、质量和报告水平)进行的双向建设性沟通。参与的形式和结果的可衡量性将因目标而异。例如,审计业务可用于:改善对战略或运营事项、ESG 问题以及当前实践和活动的趋势或局限性的理解;通过使公司了解资产所有者的期望,影响其行为、做法和披露方面的变化;支持投票活动。在与公司打交道时,资产所有者应该熟悉《2001 年公司法》中有关内幕交易的要求。内幕交易条款禁止拥有市场敏感信息的人进行证券交易或将信息传达给可能进行证券交易的人。资产所有者还应熟悉 ASIC 监管指南 128"投资者的集体行动",该指南提供了指导,即业务参与不应被视为投资者获取价格敏感信息的手段,以及收购和实质性持有条款如何适用于集体行动。

第四,资产所有者应监督资产管理人的管理活动。资产所有者通过其投资委托和协议,对资产管理人的行为具有重要而直接的影响。资产所有者不能委派他们的管理责任,即使他们聘请资产管理人代表他们行事。如果资产所有者将他们的任何管理活动外包给资产管理者,他们将继续负责监控和评估这些活动的质量。在部分或全部资产管理活动外包给资产管理公司的情况下,资产所有者如何完成其管理活动主要包括:将管理能力、政策和战略纳入其资产管理公司的选择、任命和监控流程;向资产管理人清楚地传达他们的管理政策和期望,确保管理活动与资产所有者自己的政策保持一致;监测资产管理人的审计业务活动、投票决定或建议是否违背资产所有者自身原则的一致性;与资产管理公司就审计业务开展合作;明确管理工作报告的内容和时间;资产管理公司的报告可能包括定性和定量信息,并应由双方商定。资产所有者可能会将资产管理人在管理活动方面的业绩视为其资产管理人更广泛的投资管理业绩的一个组成部分。

第五,资产所有者应鼓励将金融体系的运作和监管政策与长期投资者的利益更好地结合。资产所有者的资产通常是多元化的,他们的投资回报受整体经济的影响。如果资产所有者对系统性的、全行业的政策、做法或披露有担忧,他们可以鼓励政策制定者更好地将金融体系的运作和监管政策与长期投资者的利益结合起来。行业广泛议题的典型例子包括倡导公司法、上市规则或政府在治理和股东权利、气候变化和 ESG 披露方面的政策变化。活动的例子可以包括为政府、议会委员会和其他相关的公共监管或政策论坛做出贡献。与政策制定者的接触可以直接进行,也可以通过有利于企业长期成功、为受益者创造价值和投资成果的合作举措进行。

第六,资产所有者应向受益人报告其管理活动。定期向受益人报告管理活动和公开管理政策和活动,表明资产所有者对管理的承诺,并支持有效交付管理活动的问责制。除非是机密信息或商业敏感信息,否则披露信息应易于在资产所有者的网站上查阅。披露可能包括与参与、投票、责任投资或可持续发展报告、年度报告或其他自愿披露的链接。

五、澳大利亚 ESG 投资中的法律责任

(一)受托人信义义务

受托人秉持信义义务,为他人提供数万亿美元的管理和投资服务。英美法的受托人信义义务主要包括:忠实义务与审慎义务。一般所谓忠实义务,即两层含义:一是受托人对受益人的忠实性,除受益人以外的任何人的利益都被排除在外;二是禁止利益冲突行为,预防为受益人以外的人获得利益。[①] 所谓审慎义务,即受托人为他人投资持有的资产时,受托人必须作为谨慎的投资者行事。因为谨慎投资者意味着随着金融理论和投资过程的发展而变化。而澳大利亚法律的主流观点是,信义义务只是禁止性的,而不是描述性规定。换言之,其规定负有这些义务的人不能做什么,但不要求受托人做什么。衡平法赋予受托人禁止性义务——不得从这种关系中获得任何未经授权的利益,也不得处于冲突的境地;但是,在其他方面,我国的法律并没有赋予受托人积极的法律义务,使其为负有义务的人的利益

---

① 姜雪莲:《信托受托人的忠实义务》,《中外法学》2016 年第 1 期,第 181-197 页。

行事。① 由此可见,在澳大利亚,受托人信义义务的解释更为广泛。

(二)受托人信义义务与 ESG 投资的实现

由于 ESG 投资日益普遍,受托人进行 ESG 投资的正当性饱受质疑。② 两个持续存在的误解影响了受托人对可持续 ESG 投资的看法:第一,受托人的信义义务阻碍了受托投资者考虑环境和社会因素;第二,如果受托投资者从事可持续 ESG 投资或负责任的投资,投资组合将遭受财务损失。ESG 投资的实质是将传统的财务指标与有关公司环境、社会或治理行为或风险的信息结合起来,以改进对公司作为投资潜力的分析,即受托人审慎投资需要考虑 ESG 要素,关注保护其所管理资产的长期价值的需求。因此,受托人信义义务的履行与 ESG 投资的实现是正相关的,二者并非绝对冲突。

受托人考虑影响受托管理的金融资产的风险,气候变化和社会动荡的金融风险与保护这些资产的价值越来越相关。《21 世纪的受托责任:澳大利亚路线图》认为,将 ESG 分析纳入现有的投资实践与机构投资者的受托责任是一致的。③ 受托人对投资者负有信托责任。从广义上讲,法律允许受托人在这些职责范围内参与其决策中的 ESG 风险,但在法律上并未要求他们考虑 ESG 因素。这种信托义务的一个重要例子是养老金的受托人对其成员的义务。1993 年《养老金行业(监督)法》[Superannuation Industry(Supervision)Act 1993,简称 SIS 法]要求养老金受托人诚实行事,适当投资资金,"以受益人的最佳利益行事,并行使规定的注意(Care)、技巧(Skill)和勤勉标准,并在存在利益冲突时优先考虑受益人"。《投资治理审慎实践指南》(SPG 530)规定,在不与 SIS 法的要求相冲突的情况下,RSE 被许可人可以考虑其他因素,包括以受益人的最佳利益行事的要求。因此,RSE 被许可人可以向受益人提供"道德或可持续"的投资选择。在实践中,以受益人最佳利益行事的信托义务要求投资决策包括正当程序和能力,这可能需要证明受托人已识别和评估 ESG 风险,并表明其已对这些风险采取了具体的管理措施。

诚如贝克所言,风险可被定义为以系统的方式应对由现代化自身引发的危险和不安。④ 风险社会背景下企业正面临比以往任何时候都更加复杂的风险。ESG 信息披露与投资报告背后的驱动力是其对减轻负外部性的影响。即因生产或消费某种商品或服务而对第三方产生的成本或利益,一般与公共健康问题等有关,例如污染。由于负外部性不包含在商品或服务的价格中,社会的总体利益或成本与生产者的私人收益或损失不成比例,从而容易造成市场缺陷。政府可以通过监管或对负外部性征税来纠正这种市场缺陷。而那些践行 ESG 报告的企业则可以此为契机减轻负外部性,吸引投资。澳大利亚的 ESG 法律与政

---

① Breen v Williams (1995) 186 CLR 71,113.

② 马克斯・M. 尚岑巴赫等:《信托信义义务履行与社会责任实现的平衡:受托人 ESG 投资的法经济学分析》,《证券法苑》2021 年第 4 期,第 272 页。

③ Fisuciary Duty in The 21ST Centry-Australia Roadmap, https://www.unepfi.org/wordpress/wp-content/uploads/2016/12/Fiduciary-duty-in-the-21st-century-Australia-roadmap.pdf,last visited on 2024-07-10.

④ [德]乌尔里希・贝克. 风险社会:《新的现代性之路》,张文杰、何博闻译,译林出版社 2018 年版,第 21 页。

策经历了萌芽期、高速发展期和平稳期,数量不断增多。以《澳大利亚 ESG 报告指南》和《公司治理准则和建议》为主体的规制体系逐步强化,并由自愿披露转变为强制＋自愿型的半强制性规制模式,例如《公司治理准则和建议》规定了"如果不,为什么不?"披露要求,遵循不披露就解释规则。澳大利亚企业发布 ESG 报告,为投资者提供了与投资有用的信息,使其用于识别和报告重大 ESG 风险和机遇的内部流程;了解企业如何向董事会、高级管理层和各个内部委员会报告此类风险和机会;知悉关于如何管理重大 ESG 风险的决策框架;考察企业是否建立 ESG 相关绩效目标或目标的流程,以及与整体业务战略的联系,例如,减少温室气体排放、改善职业健康与安全绩效、多样性目标等。同时,当前全球范围内尚未形成统一规制 ESG 评级的法律规范,澳大利亚法律与政策中尚未出台专门性规定,导致评级标准各异,形成基于规模、地理、行业部门的评级偏差。此外,应当防范"漂绿"和"搭便车"等问题,杜绝企业不正当竞争行为,减少与防范外部诉讼风险,在完善独立的第三方鉴证机制的规定等方面有所突破。

第八章　日本 ESG 法治理论与实践研究

叶周侠 *

第一节　ESG 的理论与实践问题

近年来，ESG 投资手法在日本的投资领域成为一种潮流。正如其字面所示，ESG 投资将实现环境、社会、治理作为重要的投资目的，其跟此前的社会责任投资（SRI）具有共同之处：二者都是通过投资实现一定的社会目的。

然而，该如何让企业实现 ESG 所承载的目的，本身是一个实践难题。固然，通过社会伦理规范，法律直接规定的方式能够"直接"敦促企业实现社会责任。不过，这仍然是依靠法律规制的"外部压力"，让企业践行 ESG。而当今的另一种模式则是着眼于企业发挥自身的"自主性"，自发地将 ESG 融入日常经营。此时，ESG 投资的作用，便是将投资者的需求，通过市场传递给企业，从而引导企业"自主"开展 ESG 实践。[①]

目前，日本便采用了第二种模式，以《公司治理规程》与《尽职管理规程》两部规范性文件为核心，搭建起了 ESG 实践的基本框架。这两部规程的特色体现在其"软法"的属性上：不对企业课以强制履行的行为义务，仅要求企业或机构投资者披露其在"可持续发展目标"（SDGs）相关项目上的表现。这也被称为"遵从或解释"原则。本文旨在通过介绍日本法下关于 ESG 实践的规范与学界讨论，以呈现 ESG 实践（包括企业运营与投资手法）所面临的课题与应对方法。

对我国而言，若要从日本法的 ESG 实践中吸取经验，除了理解其规范内容之外，还不能忽视这些法规范出现的背景及其体现的理念。ESG 投资与社会责任论之间存在千丝万缕的联系。首先，ESG 实践意味着企业在公司运营阶段也需要考虑雇佣、当地环境等因素。如果这样的经营决策将成为实现股东利益最大化的障碍，那么企业的管理层是否会被追究

---

* 叶周侠，京都大学法学博士，南京大学法学院助理研究员。

① 简言之，支持 ESG 投资的一条理由便是，ESG 投资可以引起股价上涨，从而激励企业经营者更多地在经营活动中考虑 ESG 要素。久保田安彦「ESG 投資と企業行動」ジュリスト 1566 号（2022 年）77 頁。

违反注意义务或忠实义务之责？[①] 其次，ESG 实践也触及机构投资者是否违反其受信义务的疑问。投资消费者通常是为了追求经济收益而将自身财产交由机构投资者管理，若后者在投资时还要追求经济目的之外的利益，是否违背受托人的受信义务？ 如果对上述问题的回答是肯定的，那么 ESG 实践或 ESG 投资从一开始就将面临法律上的障碍。

有鉴于此，仅说明日本法在 ESG 投资实践方面的法律制度设计是不充分的，还有必要探究制度背后的旨趣，及其跟其他国家之间的差别。

第二节 ESG 投资的理论脉络：社会责任论

在进入日本 ESG 法律框架的讨论之前，有必要明确 ESG 实践所处的理论脉络。这是因为，ESG 到底指代哪些内容，欲实现怎样的目的，因实践者的着眼点不同而大相径庭。[②] 为此，有必要先回到 ESG 所在的"企业责任论"所主张的诉求为何。

一、社会责任论的变化：内化于公司治理

不消说，ESG 实践与此前的"企业责任论"（CSR）、社会责任投资（SRI）都有着紧密联系。近期的可持续发展目标（SDGs）潮流更是成为 ESG 投资迅速发展的背景。[③]

相比于过去的企业责任论，最近兴起的可持续发展目标（包括 ESG 要素的中长期可持续性）有着显著的不同。近期的观点主张：企业要将践行社会责任内化于公司治理，让公司或董事在经营活动的过程中便考虑利益相关者的利益。[④] 对此主张，最为鲜明的表述反映在欧盟委员会《关于制定可持续公司治理 EU 指令的决议》（2020 年 12 月）之中。[⑤] 而此前的传统理论则认为：只有在公司法未有规定之处，才有必要谈论企业的社会责任。[⑥] 照此观点，企业的社会责任带有很强的"附随性"，出自"慈善"践行符合社会伦理观的公益活动。

[①] 野田博「ESG 重視の潮流と会社法」名城法学 69 巻 1＝2 号（2019 年）379 頁。

[②] 例如，对于将化石燃料公司排除出投资范围的决定，既可以是投资者出于反对碳排放的伦理观而做出，也可能是投资者预计到化石燃料产业今后将被征收碳排放税，最终出于经济效益的考量而作出。加藤康之編著「ESG 投資の研究——理論と実践の最前線」（一灯社、2018 年）213 頁〔林寿和〕。

[③] 日本政府响应联合国关于 SDGs 的决议，在 2017 年 12 月推出《SDGs 行动计划（2018 年）》。ESG 投资实际上与可持续发展目标（SDGs）的理念相契合。

[④] 神作裕之「企業の社会的責任：そのソフト・ロー化？ EUの現状」ソフトロー研究 2 号（2005 年）92 頁。

[⑤] "公司的董事负有增进公司利益的法律义务……此处的公司利益应当涵盖包括雇员在内的利益相关者利益，以及更为广泛的社会利益。认为董事的利益在于尽可能增加短期利益的狭义解释，将有损公司的长期业绩与可持续性，进而损害股东的长期利益。"European Parliament resolution of 17 December 2020 on sustainable corporate governance［2020/2137（INI）］，https://www.europarl.europa.eu/doceo/document/TA-9-2020-0372_EN.html.

[⑥] 竹内昭夫「企業の社会的責任に関する商法の一般規定の是非」同『会社法の理論 I』（有斐閣・1984 年）112 頁以下参照。

二、可持续发展论的问题意识

即便如此,可持续发展论到底要解决何种问题,仍未见共识。甚至,关于"谁是可持续发展的主体"这一问题,也存在认识上的分歧。这种思潮主要基于两大问题意识。第一种是担忧此前的企业管理者过于专注于实现短期利益,而忽视了企业的长期发展。第二种则是旨在通过考虑股东之外利害关系人的利益,从而缓和企业造成的外部性。[①]

1. 批判短期主义

如果基于第一种问题意识,显然,可持续发展的"主体"是企业而非社会。照此,之所以重视企业的可持续发展,是为了增加未来的现金流,减少融资成本,从而提高长期收益率。如果企业能将信息正确传递至投资者,则投资者也将对企业的长期收益抱有良好预期,从而抑制企业的短视经营。这为实践 ESG 投资提供了正当的理由:如果不考虑 E、S、G 等非财务因素,则将无法对商业风险做出正确预估,从而难以实现企业的长期收益。[②]

2. 考虑利益相关者的利益

第二种问题意识也担忧企业过于重视短期的财务表现,从而忽视利益相关方的利益(环境、社会、人权等)。不过,其进一步追问企业怎样才能避免自身的短视性。因而,问题的核心在于该从实现谁的利益出发,以避免短期主义的弊端。

在此论点上,存在股东利益最大化主义与利益相关者主义之间的对立。前者认为实现股东利益最大化是公司的目的,因而在此实现此目的的范围内,尽可能地考虑利益相关者即可。据此,之所以考虑雇员、居民福利、当地生活环境等利益,是因为若不适当尽到社会责任将有碍于提升企业价值,甚至让企业面临破产风险。

利益相关者主义的立场则认为,利益相关者利益独立于股东利益而存在,其本身便是值得企业追求的目标。照此,即便确保公司治理结构的"健全性"或者提高雇员多样性与公司"效率性"的目标相冲突,也有实践的必要。此时,公司管理者在多大程度上可以考虑这些利益相关者的利益,变成了关键问题。[③]

三、从可持续发展论看 ESG 投资的动机

从第二点问题意识出发,就"谁是可持续发展的主体"这一问题,实际上可能存在多种回答。若采股东利益最大化的立场,则企业是主体;相反,若认为增进利益相关者利益本身

---

① 藤田友敬「特集にあたって」ジュリ1563号(2021年)15頁。

② 久保田安彦「ESG 投資と企業行動」ジュリスト1566号(2022年)76頁。ESG 投资其风险回报率更高的背后逻辑在于,例如,由于资本市场会低估化石燃料行业中公司所面临的诉讼风险与合规风险,因此,ESG 投资可以通过避免投资这些高风险公司,从而提高风险修正后的回报率。

③ 有日本学者指出,很多情况下,真正有社会贡献的企业活动在最初阶段往往没有经济上的收益。神作裕之「企業の社会的責任:そのソフト・ロー化? EU の現状」ソフトロー研究2号(2005年)95頁。这意味着,公司的"效率性"目标与"社会责任实现"之间往往出现紧张关系,这将让公司的经营者左右为难。

就内在于公司的目的,那么可持续发展的落脚点在社会。

从上述这一角度出发,实际上能将 ESG 投资的动机区分为两类:"投资回报驱动型" ESG 投资与"附随利益驱动型" ESG 投资。[①] "投资回报驱动型"是为了追求更高的投资回报率,因而将有关 ESG 要素的风险考量在内。例如,前述考虑到化石燃料产业今后可能被征碳排放税而不具有相当的投资回报率,因而放弃投资的实践,即为"投资回报驱动型"ESG投资。相反,"附随利益驱动型"则是指为了增进利益相关者的利益而进行的 ESG 投资。例如,前述认为化石燃料产业的碳排放有违其保护生态环境的价值观而放弃投资的实践,则为"附随利益驱动型"ESG 投资。[②]

第三节 日本 ESG 法规范之一:《公司治理规程》的实践与特色

一、基本框架

1. "两轮一轴"的法律框架

在日本的 ESG 投资实践方面,《日本公司治理规程》与《日本尽职管理规程》构成 ESG 法律框架的"两轮",而金融厅出台的《对话指引》则构成"两轮"之间的车轴。[③] 其中,《日本公司治理规程》(Corporate Governance Code,CG Code)为日本的上市公司提供了一套行为原则,要求上市公司广泛考虑利益相关者的同时,推动企业谋求企业价值的中长期增长。[④] 因此,其适用对象为上市公司。《日本尽职管理守则》(Stewardship Code)则是市场中机构投资者的行为规范,敦促后者与企业开展自主沟通,以实现企业的可持续发展。由此,以上三套法律文件组成了有机的整体。

2. 适用模式:遵从或解释(Comply or Explain)原则

以 CG Code 为例,以上三份法律文件在适用上存在以下两点共同的特征。第一,采用原则主义(Principle Approach),而非细则主义(Rule Approach),允许企业根据自身状况,参照 CG Code 的精神,有针对性地对股东或其他利益相关者履行说明责任。第二,采用遵从或解释的原则,即各企业原则上需遵从规程的内容,否则说明不遵从实施的理由。[⑤] 该原则的核心在于,并不强制企业遵守规范本身,而是强制企业在是否遵从规范这一点上披

---

① 大塚章男『法学から考えるESGによる投資と経営』(同文館、2021 年)179 頁。
② 大塚章男『法学から考えるESGによる投資と経営』(同文館、2021 年)180 頁。
③ 「コーポレートガバナンス・コード原案」(2015 年 3 月 5 日)序文 8。
④ 浜田宰『コーポレートガバナンスコードの解説』(商事法務、2022 年)2 頁。其序文反映了制定该法律文件的目的,即"一方面为了确保公司意思决定的透明、公正,尽到对股东与利益相关者的说明责任,另一方面促进公司迅速、果断的意思决定"。
⑤ 神田秀樹ほか「座談会 二〇二一年コーポレートガバナンス・コード改訂(上)市場構造改革を踏まえて」旬刊商事法務 2266 号(2021 年)25 頁[青克美発言]。

露。①

之所以采用上述两点，如 CG Code 的序言第 9 条所示，是考虑到企业所处的行业、规模、治理结构、外部环境等都存在差异，因此各个企业应当根据自身情况加以适用。② 这意味着并不是企业遵守的项目越多越好。与其"不思的合规"，明确说明为何不遵从规程可能更值得提倡。③

二、CG Code 的概要

1.起草背景与 2021 年的修订

2014 年 6 月，日本政府为推动日本的产业复兴，安倍内阁授权金融厅与东京证券交易共同制定 CG Code，并于 2015 年 6 月 1 日公布施行。该规程虽然已统合到证券交易所的上市规则中④，但并非传统意义上的制定法。其后，经过 2018 年、2021 年的两次修订，日本的 CG Code 进一步吸收了国际上有关 SDGs 与 ESG 投资方面的规则与理念。

2021 年的修订涉及董事会功能的改进、中坚人力资源的多样性，以及与 ESG 要素相关的中长期发展。其中，最后一点与可持续发展目标紧密相关，容后详述。

2.内容概要

在结构安排上，日本《公司治理规程》按照"基本原则、原则、补充原则"三个层次编排而成。在内容上，CG Code 分为①确保股东权利与股东平等、②与股东之外的利益相关者的合作、③确保妥当的信息披露与透明性、④董事会等的职责以及⑤与股东之间的对话 5 个章节。在各章之下，各分置 1 条基本原则，总共设 31 条原则与 47 条补充原则。

日本 CG Code 很大程度上借鉴了《OECD 公司治理原则》（1999 年制订，经 2015 年与 G20 的共同修订）。在章节编排中设置②对其他利益相关者的考量也受后者之影响。⑤

3.适用对象：东京证券交易所中的上市公司

首先需明确的是，CG Code 只适用于东京证券交易所中的上市公司。⑥ 东京证券交易所（简称"东证交易所"）的上市公司区分为三个板块，分别为优选板（Premium）、标准板（Standard）、创业板（Growth）。其中，对创业板中的上市公司仅适用 CG Code 的基本原则，而对优选板和标准板中的上市公司则适用所有原则，针对优选板中的企业还进一步适用补充原则，要求这类上市公司达到更高的治理标准。⑦

---

① 野田博「コーポレートガバナンスとソフトロー」法社会学 66 号（2007 年）117 頁。
② 武井一浩ほか『コーポレートガバナンス・コードの実践（第 3 版）』（日経 BP、2021 年）16 頁。
③ 武井一浩ほか『コーポレートガバナンス・コードの実践（第 3 版）』（日経 BP、2021 年）20—21 頁。
④ 有価証券上場規程 436 条の3。
⑤ 大塚章男『法学から考える ESG による投資と経営』（同文館、2021 年）81 頁。
⑥ 这表明，非上市企业并不属于 CG Code 的适用范围。对于这些企业，其单位资本收益率并未达到一定的程度，难以对它们提出过高要求。
⑦ 神作裕之「東京証券取引所における市場区分の見直し」法学教室 498 号（2022 年）1 頁。

三、2021 年修改后的内容:以可持续发展目标为中心

此次 2021 年修订的重要内容是关于可持续发展的课题。CG Code 要求企业应对全球气候变动的环境问题,同时也要关注人权尊重、劳工待遇、公正对待交易伙伴等议题(涉及基本原则 2、补充原则 2-3①、补充原则 4-2②以及补充原则 3-1③)。此次正式明确由"董事会"主导推进企业可持续发展的项目(补充原则 2-3①)。

1. 有关气候变动的修改

(1)参照 TCFD 或与其同等水准的披露框架。首先,关注度最高的是有关气候变动的议题。对此,CG Code 做出了重大修订,要求优选板中的上市公司采取 TCFD 或与其同等水准的披露框架(参见补充原则 3-1③)。①

TCFD(Task Force on Climate-related Financial Disclosures)信息披露框架的特色在于,重视气候变动将对企业财务报表造成的影响。② 具体而言,TCFD 建议的披露框架要求上市公司分析、披露,在假定全球气温上升 2℃的情景下,企业因气候变动将面临哪些风险与收益机会,将来的营收将受到怎样的影响。③ 其目的是将非财务信息转化为财务信息。

(2)修订的背景情况。上述修订主要基于以下两方面的考虑。第一,推动关于可持续发展实践的信息披露框架的统一。第二,欧洲的投资者对环境问题的关注度持续走高,对采用煤炭发电的企业持负面的投资态度。④ 因此,此番修订意味着,在应对气候变动的 ESG 实践问题上,日本主动跟 TCFD、IFRS 财团等国际主流机构所提倡的披露框架挂钩。

2. 有关保障核心人力资源的"多样性"

(1)修订的内容及背景。此次 CG Code 新设补充原则 2-4①,要求上市公司为确保管理岗位人才种类的多样性(例如,任用女性、外国人、外来雇员)自主设定可以量化的实施目标,并且进行信息披露。这背后蕴含着一种对人力资源态度的转变:不再将雇员视为一种成本,而是视为一种将会影响企业价值的资产。

该新设原则是出于以下两大背景。第一,新冠疫情引发了严重的社会不平等,在此情况下,很多机构投资者认为,保障职工劳动关系的多样稳定对于提升企业中长期价值具有重要意义。⑤ 第二,关于公司治理的讨论从原先董事会成员的多样性,转向如何保障经营层

---

① 新的补充原则 3-1③要求上市公司制定并且披露可持续发展的基本政策……特别是对于优选板中的上市公司而言,针对气候变动带来的风险跟收益机会,应当对采取 TCFD 或与其同等水准的披露框架。

② 与之相对的披露框架则是侧重于披露企业 ESG 实践对外界造成的影响。神田秀樹=久保田安彦「対談 サステナビリティを深く理解する」旬刊商事法務 2302 号(2022 年)13 頁[神田]。

③ 浜田宰=水口美弥「コーポレートガバナンス・コードと対話ガイドラインの改訂について」ジュリスト1563 号(2021 年)20 頁。TCFD(全称为"气候相关财务披露工作小组")是由金融稳定理事会(FSB)设立的国际组织,其在 2017 年 6 月发布的最终报告书中,提议企业从公司治理、战略、风险管理以及 KPI 四个方面披露与气候相关的风险和机会。関本正樹『サステナビリティ・ESGの法務』(中央経済社、2022 年)41 頁。

④ 神田秀樹ほか「座談会二〇二一年コーポレートガバナンス・コード改訂(上)市場構造改革を踏まえて」旬刊商事法務 2266 号(2021 年)31 頁[島崎発言]。

⑤ 関本正樹『サステナビリティ・ESGの法務』(中央経済社、2022 年)60-61 頁。

的人才多样性。①

（2）根据：手段抑或目的。值得追问的是，CG Code 确保人力资源的多样性，其背后的根据何在？换言之，追求雇员的多样性，特别是女性雇员的比例，是目的还是实现经济效益的手段？从修订的过程来看，CG Code 是通过确保企业雇员的多样性，从而实现企业中长期的价值。② 不过，目前并没有确凿的实证研究表明，女性雇员的比例跟企业经济收益之间存在正向的相关关系。③

3. 有关供应链人权的谨慎合规义务

如果被追究人权侵害的问题，轻则面临行政处罚与诉讼追责，重则会在消费市场与资本市场受到巨大的不良影响。而且，这种"风险"与商业决策中的"风险"不是同一种性质，不能成为成本效用分析的对象。④ 当然，处理供应链上人权侵害的问题并不一定要终止与供应链交易方的交易关系，不过此时需要说明将采用怎样的方式减轻对人权的侵害。⑤ 此时，一般可以从事前的风险预防与事后的问题处理两个角度入手考虑。

（1）事前的风险预防。关于供应链人权侵害问题，日本暂时不存在要求信息披露的强行规范。不过，签署 CG Code 补充原则 2-3①专门提及"尊重人权"。另外，日本的经济产业省在 2021 年 7 月公布了针对纤维产业供应链管理的尽职调查的报告书，主要为了防止供应链上雇用童工与强迫劳动的问题。⑥ 因此，对于日本企业而言，其在人权尊重方面的尽职调查所需考虑的主要问题是供应链企业是否符合当地的法律规定，并且是否存在国际所通认的人权侵害行为。⑦ 不过，有论者担心，关于人权、环境的合规内容涉及面广，且义务内容本身并不明确清晰，由此导致企业担心违规而采取过度谨慎、保守的经营策略，有碍企业自身的价值实现。⑧

（2）事后的问题处理。此处面临的问题是，在一些法律制度尚未健全的国家，人权侵害未必能得到司法救济，因此，企业被期待解决在问题出现的萌芽阶段便能妥当解决此类问题。对此，2011 年联合国的《关于经营和人权的指导原则》提议企业能够构建健全的"投诉处理机制"（Grievance Mechanism）。该"投诉处理机制"以救济利益相关方的权利受害为直

---

　　① 神田秀樹ほか「座談会二〇二一年コーポレートガバナンス・コード改訂（下）市場構造改革を踏まえて」旬刊商事法務 2267 号（2021 年）33 頁［神田発言］。

　　② 神田秀樹ほか「座談会二〇二一年コーポレートガバナンス・（上）市場構造改革を踏まえて」旬刊商事法務 2266 号（2021 年）36 頁［翁百合発言］。

　　③ 松中学「コーポレート・ガバナンスとダイバーシティ」ジュリスト 1563 号（2021 年）30 頁。

　　④ 法務省人権擁護局「今企業に求められる『ビジネスと人権』への対応　詳細版」8 頁。

　　⑤ 森・濱田松本法律事務所 ESG・SDGs プラットフォーム（著）『ESG と商事法務』（商事法務、2021 年）119 頁注 9。

　　⑥ 経済産業省「繊維産業のサステナビリティに関する検討会報告書」（2021 年 7 月）。

　　⑦ 森・濱田松本法律事務所 ESG・SDGs プラットフォーム（著）『ESG と商事法務』（商事法務、2021 年）119 頁。具体的审查步骤可以分解为如下四步：国外的人权尊重法制①是否施加了守法义务，②日本企业是否负有守法义务，③法律所规制的行为为何，以及违反该法律将产生何种法效果。関本正樹『サステナビリティ・ESG の法務』（中央経済社、2022 年）78 頁。

　　⑧ 関本正樹『サステナビリティ・ESG の法務』（中央経済社、2022 年）11 頁。

接目的,因此并不以企业违反法律法规为要件。

四、ESG 信息披露方法

1. 如何确定企业的 ESG 课题?

(1)重要课题的确定。ESG 课题大致根据其可能对企业的商业模式与战略带来正面或负面的效应,可以分为风险与机会两类。① 如前所述,日本的 CG Code 补充原则 3—1③规定,优选板上市公司应当对自身的可持续发展政策进行适当地披露,包括不限于"对人力资本、知识产权的投资",另外还要进一步披露因气候变动引起的风险与商业机会。但是,就哪些具体的项目需要披露,CG Code 未予以明确。因而,这就需要企业根据自身状况确定需要披露的 ESG 重要议题。②

(2)视角:谁是 ESG 信息利用者。为确定企业的"重要议题"(Materiality),预想谁是 ESG 信息利用者这一点至关重要。对此,存在两种不同的进路:单向重要性与双向重要性。

①单向重要性与双向重要性。单向重要性(Single Materiaty)的进路是指,企业在披露 ESG 信息时,应当着眼于环境、社会问题等对企业的财务业绩与企业价值将造成怎样重要的影响。企业在面向市场投资者时,通常采用此种方式披露 ESG 信息。这是因为,投资者更为关注与企业投资回报率直接相关的企业运营状况与财务状况。与此相对,双向重要性(Mutual Materiaty)的进路则在单项重要性的要求之外,还要求披露关于"企业活动将对外部环境造成怎样的影响"的信息。③

②示例。例如,同样采用规则主义的 GRI 标准与 SASB 标准,在上述问题上存在明显差异。GRI101 标准中的基础 1.3 要求企业记载的"重要信息"是指①对经济"环境、社会产生重大影响"的项目,以及②对利益相关者的评价与意思决定产生实质性影响的项目。这些因素与"投资者的投资判断"重要性未必一致。而 SASB 标准要求企业根据投资者的需求与对财务的影响,确定 ESG 课题并予以披露,这接近于"单向重要性"的进路。

③日本法的立场。从上述角度来看,日本的 CG Code 经过 2021 年 6 月的修订之后,更加关注披露事项对企业中长期价值的成长,因而主要着眼于满足投资者的需求,可以认为

---

① 日本取引所グループ、東京証券取引所「ESG 情報開示実践ハンドブック」(2020 年)19 頁。https://www.jpx. co.jp/corporate/sustainability/esg-investment/handbook/index.html.

② 对于不同的企业而言,其所需着力的 ESG 课题自然存在差异,通常需要考虑与企业的价值观、营业部门和资产池的配置、研究开发、市场和顾客等因素之间的关系。森・濱田松本法律事務所编著「ESGと商事法務」(商事法務、2021 年)27 頁。例如,在东证交易所 2020 年出版的《ESG 信息披露实践手册》中,其给出了可以分 3 个步骤确定重要议题的实例。在第一阶段,根据各种指引(SASB,GRI,SDGs),并且跟利益相关方对话,初步确定评价项目。在第二阶段,将项目之于公司和长期投资者的重要性分置图表的 X、Y 轴,以确定各个项目的优先级。在第三阶段,根据实施情况反馈与披露信息。日本取引所グループ、東京証券取引所「ESG 情報開示実践ハンドブック」(2020 年)25 頁参照。https://www.jpx.co.jp/corporate/sustainability/esg-investment/handbook/index.html.

③ 神田秀樹ほか「座談会二〇二一年コーポレートガバナンス・コード改訂(上)市場構造改革を踏まえて」旬刊商事法務 2266 号(2021 年)33 頁[武田発言]。

采用了单向重要性的进路。①

（3）与公司法目的的关联。由上可知，企业该如何确定"重要议题"——预设谁为 ESG 信息利用者，与公司法的目的这一问题紧密相关。若按照传统理解，企业是为了实现股东利益的最大化，那么自然采用单向重要性的思路，仅披露影响企业价值的 ESG 信息即可。相反，若认为利益相关方的利益是固有在企业目的之中的，则倾向于采用双向重要性的思路。②

2. 未解决的难题：比较可能性问题

除此，ESG 信息披露存在比较可能性难题。ESG 要素属于非财务信息类型，若其不存在一个稳定的比较基准，那么市场中的投资者或利益相关方对企业的 ESG 实践质量将难以评判。③ 这一问题背后有两大原因：其一，现今国际上存在多种报告标准或信息披露框架，相互间的披露项目与计算方式并不统一；其二，对 ESG 信息披露进行外部审计的企业屈指可数。④ 这一问题是 ESG 实践今后推进的关键课题。

3. ESG 信息不当披露的法律责任

（1）问题现状

在此前 ESG 的实践中，不乏一些企业通过制造自身产品有利于环保的错误印象，从而谋取商业利益，即"漂绿"问题。⑤ 当企业披露的 ESG 信息出现错误、遗漏甚至虚假的情形，将面临何种法律责任？是否可以比照证券交易法上的虚假陈述责任加以判定？

目前，日本对于非财务信息的虚假记载尽管存在金融厅的处罚事例，但目前关于 ESG 信息不适当的披露行为，还没有处罚的事例。⑥ 不过，理论上，上市公司关于 ESG 课题的研判记载于《公司治理报告书》之中，属于上市规则适用的公告文件；从保护投资者的角度而言，自然不得记载虚假、让人误解的信息。⑦

（2）违反法定信息披露义务的法律责任

①关于虚假记载等法律责任的规定

《金融商品交易法》规定，若有价证券报告书中关于"重要事项"出现虚假记载、欠缺记

---

① 神田秀樹ほか「座談会二〇二一年コーポレートガバナンス・コード改訂（上）市場構造改革を踏まえて」旬刊商事法務 2266 号（2021 年）33 頁［神田秀樹発言］。

② 久保田安彦「コーポレート・ガバナンスとサステナビリティ」ジュリ 1563 号（2021 年）36 頁参照。

③ 相比较而言，财务信息的披露便具有较长的历史。企业依照会计标准来披露信息，一方面容易进行外部监查，另一方面企业间信息的比较可能性也较高，从而形成了稳定的强制披露制度。

④ 神田秀樹＝久保田安彦「対談 サステナビリティを深く理解する」旬刊商事法務 2302 号（2022 年）12 頁［久保田］。

⑤ 藤野大輝『ESG 情報開示の実践ガイドブック』（中央経済社，2022 年）102 頁。例如，日本有一些公司将 SRI 手法矮化成推销商品的"噱头"。秋山をねほか「［座談会］いまなぜ CSR なのか」法律時報 76 巻 12 号（2004 年）4 頁以下、13 頁（大崎貞和発言）参照。

⑥ 日本金融厅对该问题尚未表达明确的立场，只是在对公众意见的回复中提到，如果对于陈述的 ESG 风险之后情况发生变化的，只要能够提供合理的解释，便不构成虚假陈述。

⑦ 関本正樹『サステナビリティ・ESG の法務』（中央経済社、2022 年）65 頁。

载或者记载引发误解的,应当承担法律责任。其中,以虚假记载最为严重,可能触及刑事责任、行政责任或民事责任。[①] 问题是,何为"重要事项"?

②关于 ESG 信息的虚伪记载

所谓重要事项,是指对投资者的投资判断将产生重大影响的事项。[②] 通常认为,从质与量两个方面加以考察。例如,关于质的重要性,除了考察是否属于主要的财务项目,还要考察是否实施了脱法行为、抹消赤字等因素。

有学者认为,对于 ESG 信息这样的非财务信息,同样应当从质与量两方面考察。例如,从质的方面看,需要考虑披露项目的目的、背景、当时的社会意义,以及对于特定企业的意义;从量的方面看,则需要考虑记载内容与事实状态之间是否对投资判断产生实质性影响。[③]

五、对公司治理理论的影响

1. 管理层裁量权滥用问题

由上可知,铺设在可持续发展理论之上的 ESG 投资,旨在更大限度地容纳雇员、当地居民、环境等利益相关者的利益。这意味着经营者也将较之过去拥有更广泛的裁量范围——例如,牺牲公司的利润而提高雇员福利在一定程度上将被允许。这反过来也将招致另一种危险:若管理层的裁量权难以得到有效监控,恐将引发利益相关者的整体福利下降。[④] 更有甚者,管理层可能打着实现"社会正义"的旗号,慷公司之慨,变相实现个人利益。[⑤]

2. 思路 1:对利益相关者负标准化的行为义务

为避免管理层滥用裁量权的上述问题,日本学者提出两种可行的思路。一种是效仿EU 的《可持续发展指令》(Directive on Corporate Sustainability Due Diligence),通过制定"较硬"的国内法,向企业直接课以有关人权保障与环境保护的行为义务,直接施加到企业的头上。这种方式的特点是标准化、格式化,从而压缩了管理层擅自决断的空间。但是,这种路径的弊端也是显而易见的。由于企业在多大范围、多大程度上对利益相关主体负担审

---

① 关于刑事责任,参见《金融商品交易法》第 197 条第 1 款第 1 号,第 207 条第 1 款第 1 号;关于行政法上的课征金责任,参见《金融商品交易法》第 172 条之 4 第 1 款;关于民事责任,参见《金融商品交易法》第 21 条之 2,及第 24 条之 4。

② 神田秀樹=黒沼悦郎=松尾直彦編著『金融商品取引法コンメンタール4——不公正取引規制・課徴金・罰則』(商事法務,2011 年)573 頁[黒沼悦郎]。日本金融庁在《关于披露记述信息的原则》(2019 年 3 月 19 日公布)中阐明,"记载信息在披露问题上是否具有重要性,应当根据对投资者的投资判断而言是否重要进行判断"。金融庁(2019)「記述情報に関する原則」https://www.fsa.go.jp/news/30/singi/20190319/01.pdf。这与根据国际会计基准审议会(IASB)的界定一致。后者认为,"当信息出现遗漏、错误或不明确,并且可以合理推测依报告主体的财务报告进行的意思决定将会受到影响时,则认为该信息为重要"。

③ 森・濱田松本法律事務所 ESG・SDGsプラットフォーム(著)『ESGと商事法務』(商事法務,2021 年)62 頁。

④ 久保田安彦「ESG 投資と企業行動」ジュリスト1566 号(2022 年)80 頁。田中亘「株主第一主義の合理性と限界(下)」法時 92 巻 7 号(2020 年)83 頁—86 頁参照。

⑤ 神田秀樹=久保田安彦「対談 サステナビリティを深く理解する」旬刊商事法務 2302 号(2022 年)21 頁[久保田]。

慎义务(Due Diligence)并不明确,可能导致企业过度合规,伤及其经济效率。[①]

3.思路 2:股东控制与启蒙的股东原则

另一种思路则是在股东的监控之下授权董事会进行裁量。

既然股东自身愿意实现与提升企业经济利益并无直接关联的 ESG 要素,那么董事会将 ESG 要素纳入企业决策的考量范围,无可厚非。一旦做此理解,实际上就意味着股东不必然追求(经济)利益的最大化,而是追求福利(Welfare)的最大化。[②] "受过启蒙"的股东不再只汲汲然于经济利益,自发地对周遭环境、整个社会充满关心。如此,从一开始就无法将企业的营利性与社会伦理性分割开来,因为二者皆为提升"股东福利"的面向。[③]

总体来说,对于上市公司而言,他们实践"可持续发展"很大程度上是为了回应机构投资者的要求,而非完全出于自发。[④] 这便意味着,机构投资者跟上市公司的沟通渠道是否畅通,是否有有效的手段敦促收益率较高的上市公司践行可持续发展目标,将是摆在机构投资者面前的课题。

第四节　《尽职管理规程》的实践与特色

一、规范定位

1.基本概况

2014 年,日本金融厅首次颁布《日本尽职管理守则》(Stewardship Code,SS Code),主要针对日本上市公司的机构投资者及其代理顾问提出七大原则,要求其通过合理有效地行使表决权等股东权利保障最终投资者的利益,从而实现企业价值。[⑤] 其适用模式也同于 CC Code,采取原则主义的规定方式,以及"遵从或解释"的原则。此后,SS Code 在 2017 年与 2020 年经历两次修订,其中 2020 年第二次修订最大的亮点便是针对机构投资者的投资活动增设了对可持续发展目标的考虑。

日本 SS Code 在适用对象上有两点值得注意。其一,其适用对象不仅包括上市公司的

---

① 神田秀樹=久保田安彦「対談 サステナビリティを深く理解する」旬刊商事法務 2302 号(2022 年)11 頁[久保田]。

② 在"股东福利最大化"原则下,诸多股东为减少温室气体排放而宁愿牺牲一些经济回报,才能实现其"福利最大化"。这是哈特・奥利弗(Hart Oliver)与路易吉・津加莱斯(Luigi Zingales)教授所主张的"启蒙的股东价值原则"。Hart Oliver,Luigi Zingales(2017)．"Companies Should Maximize Shareholder Welfare Not Market Value．"Journal of Law,Finance,and Accounting 2 (2),pp.247-274.

③ 参考大塚章男『法学から考えるESGによる投資と経営』(同文館,2021 年)134、123 頁。

④ 神田秀樹=久保田安彦「対談 サステナビリティを深く理解する」旬刊商事法務 2302 号(2022 年)10 頁[久保田]。

⑤ 神作裕之「改訂スチュワードシップ・コード」法学教室 442 号(2017 年)1 頁。

股权投资者,还包括债券投资者。① 其二,只有当机构投资者自愿向日本金融厅表示接受 SS Code 适用时,才需要遵守该规程。关于第二点,需要补充的是,资产运用者(例如证券公司)比起资产持有者(例如养老金投资基金、保险公司等)在提升企业价值的问题上,具有更加直接的作用。

2. 定位:对 CG Code 的补充作用

如前所述,CG Code 与 SS Code 分别适用于上市公司与机构投资者,恰好构成日本 ESG 实践的"两个车轮"。其中,SS Code 又对 CG Code 起到补充作用:通过机构投资者的参与、敦促,缓解上市公司欠缺足够意愿与能力遵循 CG Code 的问题。详言之,企业欲自主遵守 CG Code,必然意味着要投入一定的合规费用(ESG 实践费用、信息披露费用、外部审计费用等)②,若合规带来的企业价值还不足以弥补费用,企业并无动力实施,此其一。即便合规确能带来企业价值的提升,若合规所要求的变革是以限制董事等管理层的权限为前提,那么董事为何有意愿自剪羽翼来满足 CG Code 的合规要求?③ 此其二。可以看出,这是"股东—经营者"之间的代理人问题。

基于这样的问题意识,SS Code 旨在促进机构投资者跟企业的"对话",通过机构投资者的施压、监督,推动上市公司遵从 CG Code,践行 ESG。

3. 难题:机构投资者的双重身份

但是,作为 SS Code 适用对象的机构投资者,在"最终受益人—上市公司"的投资链中处于中间环节,需要同时做好"代理人"与"本人"的双重角色,因而面临两方面的实践问题。第一,机构投资者在与上市公司的关系中,需要具备理解企业特性、评价企业经营方针的能力。这涉及机构投资者的前期学习成本与上市公司的 ESG 信息披露有效性。④ 第二,机构投资者在与受益人的关系中,也存在"决策者"与"利益归属者"之间的错位,这里代理人问题再次显现。

以下对 SS Code 的介绍、分析也将按照这两条线索展开。

二、降低与上市公司间的对话成本

1. 设置"团体对话"的规定

有研究表明,清仓策略并不会给被投资企业造成足够的压力,行使表决权(Voice)才是

---

① 井上俊剛ほか「スチュワードシップ・コードの再改訂の解説」商事法務 2228 号(2020 年)19 頁。

② 加藤貴仁「コーポレートガバナンスと 2 つのコード」法の支配 186 号(2017 年)87 頁－88 頁。

③ 加藤貴仁「スチュワードシップ・コードの理論的考察——機関投資家のインセンティブ構造の観点から」ジュリスト 1515 号(2018 年)19 頁。田中亘「企業統治改革の現状と展望」宮島英昭編著『企業統治と成長戦略』(東洋経済新報社,2017 年)383 頁。

④ 即使企业按照 CG Code 披露了各种 ESG 信息,如果机构投资者没有能力解读并融入"对话"过程,只不过是让企业白费时间、精力。野田博「コーポレート・ガバナンスにおける規制手法の考察——ソフトローの側面を中心として」商事法務 2109 号(2016 年)18 頁。

更有效的策略。[①] 尽管如此，机构投资者单独开展与上市公司的对话，其可投入的资源有限。[②] 因此，在 2017 年修订之际，SS Code 新设了关于"团体对话"（指针 4—4）与"关于被动基金运营"（指针 4—2）的规定。

2. 理由与评价

其背后的设想为，对冲基金在向上市公司提出提案方面表现活跃，而以被动型基金为主的机构投资者只要根据透明公开的表决方针，审查提案即可。如此，对冲基金与被动型基金即可实现节省活动费用的效果。[③] 但遗憾的是，目前实现两者在改善公司治理、影响企业行为的问题上分工合作的条件尚未成熟。[④]

三、与最终受益人之间的关系

关于机构投资者与最终受益人之间的关系。SS Code 从两个方面予以关注。第一，增加机构投资者决策信息的透明度，包括公布行使表决权的结果及表决理由，公布 SS Code 落实程度的自我评价等。第二，考虑可持续发展目标。

1. 增加机构投资者决策信息的透明度

SS Code 要求机构投资者披露各种信息，其主要目的是让顾客与最终受益人能够更加清晰明确地评价机构投资者的尽职管理活动。

（1）公布行使表决权的结果等。SS Code 要求机构投资者按照各被投资企业进而各表决提案（即具体到"个别表决"），依次公示表决权行使的结果；同时，也为不公开留有解释的余地：如果认为公开个别表决的结果不甚妥当，则需要说明理由（指针 5—3，para2）。该条的目的是让机构投资者对其资产持有者或顾客尽到说明责任，同时也加强与上市公司之间的相互理解。[⑤]

另外，特别是对于那些"①可能存在利益相反嫌疑的提案，②根据表决权行使方针要求进行说明的提案等，从形成建设性对话的角度被认为是重要的提案，无论赞成与否，都应当公示表决的理由"（指针 5—3，para3）。

（2）公布 SS Code 落实程度的自我评价。这项要求规定在指针 7—4 中，可参考下述"考虑可持续发展目标"的内容。

---

① 大塚章男『法学から考えるESGによる投资と経営』（同文館，2021 年）155—158 頁。

② 小口俊朗「フォローアップ会議の提言と今後の展望」法の支配 186 号（2017 年）127 頁。

③ Ronald J. Gilson & Jeffrey N(2013). Gordon, The Agency Costs of Agency Capitalism: Activist Investors and the Revaluation of Governance Rights, 113 COLUM. L. REV. pp. 897—898.

④ 加藤貴仁「スチュワードシップ・コードの理論的考察——機関投资家のインセンティブ構造の観点から」ジュリスト1515 号（2018 年）21 頁。

⑤ 不过，有日本学者指出，如果上市公司要求根据 SS Code 强化机构投资者在行使表决权方面的说明责任，结果可能导致投票反对率增加，反而让企业头疼。而且，进一步要求公开个别表决的结果，有可能会让上市公司一方过度关注表决结果，反而起到阻碍双方对话的负面效果。村田敏一「スチュワート　シッフ　・コート　の再改訂について——英国と日本」立命館法学 393・394 号（2020 年）771 頁注 21、773 頁注 26。

2.考虑可持续发展目标

SS Code 明确要求机构投资者将可持续发展目标考虑在内,通过有建设性的"对话",促进企业价值的长期发展。特别是资产运用机构应当定期根据 SS Code 中各项原则的实施情况进行自评,并结合自身与被投资企业的对话活动,将自评结果予以公示(以上为指针 7—4 的内容)。

(1)与英国相比的特色

这表明日本 SS Code 的基本立场仍然是为了促进顾客及受益者的中长期投资回报而将可持续发展项目(ESG 要素)考虑在内。在此意义上,这与英国版的《尽职管理规程》(2020 年)存在差异:后者规定,对于顾客、最终投资者"在经济、环境、社会等方面的可持续发展利益",机构投资者负有实现的受信义务。[①] 这便是将 ESG 要素本身升格为实现目的。从 ESG 投资动机的角度说,SS Code 所设想的 ESG 投资属于"投资回报型"。[②]

(2)ESG 投资是否违反机构投资者的受信义务

通常来说,作为受托人的机构投资者要实现顾客的"最佳利益"。问题在于,要是作为受托人的投资人进行 ESG 投资,其回报率未达到市场平均水平时,是否会被追究受托人责任?[③] 在日本法的语境下,投资界的普遍认识是,"只要在投资期间内不降低投资回报率,应当允许追加考虑 ESG 要素"。[④] 照此而言,如果考虑 ESG 要素可以改善投资回报率,那么进行 ESG 投资并无违反受信义务的余地。

不过,也有学者警惕,鼓吹 ESG 投资的支持者,很可能打着实现社会正义的旗号,塞入受托人自己的利益需求。在这种掩护下,那么机构投资者很有可能牺牲最终受益者的利益——如养老投资基金管理机构所代表的国民,而推行行业团体的利益。[⑤] 照这种立场看来,是否应当允许 ESG 投资的关键在于顾客或者最终受益人的意向。[⑥] 若要避免因中间的投资机构借"ESG 投资"为名寻租,则有必要对当前的"投资链"进行改造,将原先由机构投

---

① 井上俊剛ほか「スチュワードシップ・コードの再改訂の解説」商事法務 2228 号(2020 年)18 頁。

② 石島博=水谷守「ESG 投資に関する法的論点の整理と一考察」中央ロー・ジャーナル第 18 巻第 1 号(2021 年)85 頁。

③ 对此问题,美国劳工部对《职工退休金保障法(ERISA)》的解释立场出现过摇摆。该法第 403 条规定了受托人的忠实义务,即"年金计划的资产不是为了保障雇主的利益,其唯一目的是保障年金计划的参与者与受益者"。对此,美国劳工部的基本立场是适用 ERISA 的受托人不得为了实现附随的社会政策目标而牺牲投资回报,但是在分析风险回报率时可以将重要的 ESG 要素考虑在内。河村賢治「SDGs・ESG・SCS(SSCM)——会社法学及び金融・資本市場法学と持続可能な社会の実現(序論)」尾崎 安央=川島いづみ=若林 泰伸編『上村達男先生古稀記念:公開会社法と資本市場の法理』(2019 年)74 頁。

④ 経済産業省(2017)『伊藤レポート2.0 持続的な成長に向けた長期投資(ESG・無形資産投資)研究会報告書』30 頁。

⑤ 仮屋広郷「ESG 投資によせて―ESG を考慮すべきことは自生的な社会規範なのか?」法律時報 90 巻 5 号(2018 年)104 頁。

⑥ 湯山智教「ESG 投資と受託者責任を巡る議論と論点」ディスクロージャー & IR 12 号(2020 年)85 頁。

资者为主导,转变为终端投资者与被投资企业直接对接。①

第五节　结　语

日本 ESG 实践对我们国家最大的启示就是,对 ESG 实践目的的理解可能不是唯一的。关于这一个问题,日本的主流理解跟我们对 ESG 的认识存在不小的差异。现在的 ESG 实践跟"可持续发展目标"密切相关。不过,这个可持续发展的主体是"社会"还是"公司"?对这个问题,传统观念认为,实践 ESG 显然是为了"社会"的可持续发展。

不过,上述问题并非不言自明,反而存在些许混沌暧昧之处。例如,在信息披露问题上,无论是"单向重要性"还是"双向重要性"的披露标准,都关注 ESG 对公司增长的影响。又例如,日本引入的 TCFD 信息披露框架,要求披露的就是未来两年的气候变动为公司带来的风险或机遇。如果"可持续发展"关注的对象仅仅是社会,何必又关注 ESG 信息对"公司"的影响?

围绕着上述核心的问题意识,本文从理论与实践两个层面整理了日本法关于 ESG 实践的讨论。

1. ESG"思想脉络"与"法律脉络"的错位与对位

对 ESG 如何定位的问题构成了 ESG 实践的前提认知。其中,社会责任论构成了 ESG 实践的"思想脉络",而关于公司法目的的理解构成了 ESG 实践的"法律脉络"。由于 ESG 在社会责任论这一"思想脉络"中的定位,未必如人们预想的那般清晰明确,因而关于 ESG 的"思想脉络"与"法律脉络"存在错位与对位。

(1)当认为 ESG 要素本身是公司所要追求的目的时,股东利益最大化的"法律脉络"将难以与其兼容。此时,要么否定 ESG 实践,要么改动本国的"法律脉络",使之与 ESG 所处的"思想脉络"相契合。英国将"社会的可持续发展"视为公司所需实现的目标,正是采用了这一方式。

(2)当认为考虑 ESG 要素只是为了更好地追求经济利益,或者只有在不伤及经济利益的情况下才考虑 ESG 要素时,这种理解与股东利益最大化的"法律文脉"相安无事。日本目前的主流学说仍然采用这种较为保守的进路。②

因此,在讨论 ESG 实践难题之前,终究无法绕过上述理论问题:究竟要通过 ESG 实现怎样的目的,传达怎样的理念。否则,ESG 实践可能流于鸡同鸭讲。

2. ESG 实践面临的共同难题

---

① 仮屋広郷「ESG 投資によせて——ESG を考慮すべきことは自生的な社会規範なのか?」法律時報 90 巻 5 号(2018 年)104 頁。

② ESG 要素终究只是提升企业价值、增加投资者收益的重要因素而已,并非将 ESG 要素本身作为追求的目的。村田敏一「スチュワート　シップ　・コート　の再改訂について——英国と日本」立命館法学 393・394 号(2020 年)775 頁。

（1）两大实践难题。除去围绕 ESG 的理论问题,该怎样提高企业或投资者的积极性,将 ESG 从纸面落到实处? 对此实践问题,存在两方面结构性的难题。

第一,在"最终投资者—投资运用者—企业"的投资链中（Investment Chain）,存在"双重代理人问题"。[①] 企业的经营层通过决策所获得的经营利益,并非归属于自己,而是归属于机构投资者等股东。因此,"决策者"与"利益归属者"的分离将产生代理人激励不足的问题。这一问题在机构投资者跟最终投资者之间同样存在。第二,信息披露的难题。为了评价企业在 ESG 方面的表现,有必要建立 ESG 信息披露机制,以让市场投资者加以甄别。有时候企业花了很多心思汇总了 ESG 项目的自评信息,但是投资者不具备相应的理解能力。反过来,投资者面对琳琅满目的 ESG 信息披露,由于对 ESG 这种非财务信息缺少衡量比较的标尺,从而无法分辨各项指标的优劣。

（2）日本法的应对。日本的 CG Code 与 SS Code 均是从增强信息披露与信息传递的方式缓解以上难题。针对第一点,日本在如何减少信息传递成本,提高决策的透明度等问题上做足文章,以此来降低机构投资者与上市公司、受益者之间的沟通成本。例如,SS Code 要求机构投资者就个别提案公示其表决结果跟理由就是典型例子。这样既可以提高对机构投资者顾客的信息透明度,又能增强与上市公司之间的相互理解。

针对第二点,日本则是紧随国际 ESG 信息披露框架的脚步。这一点在其要求上市公司采取 TCFD 或与其同等水准的披露框架之中便可见一斑。然而,ESG 实践信息该如何披露在各国尚在起步阶段,各种国际机构提供的披露框架标准不一而足,难以横向对比。这也是我国今后 ESG 实践所要重点攻克的难题。

3. 日本法 ESG 法律框架的特色

（1）规范强度与规范目的方面的特征。经过本文的梳理,日本法关于 ESG 实践法律框架最为突出的特点有两个。第一,规范强度的软法性,即采用"遵从或解释"的原则,并不像欧盟关于可持续发展的指令一样,设定统一标准的合规义务。这个特征的优势在于允许企业根据自身情况实践 ESG,避免过度合规而造成无谓的合规支出。第二,规范以提升企业价值为目的。即 ESG 实践的定位还是以实现投资回报,促进股东利益为首要,并不是像英国法一样,将"社会"的可持续发展作为企业的内在目的之一。这一特征实际上与第一点相配套,允许企业在"穷则独善其身"跟"达则兼济天下"之间弹性选择。

（2）两方面的负面效应。不过,允许企业量力而行的规范弹性也是把"双刃剑",可能会产生两种负面效应,值得注意。一种是企业可能仅追求形式合规,而未能真正践行 ESG。[②] 由于软法不具有强力的法律制裁,套用模板披露 ESG 信息不会对企业造成多大损失,反而

---

①　See Ronald J. Gilson & Jeffrey N. Gordon, The Agency Costs of Agency Capitalism: Activist Investors and the Revaluation of Governance Rights, 113 COLUM. L. REV. 863, 889－902,（2013）.

②　现实中不乏企业未做细致分析,形式化地填写信息披露框架的项目内容,以致徒有其表。面对这样的报告书,懂行的投资基金经理可能会将其直接扔进垃圾桶中。北川哲雄「〈書評〉長谷川直哉編著『統合思考とESG 投資——長期的な企業価値創出メカニズムを求めて—』」Journal of Innovation Management No. 16（2018 年）190 頁。

节省合规成本。现在日本的 CG Code 与 SS Code 仅适用于上市公司,但问题还不是太大。将来如果我国要将适用对象推广至非上市公司,采用软法形式是否将无法起到其设定的目的,值得深思。

另一种则是若允许企业不计经济效益考虑 ESG 时,经营层的裁量权有滥用风险。因为此时,股东无法准确判断董事会或经营层的决策是践行社会正义,还是借 ESG 之名满足私益。尤其是当原先 ESG 因素带来的商业机遇因事后的情势变化而消失时,更为扑朔。日本有学者指出,问题的关键不在于选择何种所欲追求的目的(无论是利益相关者主义还是股东利益最大化主义都能容纳 ESG 实践),而在于如何用更好的手段控制经营层的裁量权。

第九章　日本 ESG 法治体系研究

段　磊*

第一节　日本 ESG 法制发展现状综述

一、日本 ESG 的起源：源自于企业社会责任(CSR)

日本 ESG 概念的兴起始于 2015 年前后，多受到美国法的影响。虽然起步时间不算早，但这并不意味着此前日本没有 ESG 相关概念的探讨、立法和实践。诸如环境保护、劳动者保护、公司治理的完善、可持续发展等主题，多年以来一直都是日本法律界探讨的热点问题，但更多的是集中体现于企业社会责任这一主题之下。可以说，日本的 ESG 起源于企业社会责任，ESG 是企业社会责任的延续和扩展。因此，观察和研究日本的 ESG，需要从其源头企业社会责任开始进行探索。

关于日本的企业社会责任，其源头可以追溯至江户时代商人所代代相传的家训，如住友家的家训中有："不得为有害名誉、有伤信用的举动"，近江商人的家训是"让三方(买方、买方、世间)都好"。而关于现代企业社会责任的讨论则始于 20 世纪 70 年代，在当时企业社会责任之所以受到日本的实业界及学术界的广泛关注，是因为 1970 年前后发生的八幡制铁政治献金事件。此事件的主要内容是：八幡制铁所的董事代表公司向自民党捐赠了 350 万日元，股东对董事提起了代表诉讼，主张公司进行政治捐款超越了其权利能力(章程规定的经营范围)，董事的这一行为违反了其注意义务和忠实义务。该案的焦点是：(1)公司是否具有政治捐款的权利能力？(2)公司向政党捐赠，是否违反民法上的公序良俗原则？(3)公司董事是否违反了注意义务和忠实义务。对此，日本最高法院做出了如下判决[①]：

(1)公司也是社会性存在，要负担社会性作用，在社会一般理论上，公司可以参与或满足其社会的期待及要求。这种属于社会性贡献的活动，有利于企业的圆满发展，是为了间

接达到目的而必要的行为。宪法也预想到议会制民主主义不可缺少政党的存在,并且期待着公司协助其健全发展,作为协助的一个方式,公司具有政治捐款的权利能力。(2)虽然参政权只限于自然人,但宪法允许公司作为纳税者实施政治行为。向政党捐赠的行为,就属于其政治行为的一种,并不违反民法第 90 条(遵守公序良俗)的规定。(3)董事并未利用其地位去追求个人利益,其金额也未超过合理范围,所以未违反注意义务和忠实义务。

由此可见,日本最高法院通过上述判决中肯定了企业的社会责任,对于公司章程的经营范围中未明确规定的"社会性贡献的活动",只要"有利于企业的圆满发展,是为了间接达到目的而必要的行为",则不会被认定为超越其权利能力。并且,公司向政党进行捐赠,也不违反民法上的公序良俗原则。在此过程中,如果相关董事并未利用其地位去追求个人利益,捐赠金额也未超过合理范围的,也不违反注意义务和忠实义务。

二、日本 CSR 的发展

20 世纪 70 年代以后,日本关于企业社会责任的讨论重点主要放在"企业的可持续发展"这一点上。因此,有很长一段时间尤其是实业界多将企业社会责任理解为:企业在实现收益之后进行社会贡献、提高企业社会形象的活动。

其后,随着环境污染问题的日益严重,企业社会责任又用于对抗企业的环境破坏行为。随后又进而扩展至诸多社会领域,如:劳动安全卫生、人权(对劳动者)、增加就业岗位(对地方)、产品质量(对消费者)、交易伙伴的利益(对客户、供应方、外包方)等。

进入 2000 年以后,日本大企业不断曝出丑闻(如会计假账、虚假陈述、性别歧视等),再加上美国次贷危机的影响,日本又转而从公司治理结构和合规义务等角度来讨论企业社会责任。例如,将公司的合规义务作为实施企业社会责任的最低标准。而近年来企业社会责任在日本社会能够得到广泛承认和普及的一个重要原因是,证券市场以及评级机构在对公司进行评价之时,已将企业社会责任作为评价尺度之一。

三、日本关于 CSR 的指引性规定

日本现行公司法(2006 年 5 月实施)中还没有关于企业社会责任的规定。虽然有学者主张应当在公司法中增设企业社会责任的原则性或指导性规定,但多数意见认为,由于"企业社会责任"这一用语的抽象性和模糊性,目前还不适合在公司法中直接规定。即使将"董事应当尽到企业社会责任"这一条文写入公司法,最终的结果也只是成为不具有实效性的法,或者由此扩大了经营者的裁量权。当下,日本的做法是通过公司法乃至金融商品交易法、劳动法、消费者法、环境法等具体的规定来实施企业社会责任。例如,对合规义务、信息披露义务等进行扩张解释,改革公司监督制度和内部控制制度,以及加强股东权等。

1. 日本关于 CSR 的报告书

虽然目前缺少立法层面的原则性或指导性规定,但鉴于企业社会责任已成为日本大企业(尤其是上市公司)的普遍共识,2004 年在日本政府相关部门的牵头下,广泛吸取实业界和学术界的意见,已经公布了两份关于企业社会责任的报告书。这两份报告书虽然不是规范性法律文件,但提出了关于企业社会责任的原则性、指导性的建议,对于日本企业有着实实在在的影响。

首先,厚生劳动省在 2004 年上半年牵头成立了"关于劳动中企业社会责任应有形态的研究会",该研究会的会长是一桥大学商学研究科教授谷本宽治,共有 5 位成员,经过 5 次讨论,于 2004 年 6 月 25 日公布了《中间报告书》。这一报告书明确指出企业是"社会的公器",企业在追求自身利益最大化的同时,也要考虑职工、求职者等利害关系人的利益。企业社会责任的内容中包括从"人"的角度出发实现社会的可持续发展,其中与劳动有关的课题包括但不限于:遵守最低劳动条件、劳动安全卫生、雇用高龄者、雇用残疾人、促进发挥女性能力、兼顾职业生活与家庭生活等。对企业而言,要在公司内建立制度应对上述课题,为劳动者创造安心的劳动环境。对国家而言,不是要以法律直接将实施企业社会责任的义务强加于企业,而是要支援、促进企业自主地实施企业社会责任。例如,提出希望企业进行信息披露的与劳动有关的事项。国家可以向投资者和消费者宣传,对企业经营者和负责人提供有关信息进行研修,提高社会对企业社会责任的理解度。在大学等机构进行企业与社会有关问题的基础教育,并进行专业研究。另外,公共年金等在运营时要注意进行社会责任投资(SRI),并进一步探讨是否将社会责任投资与受托人责任挂钩,通过行使股东表决权等,将企业中潜在的问题防患于未然。国家和地方政府采购时,可以优先考虑在劳动等事项中实施企业社会责任贡献度较高的企业。

其次,经济产业省在 2004 年上半年牵头成立了"关于企业社会责任(CSR)的恳谈会",该恳谈会的会长是一桥大学商学部部长伊藤邦雄教授,共有 5 位成员,经过 4 次讨论,再向社会广泛征求意见后,于 2004 年 9 月 10 日公布了《中间报告书》。该报告书关于企业社会责任的 6 点基本观点:(1)企业社会责任是在与诸多利害关系人(消费者、职工、投资者、地方居民、NGO 等)的交流中实现的;(2)企业社会责任不仅仅是与企业外部的交流,还包括在企业内部构建组织体制等;(3)企业社会责任除最低限度的合规义务外,还涵盖多种多样的活动,如确保(与事业有紧密联系的)产品和服务的安全、保护环境(包括地球环境、废弃物回收)、改善劳动环境、遵守劳动基准、培育人才、尊重人员、防止腐败、公平竞争、地方贡献、地方投资以及企业赞助、社会公益活动等;(4)企业社会活动因国家和地域的价值观、文化、经济、社会情况的不同,而呈现多样化;(5)在实施企业社会责任的过程中,企业的自主性、多样性和战略性对策是十分重要的;(6)支撑企业社会责任信赖性的对策中最重要的是信息披露和说明责任、利害关系人的评价、与利害关系人进行对话。

2. 日本关于 CSR 的自治性规范

作为日本最大的经济团体,经济团体联合会(简称"经团联")早在 1991 年 9 月就制定了《企业行动宪章》,从实施企业社会责任的 10 个角度(共 10 条内容)对会员企业进行约束。

该宪章后经过 4 次修改,最新的版本是 2010 年 9 月 14 日公布的。该宪章的 10 条内容中,除上文提到地确保产品、服务的安全、公平竞争、信息披露、保护劳动者、保护环境和社会公益活动等外,还包括排除反社会势力(黑社会组织);企业在开展全球化事业时,要尊重人权等国际规范、尊重当地国的习惯和文化,并为当地国的经济社会做贡献。为确保实现宪章精神,宪章在第 9 条和第 10 条还特别规定了企业经营者的责任和义务:要求经营者充分认识宪章的精神,身先士卒地在本公司和集团公司实现宪章精神,并督促交易伙伴实施。一旦发生违反宪章的情形,经营者就要向企业内外明示解决问题的态度,努力查明原因、防止再次发生。并向社会迅速、准确地披露信息,尽到说明责任,在明确权限与责任的基础上,进行严厉的处分(包括经营者本人)。

鉴于该宪章的内容只有 10 条原则性的规定,为了更好地贯彻宪章精神,经团联在 1996 年还颁布了《企业行动宪章的实施指引》,此后根据经济形势与社会情势的变化不断修订,如今已发布了第 6 版(2010 年 9 月 14 日)。该实施指引就宪章里的 10 条内容的制定或修改背景进行了详细说明后,对实施每一条内容提供了细则;在每一个细则下面又明确提出了思想准备,并列举了行动方案的具体事例。

《企业行动宪章》及其《实施指引》虽然只是经济团体的自治性规范,仅对其会员具有约束力。但鉴于经团联的会员多是在东京证券交易所主板上市的大企业,对日本经济界乃至政界具有强大的影响力,该宪章及其实施指引对实施企业社会责任所具有的重要性不言而喻。

四、日本从 CSR 向 ESG 的过渡

从上述日本企业社会责任的发展过程和指引性规定等内容可以看出,传统上日本企业社会责任的关注领域主要是公司捐赠和劳动者保护这两大领域,这与当时的政治环境以及日本终身雇佣制的企业文化是密不可分的。在公司捐赠这一领域上,日本比较多地借鉴了美国法的立法和判例。[①] 在劳动者保护这一领域中,日本企业与美国企业之间存在很大差别,由于采用终身雇佣制,日本企业一直将劳动者利益和保护放在比较高的位置。在实际经营中,经营者多从中长期的角度出发将职工利益优先于股东利益,但这有可能让股东的短期利益遭受损失。因此,关于劳动者保护,日本法更多的是借鉴了企业文化更为相似的

---

① 参见森田章『現代企業の社会的責任』(商事法務研究会、1978 年)。本书作者森田章是同志社大学的商法教授,该书由其博士论文整理出版而成,是日本从法学的角度探讨企业社会责任的开山之作。该书以美国法为比较法的研究对象,第一部分以 20 世纪 30 年代大萧条时代后关于企业社会责任的学术争论为出发点,梳理了公司进行慈善捐赠的大量判例和州立法。第二部分以 20 世纪 70 年代的 Campaign GM 案和 Campaign GM 运动为例,分析了股东通过行使股东提案权来追究企业社会责任的可能性及相关规制(1934 年证券交易法和 SEC 规制等)。第三部分以日本法上的问题为出发点,基于前两部分分析比较美国法的经验和教训,为日本法构建企业社会责任制度提出了建议。

德国法的内容。①

　　20 世纪 70 年代以后，随着日本环境公害问题的频发并引发了巨大的社会反响，日本企业社会责任的关注领域扩展至环境保护。2000 年以后，日本大企业不断曝出会计假账、虚假陈述、性别歧视等丑闻，日本企业社会责任的关注领域又进一步扩展至公司治理结构和合规义务等领域，并更多从软法的角度对企业社会责任进行规制和落实。

　　前后相比较，传统的企业社会责任多集中于企业的慈善活动或者社会公益活动等，在责任性质上限定于法律上的责任；但 2000 年以后的企业社会责任将实施社会责任作为公司活动的本质性的构成要素，并将其组织化、内部化（如在公司构建内部控制制度和风险管理制度）。换言之，"企业社会责任正在成为现代公司经营不可避免的风险"。② 这一风险虽然不一定会伴随着法律的强制或制裁，但正逐渐成为一种社会规范或者软法。在比较法上，日本此时也参考了欧盟企业社会责任的有关规范［如《企业社会责任绿皮书》（Corporate Social Responsibility Green Paper）等］，借鉴了欧盟企业社会责任的最新研究成果，并为日本法的发展指出了方向。例如，实施企业社会责任的主体是经营者，而利害关系人这一概念则是企业社会责任的关键概念。经营者如何确定利害关系人的范围，如何解决与这些利害关系人的利益冲突（如开展对话等）正成为企业社会责任论的重点。要求经营者有义务构建内部控制制度和风险管理制度，同时要求其负有说明责任是一个值得考虑的选项。此外，当面临企业社会责任这一概念的模糊性与法律的规范性、标准性之间的矛盾时，由于当下立法技术的局限性和法律适用范围的困难性，软法将会发挥越来越重要的作用③。

　　从 2000 年以后日本企业社会责任关注的领域以及规制方式来看，其实已不再限于传统 CSR 的领域，而是已经融入了 ESG 的内容和理念，只是当时并未用 ESG 的概念来表述。直到 2015 年前后，ESG 概念在全球兴起之后，日本也受此影响，开始在 ESG 的框架下探讨相关环境保护、社会责任和公司治理等内容，并借鉴美国法和欧盟法，进一步地吸纳了诸多新内容，形成了较为完整的规制体系，在大陆法系国家中达到了较高的水平。

五、日本关于 ESG 的核心内容和本报告的结构

　　日本关于 ESG 领域的第一份重要的报告书是日本经济产业省于 2017 年 10 月 26 日公

---

　　①　参见森田章「商法学の観点からみたCSR」『法律時報』第 76 巻第 12 号 40－45 頁（2004）。该论文是森田章教授关于企业社会责任研究的最新成果，在比较法的对象上，除美国法之外，还新加入了德国法的内容，尤其是德国的《共同决定法》。关于企业社会责任该论文主要从以下四个角度展开：慈善捐赠、合规义务（如牺牲董事个人利益而让公司获得不当利益）、股东提案权以及作为投资基准的提案权。

　　②　当然与风险相对的是，"如果能够很好地实现企业会社责任，则会有利于公司的长期可持续发展"。

　　③　参见神作裕之「企業の社会的責任：そのソフト・ロー化？ EUの現状」『ソフトロー研究』第 2 号 91－112 頁（2005 年）。神作裕之是东京大学的商法教授，该论文是神作教授在"软法与国际社会论坛"上的演讲报告，也是 2005 年日本公司法的立法前后有关企业社会责任讨论的集大成之作。全文分为企业社会责任论的特色、企业社会责任的意义、企业社会责任论的背景、欧盟的对策、披露和评价、企业社会责任论与公司法及结论这七个部分。

布的《面向持续成长的长期投资(ESG、无形资产投资)》^①。其中介绍了日本关于 ESG 的核心内容:E 主要包括气候变化和水资源,S 主要包括多样性和人权,G 主要包括董事会的构成和公司治理。关于三者之间的关系,该报告书明确提出:由于从投资者的角度看,投资与产生效果之间的时间差,G 比较短,而 E 和 S 比较长,因此通过公司治理来应对环境方面和社会方面的问题(E,S through G)是比较合适的。并且应当意识到,G 作为提高企业价值的规范内容,与 E 和 S 的要素之间存在比较明显的性质区别。因此,为达成 E 和 S 的目标,有必要对 G 进行完善,也可以说 G 是 ESG 投资中最重要的内容。^②

当然,除了完善公司治理(G),在公司的经营中引入更多的体现 E 和 S 要素的制度之外,日本还试图通过 ESG 信息披露、ESG 投资以及 ESG 评级等手段,构建体系性的 ESG 法治模式。因此,本报告在分析日本 ESG 法治模式时,主要从这三个制度来展开。

第一,关于 ESG 信息披露,主要有软法和硬法两种手段。所谓软法手段是指引入国际上的 ESG 信息披露标准指引文件,在此基础上制定本国的 ESG 信息披露标准指引文件,积极地鼓励和指引日本企业对外披露更多的 ESG 信息,为投资者以及利益相关者的投资判断等提供参考。所谓硬法手段是指在日本金融商品交易法的有价证券报告书中,引入包含 ESG 要素在内的非财务信息,要求上市公司进行相应的信息披露。

第二,关于 ESG 投资,是指在机构投资者的投资分析和决策过程中纳入 ESG 内容,以此来鼓励企业积极地应对 ESG 问题。日本主要是通过制定和颁布两部软法——《机构投资者尽责管理守则》(Stewardship Code)和《公司治理准则》(Corporate Governance Code)——来实施的。《机构投资者尽责管理守则》的适用对象是机构投资者,该守则鼓励机构投资者与企业进行对话交流,考虑包含 ESG 要素在内的中长期的可持续性等,促进企业价值的提升和持续成长,以此来提高客户和受益人的中长期投资回报的责任。《公司治理准则》的适用对象是日本的上市公司,可以通过完善上市公司治理结构的方式,来应对环境方面和社会方面的问题。例如,该准则提倡的治理结构是指公司考虑以股东为首,并从客户、劳动者、地方社会等角度,设置透明、公平以及迅速、果断的意识决策的组织架构。

第三,关于 ESG 评级,主要是指第三方机构根据对公司所披露的 ESG 信息和表现进行评级。ESG 评级一般由商业机构和非营利组织共同创建,被用以评估公司如何将其承诺、绩效、商业模式和组织架构与可持续发展的 ESG 目标相匹配。ESG 评级的使用者以机构投资者为首,一般投资者以及求职者、客户和其他利益相关者也可以使用该评级体系评估自身各类业务之间的关系。当然,各国的 ESG 评级涉及不同的评级机构,评级项目和指标也存在一定的差别。本报告对此不展开过多的介绍,主要介绍日本 ESG 的评级制度中近期

---

① 由于该研究会的会长是日本商学届权威学者一桥大学商学研究科伊藤邦雄教授,因此,该报告书又被称为《伊藤报告书 2.0》。参见「伊藤レポート 2.0(「持续的成长に向けた长期投资(ESG・无形资产投资)研究会」报告书。

② 参见石岛博、水谷守「ESG 投资に関する法的论点の整理と一考察」中央ロー・ジャーナル第 18 卷第 1 号 72 頁 (2021)。

出现的一个热点问题——董事高管报酬的 ESG 指标,即在公司董事高管的报酬中纳入 ESG 指标并进行评价。分析该指标在日本实务中的进展,以及与公司法上董事高管的善管注意义务之间的关系。

第二节　日本 ESG 信息披露制度

信息披露是日本 ESG 法治模式中最主要的内容之一,也是目前发展得比较成熟的制度。究其原因,主要是因为上市公司的信息披露制度已经非常成熟,在既有的信息披露制度的框架之内,纳入包含 ESG 要素在内的非财务信息的披露要求是比较便捷的一种方式。不过,在此过程中需要解决好以下问题:(1)披露非财务信息的价值和意义是什么?(2)通过何种手段要求公司进行非财务信息披露?(2)哪些非财务信息应当纳入信息披露制度?(3)对于强制披露,非财务信息如何满足"重大性"的要求?(4)对于自愿披露,如何衔接与强制披露之间的关系?(5)如果披露的非财务信息中有虚假陈述,是否承担虚假陈述责任?

一、日本 ESG 信息披露的意义和价值

公司信息披露的目的是为投资者提供投资判断的基础信息,当前信息披露制度已经成为资本市场上实现资源有效分配的基础设施,其基本要求是充分、正确、适时和易懂地提供投资判断的必要信息。公司披露 ESG 要素在内的非财务信息,有助于提升中长期的公司价值。具体而言,非财务信息是投资者对公司进行中长期投资所必要的信息,有利于实现经济、环境和社会的可持续增长。

并且,想获取非财务信息的当事人,不仅限于投资者,对于公司的利益相关者(如劳动者、消费者、公司活动的潜在被侵权者等),也在一定程度上有了解非财务信息的需求。因此,公司的非财务信息中也有必要纳入适合这些当事人的项目和内容。

二、日本 ESG 信息披露的指引文件和披露项目

1. 日本 ESG 信息披露的原则和标准指引文件

非财务信息的披露项目,应当涵盖对信息使用人的意识决定有用的信息,由公司的经营者来识别和选择。这是因为非财务信息的特点是包含大量非定量的信息,不同公司之间差别较大,很难统一规定披露内容。但是,既然披露非财务信息,那么选取符合信息使用人的使用目的,提供与其他公司具有可比性的信息是十分重要的。为了解决这一问题,日本的监管机构和证券交易所,参考了美国、英国、欧盟等国家和地区制定的 ESG 信息披露标准的指引文件(见表 9-1),制定了符合本国国情的 ESG 信息披露指引,提供给日本的上市公司使用(见表 9-2)。

表 9—1　　　　　　　　　　　　　国际主要 ESG 信息披露标准指引文件

名称	披露信息类别	特点
国际综合报告委员会(IIRC)综合报告框架	财务信息、ESG 信息	国际上广泛认可及使用的框架,采用原则主义
全球报告倡议组织(GRI)标准	ESG 信息	历史悠久,国际上广泛认可及使用的可持续发展报告框架
可持续发展会计准则委员会基金会(SASB)准则	ESG 信息	2018 年制定公布的新标准,采用细则主义
气候相关财务信息披露工作组(TCFD)建议最终报告	E(气候变化)信息	特定于气候相关财务信息的披露建议框架,采用细则主义

表 9—2　　　　　　　　　　　　　日本主要的 ESG 信息披露标准指引文件

名称	披露信息类别	特点
日本经济产业省价值协创指引	财务信息、ESG 信息	由日本经济产业省最早制定的指引性文件,采用原则主义
日本环境省环境报告指引	E 信息	由日本环境省制定的环境信息披露的指引性文件,采用细则主义
金融商品交易法有价证券报告书	财务信息、ESG 信息	日本最具有代表性的信息披露文件,2019 年在其中纳入了非财务信息的内容,采用原则主义
东京证券交易所公司治理报告书	G 信息	日本公司治理方面具有代表性的信息披露文件,采用细则主义

无论是国际上还是日本国内的 ESG 信息披露标准指引文件,在其设计思想上大致采用了两类:一类是"原则主义"(Principal Base),另一类是"细则主义"(Rule Base)。原则主义的信息披露标准指引文件主要规定应当遵守的重要原则和规范,实施者的裁量余地很大,优点是能够针对不同的情况采取灵活、实质性的应对;但缺点是具体应当如何处理并不是很明确,导致实施者有时会犹豫不决或者不知所措。与此相对,细则主义的信息披露标准指引文件会事先规定详细的规则,优点是如何处理明确易懂;但缺点是严格规则有时也会导致缺乏灵活性,只顾进行形式上的应对。

2. 日本 ESG 信息披露的项目和领域

由于上述 8 个 ESG 信息披露标准指引文件采用了不同的设计思想,并且各自有不同的侧重点,因此,各个指引文件要求的信息披露的项目其实存在不小的差别。日本有研究机构对上述 8 个指引文件中的披露项目进行归纳总结,得出了以下 9 大类披露项目[①]:(1)组织、事业概要等;(2)商业模式(但仅限于展现商业模式全貌的总体性陈述);(3)董事等经营

———————

① 参见「ESG に関する情報開示についての調査研究業務」の報告書(2019),https://www.gpif.go.jp/investment/research_2019_full.pdf。

者的信息;(4)与利益相关者之间的交流;(5)公司治理(包括体制、规范、结构等);(6)重要性的特定化(披露对象事项的特定化);(7)ESG 风险和机会的认识等(包括对财务的影响认识和预测);(8)战略和对策等;(9)重要成果的评价指标(KPI)等。

从披露信息的内容来看,(1)至(8)项目中披露的是定性的描述信息(不过部分描述信息中也包括定量信息),(9)项目中披露的是定量信息。从披露信息的占比来看,(9)重要成果的评价指标(KPI)等的占比最高,达到了 60% 以上。再加上(5)公司治理、(6)重要性的特定化、(7)ESG 风险和机会的认识等、(8)战略和对策这 4 个项目的披露信息,这 5 项披露信息占到了整体的 95% 以上。

另外,日本律师联合会 2018 年制定的《ESG 相关风险应对指引:企业、投资者、金融机构的协同与对话》中,也明确提出为了应对 ESG 的相关风险,建议日本企业披露的非财务信息中,最好包含以下 5 种项目[①]:(1)公司的商业模式;(2)非财务领域的方针以及采用的风险评估程序、标准;(3)方针和风险评估的实施结果;(4)重要风险的应对情况;(5)重要成果的评价指标(KPI)。

可以看出,这 5 个建议披露项目与上述指引文件的披露项目高度重合,这说明在 ESG 披露信息的具体内容上,日本实务界和理论界已经形成了一定程度的共识。此外,日本律师联合会的上述指引中,还针对日本企业披露非财务信息的具体领域,提出了建议,具体包括以下 6 个领域的 ESG 信息[②]:

(1)人权保障。具体包括尊重和支持人权保障的措施,防止侵害人权的措施,产生人权侵害时的救济、申诉处理机制,以及保障儿童、女性、老人、残障人士和少数群体人权的措施。

(2)劳动者保护。具体包括排除强迫劳动的措施,排除童工的措施,排除招聘和人事中歧视的措施,遵守劳动时间规制和工作生活平衡的措施,尊重性别多样性和消除歧视的措施。

(3)环境保护。减碳等应对气候变化的措施,开发和使用节能、提高能效、绿色能源、可再生能源的措施,形成循环型社会的环境设计、促进 3R、合理处理废弃物的措施,防止产生事业环境污染的措施,可持续使用自然环境(水资源、森林资源等)、保全自然环境和生物多样性的措施。

(4)反腐败。具体包括预防行贿的方针、程序、标准,行贿风险评估使用的标准,内控中预防行贿的程序和资源,员工教育措施,举报制度的概要。

---

① 参见「ESG(環境・社会・ガバナンス)関連リスク対応におけるガイダンス(手引)〜企業・投資家・金融機関の協働・対話に向けて〜」(2018)。https://www.nichibenren.or.jp/library/ja/opinion/report/data/2018/opinion_180823.pdf.

② 参见「ESG(環境・社会・ガバナンス)関連リスク対応におけるガイダンス(手引)〜企業・投資家・金融機関の協働・対話に向けて〜」(2018)。https://www.nichibenren.or.jp/library/ja/opinion/report/data/2018/opinion_180823.pdf.

（5）供应链。针对供应链相关企业，是否采取了下列措施：不良劳动习惯（如童工、强迫劳动、危险劳动等）的应对措施，贩卖人口等其他人权问题的应对措施，碳排放及其他水、环境污染问题的应对措施，破坏森林和其他生物多样性风险的应对措施，矿产纠纷风险的应对措施，供应链中小企业的对话和支援措施。

（6）公司治理的完善。在公司治理中，是否采取了以下完善措施：一切行使的反腐败措施，确保公平交易的措施，切断与黑社会势力联系的措施，确保在经营活动所在国承担合理税费的措施，确保网络安全、信息安全的措施，确保董事会履行说明责任的措施，确保少数股东行使表决权的措施，确保合理设定董事会报酬的措施。

三、日本有价证券报告书中的非财务信息披露

1. 有价证券报告书的法律定位和修改背景

在上述日本 4 个 ESG 信息披露标准指引文件中，有价证券报告书是其中最重要的一个。确切地说，它其实不是一份自律性的指引文件，而是日本金融商品交易法的强制性规定。金融商品交易法相当于我国的证券法，是日本上市公司信息披露制度的准据法。而有价证券报告书是上市公司进行持续信息披露最重要的文件，如果上市公司违反了金融商品交易法的规定，在有价证券报告书中进行了虚假陈述，可能承担相应的民事责任、行政责任，甚至是刑事责任。

作为上市公司进行持续信息披露的重要文件，有价证券报告书的主要内容多是财务信息。但在 2019 年，金融商品交易法进行了修改，在其中纳入了非财务信息的内容，以此来引入 ESG 信息披露制度。具体而言，是在有价证券报告书创设一个独立的"记载栏"，作为一体化提供非财务信息的框架。

既然法律要求上市公司在有价证券报告书披露非财务信息，首先需要解决的问题是重要性的特定化，即在纷繁众多的非财务信息中哪些构成应当披露的重大性？ 对此，日本金融监管机关——金融厅——在 2019 年 3 月制定了《关于记述信息披露的原则》，这里"记述信息"主要是指非财务信息。其中指出，判断非财务信息披露重大性的依据是：该信息对于投资者的投资判断是否重要。投资者投资判断的重要性，根据企业的形态、企业所处的时刻变化的经营环境等各不相同。因此，各企业在披露非财务信息之际，应当依据各个项目、情况等对自身企业价值和业绩等带来的重大性，判断各个项目、情况等的说明顺序和程度等。①

关于非财务信息披露中的"重大性"，也是国际上制定 ESG 信息披露标准指引文件过程中广泛探讨的问题。例如，在国际可持续发展准则理事会（International Sustainability Standards Board，ISSB）2022 年公布的《国际财务报告可持续披露准则》草案中曾提到：非财

---

① 参见日本金融厅《关于记述信息披露的原则》第 2—2 条。

务信息的重大性判断,与一般财务信息的重大性判断有所不同。企业价值是综合短期、中期和长期的未来现金流、时期、不确定性以及企业的风险预测、企业融资的可能性和资金成本等因素,反映出对该现金流价值的预测,因此企业有必要披露对投资者、资金提供者、债权人等进行企业价值评估时有用的信息。[①]

关于非财务信息披露的媒介,目前国际上多数观点是希望在公司的法定年度报告书中披露非财务信息,或者至少要在法定文件中披露非财务信息有关的构想和对策。在日本2019年修改金融商品交易法之前,可以看到有上市公司在有价证券报告书中披露了重大非财务信息,但当时披露的内容分散于各个项目中,如"经营方针、经营环境和应当应对的课题等""事业等的风险""经营者对财政状况、经营成绩和现金流状况的分析"等项目,而且不同公司会有在不同的项目中披露,所以从提高信息的明确性和可比较性的角度,有必要制定标准,统一处理。有鉴于此,为了向投资者提供投资判断所必要且易懂的信息,日本修改《金融商品交易法》,在有价证券报告书中增设一项"记载栏",统一主要记载非财务信息。

2. 有价证券报告书"记载栏"的披露内容

关于"记载栏"的披露内容,日本主要参考了国内外广泛使用的 TCFD 建议最终报告、ISSB《国际财务报告可持续披露准则(草案)》,设置了 4 个披露项目:"公司治理""战略""风险管理""指标和目标",在披露内容上与国际接轨。

不过,目前日本共有 4 000 多家上市公司,如果要求它们全部都进行上述 4 个披露项目,可能会对上市公司带来不小的负担,所以对这 4 个披露项目也进行了区分:(1)考虑到上市公司需要根据本公司的业态和经营环境、对企业价值的影响等,来认识非财务信息,并判断其重要性,因此,"公司治理""风险管理"这两个项目是所有上市公司都应当披露的;(2)对于"战略""指标和目标"不做硬性的披露要求,由上市公司在判断重要性的基础上,自行决定披露与否。不过即便不做披露,也希望上市公司积极地披露做出该决定的依据和对投资者有用的信息。

此外,新设的"记载栏"的信息披露,如何与有价证券报告书中的其他项目以及自愿披露文件中的披露区分,也是需要关注的问题。从法律定位上看,有价证券报告书是为投资者的投资判断提供必要信息的法律文件,并就虚假陈述规定了罚则等。与此不同,自愿披露文件的对象不限于投资者,而是为了回应各种利益相关者的广泛需求,由上市公司任意公布的文件。因此,有价证券报告书的"记载栏"中主要记载投资者的投资判断所必要的核心非财务信息,并与有价证券报告书的其他项目(如"经营方针、经营环境和应当应对的课题等""事业等的风险""经营者对财政状况、经营成绩和现金流状况的分析")的内容相互呼应。

同时,作为有价证券报告书中非财务信息的补充参考资料,上市公司在必要时,可以将

---

① 参见 ISSB《国际财务报告可持续披露准则(草案)》,https://www.ifrs.org/content/dam/ifrs/project/general-sustainability-related-disclosures/exposure-draft-ifrs-s1-general-requirements-for-disclosure-of-sustainability-financial-information.pdf。

更加详细的信息记载于自愿披露文件加以披露。不过,为了确保向投资者提供真正重要且必要的信息,有价证券报告书的"记载栏"才是非财务信息披露的核心环节。上市公司应当避免将非财务信息都记载于自愿披露文件,而只在有价证券报告书的"记载栏"中写明参考自愿披露文件,这有悖于增设"记载栏"的立法目的。

3.非财务信息披露与虚假陈述责任

(1)将来信息与虚假陈述。非财务信息涵盖公司中长期的可持续性的事项,自然也会包括将来信息。有价证券报告书的目的主要是充实公司近年的经营方针和事业风险等记叙性信息,在实践中也出现了公司记载将来信息的情况。不过,这可能会带来风险,毕竟将来信息不同于已经发生的信息,它属于一种对未来的预测,随着时间的推移,其本身会与真实情况出现不同。如果上市公司记载的将来信息事后与真实情况相比,出现了比较大的差异,是否构成虚假陈述? 关于这一问题,日本目前的主流看法是:如果将来信息"是在一般合理的范围内进行了具体的说明,虽然事后情况出现了变化,但不能仅此就追究被虚假陈述责任"[①]。仅仅是因为事后情况出现变化,就追究上市公司的虚假陈述责任,这会打击其披露信息的积极性,也不符合向投资者提供有用信息的立法目的。因此,为了更好地预防实务中此类问题的发生,日本金融厅和证券交易所也做了很多努力,比如,通过《企业内容等披露指引》等文件,定期向社会公开非财务信息披露中的典型事例,使之更具有明确性和可操作性。[②]

(2)自愿披露文件与虚假陈述。如果上市公司在有价证券报告书非财务信息的"记载栏"之外,将更加详细的信息记载于自愿披露文件加以披露,此时,仍需要探讨自愿披露文件中的信息是否构成虚假陈述的问题。首先,需要明确的是自愿披露文件的法律性质,自愿披露文件是有价证券报告书的补充参考资料,而非有价证券报告书的组成部分。而日本金融商品交易法规定的是有价证券报告书的记载内容中出现虚假陈述时的责任,即便作为补充参考资料的自愿披露文件中有虚假陈述,也不能依此来追究上市公司的虚假陈述责任。不过,如果上市公司明知自愿披露文件中的内容是明显且重大的虚假记载,如记载了与事实明显不符的业绩等,并在有价证券报告书中记载参考该自愿披露文件,仍可能构成虚假陈述被追究责任。

值得注意的是,日本有价证券报告书与自愿披露文件的披露时间,目前在实务中有一定的时间差。日本的上市公司多在提交有价证券报告后,再制定和披露自愿披露文件。而

---

① 参见「企业内容等の开示に关する内阁府令」の改正案に对するパブリックコメントの概要及びコメントに对する金融厅の考え方(2019 年 1 月)。

② 比如,日本金融厅 2019 年 3 月制定《关于记述信息披露的原则》的同时,一并颁布了《记述信息披露的好事例集》,选取当年上市公司提交的有价证券报告书中非财务信息披露的典型事例向社会公布,起到了很好的示范功能。此后每年都颁布一版,目前已出到 2022 年版。另外,东京证券交易于 2020 年制定了《ESG 信息披露实践白皮书》,为上市公司提供了 ESG 信息披露的重大性特定化、披露内容、监督和执行等各个环节提供了明确的指引,并公布了一些典型事例。

国际上多鼓励与财务信息一起同时披露非财务信息。① 目前,关于日本立法机关也正在进行相关研讨,试图统一非财务信息的披露时间。

第三节 日本 ESG 投资实践与法治保障

一、日本 ESG 投资的现状和主要目的

ESG 运动在全球的起点是 2006 年诞生的"责任投资原则"(Principles for Responsible Investment,PRI)。2005 年年初,当时的联合国秘书长安南提议制定面向全世界大型机构投资者的责任投资原则,并从 12 个国家的机构投资者中挑选了 20 名专家组成机构投资者团队,再从投资界、政府间组织、民间社团中挑选了 70 名专家组成团队,共同制定了负责任投资 6 项原则,实现可持续发展的目标。PRI 首次提出了 ESG 理念及评价体系,旨在为全球投资者提供一个投资原则框架,帮助投资者理解并将对环境、社会和治理的考量融合到其投资决策实践当中。同时鼓励各成员将 ESG 因素纳入公司运营,以降低风险并创造长期收益,最终实现全社会的可持续发展。不过,在 PRI 发布之初,签署加入的机构投资者数量有限,直到 2015 年,关于气候变化问题的国家框架《巴黎协定》签订前后,签署加入的机构投资者数量才有所增加。而日本则是在 2015 年,由日本年金公积金管理运营独立行政法人②(Government Pension Investment Fund,GPIF)首次签署加入,之后日本机构投资者签署加入的数量逐渐增多。到 2022 年 10 月底,日本签署加入的机构投资者达到 119 家,数量仅次于欧洲和美国。至于 ESG 投资在日本机构投资者的运营资产中的占比,2016 年仅为 3%,到 2018 年年底就提升到了 18%。由此来看,日本的 ESG 投资的规模和数量在短期内得到了迅速发展。

这种在机构投资者的投资分析和决策过程中纳入 ESG 内容的方式被称为"ESG 投资"或者"ESG 投资指引",并以此来鼓励企业积极应对 ESG 问题。在 ESG 的判断中,除了企业的财务信息,企业应对 ESG 问题的非财务信息也十分重要,并要求企业积极地披露这些非财务信息。

关于 ESG 投资的目的,其实也存在一定的争议。ESG 投资时,会就企业对环境、社会的应对情况进行评价,因此该投资既有追求金钱回报的一面,也有追求社会回报的一面,那投资者究竟重视哪一面呢? 对此,有观点指出:欧洲的机构投资者以追求社会回报为主要

---

① 例如,ISSB《国际财务报告可持续披露准则(草案)》中规定:企业与相关财务报表同时披露非财务信息,非财务信息披露的报告期间与财务报表相同。

② 该机构投资者是由日本政府成立的一个独立行政法人。在 2006 年 4 月 1 日,它取代日本政府养老金投资基金。它是世界第二大退休储蓄基金,也是亚洲最大的退休储蓄基金。

目的,而美国的机构投资者以追求金钱回报为主要目的。[①] 假设这一观点的主张没错,ESG 投资即便以追求社会回报为主要目的,同时也可以追求金钱回报。这意味着 ESG 投资并不排斥追求金钱回报。即便将 ESG 作为获得金钱回报的手段,只要有利于环境和社会,这也是有贡献的。总的来说,是在追求金钱回报与追求社会回报之间如何分配比重的问题,相比于美国的机构投资者,欧洲的机构投资者更加重视追求金钱回报。

那么,日本的机构投资者又是如何呢? 根据《日本经济新闻》的调查[②],认为 ESG 投资是一种社会贡献的机构投资者仅占 2%。另外,日本最大的机构投资者 GPIF 也认为:ESG 投资是有利于提高企业价值和促进持续成长的,这是提高中长期投资回报的基础。[③] 当然,在其他的调查中,日本机构投资者回答的目的也是多种多样,有的认为是社会公益活动的一环,有的认为是为了改善社会评价,等等。由于投资目的上存在差异,这也会带来具体手段上的差别,这一点是值得注意的。

二、日本 ESG 投资迅速发展的原因

如上所述,日本自 2015 年以后,ESG 投资的数量和规模都得到了迅速发展。究其原因,与日本国内《机构投资者尽责管理守则》(Stewardship Code)和《公司治理准则》(Corporate Governance Code)这两部软法的颁布密不可分。这两部软法的目的是促进机构投资者和企业的持续成长,以实现高质量的治理结构。

《机构投资者尽责管理守则》是日本金融监管机构金融厅于 2014 年制定的机构投资者尽责管理责任的指针。所谓"尽责管理责任",简言之,是指机构投资者通过与企业对话交流,考虑包含 ESG 要素在内的中长期的可持续性等,促进企业价值的提升和持续成长,以此来提高客户和受益人的中长期投资回报的责任。赞同该守则的机构投资者在签署加入后,才对其产生效力。虽然没有法律上的拘束力,如果签署加入的机构投资者违反了该守则中的规定,会对客户和受益人产生说明责任,即所谓"遵守或解释"(Comply or Explain)。截至 2020 年 9 月 30 日,日本绝大多数机构投资者(288 家)均已签署加入了该守则。[④]

《公司治理准则》是东京证券交易所制定的原则性规定,主要目的是帮助公司实现有效的治理结构,其适用对象是东京证券交易所的上市公司。该准则提倡的治理结构是指公司考虑以股东为首,并从客户、劳动者、地方社会等角度,设立透明、公平以及迅速、果断的意思决策的组织架构。该准则共规定了 78 个原则,其中基本原则 2 和 3 是要求上市公司针对

---

① 参见荒尾拓人・清水亮介・小川佳也『ESG 投资を巡るわが国の机関投资家の动向について』日本银行金融市场局の报告书(2020 年),https://www.boj.or.jp/research/brp/ron_2020/data/ron200716a.pdf。

② 参见日经速报ニュースアーカイブ(2019 年 5 月 13 日)『企业の情报开示「十分」は 1% 止まり 投资家调查』。

③ 参见『プレスリリース 国连责任投资原则への署名について』GPIF の报告书(2015)https://www.gpif.go.jp/investment/pdf/signatory-UN-PRI.pdf。

④ 参见金融厅『スチュワードシップ・コードの受入れを表明した机関投资家のリストの公表について(令和 2 年 9 月 30 日时点)』(2020 年)https://www.fsa.go.jp/singi/stewardship/list/20171225.html。

ESG 要素进行积极应对和信息披露。根据东京证券交易所公布的数据,截止到 2020 年 8 月,该交易所共有 2 172 家上市公司,其中,遵守全部 78 个原则要求的上市公司占比为 26%,遵守 90% 以上原则要求的上市公司占比为 62.6%。并且,市值越大的公司遵守原则要求的比例越高。① 这意味着日本上市公司的大多数已经遵守了该准则的原则要求,其他少部分未遵守的,也尽到说明责任。该准则同样采用了"不遵守就解释"的规制方式。

由此可见,日本的《机构投资者尽责管理守则》和《公司治理准则》对于日本 ESG 投资的迅速发展起到了关键性的作用,促进企业从持续成长的角度考虑 ESG 要素。从立法目的上看,这两部软法均以提高企业价值和促进持续成长为目的,相对于社会价值的一面,更注重经济价值的一面。

三、日本 ESG 投资中法律责任的认定

1. 投资绩效与受托人责任的关系

由于 ESG 投资的主体是机构投资者,因此,ESG 投资可能引起的法律责任中最重要的是机构投资者的受托人责任(Fiduciary Duty,又称信义义务)。关于这个问题,涉及对 ESG 投资绩效的认定,也涉及受托人责任的意义,日本实务和理论界对此有一定程度的探讨。

关于 ESG 投资绩效的认定,具体而言是指 ESG 投资是否应当考虑金钱回报。在日本关于 ESG 投资绩效的研究中,肯定的观点较多,但也有不少否定的观点,并未形成统一的意见。② 而日本主要的机构投资者 GPIF 对于 ESG 投资绩效是这样描述的。在该机构《2019 年度 ESG 活动报告书》中,该机构采用了 5 项 ESG 指数来进行评价,时间跨度为 2017 年 4 月至 2020 年 3 月的三年,或者 2019 年 4 月至 2020 年 3 月的一年。评价的结果是 5 项指数的表现均高于原指数和市场平均情况,这说明 ESG 投资具有改善投资回报的效果。当然,GPIF 的这项结果时间跨度仅为 3 年,还需要更长时间的检验。此外,日本经济产业省 2020 年公布的一份报告书中也提到:现如今,依然有许多机构投资者,对于绩效影响尚不明了的 ESG 投资持保留态度。③

由于对于 ESG 投资绩效未形成统一的意见,因此有观点认为 ESG 投资有违反受托人责任的可能性。这个确实是当前一个极难回答的问题。根据联合国全球契约组织(ENGC)等颁布的《21 世纪受托人责任报告》的定义,在产生信托关系和信赖关系的情形下,为他人利益而行使一定裁量权限的个人和组织负有受托人责任,其中最重要的是忠实和审慎。信

---

① 参见東京証券取引所「東証上場会社 コーポレート・ガバナンス白書 2021」,https://www.jpx.co.jp/equities/listing/cg/tvdivq0000008jb0-att/tvdivq000000uu99.pdf。

② 参见湯山智教「ESG 投資のパフォーマンス評価を巡る現状と課題」資本市場リサーチ 2019 年冬季(東京大学公共政策大学院ワーキングペーパーシリーズ GraSPP-DP-J-18-001),http://www.pp.u-tokyo.ac.jp/wp-content/uploads/2016/09/GraSPP-DP-J-19-001.pdf。

③ 参见経済産業省「サステナブルな企業価値創造に向けた対話の実質化検討会中間取りまとめ～サステナビリティ・トランスフォーメーション(SX)の実現に向けて～」(2020),https://www.meti.go.jp/shingikai/economy/sustainable_kigyo/pdf/20200828_3.pdf。

义义务是英美法上的概念，日本法中没有直接对应的概念。不过，日本法上，进行投资判断的人负有忠实义务、善管注意义务以及公平忠实义务、公平诚实义务等类似的概念，实质上发挥了同样的功能。① 对于 ESG 投资是否违反受托人责任这一问题，主要涉及与忠实（忠实义务）和审慎（善管注意义务）之间的关系，对此各国之间存在各种不同的见解和处理。

首先，上述《21 世纪受托人责任报告》认为，ESG 投资不仅不违反受托人责任，而是为了尽到受托人责任，受托人应当：（1）将 ESG 问题纳入投资分析和决策流程；（2）理解并纳入受益人的可持续性偏好，无论这些偏好是否具有财务实质性；（3）鼓励被投资公司或其他被投资实体制定较高的 ESG 绩效标准；（4）以明确和易于理解的方式披露投资方法，包括如何将受益人偏好纳入投资方法。这是因为无论受益人的可持续性偏好是否具有财务实质性，受托人均需加以理解和考虑，这显然是忠实义务的核心要素。同样，任何审慎概念（即以适当的技巧、注意和勤勉度行事）都明确要求受托人考虑具有财务实质性的所有因子，并有效、适当地加以管理。受益人利益往往延续到未来数十年，受托人必须关注人口变化、气候变化和其他环境压力等问题。

其次，上述日本经济产业省《面向持续成长的长期投资（ESG、无形资产投资）研究会报告书》中介绍了许多机构投资者的共识，即：至少在投资期间内，只要财务绩效不下降，就可以（追加地）考虑 ESG。ESG 会带来成本的增加，如果不能提高中长期的回报，或者使得中长期的回报下降时，是否违反受托人责任？ 关于这点，该报告也认为，如果考虑 ESG 以及为 ESG 进行支出，能够发挥抑制风险的效果，或者能在风险调整后改善回报，则是值得肯定的。

最后，介绍一下美国的情况。美国 1974 年《雇员退休收入保障法》（Employee Retirement Income Security Act of 1974，以下简称"ERISA 法"）是规制企业年金等制度的联邦法，该法规定了年金制度的管理和资产运营者的行为规范。另外，美国劳工部的解释通知中也多次提到了 ESG 投资与 ERISA 法规定的年金基金受托人责任的关系。

根据最近的解释通知，ERISA 法上的受托人应当首先考虑提供退休保障计划的经济利益，所以在选择投资对象和投资方法时，不应过度重视 ESG 要素。如果确实有值得考虑的经济原因，则可以考虑 ESG。此外，当多个投资对象的经济回报和风险相同时，ESG 可以作为附加目的考虑，并用于选择投资对象。

由此可见，《21 世纪受托人责任报告》与美国 ERISA 法的相同点是，都认为考虑 ESG 有助于追求金钱回报。不过明显 ERISA 法对于 ESG 投资持有更谨慎的态度，这或许是就 ESG 投资的目的存在不同观点所导致的。

2. ESG 投资与日本的受托人责任

---

① 参见神作裕之ほか『第 6 回「金融資本市場のあり方に関する産官学フォーラム」報告— ESG とフィデューシャリー・デューティー』月刊資本市場 417 巻 67－75 号（2020），http://www.camri.or.jp/files/libs/1476/202006011040228955.pdf。

如上所述,日本法上 ESG 投资是否违反受托人责任,主要是与忠实义务和善管注意义务有关。所谓忠实义务,是指不得牺牲委托人和受益人的利益,而谋求自己或者第三人利益的义务。因此,只要牺牲委托人和受益人的利益,则不属于忠实义务的范畴,因此主要是善管注意义务的范畴。与英美法不同的是,日本法关于 ESG 投资与善管注意义务的关系其实讨论得并不多。因此,有必要先确认机构投资者的善管注意义务的内容,再来分析 ESG 投资时的善管注意义务。

日本对于机构投资者根据其不同的业态,在法律法规中规定了对投资者和受益人负有善管注意义务。① 所谓善管注意义务是指,受托人处理委托人的事务之际应尽到相当注意的义务。根据委托人对受托人信赖的程度、受托人的专业性、委托事务的难度等,善管注意义务的水平可以有所不同。一般而言,作为受托人的机构是投资运营的专家,其善管注意义务的水平较高。

关于全权委托投资合同的责任认定,日本法院曾经做出过如下判决:本案全权委托投资合同中,受托人是根据其裁量判断运营基金的,所以,只要不超出裁量的范围或者不滥用裁量权,其投资判断不会产生违反注意义务的问题。另外,全权委托投资合同中受托机构的投资判断的专业性很强,是基于对市场趋势的预测和可能性做出的,所以如果该投资判断根据当时的客观情况和相关法律法规及约定的内容来看,明显缺乏合理性时,属于超出裁量的范围。② 再者,关于信托银行是否违反资产构成比率遵守义务的案例中,日本的法院认为:仅当受托人明显超出合理裁量范围时,会产生受托人债务不履行责任的问题。③ 从这些判例可以看出,只要机构投资者没有超出裁量范围,或者没有滥用裁量权,通常不会被认为违反善管注意义务而产生责任。

那么,机构投资者进行 ESG 投资时,超出了裁量范围,或者滥用了裁量权的,是否会违反善管注意义务呢? 从上述日本经济产业省的报告书来看,日本许多机构投资者的共识是:至少在投资期间内,只要财务绩效不下降,可以(追加地)考虑 ESG。而美国 ERISA 法的解释通知也认为:当多个投资对象的经济回报和风险相同时,ESG 可以作为附加目的考虑,并用于选择投资对象。因此,对于 ESG 投资是否违反善管注意义务的问题,可以大致分为两类来考虑:一种是作为追求金钱回报的手段来考虑 ESG;另一种是在追求金钱回报目的之外,附加地来考虑 ESG。

对于第一种情形,重要的是考虑 ESG 对于追求金钱回报是否有利。并且,虽然当前就 ESG 投资绩效尚未形成统一意见,但从《21 世纪受托人责任报告》和日本《机构投资者尽责管理守则》的立场来看,为追求金钱回报而考虑 ESG 的,不会仅此就被认定为超出裁量范围。但是,在考虑 ESG 之际,受托人为获得金钱回报应当尽到相当的注意。具体而言,应当

---

① 如日本金融商品交易法第 42 条第 2 款、信托法第 29 条第 2 款、信托业法第 28 条第 2 款、民法 644 条等。
② 参见東京地判平成 9 年 12 月 17 日判例タイムズ 982 号 181 頁。
③ 参见神戸地判平成 15 年 3 月 12 日判時 1818 号 149 頁。

在考虑投资对象的风险、回报和成本收益比的基础上,进行信息收集、选定投资对象、投后监督、对话沟通等。如果机构投资者对此未能勤勉尽责,则可能属于超出裁量范围而违反善管注意义务。

对于第二种情形,需要解释的是:当多个投资对象的经济回报和风险相同时,ESG 作为附加目的考虑,并用于选定了投资对象,但结果是与其他备选的投资对象相比经济回报更差,是否可能违反善管注意义务。这里重点其实不是考虑了 ESG 本身,而是就多个投资对象的经济回报和风险进行评价时,是否尽到了相当的注意。

第四节　日本董事高管报酬中的 ESG 指标

ESG 评级是指第三方机构根据对公司所披露的 ESG 信息和表现进行评级。ESG 评级一般由商业机构和非营利组织共同创建,被用以评估公司如何将其承诺、绩效、商业模式和组织架构与可持续发展的 ESG 目标相匹配。ESG 评级的使用者以机构投资者为首,一般投资者以及求职者、客户和其他利益相关者也可以使用该评级体系评估自身各类业务之间的关系。当然,各国的 ESG 评级涉及不同的评级机构,评级项目和指标也存在一定的差别。本节对此不展开过多的介绍。与日本 ESG 评级制度相关,最近出现的一个热点问题是:在公司董事高管的报酬中纳入 ESG 指标并进行评价。该问题属于与 G(公司治理)有关的内容之一。

一、董事高管报酬中纳入 ESG 指标的现状

在董事高管报酬中纳入 ESG 指标进行评价的目的是:鼓励董事高管更加认真地投入 ESG 活动,从而提高公司 ESG 的评价。这属于 ESG 评级中的正向指标。

联合国全球契约组织(ENGC)于 2012 年就公布了董事高管报酬的指引(Integrating ESG Issues into Executive Pay),鼓励在其中纳入 ESG 指标。并且,长期以来也有观点认为:如果企业将经营目的从以股东为中心转移到了以利益相关者为中心,则有必要重新设计董事高管的报酬。在利益相关者中心主义的模式之下,认定董事高管报酬需要与长期共同价值创造这一新标准保持一致。可以说,在董事高管报酬中纳入 ESG 指标已经形成了一种趋势,但实践中真正纳入 ESG 指标的情况又如何呢?

从日本的实务来看,虽然已经有一部分且在董事高管报酬中纳入了 ESG 指标,但还不能说形成了普遍的潮流,目前也缺乏具体的数据。从其他国家的实务来看,根据已有的调查结果,富时环球指数(FTSE All-World)的企业中,仅有 8.6% 的企业在董事高管报酬中纳入了 ESG 指标。[①] 富时 350 指数和爱尔兰 ISEQ20 指数的企业中,在董事高管报酬中以某

---

①　See Sustainalytics,"ESG Spotlight｜The State of Pay:Executive Remuneration & ESG Metrics"(2020),https://connect. sustainalytics. com/esg-spotlight-the-state-of-pay.

种形式纳入可测定 ESG 指标的企业仅占 27.4%。并且,在这 27.4% 的企业中,ESG 相关内容占奖金中的比例也未满 15%。[①] 另外,在标准普尔 500 指数的企业中,有 51% 的企业在董事高管报酬中纳入了 ESG 指标,但绝大多数是在年度激励计划纳入的,在长期激励计划中纳入的仅占 4%。[②]

由此来看,除标准普尔 500 指数外,目前在董事高管报酬中纳入 ESG 指标的企业并不普遍。其中一个重要的原因是:与一般的投资相比,ESG 投资对于投资绩效的影响是否有利并未形成统一的见解,这就导致将 ESG 指标纳入报酬时面临了许多困难。

但不容忽视的是,当前在世界范围内已经形成了一种潮流,所以今后这一做法势必会更加普及。因此,作为企业而言,有必要在企业战略中分析 ESG 要素,慎重选择评价的对象和项目,并在早期进行少量金额的相关设计。

二、董事高管报酬中纳入 ESG 指标时的法律问题

在将 ESG 指标纳入董事高管报酬时,可能会产生公司法上的一个问题。具体而言,董事进行报酬制度设计的情形下,如果纳入 ESG 指标,是否违反其善管注意义务。关于此问题,在日本 U-Shin 公司案例中东京地方法院做出了如下认定[③]:"如何评价各个董事的业绩和活动效果,并决定对每个董事支付何种程度的报酬,这是极具专业性和技术性的判断。通过这些评价和决定,如何监督或者激励董事,这属于对公司业绩或多或少产生影响的经营判断。所以,董事会或者被董事会委托行使职权的代表董事在评价和决定时,拥有广泛的裁量权。董事在进行这一评价和决定时是否合理行使了权限,基本上可以通过股东大会选任或者解任董事的过程,由股东来决策。因此,除非报酬决定的判断过程和判断内容具有明显不合理的地方,一般不会被认定为违反善管注意义务。"对于一审法院的这一认定,也得到了二审法院东京高等法院的支持[④]。

上述日本法院的认定标准同样可以适用于判断将 ESG 指标纳入董事高管报酬的情形。考虑到当前的潮流,纳入 ESG 指标这一内容本身,应当并不属于明显不合理的情况。不过,如果纳入的 ESG 指标所占比例很高,则可能构成违反善管注意义务。这一问题可能在经营者过度重视 ESG 的情形发生,或者是经营者纳入 ESG 指标的目的是防止因公司财务情况恶化带来其报酬下降。

至于 ESG 指标所占比例高到何种程度才构成违反善管注意义务,考虑到董事本身具有

---

① See Reilly, P. and A. Mahabier, "ESG and Executive Remuneration-Disconnect or Growing Convergence?" Harvard Law School Forum on Corporate Governance(2019), https:// orpgov. law. harvard. edu/2019/10/15/ESG-and-executive-remuneration-disconnect-or-growing convergence.

② See Newbury, R. D. Delves, and R. Resch, "ESG Issues in the Forefront," Harvard Law School Forum on Corporate Governance(2020), https://corpgov. law. harvard. edu/2020/04/15/ESG-issues-in-the-forefront.

③ 参见東京地判平成 30 年 4 月 12 日資料版商事法務 416 号 128 頁。

④ 参见東京高判平成 30 年 9 月 26 日資料版商事法務 416 号 120 頁。

的广泛裁量权,不得不说很难认定。关于这点,世界上最大的资产管理公司——黑石集团——所使用的一个标准值得借鉴。具体而言,该集团的业绩指标中必须过半数是财务指标,至少 60% 是基于定量标准所得出的。如果财务措施的占比不足业绩对策的 60%,则必须提供具有说服力的解释。[①] 这里 60% 的比例,在经营者纳入 ESG 指标时值得借鉴和注意。

---

① See Reilly, P. and A. Mahabier, ESG and Executive Remuneration-Disconnect or Growing Convergence? Harvard Law School Forum on Corporate Governance, https:// orpgov. law. harvard. edu/2019/10/15/ESG-and-executive-remuneration-disconnect-or-growing convergence/, last visited on 2023－05－01.

第十章　ESG 体系视角下我国可持续
金融实施范式的转型

叶榅平

第一节　可持续金融发展的趋势与挑战

诞生于 20 世纪 70 年代的可持续金融,最初只是指"绿色金融",即要求银行业金融机构在开展信贷业务时要有环境保护意识,避免将资金投向环境风险高的企业和项目。[①] 经过几十年的发展,可持续金融的概念不断拓展,逐渐涵盖了以经济、社会、环境可持续发展为目标的投融资活动。在可持续金融发展过程中,企业社会责任始终是一个基础和核心概念,它既是推动可持续金融发展的理论引擎,也是实现可持续金融治理的核心工具。进入 20 世纪 90 年代后,国际社会开始加快 CSR 标准体系建设,可持续金融逐渐开始迈向规范化和法制化的发展轨道。2004 年,建立在企业社会责任理论之上的 ESG 概念正式被提出并受到了国际社会的广泛认可。经过十多年的发展,特别是 2015 年《巴黎协定》达成之后,ESG 迅速成为可持续金融转型和发展的世界潮流。随着 ESG 标准体系的快速发展和金融市场对 ESG 信息披露需求的不断加强,可持续金融实施范式逐渐向更加规范化、标准化的 ESG 模式转型。[②]

在全球化浪潮中,融入 ESG 体系已是我国可持续金融发展的必然趋势。2016 年,中国人民银行等七部委联合发布《关于构建绿色金融体系的指导意见》,对绿色金融的概念进行了界定。2018 年,证监会发布《绿色投资指引(试行)》,指导基金行业发展绿色投资。2020 年,证监会发布《上市公司投资者关系管理工作指引》,将 ESG 纳入投资者关系管理。2022 年 6 月,银保监会印发《银行业保险业绿色金融指引》,完整地采纳了 ESG 概念,要求金融机构防范 ESG 风险并提升自身的 ESG 表现。从 ESG 实践来看,港交所早在 2012 年就发布了《ESG 报告指引》,并在 2019 年 12 月发布了新的版本,扩大了强制信息披露的范围。自 2019 年以来,深交所和上交所也逐渐加强对上市公司披露 ESG 信息的指导和引导,建议上

---

①　郭濂:《低碳经济与环境金融理论与实践》,中国金融出版社 2011 年版,第 3 页。

②　叶榅平:《可持续实施范式的转型:从 CSR 到 ESG》,《东方法学》2023 年第 4 期,第 125—126 页。

市公司积极披露社会责任报告或 ESG 信息。2022 年 3 月,国资委成立社会责任局,其职责之一便是"指导推动企业积极践行 ESG 理念"。在一系列政策措施的推动下,主动披露 ESG 信息的 A 股上市公司数量逐年增加,同花顺数据显示,截至 2023 年 6 月,已有 1 755 家 A 股上市公司披露 2022 年 ESG 相关报告,占全部 A 股公司的 34.32%。① 一系列政策的出台和 ESG 实践的快速发展,意味着加快可持续金融 ESG 转型已成为我国社会各界的普遍共识。

　　尽管如此,我国 ESG 体系建设还处在话语层面,ESG 标准、信息披露框架、评级市场和 ESG 法治等方面的理论研究和制度建设还相对薄弱,均处于被动跟随国际潮流和应对西方 ESG 评级、供应链、ESG 投资实践影响的阶段。我国在 ESG 体系建设,特别是标准体系、信息披露、评级市场、监督管理等方面的制度建设与发达国家相比仍存在很大差距。面对蓬勃发展、日益强劲的 ESG 国际化浪潮和挑战,我国可持续金融的理论创新和法治建设任务艰巨、责任重大。党的二十大报告对中国式现代化的基本特征做了深刻的理论阐述,中国式现代化的基本特征指明了我国金融业发展的基本使命,也给出了我国金融现代化的基本框架。② 本文认为,ESG 的兴起和发展是金融现代化的重要范式,应将我国可持续金融实施范式的 ESG 转型置于中国式现代化视域下考量,坚持兼顾国际共识与中国特色的基本立场,从价值皈依、功能定位和实践路径三个方面实现可持续金融的理论创新,为可持续金融的 ESG 转型提供法理支撑;在法治策略上,应推动可持续金融实施范式从政策驱动到依法治理转型,将可持续金融的理论创新落实到法治层面;在制度路径上,应以 ESG 标准体系为抓手,构建具有中国特色的 ESG 标准制度体系,保障我国可持续金融的高质量发展。

第二节　基本立场:兼顾国际共识与中国特色

　　现代化是全球性的发展趋势,全球性也是现代化的基本特征。中国式现代化是在西方现代化的示范下起步的,同时也在与世界的交往中获得发展。③ 中国式现代化既合乎世界历史发展的一般规律,体现着现代化发展的历史必然性,又有着自身的特殊规定性,形成了独特的发展要求。④ 我国的金融现代化同样符合中国式现代化的这一特征和规律,是在借鉴金融现代化的国际经验和坚持中国特色的发展道路中推进的。在 ESG 勃兴的世界浪潮下,我国可持续金融的转型和发展同样要在借鉴国际经验和坚持中国特色中实现平衡,在融入世界潮流中坚持中国特色,在坚持中国特色中融入世界潮流,只有这样,我国的可持续金融才能实现高质量发展。

---

　　① 《超 1700 家 A 股公司已披露 2022 年 ESG 报告　ESG 报告对投资决策的影响正不断加深》,证券日报官微 2023 年 6 月 9 日。
　　② 魏建:《中国式现代化语境下金融现代化的基本框架》,《天津社会科学》2023 年第 2 期,第 15 页。
　　③ 韩喜平、郝婧智:《中国式现代化的国际视野》,《当代世界与社会主义》2023 年第 2 期,第 30 页。
　　④ 项久雨:《中国式现代化的理论体系》,《马克思主义研究》2023 年第 3 期,第 2 页。

一、国际共识是可持续金融实施范式转型的主要推手

可持续金融实施范式的 ESG 转型是在联合国的积极倡导和推动下实现的。2004 年 1 月,时任联合国秘书长安南邀请全球 50 家大型金融机构的首席执行官参加联合国全球契约组织、国际金融公司(IFC)和瑞士政府联合举行会议,会议倡议金融机构将环境、社会和治理因素纳入投融资决策,首次提出了 ESG 概念。2004 年 12 月,联合国发布报告《在乎者赢》,该报告指出在金融活动引入环境、社会和治理因素评估具有重要意义。此后,联合国支持成立了负责任投资原则组织,并于 2006 年发布《负责任投资原则》,以此推动将 ESG 纳入投融资决策。2015 年通过的《巴黎协定》在气候融资方面取得了重大进展,提出"使资金流动符合温室气体低排放和气候适应型发展的路径"的要求和目标。可以说,《巴黎协定》为可持续金融发展注入了强大动力,此后,可持续金融实施范式的 ESG 转型在世界范围内进入高速发展期。在此过程中,国际社会形成的以下几点共识和经验至关重要:

1. 践行 ESG 理念是现代金融高质量发展的必由之路

经过联合国及其所属机构多年的不懈努力,世界主要经济体及金融机构日益意识到 ESG 是可持续理念的概念化、规则化、标准化表达,建立健全 ESG 体系、践行 ESG 理念是确保可持续发展的重要制度安排和行动方案,推动带有浓厚伦理和慈善色彩的 CSR 向聚焦于环境、社会和治理的 ESG 转型,是可持续金融高质量发展的演进之路。目前,在全球有重要影响的国家及主要国际组织都在关注企业经营活动对环境、社会、治理的重要影响,包括美国、欧盟、日本等主要经济体、经济合作与发展组织、二十国集团、国际证券事务监察委员会组织、国际标准化组织等,都将如何借助非财务报告或可持续发展报告来对环境、社会、治理风险进行评估,以促进可持续发展作为重要议题。[①]

2. 践行 ESG 理念是金融市场发展的迫切需要

金融市场发展对可持续金融实施范式的 ESG 转型提出了迫切需求,主要体现在两个方面:一方面,可持续金融实施范式的 ESG 转型来自资本市场对环境、社会、治理方面信息披露的强大需求。《巴黎协定》意味着经济社会向绿色低碳发展转型已成全球共识,这为 ESG 的勃兴和发展创造了前所未有的契机和广阔的发展前景。在此背景下,资本市场形成了对企业环境、社会、治理方面信息的强大需求,企业社会责任报告由于其自身的局限性已无法满足资本市场的这种信息需求,这在客观上促成了 ESG 的崛起。另一方面,由于 ESG 信息披露与企业核心业务密切相关,且信息披露质量获得了市场检验和认可,这促使金融机构变被动为主动,将 ESG 表现作为投资的主要考量因素,在此机制的驱动下,各类市场主体践行 ESG 的积极性和主动性得到了增强。

3. 法治是践行 ESG 理念的重要保障

---

① 屠光绍:《ESG 责任投资的理念与实践(上)》,《中国金融》2019 年第 1 期,第 15 页。

2004 年 ESG 概念正式被提出后,联合国及其所属机构出台了一系列促进全球环境治理和应对气候变化的金融合作方案和倡议,发布了一系列可持续金融标准和责任投资原则,引导资本市场更加关注绿色投资。在联合国推动下,世界各国特别是西方发达国家相继颁布了一系列政策法规,在促进可持续金融发展的同时加强对可持续金融的监管。与此同时,世界大型金融机构和金融行业组织也开始行动,推出一系列自治性规范,倡导金融机构主动践行 ESG 理念。尽管上述不同主体制定和发布的各种规范在类型、性质和效力层次上存在差异,但这些规范都将企业社会责任聚焦在提升环境、社会、治理的表现上,在这三个方面实现了规范的目标协同和功能协同。这些规范融合了政策、法律、道德、技术标准等在不同层面和不同领域的规范功能,形成了促进可持续金融发展的强大动力,使 ESG 理念能够真正融入可持续金融发展的实践,成为保障可持续金融高质量发展的制度基础。

4. 标准体系是促进可持续金融实施范式 ESG 转型的主要工具

日益成熟的标准体系是可持续金融实施范式从 CSR 向 ESG 转型的最显著标志。2015 年在联合国发展峰会上通过的《2030 年可持续发展议程》提出了涉及 17 个领域的 169 项可持续发展目标,旨在以综合方式解决经济、社会、环境三个维度的发展问题。国际上常见的 ESG 信息披露框架和标准包括可持续发展会计准则委员会(SASB)、全球报告倡议组织(GRI)、国际可持续发展标准理事会(ISSB)、气候相关财务信息披露工作组(TCFD)等国际机构制定的框架和标准。此外,欧盟、英国、美国、加拿大、澳大利亚等国家和地区也在不断完善 ESG 信息披露框架与标准规范。总体上,国际机构和西方发达国家逐步提高了 ESG 信息披露标准,标准体系的日趋完善成为可持续金融实施范式转型的显著标准和重要工具。

二、坚持中国特色是我国可持续金融发展的使命使然

1. 国际 ESG 体系在中国适用的不足

随着 ESG 实践的不断发展,ESG 国际体系逐渐完善。虽然 ESG 国际体系对我国实践具有重要借鉴意义,但是 ESG 国际体系数量众多、理念背景独特、构建框架不同,其对我国情境的适应性也存在较多不足。一是发展背景不同。从理论发展脉络来看,ESG 理念形成之初旨在反抗资本主义社会"股东利益至上主义"对利益相关者利益的漠视和践踏[1],而在以公有制为主体的中国,践行 ESG 理念的初衷是促进经济、社会、环境的可持续发展,ESG 的发展具有更好的社会基础。二是发展 ESG 的国情不同。西方践行的 ESG 理念和标准是基于西方大型跨国公司对全球经济、社会、环境的深刻影响为背景而构建的,我国大多数公司还处在发展阶段,适用西方标准存在不适应性。三是秉持的核心价值理念不同。社会核心价值往往通过 ESG 体系反映出来,ESG 国际体系反映的主要是西方社会的核心价值,在

---

[1]　孙忠娟、郁竹、路雨桐:《中国 ESG 信息披露标准发展现状、问题与建议》,《财务通讯》2023 年第 4 期,第 10 页。

我国适用也存在困难。例如,在社会责任方面,西方更多关注男女性别比例、"社区影响"等指标,而我国更关注"乡村振兴""共同富裕"等议题。四是西方 ESG 被政治化的现象值得警惕。美国共和党与民主党对 ESG 截然相反的意见,德、法两国在绿色金融标准认定上的分歧[①],西方以 ESG 标准实施供应链限制等[②],都在一定程度上引起人们对 ESG 被西方政治化的警惕和担忧。此外,西方国家通过提高 ESG 标准进一步强化西方大型公司在国际经济中的话语权和主动权的同时,也提高了发展中国家企业开展国际合作和参与竞争的门槛,成了不公平的国际经济秩序的帮凶。

2. 以 ESG 框架讲好"中国故事"

我国可持续金融的发展需要依托我国的国情背景,结合我国的发展阶段和环境,服务国家战略,解决现实问题。金融机构既是国民经济的重要参与者,又是国家宏观调控政策的重要执行者,在国民经济发展中发挥着关键和重要作用。与此相对应,金融机构在推进国家战略,解决重大社会、经济、环境等问题上需要承担比一般企业更严格的社会责任。因此,在中国式现代化视域下,我国可持续金融实施范式的 ESG 转型要摆脱"西方中心论"对于 ESG 实践的解释误区,立足于我国国情,以服务国家战略和解决我国可持续发展中面临的重大问题为目标导向,依托于当前正在推进的中国式现代化而展开。当然,中国式现代化不是关起门来另搞一套体系,而是在坚持自我主张的同时融入世界,借鉴国际体系、机制、市场、标准、经验促进我国更好发展。可持续金融实施范式的 ESG 转型有赖于国际合作与国内实践的共同推进。目前,在联合国推动下已形成了国际 ESG 体系的基本框架,这个基本体系框架也是在我国政府、金融机构积极参与下形成的,我国可以在这个框架下讲好"中国故事",即在 ESG 国际体系框架下的具体指标中融入我国的发展理念、核心价值、重大关切等,在推动可持续金融现代化、国际化的同时更好地服务我国的国家战略目标。因此,需要从法理创新、法治策略及制度路径等方面积极探索兼容国际共识与中国特色的可持续金融发展之路。

第三节　法理创新:价值皈依、功能定位与实践路径

我国可持续金融实施范式的 ESG 转型必须兼顾国际共识与中国特色,这就意味着既不能简单地用西方的 ESG 理论体系阐释我国的可持续金融转型,也不能以脱离世界潮流的话语体系故步自封。对于我国可持续金融实施范式转型来说,它在理论上的自我主张同时应该具有容受性的。这意味着,它需要在广泛的对外学习借鉴中成为"能思的和批判的"。[③]

---

① 孙雅雯、孙彦红:《欧盟可持续金融促进可持续转型的作用研究——机制、实践与前景》,《欧洲研究》2022 年第 3 期,第 72 页。

② 刘夏青、梁本凡、丁晓涵:《新绿色贸易壁垒:欧盟碳边境调节机制对中国纺织服装行业发展的影响》,《价格月刊》2023 年第 3 期,第 25 页。

③ 吴晓明:《论中国学术的自我主张》,《学术月刊》2012 年第 7 期,第 9 页。

一方面,我国可持续金融实施范式的转型需要由中国法学自主知识体系所建构及论证的法治理论。另一方面,我们所建构和论证的这套理论体系必须能够与国际话语体系对话和沟通,能够用以阐释 ESG 转型世界浪潮中的可持续金融发展。中国式现代化理论为我国可持续金融的法理创新提供了丰富养分和绝佳契机,其中人类命运共同体理论、中国式现代化基本特征的理论概括及新发展理念不仅为可持续金融的国际国内协同与沟通提供了理论框架,而且为中国特色的可持续金融法治话语体系的生成、发育和繁盛奠定了理论根基。

一、以构建人类命运共同体为价值皈依

要求金融机构践行 ESG 理念面临的挑战首先来自公司追求利润最大化与履行 ESG 责任之间的价值冲突。自可持续金融诞生之日起,人们就在思考和讨论金融机构为何需要履行社会责任。西方学界存在三种非常具有影响力的学术流派。第一种流派以股东价值理论为代表,第二种流派以企业社会责任(CSR)为代表,第三种流派则是以利益相关者理论为代表。三种学术理论都对商业和金融实践产生了重大影响。古典经济学理论以股东利益最大化为原则,弗里德曼认为:"在公开、自由、没有欺诈的游戏规则范围内,为增加利润而利用资源、从事经营活动是企业的唯一责任。"[①]然而,时至今日,"企业社会责任在公司各项议程中的地位可谓是前所未有"。[②] 利益相关者理论是西方近 40 年为了对抗以股东为中心的主流公司理论而发展起来的,[③]在经历了 21 世纪初的两次金融危机之后,西方学术界尝试着在股东价值理论与利益相关者理论、企业社会责任理论之间寻求平衡,先后出现了迈克尔·詹森提出的"开明股东价值论"、迈克尔·波特等人提出将股东价值与社会价值融合的"共同价值"论,以及亚历克斯·爱德蒙斯的"蛋糕经济学"提出的社会价值论等。[④] 以上理论建立在西方价值理念、商业情景和制度体系之上,以此解释不同背景下的我国可持续金融实践很难引起理论共鸣。实际上,可持续金融实施范式的 ESG 转型是对人类可持续发展宏大命题的回应,已远远超出了股东利益、利益相关者利益以及个别国家利益的界限,是关于人类整体命运的重大议题。

我国提出的人类命运共同体理论以全球共同发展为视野,以全人类命运休戚与共为价值关怀,是我国对人类社会可持续发展的重要理论贡献。在一定意义上,人类命运共同体理论继承了社会责任理论的合理内涵,超越了利益相关者理论,将关注的利益共同体扩大到了整个人类整体,以更加长远的目光、更加宽广的胸怀、更加宏大的视野、更为深刻的思想看待、思考和谋划人类社会的可持续发展。因此,以构建人类命运共同体理论作为我国

① Friedman, M. Capitalism and Freedom, University of Chicago Press,112(1962).

② Smith, N. "Corporate Social Responsibility: Whether or How?"45 California Management Review,52(2003).

③ Freeman, R.E. Harrison, J. Wicks, A. Parmar, B. & De Colle, S. Stakeholder Theory. The State of the Art, Cambridge University Press,4(2010).

④ Porter, M. & Kramer, M.. "Creating Shared Value: How to Reinvent Capitalism-And Unleash a Wave of Innovation and Growth". 3(2) Harvard Business Review,52(2011).

可持续金融实施范式转型的伦理价值具有重要意义。

第一,人类命运共同体理论是基于人类是命运共同体这个实然性的客观现实。"人类社会已经成为你中有我、我中有你的命运共同体,大家利益高度融合,彼此相互依存。"①这一客观现实正日益清晰地反映在人类经济全球化、生态环境治理特别是气候治理实践活动中。经济的全球化、环境污染、生态破坏以及气候变化等议题将世界各国紧密地联系在一起,这些议题只有通过国际深度合作才能解决。实际上,人类已经意识到,面对经济、社会、环境、气候变化等共同性问题,没有国家和地区能独善其身,世界各国人民的利益和命运被牢牢地束缚在一起,休戚与共。② ESG 世界潮流的兴起,正是国际社会基于这样的客观现实而形成的共识和采取的行动,以环境、社会、治理为抓手,引导金融机构将资金投向可持续发展领域,对维持人类命运共同体永续发展具有重要意义。

第二,人类命运共同体理论倡导以共同利益和长远利益为价值目标。它是以人类共同利益和长远利益为核心的一种价值理念和行为逻辑。与传统利益相关者理论以股东、员工、社区等利益相关者狭窄的利益为价值关怀不同,人类命运共同体理论把人类命运放在核心地位,以人类共同利益和长远利益为伦理关怀,不仅与可持续金融新时代发展的价值追求相符,而且能够更好地引领可持续金融实现这样的价值目标。ESG 理念强调金融的发展应将事关人类整体利益的环境、社会、治理问题纳入战略管理,以追求事关人类整体利益的可持续发展为目标。具体而言,人类命运共同体理论要求金融机构追求全人类共同的利益,而不是狭隘的国家利益、民族利益、地区利益、集团利益;追求长远的利益,而不能因短期的、暂时的利益就舍弃人类永续发展的长远利益。③ 因此,人类命运共同体理论是新时代可持续金融发展的价值皈依,是对西方股东价值论、企业社会责任理论、利益相关者理论的全面超越。

第三,人类命运共同体理论是对金融资本主义的超越。金融资本主义是资本主义的最新发展形势,是构建人类命运共同体直接的现实前提。④ 金融资本主义是掠夺性的财富积累、持续性生态环境恶化以及贫富差距不断拉大的重要原因和背后推手。人类命运共同体理论强调以人类整体为中心、以人的全面发展为中心,有助于国际社会重新认识金融治理中的治理目标、治理价值观、治理主体、权力结构、治理内容等诸多内容,有助于国际社会重新将人置于金融治理的核心,而不是本末倒置地盲目奉行资本至上主义,将人淹没在资本中。因此,可持续金融实施范式的 ESG 转型以人类命运共同体理论为价值引领,可以超越金融资本主义的种种弊端,为可持续金融追求共同利益与长远利益提供实践方案。

---

①　参见习近平:《共同构建人类命运共同体——在联合国日内瓦总部的演讲》,《光明日报》2017 年 1 月 20 日第 2 版。

②　参见杨峰、秦靓:《我国绿色信贷责任实施模式的构建》,《政法论丛》2019 年第 6 期,第 52 页。

③　参见马忠法、谢迪扬:《论"构建人类命运共同体"理念下的国际金融法律制度变革》,《新疆大学学报(哲学社会科学版)》2022 年第 4 期,第 24 页。

④　参见李乾坤:《金融资本主义批判与人类命运共同体的构建》,《河南社会科学》2023 年第 3 期,第 12 页。

第四，人类命运共同体理论强调合作共赢与多元化发展。人类命运共同体理论注重沟通协作，这种协作是建立在人类命运休戚与共的共识上的。人类命运共同体理论倡导的平等、开放、包容、协作等理念可以更深入引领可持续金融发展的国际合作，促进 ESG 体系逐渐趋同或相容。[①] 同时，人类命运共同体理论也认为，各国的价值体系处于不断发展变化中，不可能有永恒不变的普世性价值，不能僵化地要求每个国家的可持续金融采取同一发展模式。因此，人类命运共同体理论倡导在发展 ESG 体系时，不可生搬硬套他国经验，而应具体问题具体分析，因地制宜地制定个性化的发展方案。

综上，人类命运共同体理论既是一种价值观，也是一种方法论。人类命运共同体理论中的可持续发展观、共同利益观继承 ESG 理念又超越 ESG 视野，可以成为全球经济社会可持续转型以及环境治理和气候治理的共同价值理念。应在人类命运共同体伦理的价值引领下，推动更多金融机构特别是国际银行、跨国银行、上市银行等具有重要影响力的金融机构将 ESG 理念推广到与投融资活动密切相关的领域，利用金融机构的信用管理制度，引导资本流向绿色低碳发展领域，更多地支持有益于人类共同利益和长远利益的可持续发展项目。总之，以人类命运共同体为可持续金融发展的价值皈依，可以凝聚更大共识，推动全球可持续金融合作和高质量发展。

二、以促进中国式现代化为功能定位

中国式现代化是一项开创性事业，是超越西方现代化的社会变革和社会创新运动。通过不断的理论创新、制度创新、社会创新，中国式现代化是以最小的代价在人口规模巨大的国情下实现全体人民共同富裕、物质文明和精神文明相协调、人与自然和谐共生、走和平发展道路的现代化。ESG 体系将经济、社会、环境在治理层面联结在一起的同时，也将社会经济发展的各个要素，诸如市场、资本、资源、组织、制度等要素链接在一起，能够为社会创新提供动力和机制。在 ESG 范式下，金融机构以其独特的金融优势，使金融资本与企业资产（包括企业资源、创新能力、治理能力），实现紧密合作，共同创造突破性的解决方案，以解决影响可持续发展的复杂的环境、社会、治理问题。[②] 中国式现代化为 ESG 的社会创新功能定位提供了明确指引并确定了基本内容。具体而言，在中国式现代化视域下，ESG 的社会创新功能体现在以下几个方面：

第一，助力人口规模巨大的现代化。我国是一个人口大国，要让现代化的红利惠及每一个人，就需要实现经济社会的高质量发展。高质量发展既要"量"的发展，也要"质"的飞跃。需要通过制度创新将效率与公平、自由与幸福、公平与正义等这些根本性的价值原则

---

① 参见马忠法、谢迪扬：《论"构建人类命运共同体"理念下的国际金融法律制度变革》，《新疆大学学报（哲学社会科学版）》2022 年第 4 期，第 26 页。

② 参见李云新、刘然：《环境—制度—行为分析框架下中国社会创新的动力机制研究》，《学习与实践》2021 年第 9 期，第 16 页。

贯彻到政策安排与法律机制中。可持续金融实施范式的 ESG 转型为经济社会的高质量发展提供重要的实践方案,通过建立 ESG 治理架构、制定合理的 ESG 战略、设定有效的 ESG 监督措施、开展 ESG 投资等方式,金融机构能够在实现经济利益增长的同时维护环境、社会等方面的公共利益,创造社会价值,从而促进经济社会可持续和高质量的发展。

第二,促进共同富裕。共同富裕是中国式现代化的重要特征,全体人民共同富裕的现代化不仅要求社会财富极大丰富,而且要求改善民生福祉、实现社会平等、消除贫富分化、提高包容性等。[①] 可持续金融实施范式的 ESG 转型,不仅要求企业关注股东、员工、债权人、社区居民等利益相关者的利益,促进各相关主体的利益平衡;而且要求企业更多地参与社会价值的创造,通过 ESG 投资引领资金流向,将价值链条延伸至乡村、山区等需要发展的区域,帮助当地获得发展机会,协助当地社会发展的同时反哺企业,实现社会与经济的共赢。实际上,无论企业是自愿还是被动地接受 ESG 评价,都必须将环境、社会和治理因素融入战略和治理体系,成为企业治理的重要内容,而将这些方面纳入企业行为准则考量,有利于促进环境保护、社会公平、技术创新等长远利益,有利于促进利益相关者和谐的互动关系的建构,有利于促进共同富裕目标的实现。[②]

第三,促进物质文明与精神文明相协调。中国式现代化要不断夯实人民幸福生活的物质基础,同时也要厚植理想信念,提升精神文明,促进人的全面发展。ESG 理念要求金融机构在发展的过程中不能片面关注利润的增长,而是要全面考虑经济、社会、环境的协调发展,确保金融机构长期可持续的发展。实际上,加强生态环境保护、重视员工的权益、参与社区发展、关注公共利益、加强企业治理等都是 ESG 理念的人文价值要求。因此,ESG 理念本身就是强调物质文明与精神文明协调发展的机制。

第四,促进人与自然和谐共生。人与自然和谐共生的现代化要求加强生态文明建设,提升生态环境质量。在 ESG 范式下,金融机构必须将 ESG 纳入战略管理体系,制定科学的碳目标,加强碳管理,开展碳核算,以实际行动促进"双碳"目标的实现。同时,需要将环境污染、资源浪费、生物多样性等议题纳入战略管理和投资决策考虑,规范 ESG 信息披露,将资金投向绿色低碳的可持续发展领域,在整体上促进人与自然的和谐共生。

第五,促进和平发展。以资本霸权、掠夺方式赚取利润和实现资本积累不是和平发展之道。中国式现代化支持开放、透明、包容、公平正义原则,积极推动全球经济、社会、环境治理朝着更加开放、包容、平衡、普惠、共赢的方向发展。ESG 理念强调可持续发展,要求金融机构更加重视环境、社会、治理问题,统筹考虑业务发展对当地生态环境与人文社会可能产生的影响;同时,ESG 理念重视与社区沟通和利益共享,坚持合作共赢,积极创造世界范围内的共享价值。因此,可持续金融的 ESG 转型可以为促进和平发展贡献力量。

---

① 参见王磊:《共同富裕的核心内涵与实现路径》,《东方论坛》2022 年第 6 期,第 17 页。
② 参见朱慈蕴、吕成龙:《ESG 的兴起与现代公司法的能动回应》,《中外法学》2022 年第 5 期,第 1248 页。

三、以新发展理念为实践路径

创新、协调、绿色、开放、共享的新发展理念既蕴含了与可持续发展密切相关的社会责任，又突破了传统社会责任的范畴，[①]深刻阐述可持续发展的理念、目的、动力、机制和路径等一系列理论和实践问题。[②] 贯彻新发展理念是构建人类命运共同体的要求，也是促进中国式现代化的路径。一方面，应以新发展理念指导 ESG 规范体系、监管机制和指标体系建设。另一方面，ESG 也是贯彻落实新发展理念的重要抓手和保障，应加快 ESG 规则和实践建设，促进新发展理念的落实。具体而言，"创新发展"理念包含理论、制度、科技、文化四个方面的创新。ESG 是可持续金融创新的重要实践，面对环境、社会和治理领域的新矛盾和新问题，可持续金融需要在新发展理念的指引下，以 ESG 为抓手、创新金融体制机制、加快ESG 体系建设、推动社会创新，理顺金融资源配置中的权责利关系，构筑可持续的金融体系。"协调发展"理念主要着力于解决发展中的不平衡问题，主张物质文明与精神文明等协调发展，经济、社会与环境协调发展。协调发展理念要求金融机构在投资活动中必须将环境、社会和治理问题纳入一体化考虑和衡量，在促进经济发展的同时，促进环境、社会的协调发展。[③] "绿色发展"是当代我国的重要发展主题，是"可持续发展"理论的具体化，绿色发展理念要求金融机构将环境问题纳入战略管理，运用 ESG 体系支持环境治理、气候应对及生物多样性保护等，通过引导资金流向支持绿色低碳转型，减缓生态环境压力。"开放发展"是我国的基本国策。面对国际新形势，唯有扩大开放，才能实现我国更好更快发展。为此，应加快推动我国金融行业融入 ESG 发展的世界潮流，积极参与全球金融治理，提升金融治理体系和治理能力。"共享发展"理念与支持可持续金融发展的企业社会责任理论、人类命运共同体理论在对金融机构的利益诉求方面具有同一性。在 ESG 范式下，可持续金融可以在环境、社会、治理的议题下将公平正义的理念融入标准体系，通过 ESG 体系实现资本和社会资源的合理调配，让发展的成果惠及更多人民，实现共享发展。

综上，人类命运共同体理论、中国式现代化的基本特征和新发展理念秉承以人民为中心的发展思想，从不同层面和视角阐述了中国式现代化的伦理价值、功能定位和发展路径，以人类命运共同体理论、中国式现代化理论和新发展理念为可持续金融发展的伦理基础和法理根基，可以从根本上超越传统金融资本主义的价值观和理论传统，否定以资本的扩张和利润的攫取为人类一切活动核心的价值伦理和思想观念。因此，在可持续金融实施范式的 ESG 转型中，要贯彻以人为本理念，提振人文主义价值，挣脱资本不断扩张欲望的控制，把赚取利润的目标放在保障人的基本物质文明和精神文明需求、实现人类生存环境的可持

---

① 参见刘志云：《新发展理念与中国金融机构社会责任立法的互动》，《现代法学》2019 年第 2 期，第 5 页。

② 参见邱海平：《全面认识和贯彻新发展理念》，《经济日报（理论版）》2021 年 12 月 6 日。

③ 参见叶榅平：《"双碳"目标下减污降碳协同增效法制保障体系之重塑》，《中国地质大学学报（社会科学版）》2023 年第 2 期，第 20 页。

续发展之后。[①]

第四节　法治策略:从政策驱动到依法治理

"法治化是现代化的关键标识。全面推进法治中国建设、在法治轨道上全面建设社会主义现代化国家等顶层设计,都将法治化纳入中国式现代化的总体目标之中。"[②]金融现代化是中国式现代化的重要内容,可持续金融实施范式的 ESG 转型必然需要基于法理视角的深度诠释。在法治建设的背景下,我们不仅需要为可持续金融的 ESG 范式转型寻求法治话语,还应当充分运用法治方式促进可持续金融的范式转型。

一、法治是促进可持续金融实施范式 ESG 转型的重要保障

首先,从政策驱动到依法治理是我国可持续金融法理创新的基本要求。如前所述,我国可持续金融实施范式的 ESG 转型应以人类命运共同体为价值皈依、以促进中国式现代化为功能定位、以新发展理念为发展路径,这一法理创新不仅需要体现在理念和政策层面,更需要落实到法律规范当中。法治是人类社会发展的高级治理方式,可持续金融实施范式 ESG 转型的理论创新离不开法治理念的引领和法律制度的保障。以人类命运共同体为价值皈依,就需要将人类命运共同体的价值理念融入法律体系,通过法律上的权利义务关系落实到各个经济社会层面。因此,无论是将人类命运共同体理念贯彻到可持续金融国际合作还是国内发展实践中,都离不开法治的支持和规范。[③] 同样,法治在深入推进中国式现代化进程中发挥着引领、规范和保障作用,有效促进了制度与治理的有机统一,实现了国家制度和国家治理体系的系统集成。[④] 可持续金融促进中国式现代化的功能定位,离不开法治的保障。而通过法律价值的中介实现"创新、协调、绿色、开放、共享"的规范转换,是可持续金融实施范式 ESG 转型的根本路径。总而言之,可持续金融的法理创新,不能仅仅停留在政治层面、理念层面或政策层面,不能单纯依赖政治话语、理念话语和政策话语加以诠释,而是需要进一步从法治视角化解政治、政策和法律不同话语体系下的可持续金融之间的隔阂,实现法理创新的同时引领法治化实践发展。[⑤]

其次,从政策驱动到依法治理是西方发达国家可持续金融实施范式 ESG 转型的普遍做法和重要经验。可持续金融实施范式 ESG 转型伴随着金融法治的快速发展。在国际合作不断加强和加深的背景下,各国政府、金融机构和企业纷纷将 ESG 作为加快可持续转型的

---

① 参见马忠法、谢迪扬:《论"构建人类命运共同体"理念下的国际金融法律制度变革》,《新疆大学学报(哲学社会科学版)》2022 年第 4 期,第 24 页。

② 陈金钊:《中国式现代化缘何需要法理诠释》,《法律科学(西北政法大学学报)》2023 年第 4 期,第 3 页。

③ 参见陈雷、罗洪洋:《人类命运共同体的法律建构规范视角》,《南京社会科学》2019 年第 2 期,第 96 页。

④ 参见金成波:《筑牢中国式现代化的法治根基》,《学习时报》2022 年 10 月 26 日,第 21 页。

⑤ 参见周佑勇:《逻辑与进路:新发展理念如何引领法治中国建设》,《法制与社会发展》2018 年第 3 期,第 32 页。

重要抓手,加快相关政策、法规、制度、体制机制建设,积极探索新范式下的可持续金融实施路径的转化,并积累了丰富的立法和实践经验。近年来,欧盟针对 ESG 信息的透明度问题出台了多项法规和指引文件,对不同主体的 ESG 信息披露要求逐步明确、清晰。《可持续金融分类方案》《可持续金融披露条例》《非财务报告指令》和《可持续发展报告指令》覆盖了欧盟金融市场大型参与主体的 ESG 责任,加强了监管要求,提高了监管效率。英国政府陆续制定多项涉及 ESG 法律法规,形成了复杂的规则体系。2013 年英国通过修改《公司法》,实施首个强制性 ESG 披露规范。[1] 2015 年《现代奴役法》要求特定组织每年需制定一份奴役和人口贩运声明。[2] 2017 年,《平等法案(性别薪酬差距信息)条例》强制要求企业发布性别薪酬差距信息。[3] 2018 年《公司(董事报告)和有限责任合伙企业(能源和碳报告)条例》要求企业报告能源使用情况。[4] 2022 年《公司(战略报告)(气候相关财务披露)条例》要求所有上市公司和大型资产所有者从 2022 年 4 月起按照气候相关财务信息披露(TCFD)[5]所规定的框架指标公开信息。[6] 日本也相继颁布《机构投资者尽责管理守则》和《公司治理准则》,要求机构投资者和上市公司完善治理结构,积极应对环境方面和社会方面的问题。由此可见,完善法治促进可持续金融实施范式 ESG 转型是西方发达国家的普遍做法和重要经验。

最后,从政策驱动到依法治理是可持续金融实施范式 ESG 转型的要求。可持续金融实施范式的 ESG 转型实践涉及不同层面的行动,上至政策法规的制定,下到绿色金融产品的研发和标准的制定,需要不同层面的立体式发展。ESG 范式下的可持续金融,需要准确、及时和可比较的信息、数据、标准来帮助投资者识别和管理 ESG 风险,并为监管者创造监管条件和提供监管工具。相较于政策规范而言,通过法律规则的治理,可以为投资者增强信心和稳定预期,为监管者明确监管职责、权限及规范依据,从而促进投资者做出合乎道德和负责任的投资决策,并维护财务报告的完整性,及时披露信息,尊重股东权利,识别和管理风险,负责任地从事投资活动,在追求利润的同时维护利益相关者利益并促进公共利益的实现。

二、法制发展滞后已成为我国可持续金融实施范式 ESG 转型的制约

中共二十大报告关于中国式现代化、绿色发展、共同富裕的论述为我国 ESG 发展奠定了重要的理论和政策基础,也为我国可持续金融实施范式的转型明确了方向。随着"碳达峰""碳中和""1+N"政策体系的日益完善,我国的可持续金融政策法规体系也有了很大发

---

① The Companies Act 2006(Strategic Reportand Directors' Report) Regulations 2013,Art15.

② Modern Slavery Act,Art54.

③ Equality Act 2010(Gender Pay Gap Information)Regulations 2017.

④ Companies (Directors' Report) and Limited Liability Partnerships (Energy and Carbon Report) Regulations 2018.

⑤ Task Forceon Climate-related Financial Disclosures(TCFD)。

⑥ The Companies(Strategic Report)(Climate-related Financial Disclosure)Regulations 2022,Art4.

展。然而,尽管目前已有一系列支持和规范可持续金融发展的政策法规,但与 ESG 的要求还相差甚远,主要体现在:一是在规范类型上以政策为主导。包括法律规范在内的其他规范没有得到足够的重视和发展,特别是法律规范滞后,至今没有国家层面的可持续金融专门性立法。二是从规范内容上以环境规范为主。目前可持续金融政策法规主要聚焦于解决生态环境问题[1],主要是基于生态文明建设的要求,期望金融机构在生态文明建设中发挥促进绿色转型的功能,对金融机构在创新、协调、开放、共享方面的社会责任没有足够重视。三是对可持续金融标准体系的规定滞后于实践发展的需要。现有的法律对金融机构的环境、社会和治理责任规定不够明确具体,无法对政府、企业、金融机构和个人等主体形成责任投资融资压力[2],特别是我国现行法律对金融机构的环境法律责任没有直接的明确规定,使得环境法律责任对金融机构的反向激励效果并不明显。[3] 四是规范结构上以行政规制为主。现有规范多偏重于限制性和约束性规定,鼓励性、市场化方面的政策法规薄弱。五是在规范效力上主要是软法规范和公法规范,表现为规范的原则性、倡导性,责任机制的功能作用没有受到重视。由此可见,我国可持续金融规范还无法满足 ESG 的要求,需要加强规范体系的整合与建设。

三、我国可持续金融法律规范体系的优化

可持续金融的发展需要一系列金融创新、市场创新和监管机制创新,需要借助政策法规、技术规范及自治性行为准则等形成的制度安排推进实施。政策、法律、标准及自治性规范形成的规范体系既是可持续金融发展理念、功能定位、实施机制的载体,也是可持续金融理念全面落实、功能充分实现和机制有效运行的根本保障。我国可持续金融实施范式的 ESG 转型,既体现在规范配置变迁上,也需要通过规范配置优化得以实现和发展。

第一,可持续金融规范类型的优化和多样化发展。从国际经验来看,可持续金融的高质量发展,需要政策规范、法律规范、社会规范、标准体系协同促进和规范,特别是需要通过完善的法律规范体系提升可持续金融监管水平和治理能力。目前,我国可持续金融发展过于依赖政策规范推动,这不利于可持续金融的 ESG 转型和高质量发展。应借鉴国际经验,推动可持续金融规范体系的进一步优化和完善:一是促进规范类型的体系化发展。目前,我国可持续金融发展主要靠政策性文件和政策工具推动,法律规范严重不足和滞后,行业自治性规范发展也很慢。应加强可持续金融法治建设,推动行业自治性规范发展,形成政策、法规、社会规范协调发展的规范体系。二是促进软法与硬法协同发展。目前我国可持续金融以政策性规范为表现形式的软法为主,硬法规范不足,特别是关于 ESG 信息披露的

---

① 参见刘长兴:《中国环境立法年度观察报告(2021)》,《南京工业大学学报(社会科学版)》2022 年第 2 期,第 97 页。

② 参见古小东、刘秀明:《我国商业银行绿色信贷的现状、问题与对策》,《海南金融》2014 年第 1 期,第 72 页。

③ 参见周杰普:《论我国绿色信贷法律制度的完善》,《东方法学》2017 年第 2 期,第 76 页。

法律框架尚未建立,信息披露标准和披露机制主要体现在交易所和金融业自律性规范中,披露标准不统一、披露义务不明确等问题已严重制约着可持续金融实施范式的 ESG 转型,也不利于可持续金融的有效监管。因此,应重视硬法的功能作用,建立 ESG 信息披露法律框架,明确信息披露标准和信息披露机制,强化 ESG 法律责任,促进软法与硬法的协同规范功能的发挥。三是促进公法与私法协同发展。从立法技术来看,可持续金融法制是典型的公法和私法交融的领域。涉及企业组织法、金融监管法、金融交易法等,牵涉企业与利益相关者利益平衡的方方面面,涉及市场行为与监管行为。因而有必要发挥好公法与私法协调规范作用,促进公法与私法的协同发展。

第二,应将 ESG 理念融入可持续金融相关法律法规体系。目前,我国法律法规对企业社会责任的规定过于原则抽象,难以对企业有效督促和规范企业践行社会责任。随着 ESG 理念对企业经营特别是对可持续金融发展的影响日益显著,我国《公司法》《商业银行法》《保险法》《证券法》及各类企业法等应调整公司、企业、金融机构的目的性条款,融入 ESG 核心理念,强调"义利并举"的现代企业价值。将金融机构践行 ESG 责任的要求法制化,通过立法目的的修改、可持续金融分类规则、信息披露规则、监管体制机制建设将其贯彻落实到具体制度中。在此基础上,将 ESG 纳入公司治理框架,落实 ESG 议题在公司治理中的功能定位,建立 ESG 内部治理机制。同时,建立可持续金融监管法律框架,明确监管部门的义务与责任。

第三,促进可持续金融法律规范体系化发展。我国可持续金融立法还处于较为分散的状态,在法律层面对可持续金融发展缺乏顶层设计,至今没有一部规范可持续金融发展的专门性法律,导致可持续金融法制体系化不足。可持续金融现有的相关法律规范主要体现在环境治理、金融监管、商业银行和外商投资等相关法律法规的一些零散性、原则性规定中,呈点状分散分布、碎片化状态,[①]并且这些零散性、原则性的规定是针对环境问题,以鼓励和引导发展绿色金融为目的,对社会责任和治理问题缺乏足够重视。总之,现有法律规范没有很好地统筹环境、社会和治理因素形成可持续金融法律规范体系。为了保障可持续金融的转型升级,应完整地理解"可持续"的深刻内涵,以 ESG 为抓手,统筹考虑经济、环境、社会和治理因素,贯彻落实新发展理念,为可持续金融发展制定专门性法律,促进可持续金融法制由分散的点面立法向专门的体系化构建转型。

第四,可持续金融实施机制的法制化。我国可持续金融实施机制还未能适应和满足践行 ESG 的要求,主要表现在三个方面,一是当前的可持续金融实施机制主要是作为外部规制主体的政府对金融机构发展可持续金融的自上而下的约束性传导机制,总体上属于外部压力型驱动机制。这种外部压力机制以政府一元规制为主,包括社会组织、行业团体在内的其他主体的参与机制发展滞后。[②]二是内部激励机制动力不足。现有可持续金融实施决

①　参见魏庆坡:《商业银行绿色信贷法律规制的困境及其破解》,《法商研究》2021 年第 4 期,第 25 页。

②　参见秦芳菊:《我国商业银行绿色信贷的法律进路》,《南京社会科学》2020 年第 5 期,第 84 页。

策,即使从内部视角来看,也主要是政府行政命令式的驱动,鼓励性、激励性不足。[①]三是可持续金融阻力破解机制方面,主要靠政策而不是法律,对于可持续金融发展中出现的问题,如可持续金融概念模糊,标准不明确以及"飘绿"问题,尚未有长效机制安排。[②]因此,加强可持续金融实施机制建设是当前促进可持续金融实施范式转型的重要任务。首先,完善金融机构和企业 ESG 治理机制。通过完善立法,督促企业等市场主体将环境、社会、治理要求纳入战略管理,建立 ESG 治理架构,强化 ESG 信息披露,规范企业与利益相关者的交流互动,完善相关 ESG 政策制定流程管理。金融机构应当制定针对客户的环境、社会和治理风险评估标准,对客户 ESG 方面的风险进行分类管理与动态评估。其次,要强化 ESG 信息披露要求。监管部门要逐步推动实现强制、全面、定量的 ESG 信息披露,探索建立 ESG 第三方机构专业资质认证和核查评价标准,切实提高 ESG 信息质量和可信度。最后,要完善可持续金融发展激励机制。ESG 范式下的可持续金融,既需要高效的监管,也需要有效的激励,两者不可偏废。通过立法设定基本的财政、税收、人才等激励保障措施,完善创新配套政策,给予利息贴补或者税收优惠,降低环境友好型企业或项目融资成本,更快推动可持续金融市场化机制形成。

　　第五,可持续金融法律责任机制的完善。开展可持续金融活动是金融机构履行企业社会责任主要表现,这不仅需要金融机构积极主动践行,也需要通过法律责任机制落实。我国可持续金融的相关规定多为政府的政策性文件,不具有法律上的强制性,难以有效督促和规范金融机构真正践行 ESG 理念,并且,在执行这些政策性文件时,各金融机构、各地区之间往往存在较大的差距,可持续金融发展政策在实施过程中存在"明严实松"的情况。[③]国际经验表明,只有将可持续金融的道义责任转化为法律责任,才能更好促使政府、金融机构、企业等积极行动践行社会责任。[④]可持续金融实施范式的 ESG 转型,必须从法律层面完善金融机构践行环境、社会和治理责任的法律机制,整合可持续金融发展政策中 ESG 相关内容,通过法律规范将环境、社会、治理责任具体化,弥补法律规范在 ESG 规范上的不足和空白,强化可持续金融相关法律的执行力和可操作性。[⑤]因此,应从践行 ESG 理念出发,从责任主体、责任内容、责任形式、履行机制等方面推动符合我国可持续金融发展实践的 ESG 法律责任制度。

---

① 参见方桂荣:《集体行动困境下的环境金融软法规制》,《现代法学》2015 年第 4 期,第 115 页。

② 参见陈立铭、郭丽华、张伟伟:《我国绿色信贷政策的运行机制及实施路径》,《当代经济研究》2016 年第 1 期,第92 页。

③ 参见原庆丹,等:《绿色信贷与环境责任保险》,中国环境科学出版社 2012 年版,第 91 页。

④ 参见杨峰、秦靓:《我国绿色信贷责任实施模式的构建》,《政法论丛》2019 年第 6 期,第 52 页。

⑤ 参见管斌、万超:《中国商业银行环境责任的法治回应》,《经济法论丛》2018 年第 2 期,第 120 页。

第五节　制度路径：以 ESG 指标体系建设为抓手

一、标准在 ESG 体系中的核心地位

可持续金融实施范式的 ESG 转型是一个复杂的体系，涉及资本、市场、标准、评价、利益调整及分配、监管等多个方面，不仅要从价值理念出发，而且要在微观技术层面落实。ESG标准不仅是金融机构践行 ESG 理念的行为准则，而且是社会评价金融机构践行 ESG 理念成效的标尺，因此，ESG 标准既是推动可持续金融发展的技术工具，也是监管部门及社会对可持续金融实施监管和监督的主要手段。首先，ESG 标准是可持续金融价值理念的重要载体。ESG 标准从环境效益、社会效益和经济效益三个维度发挥引导资金流动的作用，进一步促进社会经济绿色低碳发展及转型。其次，ESG 标准是可持续金融监管的重要工具。统一的 ESG 标准是对可持续金融实施有效监管的工具，只有标准的确立才能发挥监管部门的规范作用。再次，ESG 标准是优化和完善 ESG 生态体系的重要抓手。ESG 标准不仅为机构践行 ESG 理念确立了评价体系，而且可以引导金融机构根据 ESG 报告筛选投资项目和实行差别化的信贷利率政策，由此引导广大市场主体提升 ESG 表现，从而优化和完善各行业 ESG 生态体系。[①]　总之，ESG 标准是 ESG 生态的重要基础，是落实 ESG 理念的关键技术，也是监管机构、上市公司、投资机构分析、决策、行动的重要依据和技术工具。

二、ESG 标准是以国际话语讲好"中国故事"的重要载体

可以将 ESG 标准笼统分为两个类别，一类是 ESG 信息披露标准，另一类是 ESG 评级标准。从 ESG 范式下的可持续金融标准指引文件来看，其主要围绕环境、社会和治理三个方面进行标准设计，其设计理念大致有两类，一类是"原则主义"，另一类是"细则主义"。[②]实际上，国际和国内的 ESG 标准文件都是这两种的混合，既有原则性标准也有具体标准。各类标准因面向不同利益相关方、聚焦不同的维度或议题，因此对信息披露机构提出了不同的要求。[③]　由此可见，虽然 ESG 已经被越来越多地提及，但是如何衡量企业 ESG 水平仍然是"非共识"的状态。这就意味着，国际社会对 ESG 标准的具体内容并"无共识"。"无共识"则意味着 ESG 标准具有可塑性，每个国家可以根据可持续金融发展的理念、目标及体制环境，在 ESG 标准框架下填充独特的内容。这也意味着我国可以结合我国国情、发展理念和发展阶段、战略目标建立具有中国特色的 ESG 标准体系。

---

①　参见按毛昕旸、叶飞腾、杨芳：《"双碳"目标下我国 ESG 信息披露的现状与改进——基于能源行业的分析》，《中国注册会计师》2023 年第 5 期，第 79 页。

②　参见叶榅平：《可持续金融实施范式的转型：从 CSR 到 ESG》，《东方法学》2023 年第 4 期，第 130 页。

③　参见董江春、孙维章、陈智：《国际 ESG 标准制定：进展、问题与建议》，《财会通讯》2022 年第 19 期，第 153 页。

具体而言,在 ESG 标准体系建设上,我国要坚持"求同存异"原则。在求同方面,我国应基于联合国可持续发展目标等具有国际共识的可持续框架设置相关议题。一是要在环境、社会、治理框架下建设标准体系;二是在环境、社会、治理三个模块上遵循具有国际共识的通用模块;三是在通用标准模块基础上遵循国际行业划分标准建设我国的行业标准;四是在标准术语上尽量适用国际通用话语表达具有中国特色的内容。在存异方面,要充分体现中国式现代化的治理要求。中国式现代化重构了现代化的理论范式,体现了现代化的人民性、全面性、协调性、生态性、包容性。ESG 标准体系要以中国式现代化为基本方向,将增进民生福祉、实现高质量发展作为根本目的,以创新、协调、绿色、开放、共享为主要路径,积极构建可持续金融新发展格局。在"环境"标准上,要契合我国生态文明建设的目标任务,紧密围绕"协同推进降碳、减污、扩绿、增长"目标设定信息披露框架和标准,为推进生态优先、节约集约、绿色低碳发展提供引导、动能和机制。在"社会"标准上,要围绕公平正义、共同富裕目标,关注社区权益、消费者保护、产品责任与创新、健康与安全、隐私与数据安全、乡村振兴等具有中国特色议题设定披露框架和标准。在"治理"标准上,以完善中国特色现代企业制度、国企改革等目标,从治理结构、员工权益、产权清晰度、企业文化等方面结合中国国情设定议题和标准。

三、ESG 标准体系建设的具体对策

ESG 理念与标准源于西方,我国 ESG 的发展,既要与国际 ESG 标准积极接轨,也要推动 ESG 的本土化发展。近年来,在广泛适用国际 ESG 标准的基础上,我国政府、行业协会、研究机构和社会组织等也在不断推进 ESG 标准化工作,发布了许多 ESG 信息披露政策、指南等。但总体上,我国 ESG 标准建设还存在较多不足:一是尚未建立 ESG 信息披露的标准框架体系,无法科学规范地指导金融机构和企业实现实质性、可靠性、可比性和公开透明地进行 ESG 信息披露。[①] 二是与 ESG 相关的政策法规体系不完善。尚未形成有利于金融机构践行 ESG 和可持续发展的制度环境。[②] 当前我国披露 ESG 信息的 A 股上市公司特别是金融机构越来越多,但是因缺乏统一规范的披露标准,ESG 信息披露报告的质量总体不高。由于标准不统一、信息披露不规范等原因,"漂绿"现象频繁,这些问题严重影响了我国可持续金融实施范式的 ESG 转型。当前,建立可持续金融标准体系已受到了有关监管部门的高度重视,2022 年 2 月,中国人民银行等四部委发布《金融标准化"十四五"发展规划》,明确要求到 2025 年基本建成与现代金融体系建设相适应的标准体系。可持续金融实施范式的 ESG 转型为金融标准化的实现创造了良好契机。

1. 推进国内 ESG 标准规范体系建设

---

① 参见楼秋然:《ESG 信息披露:法理反思与制度建构》,《证券市场导报》2023 年第 3 期,第 28 页。

② 参见刘俊海:《论公司 ESG 信息披露的制度设计:保护消费者等利益相关者的新视角》,《法律适用》2023 年第 5 期,第 20 页。

　　标准是一个国家软实力和硬实力的综合体现,掌握了标准就掌握了国际竞争的话语权,并且 ESG 标准体系建设也是我国可持续金融实施范式转型升级的重要保障。因此,我们要高度重视 ESG 标准建设,加强 ESG 标准顶层设计,加快 ESG 政策法规和指引文件建设。通过政策法规的顶层设计,明确可持续金融的概念和分类,制定 ESG 评价标准的原则指引,确立 ESG 信息披露的基本框架,指明 ESG 标准与金融监管、金融市场、金融服务融合路径等,使 ESG 标准体系建设有章可循、有法可依,为 ESG 标准体系的发展提供制度保障。

　　2. 积极参与 ESG 国际标准制定

　　随着 ESG 国际化潮流的发展,我国近年来积极参与 ESG 国际标准的制定。例如,我国牵头制定和批准了《G20 转型金融框架》,中国机构和专家参与制定了国际标准化组织(ISO)牵头的《支持绿色金融发展的项目、活动和资产环境准则指南》(ISO14100)。我国财政部和证监会对国际可持续准则理事会(ISSB)于 2022 年 3 月发布的两份 ESG 标准草案都正式反馈了意见,特别提出要加强 ISSB 标准的包容性,以便能够适应发展中国家、新兴市场及中小企业等。此外,我国与欧盟等经济体共同发起设立了可持续金融国际平台(IP-SF),促进国际绿色金融标准趋同。现阶段 ESG 已经成为我国国家相关政策和规范性文件中的官方用语,我国应进一步重视和积极参与 ESG 国际标准的制定,将我国的价值理念更多地融入国际 ESG 标准体系,促进国际与国内 ESG 标准的平衡与统一,提高我国的国际话语权,提升我国金融业在国际上的竞争力。

　　3. 建立以 ESG 信息披露标准为核心的标准体系

　　标准是绿色金融可持续发展的重要支柱,而 ESG 信息披露标准是 ESG 标准体系的核心。我国 ESG 信息披露标准还需要进一步完善:(1)推进 ESG 标准体系整体的平衡发展。我国在环境信息披露标准和指引方面发布了较多的规范性文件,但社会和治理方面的标准还相对滞后。因此,在进一步完善环境信息披露标准体系建设的同时,要加快"社会"和"治理"方面信息披露的规范建设,建立"社会"和"治理"信息披露框架,推进 ESG 标准体系的整体平衡发展。(2)促进 ESG 标准的统一。目前,我国 ESG 信息披露标准较多且存在较大差异,例如,国资委、证监会、上交所和深交所各有一套信息披露标准,而实践中引用较多的国际标准(如 GRI、SASB)的侧重点不同,标准也有较大差异。针对 ESG 信息披露标准缺乏顶层设计和不统一问题,应加强 ESG 信息披露标准体系整体设计,将目前环境保护相关法律法规要求强制披露的生态环境信息、企业自愿披露的企业社会责任报告以及可持续发展报告进行整合,出台统一的 ESG 信息披露政策法规,建立我国的 ESG 信息披露框架。[①] (3)建设行业标准体系。在通用标准的基础上,应深入分析各行各业的独特性,根据不同行业的禀赋和特点,建立符合行业发展规律和现实需求的 ESG 行业标准。一是在内容上有针对性地根据不同行业的特点设计 ESG 标准体系,把握各行业 ESG 主体要素和内容的同时,明晰

---

　　① 参见王文兵、马德培、干胜道:《国际 ESG 信息披露及其对中国的启示》,《财会月刊》2023 年第 11 期,第 140 页。

行业 ESG 信息披露的边界。二是在形式上为行业内的企业提供 ESG 信息披露标准范式，建立涵盖分类、术语、代码、指南、说明等内容的信息披露指引，满足各行业企业对 ESG 信息披露和编制 ESG 报告的基本需求。(4)建设有中国特色的 ESG 标准模块。在建立通用标准和行业标准的同时，要深度梳理、挖掘、建设我国 ESG 标准的特色模块。一是在宏观上，应基于公有制为主体的经济体制、中国式现代化、"十四五"规划、"双碳"目标战略等国情背景，将中国共产党的领导、所有制类型、社会经济发展阶段和发展目标等因素纳入 ESG 标准考量。[①] 二是在微观上，应将社会主义核心价值、职工权益保障、消费者权益保护、环境保护、生物多样性、气候变化、共同富裕、乡村振兴等特色模块纳入特色 ESG 标准体系，提升特色标准的现实意义。

4. 发展符合我国可持续金融发展实践的 ESG 评级市场

可持续金融的发展需要加强专业绿色评估、认证服务等第三方机构的能力建设，通过规范第三方机构的专业技术和服务质量，推动可持续金融更加独立、透明和坚实。目前 ESG 评级市场由西方发达国家的社会机构主导，我国 ESG 评级市场发展严重滞后，这不仅导致我国在 ESG 评级市场上严重缺乏话语权，而且严重制约着我国可持续金融的 ESG 转型和高质量发展。因此，要加强对第三方机构的培育，特别是加快培育我国的 ESG 评级机构，提高本土 ESG 评级机构的评价质量和权威。通过国家立法规范可持续金融评估认证管理，明确第三方机构的准入条件、评估标准和方法、行业监管措施等，形成信誉度高的权威行业标准和管理规范，从而为可持续金融项目的识别、跟踪、评估提供精准的高质量的市场评级服务。

第六节　结　语

可持续金融实施范式的 ESG 转型是金融现代化的时代前沿，是金融业发展的大势所趋，加快我国可持续金融实施范式的 ESG 体系建设需要兼具国际视野和中国立场，因而不能照搬西方的 ESG 理论体系阐释我国可持续金融转型，也不能简单地照搬西方的 ESG 体系发展我国的可持续金融。中国式现代化理论为阐释兼顾国际共识与中国特色的可持续金融发展提供了自主性的理论框架。当前，要推动可持续金融规范体系特别是法律规范体系建设，结合我国的经济体制、发展目标、发展阶段以及国家战略，发展具有中国特色的 ESG 标准体系，推动我国可持续金融在融入世界发展趋势中实现高质量发展。

---

① 参见孙忠娟、罗伊、马文良，等：《ESG 披露标准体系研究》，经济管理出版社 2021 年版，第 123 页。